雷思温 著

敉平与破裂

邓·司各脱论形而上学与上帝超越性

生活·讀書·新知 三联书店

图书在版编目（CIP）数据

犹平与破裂：邓·司各脱论形而上学与上帝超越性／雷思温著．—北京：
生活·读书·新知三联书店，2020.3
ISBN 978－7－108－06655－8

Ⅰ．①犹…　Ⅱ．①雷…　Ⅲ．①邓·司各脱（Duns Scotus 约 1265-1308）－
形而上学－哲学思想－研究　Ⅳ．① B503.23 ② B081.1

中国版本图书馆 CIP 数据核字（2019）第 167942 号

本书得到中国人民大学哲学院"中央高校建设世界一流大学（学科）和
特色发展引导专项资金"的资助。

责任编辑　王晨晨
装帧设计　薛　宇
责任校对　曹秋月
责任印制　宋　家
出版发行　生活·讀書·新知 三联书店
　　　　　（北京市东城区美术馆东街 22 号　100010）
网　　址　www.sdxjpc.com
经　　销　新华书店
印　　刷　北京市松源印刷有限公司
版　　次　2020 年 3 月北京第 1 版
　　　　　2020 年 3 月北京第 1 次印刷
开　　本　635 毫米 × 965 毫米　1/16　印张 32
字　　数　413 千字
印　　数　0,001－3,000 册
定　　价　78.00 元
（印装查询：01064002715；邮购查询：01084010542）

万物四散而去，中心无力维系。

——叶芝:《基督重临》

子曰:"天何言哉? 四时行焉，百物生焉，天何言哉?"

——《论语·阳货》

目 录

序　言

如果说西方文明是由希腊元素、希伯来元素、罗马元素、日耳曼元素乃至阿拉伯元素熔炼而成的一种"合金"，那么，自基督教产生以降的千余年历史就是熔炼这种合金的大熔炉。熔炼的过程包含着不断的加料和加温。12—13世纪，伴随着西欧人发动的十字军东征，阿拉伯文明大规模传入西欧，尤其是带有强烈阿拉伯色彩的亚里士多德主义，堪称这个熔炼过程的最后一次加料和加温。新的元素的加入势必产生强烈的化学作用，冲击着原有的结构。围绕着对待亚里士多德哲学的态度，西欧经院哲学迅速形成了不同的阵营。激进的拉丁阿维罗伊主义几乎全盘照搬亚里士多德哲学以及阿拉伯人的诠释，在世界的永恒性、灵魂不朽等诸多问题上冲击着基督教的信仰，遭到坚守柏拉图—奥古斯丁主义的方济各传统的强烈抵制，而托马斯·阿奎那所代表的新兴思潮则力主消化和改造亚里士多德哲学，以为基督教信仰论证。托马斯在死后被罗马教廷封圣（1323年），标志着教会官方对他的学说的承认，但并不能阻止方济各传统继续分庭抗礼，经院哲学晚期的司各脱和奥卡姆就是其著名代表人物。19世纪以降，在罗马教廷的大力提倡和支持下兴起的新经院哲学极力渲染托马斯主义，使托马斯逐渐地遮掩了司各脱等人的风采，这种情况也同样影响到中国学界对西方中世纪哲学的研究。对托马斯的研究已经有大量的专著出版，而司各脱则少有人问津。雷思温先生的专著《粎平与破裂：邓·司各脱论形而上学与上帝超越性》可谓我国西方哲学研究的填补空白之作。

　　通读完这部书稿，我的第一印象就是作者的视野之开阔和匠心之独运。凭借对西方哲学史的深厚理解，作者牢牢地把握住阿拉伯文明的传入在西欧造成的这种思想动荡及其后果，以大量翔实的第一手资料深入论证了司各脱面对新的形势，重新提升上帝的超越性，从而造成"作为受造物与上帝中介的形而上学相似性与比例性逐渐削弱"，亦即"中介的消失"，进而影响到笛卡尔和近代哲学的思想史脉络。作者对司各脱的这种准确定位使我们得以更全面、更正确地理解司各脱本人的思想，以及宏观上的西方哲学史。

　　作者把司各脱形而上学的特点概括为"形而上学的去中心化"，认为这种"去中心化"既导致"存在的敉平"，也包纳"存在的破裂"。司各脱从亚里士多德对第一哲学是研究作为存在的存在的规定出发，认为存在概念是单义的，"存在的单义性所包含的相同性与超越性为亚里士多德主义传统所建构的实体与偶性、上帝与受造物的相异性提供了平等、共同而均质的起点，这就是存在的敉平"。另外，存在的单义性学说又要求超越者学说的配合，超越者超越了属相和范畴。"正是存在的单义性及其超越性，才使得存在的敉平化得以可能。不过既然这种敉平由于其超越性从而并不是种属意义上的，那么也就使上帝和受造物这样的相异存在者的破裂得以可能。正是存在的破裂维护了上帝的超越性。"由此，"形而上学不再聚焦于作为最高或最中心点的神圣存在者，或者作为核心含义的实体之上。形而上学变成了一门超越了形而上学中心点及其伴随的依赖性因素的超越性科学"。正是基于这一独具匠心的布局，作者展开了他对司各脱形而上学的全面阐述。从中我们可以看出，司各脱正是从"存在的敉平"开始，最终却得出了"存在的破裂"的结论，用作者的话说，是"司各脱将这一亚里士多德主义的经典学说转换成了反亚里士多德主义的模式"。必须说，作者准确地把握住了司各脱形而上学的本质。

书稿给人的另一深刻印象就是丰富的资料。作者亲自搜集和翻译的大量原始文献、对国内外学界已有研究成果的旁征博引，不仅彰显了作者学风的严谨和研究的艰辛，而且为作者所持的学术观点提供了强有力的佐证。思想史学术界历来有一种观点，即"让材料自己说话"。然而，若没有作者对材料的精心挑选、组织和诠释，材料自身是不会说话的。本书作者在浩如烟海的材料中游刃有余，深通驾驭之道，显示出作者深厚的学术功底。

有鉴于此，我非常乐意把雷思温先生的这部专著推荐给学术界和读书界，希望它能够得到肯定和承认，也希望它能够引起人们对司各脱形而上学的更多关注。

是为序。

李秋零

2018 年 10 月 24 日

导 论

作为近代哲学的奠基者，笛卡尔不但证明了上帝的存在，同时也证明上帝是最完满的存在者，从而不会欺骗人类。然而笛卡尔的第一哲学却是以普遍怀疑为开端的，并以"我思"作为第一个确定不疑的基石。谢林在《近代哲学史》中曾提到一些神学家们的意见，他们认为如果只停留在《第一哲学沉思集》的第一、第二个沉思中，那么笛卡尔完全可以称得上是一位"临时的无神论者"。这说明笛卡尔在从事真正的哲学思考之时，把自己置入了在哲学中一无所知的状态。[1]

尽管马里翁强调了笛卡尔哲学中上帝相对于我思的绝对性，以及笛卡尔哲学的本体论神学面向，[2]但至少可以肯定的是，在普遍怀疑活动中的认识者，无力看清和把握这位至高无上的主人。从一方面来看，普遍怀疑的进行体现了笛卡尔突破亚里士多德主义传统并确定新的知识原理的雄心壮志，但从另一方面看，这种怀疑活动却是迫不得已的。这部分是因为，随着晚期中世纪哲学对上帝超越性的提升，曾与人有所亲近的上帝逐渐藏匿起人得以拾级而上的阶梯，面容日益高远模糊，乃至隐遁于人类理智之上，作为受造物与上帝中介的形而上学相似性与比例性逐渐削弱。我们把这一思想处境称为"中介的消失"。

---

〔1〕 谢林，《近代哲学史》，先刚译，北京：北京大学出版社，2015 年，第 6-7 页。
〔2〕 对这一观点，马里翁在很多作品中都有详尽的论述，诸如 "Descartes and onto-theology", in *Post-Secular Philosophy: Between Philosophy and Theology*, ed. Phillip Blond, London & New York: Routledge, 1998, pp. 67-106。

上帝超越性的提升产生了双重结果：第一，它助长了神学从亚里士多德主义及经院哲学传统中独立而出的趋势，从而为新教运动的兴起提供了必要的思想准备。我们或可把这一从晚期中世纪绵延至新教运动的总趋势称为"重回希伯来"；第二，它迫使无家可归的人类理智开始觉醒，并伴随着人类意志的自我决定性而从头开始，逐步建立自我确定性及其世界秩序。在这一过程中，基督教的神学遗产以迂回的方式参与其中。我们或可把这一趋势称为"人的自我拯救"。这两个分道扬镳的思想路向，其实都曾面对过"中介的消失"这一同样的绝境。而笛卡尔的情况无疑属于后者。不过除确保上帝作为知识保证者的功能之外，笛卡尔仍然继承了中世纪晚期以来对上帝超越性的提升。这突出表现在如下几个方面：

1. 上帝的本性是无限的、不可理解的，可以做出无数超出和违反人类知识的事情。（AT Ⅶ：55, CSM Ⅱ：39）[3]

2. 受造物与上帝的关联主要是动力关系。而宇宙万物的目的则是人类理智不可理解的。（AT Ⅶ：56, CSM Ⅱ：39）

3. 上帝不但可以不创造这个世界，甚至能够创造与人类心智发生矛盾的数学、逻辑学等真理以及别样的世界。受造物呈现出巨大的偶然性，上帝以无分别的自由态度待之。（AT Ⅰ：150, CSMK 25）

4. 上帝是最高的存在者，因此也是最完满的存在者，从而可以保证人类理性秩序。这一完满性并不依赖于先在的真、善等其他标准。（AT Ⅶ：428, CSM Ⅱ：289）

5. 上帝意志的自我决定性并不受其他因素的指导。（AT Ⅶ：435,

---

〔3〕 本文使用如下笛卡尔著作的缩略形式：AT=*Oeuvres de Descartes*, C. Adam and Tannery ed., CNRS/Vrin, 1996; CSM Ⅰ=*The Philosophical Writings of Descartes*, vol. 1, John Cottingham, Robert Stoothoff, Dugald Murdoch and Anthony Kenny ed. & trans., Cambridge University Press, 1985; CSM Ⅱ=*The Philosophical Writings of Descartes*, vol. 2, 1984; CSMK=*The Philosophical Writings of Descartes*, vol. 3, 1991. 对这五个方面，笛卡尔都有过多次论述，这里仅给出较有代表性的一处。

CSM Ⅱ：294）

其中，第一和第三个方面甚至比中世纪晚期的上帝形象更为激进，即上帝可以做出引发人类心智矛盾的事情。在笛卡尔试图一劳永逸确定人类知识确定性的第一哲学中，却被安置了这样一位具有颠覆性和超越性的上帝。"我思"既是弑神的，同时又是畏神的。上帝既是保护者，也是破坏者。哲学与神学的渐行渐远，并没有消除两者之间的互相渗透。

这就是"上帝的隐退与再进入"。笛卡尔的上帝形象及其纠结的思想遗产，不但催生出帕斯卡的焦虑，同时也迫使斯宾诺莎将上帝的超越性转化为内在性，也迫使莱布尼茨在《神义论》中化解这一独裁的上帝对人类知识秩序和道德—政治秩序的破坏性。不但如此，在德国古典哲学尤其是黑格尔的哲学中，我们同样能够看到这位在超越彼岸的上帝如何与自我意识的张力得到和解与综合。而此后尼采"上帝死了"的断言，似乎也在隐隐呼应着笛卡尔曾经的困境。

笛卡尔这一看似吊诡的努力自有其苦衷和迫不得已之处，我们会在下一步的研究中进行讨论。本书所追问的是：究竟中世纪晚期哲学历经了怎样的发展，提供了怎样的思想遗产，从而为近代哲学的开端遗留了这样一位令人畏惧却又不得不依赖的上帝呢？人类理智与上帝之间的中介与阶梯，究竟是如何一步步消失的呢？

在这个问题上，邓·司各脱（Duns Scotus，1265/1266—1308）的努力非常值得关注。在他之后的奥卡姆、库萨的尼古拉、布鲁诺等人继续前行，一步步形成了笛卡尔、斯宾诺莎所面对的上帝形象。就司各脱来说，他不但对亚里士多德主义传统，尤其是其形而上学思想进行了大胆革新，并在此前提下大大提升了上帝的超越性，从而使人与上帝的形而上学中介相较于阿奎那变得更为脆弱，同时促使这一中介逐步依赖于以爱为核心的神学实践关系。实践逐步与思辨分离，并获得相对于思辨的优先性。上述笛卡尔提升上帝超越性的五个特点，我们会在本书第二部分的第六至第十章中逐章看到，它们都已在司各脱那里呼之欲出。

那么司各脱为什么没有沿着阿奎那更为平衡和综合的道路继续前进，反而要大动干戈，开辟新的思想道路呢？

这要从希腊哲学与基督教传统的张力关系说起。

上帝的超越性是一神教神学中最基础性的教义之一。上帝自由地从虚无中创造万有，并且超越了所有受造物的边界与限制。他不能混同于受造物，而受造物则完全依赖于上帝。

当希腊哲学被引介入基督教传统之中时，很多冲突与不融贯不断产生。基督教神学家们发展出不同的态度来应对和处理希腊哲学。例如，按照潘能伯格（Wolfhart Pannenberg）的分析，神学与哲学逐渐发展出四种主要关系：第一，神学与哲学相对立；第二，基督教才是真哲学；第三，超自然启示比作为自然理性的哲学更高级；第四，哲学中对上帝的自然知识比神学更高级。[4]这些关系呈现出相互交错的复杂局面，很难说哪一位神学家只采取其中的一种立场。总体来说，将哲学转化并吸纳进基督教思想而不是彻底拒绝哲学，逐渐成为主流。例如，奥古斯丁将柏拉图主义和新柏拉图主义消化入自己的基督教思想之中。

中世纪时期，在亚里士多德的诸多著作及其阿拉伯评注被翻译和引介至拉丁思想界之前，奥古斯丁主义占据了非常权威和主导性的位置。后来亚里士多德主义和拉丁阿威罗伊主义的流布造成了基督教神学家与哲学家们在诸多问题上的巨大张力，例如世界的永恒性问题，创造问题，灵魂不朽问题，等等。基督教教义中的上帝超越性受到了亚里士多德主义的威胁。就本书的主题来说，这两者主要有下面这些冲突：

第一，亚里士多德对于形而上学的研究主题给予了不同的答案。形而上学是对作为存在的存在（being *qua* being），[5]第一原理和原因[6]

[4] 参见 *Theologie und Philosophie: ihr Verhältnis im Lichte ihrer gemeinsamen Geschichte*, Gottingen: Vandenhoeck Ruprecht, 1996, pp. 21-30. 中译本参见潘能伯格，《神学与哲学》，李秋零译，北京：商务印书馆，2013 年，第 14-33 页。

[5] Aristotle, *Metaphysics*, Ⅳ. 1, 1003^{a}22-23.

[6] *Metaphysics*, Ⅰ. 2, 982^{b}9-10.

的研究。在《形而上学》*Zeta* 卷里面，亚里士多德更强调形而上学的研究主题是普遍意义上的实体，而在 *Lambda* 卷中，这一主题则逐渐集中于神圣的最高存在者，也即思着自身的思。[7] 这些不同的形而上学研究主题（作为存在的存在，实体和神圣的最高存在者）困扰着不少一神论的神学家，迫使他们对如何安置这些不同答案的关系给出解答。如果这一主题是作为存在的存在以及普遍意义上的实体，[8] 那么神圣的最高存在者在形而上学中的核心位置就会在某种意义上被削弱。

第二，亚里士多德的神并不具有浓厚的神秘性与不可理解性，这就削弱了基督教上帝在意志和自由方面的超越性。

第三，虽然思着自身的思在形而上学之中优于、高于其他类型的实体，但是后者对于前者并不具有形而上学式的绝对依赖性。在月下（sublunar）领域之中，实体的存在不需要依赖于神圣的最高存在者的创造与保存。两者并不具有创造或者流溢的关系。与之相关的是，一个或一些东西被称作这个东西并不是由于对神圣最高存在者的依赖，而是由于其形式因以及在其自身（*per se*）的本质。

从这几个方面来说，亚里士多德的形而上学相比柏拉图主义和新柏拉图主义更难以被基督教思想所吸纳。[9] 神学家们用不同的策略来平衡亚里士多德主义和基督教思想之间的张力，而上帝的形而上学及非形而上学的超越性也获得了不同处理。例如，波纳文图拉（Bonaventure）吸纳了一些亚里士多德主义的因素，并同时将奥古斯丁主义和方济各传统作为其思想的基础；相反，大阿尔伯特（Albert the Great）和阿奎那则系统性地将亚里士多德主义吸收进基督教思想

---

[7] *Metaphysics*, XII. 例如 *Metaphysics*, XII. 6, 1069^{a}35-1069^{b}2, 1071^{b}11-13 等处。

[8] 思着自身的思作为神圣存在者同样也是一种特定类型的实体，但普遍意义上的实体不仅包括神圣实体，同样也包括其他与可感事物和运动事物相关的实体。参见 *Metaphysics*, XII. 1, 1069^{a}29-1069^{b}23。

[9] 柏拉图主义的分有模式和新柏拉图主义的流溢模式，都更有助于建立起受造事物对于理念事物、神圣事物的形而上学依赖性。

体系的建构之中。亚里士多德主义的神学家们力图将上帝在神学意义上的超越性与亚里士多德的形而上学融贯起来。

然而，对亚里士多德主义的吸收并没有始终获得罗马天主教会的积极评价。亚里士多德主义至少在三个方面对基督教具有潜在威胁：

第一，这种吸收过分调和了亚里士多德主义和基督教思想，因此基督教上帝相对于希腊的理性主义和必然主义的超越性遭到削弱。

第二，当上帝与受造物被放置于亚里士多德主义的形而上学框架之中时，上帝与受造物的相异性（*diversitas*）被削弱，两者的关系过于紧密。[10]

第三，上帝在爱、权力、自由与意志等方面的超越性被理性化的存在秩序所削弱，神学变成了与哲学相平行的领域。

就教会对拉丁阿威罗伊主义和亚里士多德主义流布的批评而言，1277 禁令是一个象征性的标志。1277 年，巴黎主教斯蒂芬·唐比埃（Stephen Tempier）发布禁令，对 219 条哲学与神学命题公开进行谴责。[11] 这些命题在一定程度上被看作对神学意义上的上帝超越性的威

---

〔10〕 相异性与差异性不同。处于差异性中的两个事物，依然可以分享相同的东西，比如不同种相共属同一个属相。而处于相异性中的两个事物，则能够在实在中毫无共同之处。导论第二节会继续讨论这一问题。

〔11〕 关于阿奎那与 1277 禁令的关系，学界具有不同的看法。一些人认为阿奎那的思想与这一禁令并没有紧密关系，参见 Roland Hissette, "Albert le Grand et Thomas d' Aquin dans la censure parisienne du 7 mars 1277," in *Studien zur mittelalterlichen Geistesgeschichte und ihren Quellen*, ed. Albert Zimmermann, Berlin: Walter de Gruyter, 1982, pp. 226-246 ; "Thomas d'Aquin directement visé par la censure du 7 mars 1277? Réponse à John F. Wippel," in *Roma, Magistra mundi. Itineraria culturae medievalis*, Mélanges L. E. Boyle, ed. J. Hamesse, Louvain-La-Neuve, 1998, pp. 425-437. 相反，有些人则认为这一观点站不住脚，参见 John F. Wippel, "Thomas Aquinas and the Condemnation of 1277," *The Modern Schoolman* 72 (1995) : 233-272. 无论学者们在这一问题上有何分歧，有一个事实是不可争辩的：在 1325 年，也即阿奎那封圣之后两年，巴黎主教斯蒂芬·布热（Stephen Bourret）撤销了那些与阿奎那思想相关的禁令，这证明无论阿奎那的思想是否与 1277 禁令有直接关系，它们在实际的效果之中无法分割开来，参见 John F. Wippel, "The Parisian Condemnations of 1270 and 1277", in *A Companion to Philosophy in the Middle Ages*, ed. Jorge J. E. Gracia, Timothy B. Noone, Wiley-Blackwell, 2003, pp. 65-76。

胁。[12]这一禁令最重要的要求之一就是增强上帝的权力以及受造物对上帝的依赖性。[13]不过，这并不意味着亚里士多德主义必须要从经院哲学之中被彻底抹去，相反禁令要求神学家们应该在一种不同的框架和综合之中去处理亚里士多德主义，而上帝的超越性也应该在其中得到更为实质的保证。这一禁令不仅仅要求神学家们需要更多考虑神学信仰意义上的上帝，同时也要求对亚里士多德主义思想做出新的调整。

作为这一禁令的重要参与者，根特的亨利（Henry of Ghent）对此做出了自己的努力，但其方案却并不能让司各脱感到满意。[14]司各脱试图在吸纳并改造一部分亚里士多德主义思想的同时，维护上帝在形而上学与非形而上学维度之中的超越性。[15]结果，亚里士多德主义和奥古斯丁—方济各传统获得了一种新型的综合，而这一点则造成了学界对于司各脱基本立场的诸多争论。[16]

---

[12] 关于这一点有两种相反的看法。有些人认为 1277 禁令本质上并没有限制亚里士多德主义的发展，参见 Luca Bianchi, "1277: A Turning Point in Medieval Philosophy?" in *Was ist Philosophie im Mittelalter?* ed. Jan A. Aertsen and Andreas Speer, Berlin, New York, 1998, pp. 90-110。有些人则认为这一禁令是中世纪哲学的转折点，参见 Étienne Gilson, *History of Christian Philosophy in the Middle Ages,* Part Nine: "The Condemnation of 1277", London: Sheed and Ward, 1955, pp. 387-430。

[13] 参见 Edward Grant, "The Condemnation of 1277, God's Absolute Power, and Physical Thought in the Late Middle Ages," Viator 10 (1979): 211-244。

[14] 参见 Stephen Dumont, "Henry of Ghent and Duns Scotus", in *Routledge History of Philosophy, Vol. 3,* ed. by John Marenbon, London and New York: Routledge, 2004, pp. 291-328。

[15] 关于司各脱那里哲学与神学的关系，参见 Norbert Hartmann, "Philosophie und Theologie nach Johannes Duns Skotus," *Wissenschaft und Weisheit* 43 (1980): 196-212; Gerhard Leibold, "Zur Kontroverse zwischen den Philosophen und Theologen in der ersten Quaestio des Prologs der 'Ordinatio' von Johannes Duns Scotus," in *Was ist Philosophie im Mittelalter? Qu'est-ce que la philosophie au Moyen Age? What is Philosophy in the Middle Ages? Akten des X. Internationalen Kongresses für mittelalterliche Philosophie der Société Internationale pour l'Étude de la Philosophie Médiévale, 25. bis 30. August 1997 in Erfurt,* ed. Jan A. Aertsen and Andreas Speer, Miscellanea mediaevalia 26, Berlin and New York: Walter de Gruyter, 1998, pp. 629-636。

[16] 例如，卢德格·霍内费尔德（Ludger Honnefelder）就声称亚里士多德主义的科学与方济各灵性传统是司各脱思想的两大来源："Die zwei Quellen scotischen Denkens. Franziskanische Spiritualität und aristotelische Wissenschaft," in *Zwischen Weisheit und Wissenschaft: Johannes Duns Scotus im Gespräch,* ed. Franz Lackner, Kevelaer: Butzon & Bercker, 2003, pp. 9-23; "Franciscan Spirit（转下页）

伴随着在不同的思想传统之间保持平衡的不同努力，司各脱等神学家们建立起了不同的思想框架和结构，而上帝与亚里士多德主义形而上学的关系也得到了各种不同的处理。

本书之所以选择司各脱作为研究对象，是因为他在阿奎那向晚期经院哲学和中世纪哲学向近代哲学的两种过渡中都起到了非常重要的作用。对于前一个过渡，司各脱深入思考了亚里士多德主义、阿拉伯哲学与许多同时代思想家的学说，并最终将它们融入自己的综合中以平衡基督教思想、方济各传统与亚里士多德主义，这一点对奥卡姆和

（接上页）and Aristotelian Rationality: John Duns Scotus's New Approach to Theology and Philosophy," *Franciscan Studies* 66 (2008): 465-478。司各脱与亚里士多德的关系很明显，而关于他与方济各传统的关系，参见 Werner Dettloff, "Die franziskanische Theologie des Johannes Duns Scotus," *Wissenschaft und Weisheit* 46 (1983): 81-91; Steven P. Marrone, "Henry of Ghent and Duns Scotus on the Knowledge of Being, " *Speculum* 63 (1988): 22-57; Johannes Schlageter, "Gott in Beziehung: Das Gottesverständnis des Johannes Duns Scotus im Kontext franziskanischer Spiritualität und Theologie," *Thuringia Franciscana* NF 52 (1997): 298-319; Mary Beth Ingham, "'And my delight is to be with the children of men' (Prov. 8:31): Duns Scotus, Divine Delight and Franciscan Evangelical Life," *Franciscan Studies* 64 (2006): 337-362; Niklaus Kuster, "Scotus im Franziskanerorden seiner Zeit," in *Duns-Scotus-Lesebuch*, ed. Herbert Schneider, Marianne Schlosser, and Paul Zahner, Kevelaer: Butzon und Bercker, 2008, pp. 309-313; Oleg V. Bychkov, "The Nature of Theology in Duns Scotus and his Franciscan Predecessors," *Franciscan Studies* 66 (2008): 5-62。艾弗莱·贝托尼（Efrem Bettoni）认为"邓·司各脱实质上就是一个奥古斯丁主义者"。参见 *Duns Scotus: The Basic Principles of His Philosophy*, trans. & ed. Bernardine Bonansea, Washington D. C.: Catholic University of America, 1961, pp. 185-200; "The Originality of Scotistic Synthesis," in *John Duns Scotus, 1265-1965*, ed. John K. Ryan, Bernardine M. Bonansea, Washington D. C.: Catholic University of America, 1965, pp. 28-44。相似观点参见 Volker Leppin, "Augustinismus im Spätmittelalter: Heinrich von Gent, Duns Scotus und Wilhelm von Ockham," in *Augustin-Handbuch*, ed. Volker Henning Drecoll, Tübingen, Mohr Siebeck, 2007, pp. 600-607。罗伯特·普兰提斯（Robert P. Prentice）认为司各脱的形而上学基础上的自然神学，特别是其《论第一原理》（*De Primo Principio*，以下简称 *DPP*）是亚里士多德主义与柏拉图主义的综合产物，参见 *The Basic Quidditative Mataphysics of Duns Scotus as Seen in his De Primo Principio*, Rome: PAA-Edizione Antonianum, 1970, pp. 185-190。关于柏拉图主义与司各脱，参见 Hadrianus Borak, "Aspectus fundamentales platonismi in doctrina Duns Scoti," in *De doctrina Ioannis Duns Scoti. Acta Congressus Scotistici Internationalis Oxonii et Edimburgi 11-17 sept. 1966 celebrati*. Vol. 1, Studia Scholastico-Scotistica 1. Rome: Commissionis Scotisticae, 1968, pp. 113-138; Walter Hoeres, "Platonismus und Gegebenheit bei Duns Scotus," in *De doctrina Ioannis Duns Scoti. Acta Congressus Scotistici Internationalis Oxonii et Edimburgi 11-17 sept. 1966 celebrati*. Vol. 1, Studia Scholastico-Scotistica 1. Rome: Commissionis Scotisticae, 1968, pp. 139-168。

其他 14 世纪的神学家来说具有深远的影响。而对于后一种过渡来说，司各脱的形而上学与上帝的超越性思想通过晚期中世纪哲学的发展，影响了笛卡尔哲学的形成，在学者看来司各脱的思想甚至预示了某种康德式的先验哲学、认知理论和道德学说，[17] 同时他还启发了一些重要的当代思想家。[18] 教皇本笃十六世同样非常强调司各脱与现代性之间的关系。[19] 因此，对司各脱形而上学和上帝超越性思想的研究可以帮助我们理解中世纪神学家们如何吸纳和处理亚里士多德主义，经院哲学如何从盛期走向晚期，以及中世纪思想如何影响了近代哲学，特别是"中介的消失"这一思想局面的形成。

本书将在必要的地方简要比较阿奎那与司各脱，尽管根特的亨利的思想在很多细节论证之中与司各脱具有更深入的关系。[20] 这样做是出于两个理由：第一，阿奎那相比于根特的亨利来说更具有典范性，因此成为中世纪思想的重要坐标。第二，根特的亨利与司各脱共属方

---

〔17〕 例如，对司各脱来说，内在的形式因与质料因变得不如外在的动力因与目的因重要。笛卡尔进一步发展了这一点，声称形而上学主要集中于对动力因果关系的研究。笛卡尔的上帝也由于其超越于形而上学和人类心智的无限性和不可理解性而变得更为激进。而如果没有司各脱对于上帝超越性的提升，这一点是不可能的。司各脱对于形而上学与上帝超越性的处理间接地导致了哲学与神学的分离以及哲学的自治。我们将在结语中继续讨论这一点。关于司各脱与康德的关系，参见 Ludger Honnefelder, *Scientia transcendens. Die formale Bestimmung der Seiendheit und Realität in der Metaphysik des Mittelalters und der Neuzeit (Duns Scotus-Suárez-Wolff-Kant-Peirce)*, Meiner, Hamburg, 1990; "Metaphysics as a Discipline: From the 'Transcendental Philosophy of the Ancients' to Kant's Notion of Transcendental Philosophy," in *The Medieval Heritage in Early Modern Metaphysics and Modal Theory, 1400-1700*, ed. R. L. Friedman, L. O. Nielsen, Dordrecht: Kluwer Academic Publishers, 2003, pp. 53-74; "Vernunft und Metaphysik: Die dreistufige Konstitution ihres Gegenstandes bei Duns Scotus und Kant," in *Grenzbestimmungen der Vernunft. Philosophische Beiträge zur Rationalitätsdebatte*, ed. P. Kolmer and H. Korten, Freiburg and Munich, 1994, pp. 319-350。
〔18〕 司各脱影响了海德格尔、德里达、德勒兹和巴丢等一些当代著名思想家。例如，早年的海德格尔对司各脱给予了特别的重视，并将其作为教职论文的研究对象，尽管他所采取的部分材料后来被证实并非真作。参见 Philip Tonner, *Heidegger, Metaphysics and the Univocity of Being*, London & New York: Continuum, 2010。
〔19〕 Benedict XVI , "On Duns Scotus," URL=http://www. zenit. org/en/articles/on-duns-scotus.
〔20〕 在斯蒂芬·杜蒙（Stephen Dumont）的诸多作品中，他经常提醒我们注意根特的亨利在理解司各脱方面的重要作用，例如 "Henry of Ghent and Duns Scotus"。

济各阵营，并且都身处 1277 禁令之后的思想处境。相反，阿奎那的思想则是在一个不同的思想背景和时代要求下形成的。通过比较两者，我们能够看到司各脱是如何在 1277 禁令的影响下，发展出了形而上学及神学目的之间的新平衡与新综合。

司各脱的形而上学及其与上帝超越性的关系，有助于理解他在形而上学及其神学目的关系方面的基本立场。为了恰当理解这一点，我们首先看一看司各脱的形而上学究竟具有怎样的新特点。

第一节　存在的敉平　形而上学的起点

我们将司各脱形而上学的特点概括为"形而上学的去中心化"。这一去中心化的倾向既导致了存在的敉平，同时也含纳了存在的破裂。它从对受造物和上帝来说平等且共同的起点出发（存在的敉平），最终走向了两者更为深度的分离（存在的破裂）。尽管其起点与终点差异很大，但却都相容于形而上学的去中心化结构。这一结构既赋予了受造物和上帝在人类理智中的相同性，同时这一相同性又是稀薄的，从而得以容纳更强的异质性。本书第一部分将着重讨论存在的敉平，而第二部分将主要探讨存在的破裂。

如果说存在的敉平所展现的单义哲学结构在德勒兹看来预示着斯宾诺莎平面化哲学的出现，[21] 那么存在的破裂所大大提升的上帝超越性，则成为笛卡尔哲学中我思与上帝立体化张力关系的重要来源。司各脱在同一个形而上学结构中容纳了平面化与立体化两种维度，由此就包含了斯宾诺莎与笛卡尔两种哲学道路的雏形。

究竟什么是形而上学的去中心化呢？让我们先从司各脱对亚里士多德主义形而上学的突破，即存在的敉平化说起。

---

〔21〕　Deleuze, *Différence et Répétition*, PUF, 1968, pp. 52-95.

按照亚里士多德的观点，偶性不能在其自身地存在，它依赖于作为其主体的实体，[22]不可能有关于偶性的科学。[23]存在以多种方式被言说，[24]而实体就正是存在的多重含义的中心点与核心含义。[25]作为不同的范畴，这一中心点与依赖于它的诸偶性在类比的关系中得到处理，诸偶性都与这一核心意义相关。对作为存在的存在的研究最终导向了对实体的研究。这一学说被古代中世纪的亚里士多德哲学的跟随者们普遍接受。

阿奎那则在此基础上进一步把类比理论进行改造并应用于上帝与受造物的关系。这一神学化的类比学说具有多种不同的含义与功能。简单来说，它主要强调我们用于谓述和理解上帝的词项及概念与用于受造物的并不是完全相同（也即不是单义的），同时也不是完全不同（也即不是多义的），而是相似的（也即类比的）。在他看来，单义关系会瓦解上帝的超越性及其与受造物的相异性，从而导致神的拟人化及神人同形错误，而多义关系则会导致对上帝的不可知论。只有类比关系才能在这两个错误的极端之间保持平衡。受造物既是与上帝相似的，上帝从而是可知的，但同时又不能完全被人所把握。受造物通过模仿和分有而与上帝具有了相似性、比例性和归属关系。从创造的意义上说，上帝可以在这一类比关系中被视为受造物的形而上学中心点。

与其思想前辈们非常不同的是，司各脱将这一亚里士多德主义的经典学说转换成了反亚里士多德主义的模式：形而上学的研究主题是作为存在的存在及其所含纳的那些超越者，即不能落入属相

---

[22] *Metaphysics*, Ⅶ.1, 1028^{a}9-1028^{a}15, 1028^{a}32-35.

[23] *Metaphysics*, Ⅵ.2, 1026^{b}2-4.

[24] *Metaphysics*, Ⅳ.2, 1033^{b}33-34.

[25] 关于"核心含义"这一术语，参见 G. E. L. Owen, "Logic and metaphysics in some early work or Aristotle," in *Aristotle and Plato in the Mid-Fourth Century*, ed. I. During, G. E. L. Owen, Göteborg: Almqvist & Wiksell, 1960, pp. 163-190; Michael T. Ferejohn, "Aristotle on Focal Meaning and the Unity of Science," *Phronesis*, Vol. 25, No. 2, Aristotle Number (1980): 117-128。

（genus）和范畴的东西，而作为人类理智对象的存在概念不是类比的而是单义的：

> 因此，必然有某种普遍科学，它以在其自身的方式考察超越者。这一科学我们称为"形而上学"，它来自"*meta*"，也即"超越"（*trans*），以及"*ycos*"，也即"科学"（*scientia*）。它就像是超越的科学，因为它是关于超越者的。[26]

因此，超越者就是属相所不能包含的任何东西。[27]

> 存在在被划分入十范畴之前，首先被划分为无限的和有限的，因为其中的一个，也即"有限的"，对于十个属相来说是共同的；因此任何与存在相一致的东西，就存在对有限者和无限者是无分别（*indifferentia*）的，或者就存在合宜于无限存在者来说，它不是被规定到一个属相那里，而是先于属相而与其相一致的，因此它是超越的，超出了所有属相。任何就存在对有限者和无限者无分别来说与上帝和受造物共同的东西都是与存在相一致的：因为当它与上帝一致时，它就是无限的；当它与受造物一致时，它就是有限的。因此，它在存在被划分入十范畴之前就先与存在一致，由此，任何这样的东西都是超越者。[28]

> ……上帝不仅是在与受造物的概念相类比的概念中被构想，也即在与谓述受造物的概念完全不同的概念中，而且还是在其

---

〔26〕 《亚里士多德〈形而上学〉问题集》（*Quaestiones Super Libros Metaphysicorum Aristotelis*，以下简称为 *QM*），prol., n. 18, Bonaventure Ⅲ, p. 9。

〔27〕 《牛津〈箴言书〉评注》（*Ordinatio*，以下简写为 *Ord.*），Ⅰ, d. 8, p. 1, q. 3, n. 114, Vatican Ⅳ, p. 206。

〔28〕 *Ord.*, Ⅰ, d. 8, q. 3, n. 113, Vatican Ⅳ, pp. 205-206.

自身与受造物的某种单义的概念中被构想。[29]

正如已经论证过的，上帝不是被我们自然地所认识的，除非存在对于创造者和受造物是单义的，因此也能如此论证实体与偶性。[30]

没有任何关于实体的本质性部分的东西会被认识，除非存在对于它们和偶性是共同的、单义的。[31]

对于这些引文及其相关的问题已经有很多研究问世。[32]这些引文实际上包含了两个重要的学说：

第一，存在的概念在是什么（*in quid*）的意义上对于上帝与受造物、对于十范畴是单义的。在别的地方，司各脱还进一步澄清，认为存在概念对于最基层的种差和存在的合宜属性在如何（*in quale*）的意义上是单义的。[33]是什么与如何之间的关系并不是属相与种差的关系，因为存在不是属相。

第二，形而上学的主题是作为存在的存在，这一主题含纳着那些不能被包含在属相和范畴中的超越者，形而上学因此是一门超越的科学。在所有超越者中，存在居于最首要和最核心的位置。

存在的单义性所包含的相同性与超越性为亚里士多德主义传统所建构的实体与偶性、上帝与受造物的相异性提供了平等、共同而均质的起点，这就是存在的敉平。

---

[29] *Ord.*, I, d. 3, q. 3, n. 26, Vatican III, p. 18.

[30] *Ord.*, I, d. 3, q. 3, n. 139, Vatican III, pp. 86-87.

[31] *Ord.*, I, d. 3, q. 3, n. 146, Vatican III, p. 91.

[32] 关于这一主题的文献数量较多，书末"参考文献"列出了其中的一部分。

[33] *Ord.*, I, d. 3, p. 1, q. 3, n. 151. 关于 *in quid* 与 *in quale* 在此处的区分，参见 *Metaphysics*, VII. 1, 1028ª9-13. 简要而言，前者相关于是什么，后者相关于质和量等方面的程度差异。

单义性的存在概念是人类理智的相宜对象与首要对象。这种首要性包括两个方面：

第一，共同性的首要性。这种首要性在是什么与如何的意义上，单义地谓述非被造的存在者（上帝），属相，并非最基层、最不可化约的种差、种相和诸个体等。

第二，潜在性（virtuality）的首要性。这种首要性只在如何的意义上单义地谓述那些派生性的限定性，诸如最基层的差异性（个体间差异、最基层的种差等），以及存在的那些合宜属性，它们或为具有分离性的一对属性，或与存在共存。[34]

既然这里的单义性主要存在于人类理智所具有的存在概念中，而非在事物本身中，那么实在中的事物之间的关系究竟是单义、类比还是多义呢？

司各脱所遗留下来的这个问题大体来说有两个可能的方向：第一，一些司各脱的后学试图以此整合他与阿奎那的分歧。也就是说，在人类理智中具有单义关系的两个事物，在实在中是类比的；第二，奥卡姆由此酝酿出唯名论的思想，他认为司各脱的单义性学说表明，人类理智中的同一个概念，可以在实在中对应完全独立的不同个体事物。从这个意义上说，司各脱的确成为从阿奎那到奥卡姆的中间过渡。

存在的单义性学说要求超越者学说的配合。阿兰·沃尔特（Allan Wolter）认为："单义性的学说贯穿了整个超越者理论。"[35]在分析这两个学说的关系之前，让我们先看一下超越者究竟有哪些。按照沃尔特的观点，存在着四类不同的超越者：

---

〔34〕 参见 Allan Wolter, *The Transcendentals and Their Function in the Metaphysics of Duns Scotus*, St. Bonaventure, N. Y.: The Franciscan Institute, 1946, p. 99。

〔35〕 *The Transcendentals and Their Function in the Metaphysics of Duns Scotus*, p. 12. 另可参见 Jan A. Aertsen, *Medieval Philosophy as Transcendental Thought: From Philip the Chancellor (ca. 1225) to Francisco Suárez*, Leiden, Boston: Brill, 2012, pp. 393-401。

1．超越者：存在

2．共存的超越性属性

（1）超越性的一

（2）超越性的真

（3）超越性的善好

3．分离性的超越者（它们无穷多）

（1）相关的分离者

（在先的／在后的，超出的／被超出的，原因／被作用的）

（2）相反而对立的分离者

（现实的／潜在的，独立的／依赖的，必然的／偶然的，实体的／偶性的，无限的／有限的，绝对的／相对的，单纯的／组合的，一／多，相似的／不相似的，等等）

4．无条件的完满性[36]

所有这些超越者都超越了属相与范畴。第一和第二类超越者能够存在于任何存在者之中，但是第三类却并不是所有存在者共同的，因为它包含了两个不同的部分，这两个部分或相关或相反对。例如，无限性就不是上帝与受造物共同的。但要注意的是，这两个相关或相反对的部分共同涵盖了所有存在者，例如并不存在既不无限也不有限的存在者。第二、第三类超越者在人类理智中的存在概念里，只具有如何意义上的区分。

除了这一点，正如扬·艾尔森（Jan Aertsen）与奥利维·布尔努

---

〔36〕 关于超越者的详细讨论和分类，参见 *The Transcendentals and Their Function in the Metaphysics of Duns Scotus*。关于 *perfectiones simpliciter*，我们把它翻译为 "无条件"，而不是像阿兰·沃尔特那样翻译成 pure，也即 "纯粹／单纯"，因为 *simpliciter* 在这里具有明确的含义，这种完满性不需要附加别的条件和前提。相反，有些完满性则需要在一定限定条件下才是完满性，而这一层含义通过 "纯粹／单纯" 无法表达出来。参见 *DPP*，4.10，关于拉丁文本，参见 *John Duns Scotus, A Treatise on God as First Principle*, ed. Allan B. Wolter, 2nd edition, revised with a commentary, Chicago: Franciscan Herald Press, 1983, p. 79。

瓦（Olivier Boulnois）所分析的，司各脱所谓的超越者包含了两种含义："共同的"和"超越的"。[37] 在司各脱之前，这两种含义是分离的。司各脱将它们合并入同一个概念"超越者"之中，也就是说，超越者或者对属相与范畴是共同的，或者由于其优越性或高贵性而超越于属相与范畴而存在。例如，后一种含义就可以特别地指向神圣存在者。[38] 这两种含义分别有利于实现存在的敉平与破裂。

由于司各脱形而上学的主题不是上帝或实体，而是那不能落入属相与范畴的东西，因此形而上学研究就没有完全集中在作为中心点或核心含义的特定存在者或存在的特定含义之上，从而是一门超越性的科学。无论上帝或受造物，还是实体或偶性，其中的任何一项都不能单独作为形而上学的研究主题。艾尔森指出，司各脱使用了否定的形式来定义超越者："超越者就是属相所不能包含的任何东西。"[39] 否定形式可以更好地表现形而上学的超越性。[40]

那么为什么单义性学说需要超越者学说呢？这首先与司各脱所提到的一种意见有关。这种意见认为存在的单义学说会摧毁整个哲学，因为它泯灭了实体与偶性在形而上学之中的相异性。[41]

不但如此，单义性学说还有可能摧毁神学。对于上帝与受造物的

〔37〕 Jan Aertsen, "The Concept of 'Transcendental' in the Middle Ages: What is Beyond and What is Common," in *Platonic Ideas and Concept Formation in Ancient and Medieval Thought*, ed. Gerd van Riel, Caroline Macé, Leen van Campe, Leuven: Leuven University Press, 2004, pp. 133-154; *Medieval Philosophy as Transcendental Thought: From Philip the Chancellor (ca. 1225) to Francisco Suárez*, pp. 13-34; Olivier Boulnois, "Quand commence l'ontothéologie? Aristote, Thomas d'Aquin et Duns Scot," *Revue Thomiste* 95 (1995), pp. 85-108.

〔38〕 在第五章，我们将看到这两个不同的含义共存于作为超越者的无条件的完满性之中。

〔39〕 Jan Aertsen, "The Medieval Doctrine of the Transcendentals: New Literature", *Bulletin de Philosophie Médiévale*, Volume 41, 1999, p. 116; *Medieval Philosophy as Transcendental Thought: From Philip the Chancellor (ca. 1225) to Francisco Suárez*, p. 62.

〔40〕 *Medieval Philosophy as Transcendental Thought: From Philip the Chancellor (ca. 1225) to Francisco Suárez*, pp. 383-386, 393.

〔41〕 "似乎认为存在对于所有存在者是单义的，尽管它并没有在 '是什么' 的意义上来谓述所有存在者，正如对种差那样，（这一观点）会毁灭整个哲学。" *Lec.*, I, d. 3, p. 1, qq. 1-2, n. 105, Vatican XVI, p. 264.

关系，正如斯蒂芬·杜蒙所指出的，司各脱的形而上学不仅包含着摧毁哲学的可能性，同时也意味着上帝与受造物相异性的消失。这会使得上帝与受造物在它们的实在性上变成相同的东西，并导致严重的神学困境。[42]

单义性学说所隐含的这两个困境，是司各脱坚持超越者学说的重要原因。对这些困境，司各脱反唇相讥，认为谁要是不支持存在的单义性学说，才会摧毁哲学，因为我们对于实体的认知应该从作为单义的存在概念开始，没有这个开始，我们将无法认识实体。[43] 对神学，司各脱的态度同样如此。[44]

在解释为什么存在单义性学说需要超越者学说之前，我们需要追问：既然单义性学说在哲学和神学方面具有这样的困境，为什么司各脱仍然冒险提出这一惊世骇俗的学说，并将存在概念敉平化呢？

司各脱坚持单义性学说的理由有三：

第一，正如杜蒙所论证的，司各脱认为以根特的亨利为代表的存在的类比学说（亨利在这一点上继承了阿奎那）并不成功，因为类比关系如果没有单义性的基础，最终只会导致多义关系。比如"上帝是存在者"这一命题，我们必须从一个能够单义地应用于受造物的存在概念出发（比如"人是存在者"），才能确定地知道"上帝是存在者"究竟是什么意思。丧失了存在概念的单义性基础，那么关于上帝的知识与关于受造物的知识就没有了相同之处，由此我们就无法确定地获得对上帝的理解，甚至无法完全确定上帝和一块石头究竟有何区

---

[42] "Transcendental Being: Scotus and Scotists," *Topoi*, 11, no. 2 (1992), pp. 135-136.

[43] "我认为我并没有毁灭哲学，反倒是坚持相反立场必然会毁灭哲学。"*Lec.* I, d. 3, p. 1, q. 2, n. 110, Vatican XVI, p. 265. 关于司各脱坚持这一立场的原因的详细分析，参见 Giorgio Pini, "Scotus on Doing Metaphysics *in statu isto*," in *John Duns Scotus, Philosopher*, ed. Mary B. Ingham and Oleg Bychkov, *Archa Verbi. Subsidia 3*, Münster: Aschendorff Verlag, 2010, pp. 29-55.

[44] "除非存在是一个单义的意向，否则神学一定毁灭。"*Lec.* I, d. 3, p. 2, q. 2, n. 110, Vatican XVI, p. 266.

别。[45]因此，在上帝与受造物的类比关系中，这一关系要么以单义关系为基础，要么就只能变成多义关系，不存在阿奎那所坚持的中间道路。只有存在的单义性才能成为人类对上帝的自然认识的确定起点。人类理智能够从一个对受造物和上帝的相同概念出发，确定地获得关于上帝的自然知识。类比学说在这个意义上与神学无法相容。这一理由同样可以用于对实体与偶性关系的认识。司各脱明确拒绝了奥古斯丁主义以及根特的亨利的光照论，[46]从而将人类对实体的认识开端奠基于感觉。而如果没有实体与偶性的单义关系，我们就无法从可感的偶性中确定地理解到实体这一中心点。

第二，类比的存在概念所导致的多义性，会毁灭形而上学的统一性。

第三，如果存在的概念不是单义而是类比的，那么形而上学的主题就容易中心化，从而很难完全超越属相与范畴，形而上学的超越性就受到影响。

为确保人类理智在当前状态（ *in ipso statu* ），也即堕落之后的此生此世的状态之下，依然能拥有对于上帝和实体的自然知识，而不至于将理解上帝的进路完全依赖于启示真理，也不至于丧失对实体的自然认识，并同时维护形而上学的统一性及其超越性，司各脱最终放弃了类比学说和多义学说，选择了单义学说。

而为了避免由于存在的单义性导致存在落入属相和范畴，并进一步导致实体与偶性、上帝与受造物落入同一个属相之下，从而赋予它们相同的实在性以至于毁灭哲学与神学，司各脱将存在定义为超越者，而超越者是不可能落入属相和范畴的。[47]因此，实体与偶性的单

---

〔45〕 参见 Stephen Dumont, "Henry of Ghent and Duns Scotus"。

〔46〕 参见 Robert Pasnau, "Divine Illumination," URL=http://plato. stanford. edu/entries/illumination/#JohDunSco。

〔47〕 Stephen Dumont, "Henry of Ghent and Duns Scotus"; Gyburg Radke-Uhlmann, "Kontinuität oder Bruch?-Die Diskussion um die Univozität des Seins zwischen Heinrich von Gent und Johannes Duns Scotus als philosophiegeschichtliches Exemplum," in *Philosophie im* （ 转下页 ）

义性关系需要超越种属和范畴关系，否则两者将会在形而上学中彻底平等化，从而导致形而上学作为科学的崩溃。与超越者相似，上帝同样也不能落入范畴或者属相："关于上帝所言说的一切都在形式上是超越的。"[48]在超越者的列表中，我们可以看到许多超越者都能够谓述上帝，诸如存在，一，真，善，原因，无限，必然，无条件的完满性，等等。如果这些超越者落入了属相和范畴，那么上帝也会跟着落入种属关系和范畴之中，接着，存在等超越者对于上帝与受造物的共同性会落入属相，从而毁灭上帝的超越性与单纯性。而这是经院哲学家们普遍不能接受的。

因此，司各脱的存在单义性必须辅之以超越者学说，否则这种单义性就会导致哲学与神学的毁灭。正如杜蒙与艾尔森所强调的，[49]单义性和超越性这两个概念在司各脱之前的诸多思想家那里是彼此矛盾的，他们认为存在不可能同时既是单义的又是超越的。因为存在的单义性意味着存在变成了两个或多个类似范畴这样的相异事物的共同概念与基础。例如，它意味着存在就像是类似"动物"这样对在实在中的"人"和"蚂蚁"等种相而言共同的属相。结果，事物之间（诸如实体与偶性、上帝与受造物）的相异性就演变成了同一属相之下的种差关系。按照亚里士多德的观点，存在不是属相。[50]如果存在是一个属相，那么整个哲学就会被单义性学说所毁灭，实体与偶性、上帝

（接上页）*Umbruch: Der Bruch mit dem Aristotelismus im Hellenismus und im späten Mittelalter-seine Bedeutung für die Entstehung eines epochalen Gegensatzbewusstseins von Antike und Moderne. 6. Tagung der Karl und Gertrud Abel-Stiftung am 29. und 30. November 2002 in Marburg*, ed. Arbogast Schmitt and Gyburg Radke-Uhlmann, Philosophie der Antike 21. Stuttgart: Steiner, 2009, pp. 105-130.

[48]《巴黎〈箴言书〉评注》（即 *Reportatio*，以下简称 *Rep.* ）*Rep.*, I, d. 8, q. 5, n. 143, 拉丁原文参见 *The Examined Report of the Paris Lecture, Reportatio 1-A, Latin Text and English Translation*, I, ed. & trans. Allan B. Wolter, Oleg V. Bychkov, St. Bonaventure, N. Y.: Franciscan Institute, 2004, p. 374。

[49] Jan Aertsen, "The Concept of 'Transcendental' in the Middle Ages: What is Beyond and What is Common"; Stephen Dumont, "Henry of Ghent and Duns Scotus".

[50] 亚里士多德在多处论证过这个问题，例如 *Metaphysics*, III. 3, 998^{b}21-27。

与受造物就都会共属同一个属相，由此上帝的超越性也会被毁灭。因此，如果存在概念像属相一样也是单义的，那么它就不会是超越的，因为超越者不能被包含入属相与范畴之中。

为避免形而上学和上帝超越性的毁灭，司各脱为存在的单义性赋予了超越性。[51]一方面，存在的概念是单义的，它为人类理智获得对上帝和实体的自然知识提供了必要的前提，从而是人类理智研究自然神学和形而上学的起点；另一方面，存在又是超越者，它超越了属相与范畴，从而使单义性并没有承担任何本质意义或种属意义上的共同实在性，这就能够保证上帝相对于受造物、实体相对于偶性仍然具有优先性。因此，这两个学说在司各脱那里是融贯和谐的。

正是存在的单义性及其超越性，才使得存在的敉平化得以可能。不过既然这种敉平由于其超越性从而并不是种属意义上的，那么也就使上帝和受造物这样的相异存在者的破裂得以可能。正是存在的破裂维护了上帝的超越性。而这种从敉平走向破裂的过程，就体现在前述超越者的分类列表中。其中的第一、第二类超越者更多体现了存在概念的敉平性，而随着第三、第四类超越者的出现，尤其是伴随着"无限性"与"有限性"概念的引入，敉平的存在概念在实在中被相异化了，从而突破了在敉平关系中上帝与受造物的关系被缩减为只是基于如何（*in quale*）的限定性。

本书将这种同时容纳存在的敉平及其破裂的形而上学结构称为"形而上学的去中心化"。形而上学不再聚焦于作为最高或最中心点的神圣存在者，或者作为核心含义的实体之上。形而上学变成了一门超越了形而上学中心点及其伴随的依赖性因素的超越性科学。存在概念的单义性及超越性与形而上学去中心化所含纳的敉平及破裂是相容的。

---

〔51〕 Stephen Dumont, "Transcendental Being: Scotus and Scotists," *Topoi*, 11, no. 2 (1992), pp. 135-148; Jan Aertsen, *Medieval Philosophy as Transcendental Thought: From Philip the Chancellor (ca. 1225) to Francisco Suárez*, pp. 398-401.

需要强调的是，单义性学说并不具有实在性，因此在人类理智之中的单义关系，并未承诺在实在中的关系也是单义的。换句话说，单义性学说尽管赋予了存在概念以单义性，但并不必然赋予存在本身以单义性，也并不必然导致存在的敉平与破裂。司各脱并没有真正否认存在的类比学说，他只是认为这一学说需要单义性的前提。但即便如此，司各脱也没有彻底承认类比学说的有效性。从人类理智中的单义性出发，在实在中的事物秩序究竟如何建构？司各脱并没有给予太多系统的回答，而这就为存在的敉平与破裂提供了可能。

在本书的第一部分中我们将看到，存在的敉平化并没有瓦解不同存在者之间的秩序。第一、二章显示，上帝对于受造物、实体对于偶性依然具有优先性。而第三、四、五章则揭示出，一与多之间、不同的形而上学真理以及善好之间同样可以有等级秩序。然而问题在于，第一章所揭示的上帝优先性由于依赖于人类理智中的单义的存在概念作为起点，从而没有真正建立上帝与受造物之间的相异性。第二至第五章所揭示的秩序变得更为松散，不同存在者之间互相的独立性增强，依赖性与凝聚性减弱。实体对偶性的优先性更为外在和偶然，一与多更为平等地松散共存，形而上学的真理与善好秩序缺乏对第一真理与第一善好的绝对依赖性。这都显示出了存在敉平化的特点。这一敉平化之所以可能，是因为形而上学的超越性淡化了中心点的凝聚功能，也因为单义性学说尽管不会必然导致这一结果，但至少能够与之相容。

存在的敉平与破裂缺一不可。正是第二部分所揭示的破裂关系，才维护了形而上学的神学目的。而敉平与破裂这两种关系之所以可以共存，就在于敉平关系背后的形而上学等级结构更为松散，这就为破裂关系提供了必要的前提。敉平与破裂这两个看似矛盾的方向，只有在去中心化的、超越性的形而上学之中才得以可能共存。

"形而上学的去中心化"这一术语和伍尔特·格里斯（Wouter

Goris）的术语"形而上学的离散"（The dispersions of metaphysics）和佩德罗·帕塞里阿斯（Pedro Parcerias）的"存在的冗余"（*La pléthore de l'étant*）在字面上有一些类似，在此需要略做澄清。

对格里斯来说，形而上学的离散是因为人类理智的首要对象和形而上学的首要主题从 14 世纪开始发生分裂，这是一个发生在司各脱之后的新现象，尽管这一点在司各脱那里有其根源。在亚里士多德那里，形而上学没有这样的分裂，因为亚里士多德的形而上学在格里斯看来具有普遍和均质的特点。然而，在将上帝的维度引入形而上学之中后，形而上学逐渐被分割为对形而上学自身来说的形而上学和对我们来说的形而上学。结果，形而上学再也没有成为一个无所不包的均质领域，而是离散入不同的领域。这一点变化对于近代主体性哲学的兴起和 20 世纪对形而上学的拒绝是负有责任的。[52]

形而上学的去中心化的关注点与之并不相同。本书的观点认为，亚里士多德的形而上学主题包含着所谓存在的中心点和核心含义，其他的存在者和存在含义都依赖于它们，这一关系所形成的形而上学结构并不是均质的。然而，通过将形而上学的主题定义为作为存在的存在以及含纳其下的超越者，并伴随以存在的单义性学说，司各脱将形而上学进行了去中心化的处理，这意味着形而上学在没有类比或多义秩序的前提下安置所有存在者和所有的存在含义。传统的存在中心点与核心含义不再成为形而上学的聚焦点。这种结构的形而上学既有均质的前提，也有相异的终点。

而对帕塞里阿斯来说，司各脱的存在学说将存在分成了各种片块和杂多者，从而丧失了形而上学的统一性，所有不同的存在者彼此疏

---

〔52〕 参见 Wouter Goris, *The Scattered Field: History of Metaphysics in the Postmetaphysical Era: Inaugural Address at the Free University of Amsterdam on January 16, 2004*, Leuven: Peeters Publishers, 2004; "After Scotus-Dispersions of Metaphysics, of the Scope of Intelligibility, and of the Transcendental in the Early 14th Century," in *Quaestio* 8 (2008), Turnhout: Brepols Publishers n. v., 2008, pp. 139-157。

离。结果，它导致了所谓"存在的冗余"。

然而，帕塞里阿斯的解释过多强调了司各脱形而上学的秩序瓦解的特点，而忽视了司各脱仍然坚持着不同存在者的形而上学秩序（例如上帝与实体仍然在形而上学之中具有优先性），尽管这一秩序建立在形而上学的去中心化基础上。我们将在本书第一到第五章讨论这些不同的形而上学秩序。[53]

因此，形而上学的去中心化并不意味着它成为毫无统一性的多义科学，因为对司各脱来说，存在概念并不是多义而是单义的。司各脱跟随着亚里士多德立场，坚持认为形而上学是研究作为存在的存在以及第一原理与原因的科学，但是他在成熟时期的立场则拒绝将实体与神圣存在者当作形而上学主题。[54]为了捍卫存在概念的单义性，司各脱需要在形而上学的去中心化基础上重新安置上帝与实体在形而上学中的优先位置，保证哲学与神学不致毁灭。由此，形而上学的研究起点实现了敉平化。当司各脱论证存在概念的单义性时，他经常使用两个例子来解释这一点：存在概念对上帝和受造物是单义的，对实体与偶性也是单义的。[55]正如彼得·金（Peter King）指出的："存在着存在的单一而统一的概念，这一概念平等地被应用于实体与偶性（并且普遍地应用于所有十个范畴），以及上帝与受造物，这被用来将形而上学建基为一门科学。"[56]

艾蒂安·吉尔松（Étienne Gilson）给予了司各脱的存在单义学说积极的评价。他指出，存在的单义性对于司各脱的神学来说是非常决定性和关键性的，因为司各脱是从一个对上帝和受造物来说共同的概念而开始他的上帝存在的证明的，也就是说，这一证明是从一个并

〔53〕　参见 Pedro Parcerias, *La pléthore de l'étant: multitude et devenir in via Scoti*, Matosinhos, 2006。
〔54〕　参见本书第一、第二章。
〔55〕　参见 *Ord.*, I , d. 3。
〔56〕　Peter King, "Scotus on Metaphysics," in *Cambridge Companion to Duns Scotus*, ed. Thomas Williams, Cambridge: Cambridge University Press, 2003, p. 18.

非预设给上帝的概念而开始，所以这一证明是真正的本体论证明。否则，我们所证明的就只不过是我们想证明的、预设为要证明的，而本体论的开端将依赖于神学的预设。[57]

因此，存在的敉平就是指，各种相异的存在者在敉平化的存在概念中获得了起点上的平等性和相同性。在这一点上，司各脱的单义学说的确隐含着摧毁上帝与受造物相异性的危险，但是我们认为司各脱严肃对待了这一挑战。在本书第一部分中我们会看到，司各脱在存在的敉平化基础上仍然捍卫了有限度的形而上学秩序。而在本书第二部分中，这一敉平化的存在结构通过五条不同的进路，从而捍卫了上帝在形而上学与非形而上学维度中的超越性。之所以司各脱能够从存在的敉平走向存在的破裂，就在于这种敉平化的相同性是超越属相和范畴的，因此更多停留在人类理智中存在概念的初始阶段，从而并没有给予各个存在者以种属意义上的共同实在性。

第二节　存在的破裂　捍卫上帝超越性

形而上学的去中心化不但允许存在的敉平化，同时也允许这一共同的起点最终能够含纳相异的上帝与受造物，从而最终保证上帝的超越性。在司各脱这里，上帝与受造物的相似性变得更为稀薄，两者的形而上学因果关系被动力关系所取代，我们对上帝的认识和上帝的自身知识被划分为两个不同的领域，上帝的无限性、不可理解性以及神圣意志的超越性都得到了提升。这正是存在的破裂，它撕裂了受造物与上帝的相似性与比例性，从而使得两者之间的相异性不再只是如何意义上的。

---

[57] Étienne Gilson, *The Spirit of Medieval Philosophy*, New York: Charles Scribner's Sons, 1940, p. 265.

上帝超越性具有三个特点：

第一，亚里士多德对于相异性（*diversitas*）与差异性（*differentia*）的区分可以解释这一点：

> 一切东西与其他一切东西或者相同或者相异……但差异与相异不同。相异者与那从之而相异的东西并不需要在某个特定的方面而相异（因为每一个存在的东西都或者相异或者相同），而那与任何东西有差异的东西是在某个方面有差异。[58]

按照亚里士多德的定义，差异性是体现在某个特定方面的，除了有差异的那个方面之外，那些有差异的不同事物仍然有可能在实在中分享某种共同的东西。相反，相异性则排除了两个事物在实在中的任何共同性，并且能够使两个事物在实在中的各个方面都无共同之处。例如，实体与偶性就是两个相异的事物，因为它们并不分享有类似属相、种相这样共同的东西，人与蚂蚁则不是相异而是有差异的，因为它们分享了"动物"作为它们共同的属相。

上帝对受造物的超越性并不依赖于它们两者之间的差异性，而是植根于它们的相异性之中。的确，存在的概念对上帝与受造物是单义的，但存在并不是一个属相。

第二，建立在上帝与受造物的相异性基础上，上帝超越性要求上帝绝不会被受造物所束缚和限制。

第三，上帝超越性建立起了上帝与受造物的等级秩序，在其中受造物完全依赖于上帝。

因此，上帝超越性意味着上帝与受造物是相异的，它们双方在实在之中并不具有真正的共同性，上帝从不被受造物所局限，而受造物

---

[58] *Metaphysics*, X. 3, 1054^b13-32.

则依赖上帝。因此，从存在的敉平这一共同的起点出发，上帝与受造物在存在的破裂中走向了相异。共同性被相异性所取代。作为天主教神学家，司各脱当然知道建立所有事物存在等级秩序的重要性，上帝在这一秩序中是至高的、自由的、独立的且超越的，而受造物则是不完满的、依赖的并且有局限的。

在司各脱之前，阿奎那曾通过吸纳一些新柏拉图主义的元素并改造亚里士多德主义的模式以便调和上帝与受造物之间的神学等级秩序，从而形成所谓的托马斯主义。[59] 上帝能够更为平衡地被哲学与神学所接近，而神圣本质包含着神圣范式，它们被受造物形式地而且不完满地模仿。结果，受造物就分有着神圣范式，并与之形成形式上的相似性，而它们之间建立于范式因果性的关系就被类比化了。由此人类就可以获得对上帝的一定比例性的类比知识。在这一类比的相似性之中，上帝不仅是所有存在者中最高的存在者，同时也居于中心位置。[60]

然而这一模式在某种程度上使得上帝与受造物的关系过于紧密，并且给予了受造物对上帝过多的相似性。伴随着 1277 禁令精神的要求，司各脱开始思考突破亚里士多德主义和托马斯主义的道路。

---

[59] 关于阿奎那哲学中的柏拉图因素，参见 R. J. Henle, *Saint Thomas and Platonism*, Hague: Martinus Nijhoff, reprint, 1970。

[60] 例如阿奎那在《神学大全》中这样说道："由于相似性施用于形式中的一致性或者共同性，那么按照分享形式的多种模式，也就有多种相似性……因此，如果一个施动者不包含于属相之中，其结果就会具有一个与施动者的形式更加遥远的相似性，不是以这样的方式，即它们按照属相或种相的相同本性（ratio）而分有与施动者的形式相似性，而是按照某种类比性，在这种方式中，存在自身（ipsum esse）对于所有存在者是共同的。而正是在这种方式中，来自上帝的事物，就它们是存在者而言，被吸纳入作为全部存在的第一且普遍原理的上帝之中。""一个受造物被说成是相似于上帝，并不是因为它们按照属相或种相的相同本性而分享了形式，而是仅按照类比性，即上帝是通过本质而是存在者，其他事物则是通过分有而是存在者。"参见 Thomas Aquinas, *Summa Theologica*（以下简称 *ST*），I，q. 4, a. 3, Leonina IV, pp. 53-54。但是这并不意味着阿奎那的立场能够被完全看作本体论神学式的，参见 Jean Luc-Marion: "Thomas Aquinas and Onto-theo-logy," in *Mystics: Presence and Aporia*, ed. Michael Kessler and Christian Sheppard, Chicago: The University of Chicago Press, 2003, pp. 38-74。

一方面，司各脱试图确保在当前状态下人类认识上帝的自然进路。如果我们不能自然地认识上帝，那么神学将失去它在人类自然理性的范围中所争取到的地盘，从而更无力吸纳和狙击拉丁阿威罗伊主义的影响。另一方面，他力图在形而上学之中和之上建立起上帝的超越性，从而最终为哲学赋予神学的目的。如果他仍然简单沿着阿奎那的思路继续前进，那么他将不得不面对下面两个可能的结果：

第一，存在的类比学说允许上帝与受造物通过类比关系而非种属关系建立等级。神圣范式的分有秩序造成形而上学的中心化。[61]而在司各脱看来，这种中心化只是一种错觉，因为类比关系并不能具有阿奎那所期望的共同性，也无法赋予形而上学以统一性，反而只会导致类比关系中的存在者变得多义而且疏离。

第二，与第一个结果相反，在第二个结果里，上帝超越受造物，但受造物将会拥有更为自足的本质，它们最终归属于上帝的形而上学秩序被淡化，受造物变得更为独立和自治，它们对于上帝的形而上学依赖性被削弱。

第一个结果在形式上连接起上帝与受造物，因为神圣范式可以被看作所谓外在的形式，这并不能够满足给予上帝以更多超越性和权力的神学要求。而第二个结果虽然维护了上帝的超越性，但削弱了受造物对上帝的依赖性。

因此，为了避免这两种结果，司各脱设计出了一种非常微妙的上帝与受造物的形而上学平衡关系：

第一，形而上学超越了形而上学中心化的限制，而存在概念的单义性能够保证人类理智对于上帝和实体的自然认识具有确定的起点，并且给予上帝与受造物以去中心化的共同性。这一共同性并不具有实

---

〔61〕 例如，阿奎那认为受造物的形式与本质本质性地关联于包含神圣范式的上帝，如吉尔松所言："范式主义是托马斯主义的本质性要素之一。"参见 *Le Thomisme : introduction à la philosophie de Saint Thomas d'Aquin*, Paris : Vrin, 1986, 6th edition, p. 86。

在性。

第二，建立在形而上学的去中心化基础上，司各脱建立起了新型的上帝超越性，在其中上帝的无限性成为理解上帝的核心概念，并且与形式/质料的关系脱离开来（参见本书第六章）；上帝作为受造物的外在因优先于其形式因，动力因取代了范式因，而外在因则被明确为神圣意志与爱，第一阶的动力关系与第二阶的动力关系是多义的（参见本书第七章）；上帝偶然地意愿并创造了偶然性，并且对受造物相反的共时偶然性保持无分别与中立，上帝能够自由超越因果系统，能够无须中介而直接作用一切结果，上帝并非自因，神圣理念与偶然性的关系被切断（参见本书第八章）；所有无条件的完满性在本性上是无限的，并且只能被上帝形式地拥有，受造物的不完满性与上帝的完满性是多义关系（参见本书第九章）；而最终，实践与神圣意志超越了思辨科学与形而上学的限制，去中心化的形而上学并没有指导神圣意志的自由决断（参见本书第十章）。

结果，司各脱的形而上学建立起了上帝与受造物的秩序关系，而这一关系并不首要依赖于受造物与上帝的范式关系和形式相似性，而且上帝在形而上学之中，通过外在动力关系对范式关系和内在关系的优先性而更加疏远了受造物。当上帝在这些进路中获得更多的自由与超越性时，他的权力也极大地得到增强，受造物也更依赖于上帝。

因此，如前述吉尔松所言，形而上学的去中心化在存在最初始的状态中并未包含直接的神学目的，但是它可以允许司各脱进一步建立起上帝的超越性以及受造物对上帝的依赖性。如果形而上学仍然是中心化的，那么上帝的超越性及其与受造物在形而上学之中的关系将会是有限制的，由此上帝的自由与全能在某种意义上有被削弱的危险。更重要的是，这种类比的中心化反而因其多义性导致人对上帝的自然认识变得不可能。因此，形而上学的去中心化能够为上帝提供更多的自由与全能，因为它将上帝从受造物对他的形式相似性的紧密关系中解放出来，并同时保证了人类理智对上帝的自然认识。去中心化确实给予了上帝和受造物以某种共同性，但这一共同性却并不是实在的，并且不依赖于形而上学中的类比关系、种属关系和相似的比例关系。相反，它能够允许上帝与受造物在实在中变得更为遥远、更为相异。本书认为，这种在形而上学的去中心化与上帝超越性之间的微妙关系正是司各脱思想的核心关切与特色之一。虽然司各脱论证说存在概念对上帝和受造物是单义的，但这种单义性完全可以维护上帝的超越性。对此有两点理由可以说明：

第一，如前所述，在司各脱的形而上学之中，存在是单义且超越的。存在是超越者，它超越了属相和范畴，因此存在单义性并没有把存在当作属相，它并没有为上帝和受造物提供共同的实在性。上帝与受造物在存在之中的相异性是通过内在样态而依赖于存在的强度，而不是依赖于实在中的共同属相或类比关系。这一点将会在本书第六章中进一步解释。

第二，尽管我们使用了"存在"这一概念来描述上帝，但是存在对于上帝自身来说是不完满的概念，因为这是上帝对有朽的心灵所给予的概念。[62] 由于我们当前状态的限制，我们必须得使用这一概念用以理解上帝，但是这并没有给予上帝与受造物以实在之中的共同性。

因此，存在的单义性在人类理智对形而上学的追问之初给予了上帝和受造物以非实在的共同性，但上帝和受造物在实在中则并未分享任何真正的共同性，存在的敉平从而能够走向存在的破裂。

超越者从属于形而上学的研究主题，但它们并没有总是服务于捍卫上帝超越性。如上所述，按照艾尔森的分析，司各脱所理解的超越性涵盖了两种不同的含义：第一种是对于属相和范畴的共同性，另一

---

〔62〕 例如，司各脱认为"我是我所是"，也即上帝是一位存在者，是上帝对可朽的心灵所表达的："噢主我的上帝，当摩西你的仆人，询问你这位最真的导师，以向以色列的子民宣布你的名字时，你知道有朽者的理智能够把握你什么，你透露了你有福的名字，回答道：'我是我所是。'" *DPP*, 1. 2, Ed. Wolter, p. 3.

种则是超越了属相与范畴。一些超越者属于第一种，另一些则属于第二种。[63]是第二种而非第一种含义，才适合于理解上帝超越性。这两种含义其实并不矛盾。正是因为超越者超越了属相与范畴，反而才能在超越它们的层次上给予属相与范畴以共同性。而这种共同性显然并没有将上帝与受造物收入同样的属相与范畴中，而只是在人类理智的认识之初，提供了一个自然认识上帝的必要起点。这种粆平的共同性是极为稀薄的，因此才可以允许接纳上帝和受造物这样完全异质的存在者。所以存在的粆平及其破裂并不矛盾。

按照司各脱，从属于形而上学研究主题的超越者不仅包含存在还包含其可互换的属性（一，真和善好），同时也包含分离性属性和无条件的完满性。在司各脱所提到的超越者中，有一些值得特别注意，因为某些分离性超越者和无条件的完满性能够保证上帝超越性及其与受造物的相异性。艾尔森声称，那些分离性属性是司各脱在形而上学历史之中所做出的最有原创性的工作之一。[64]也正如他所说，分离性超越者包含了司各脱的神学目的。[65]

但这并不意味着分离性超越者都只是为了神学目的而存在，因为其中的一些诸如现实的／潜在的，相似的／不相似的，并不是只有神学上的功能。例如不光上帝是现实的，受造物也可以具有现实性，不同的受造物可以相似或者不相似。但其中的一些超越者，如无限的／有限的，必然的／偶然的，则具有较为明确的神学指向。例如只有上帝才是无限且必然的存在者。其中的原因／被作用的这一对超越者虽

---

[63] Jan A. Aertsen, "The concept of 'transcendens' in the middle ages: What is beyond and what is common," in *Platonic Ideas and Concept Formation in Ancient and Medieval Thought*, ed. Carlos Steel, Gerd van Riel, Caroline Macé & Leen van Campe, Leuven: Leuven University Press, 2004, pp. 133-153.

[64] Jan A. Aertsen, "The Medieval Doctrine of the Transcendentals: New Literature," *Bulletin de Philosophie Médiévale*, Volume 41, 1999, p. 116.

[65] *Medieval Philosophy as Transcendental Thought: From Philip the Chancellor (ca. 1225) to Francisco Suárez*, pp. 382-384.

然并不限于上帝与受造物的关系，然而因果关系在司各脱的自然神学之中扮演了重要角色。

在司各脱的上帝存在证明之中，他证明了上帝是唯一的无限且必然的存在者，是第一动力因与第一目的因，并且是最优越、最完满的存在者。在司各脱所列举过的分离性属性之中，无限的／有限的，原因／被作用的，必然的／偶然的这三对就与司各脱的自然神学关系紧密，并起到了基础性的作用。它们都有助于保证上帝的超越性。除此之外，无条件的完满性也具有这一功能，上帝形式上包含了所有无条件的完满性，并因此是最优越、最完满的存在者。

因此，在第六至第九章之中，我们将展示司各脱如何使用这四条进路建立起上帝在形而上学框架之中的超越性，而这四条进路都没有使用阿奎那式的受造物与上帝的类比性的形式相似性与范式主义模式，并比这些模式更大程度地提升了上帝的超越性。

之所以选择这四条形而上学进路作为主要研究对象，是因为它们共同构成了司各脱自然神学的基础。自然神学研究的是在当前状态下我们以自然的路径所能获得的关于神圣本性及其属性以及受造物与上帝的关系等主题的知识。这四条进路不仅被用于上帝存在的证明，而且都紧密地与自然神学的主题相关联。无限性并不是上帝的属性，而是当前状态下我们所能归给上帝的最完满概念。上帝是第一动力与目的因，是必然存在者，还是最优越、最完满的存在者。因此，我们需要分析这四条进路如何在自然神学之中保证上帝超越性。而由于司各脱的形而上学是其自然神学的基础，因此我们将在第六至第九章中看到这四条进路如何与形而上学的去中心化相融贯。上帝与受造物在存在概念之中所具有的共同性和单义性是我们对上帝的自然认识的开端，但司各脱最终主要依赖这四条进路而在形而上学和自然神学领域之中捍卫了上帝超越性，建立起了受造物与上帝的相异性，而且这一相异性不再具有阿奎那所建立的形式相似性和比例关系，从而造成存在的破裂。

需要强调的是，四条形而上学进路与非形而上学进路之间的区别并不是绝对的。事实上，它们彼此关联。我们将看到形而上学进路与神圣意志以及爱具有深入关系，而非形而上学进路同样也非反形而上学或与形而上学毫无关涉。因此，这两种类型的进路具有不同的聚焦点，并且相互联系。本书将在第二部分的结论中讨论这五条进路的内在关系。

除了这五条进路之外，上帝超越性在启示神学之中也能够得到捍卫，因为上帝超越性本身就依赖于基督教信仰和圣经叙事。然而本书将不讨论这一问题，因为本书真正关心的是司各脱思想中形而上学与上帝超越性的内在关系，而这五条进路或多或少都与形而上学具有关系。相反，启示神学完全与形而上学、思辨科学或人类理性分离。[66]因此，本书第二部分的讨论集中于在当前状态下形而上学与上帝超越性的关系，不讨论启示神学中的上帝超越性问题。

第三节　司各脱的形而上学及其神学目的

司各脱的形而上学与上帝超越性之间的关系与一个具体的问题有关：司各脱的形而上学究竟是否包含了强烈的神学目的？如果有，这两者如何关联？对于这一主题具有多种不同的讨论。我们认为，这些讨论和观点中最重要和最有代表性的可以分为三类：第一，沃尔特，卢德格·霍内费尔德，艾尔森；第二，极端正统派（Radical Orthodoxy）和对它的批评；第三，布尔努瓦。总体而言，司各脱形而上学与其神学目的的关系包含三个不同部分：

部分 A：形而上学研究作为存在的存在，而其研究主题还包含一些可与之互换的共存超越者：一，真，善等，并且没有直接的神学指向。在这个部分中，诸存在者获得了无分别的共同起点，形而上学不

---

〔66〕　*Ord.*, prol., p. 2, Vatican Ⅰ, pp. 58-87.

包含明确的神学含义。

部分 B：形而上学被建构成一个本体论神学系统，它浸透了神学的意图和目的，特别是在一些分离性超越者和无条件的完满性那里。例如，无限的／有限的，原因／被作用的，必然的／偶然的，以及无条件的完满性[67]等（不限于这些）都可以用来建构本体论神学系统。在这个部分，形而上学与神学没有分离，相反，形而上学是以上帝为统一性的本体论系统与在存在学说基础上的神学系统的综合。然而我们也将会看到，这个部分同时也包括了克服和超越本体论神学系统的维度。换句话说，部分 B 能够被看作本体论神学，而在同时它具有超越本体论神学系统的可能性。

部分 C：形而上学的目的与本体论神学系统最终迎来其终结。上帝最终超越了任何形而上学与本体论神学系统，终结了受造物与上帝的去中心化关系。通过建立起实践相对于思辨的优先性，受造物在实践科学与神学里中心化于上帝。

在接下来的讨论中，我们将使用这三个部分来概括和分析上述三组相关学者的立场。建立在这些不同的构成因素和基础上，司各脱在形而上学与其神学目的（尤其是 1277 禁令的神学导向和方济各修会的传统）之间构建了一种新型的若即若离但又互相关联的综合路向。

对于这三个部分的关系，我们应该对其每一部分的侧重点都予以同样的重视，而不应选择性的强调。在本书的结语部分我们将更多讨论这一点。

1. 沃尔特，霍内费尔德，艾尔森

这三位学者具有不同但互相关联的立场与思路，因此将他们列为

---

〔67〕 *DPP*, 4. 9, Ed. Wolter., p. 79: "Omnis perfectio simpliciter, et in summo, inest necessario Naturae Summae. "

一组。

（1）沃尔特

沃尔特在司各脱形而上学中的超越者问题的研究方面做出了开创性的贡献。他关于司各脱形而上学的专著是第一本，却也是迄今唯一一本专门研究司各脱超越者学说的专著。按照杜蒙的看法，这本出版于半个多世纪之前的著作，仍然是司各脱形而上学研究的最好导论。[68]

在这本著作中，沃尔特提醒我们注意，司各脱的形而上学就是研究超越者的科学。他逐一分析了司各脱所提到的超越者，并最后认为司各脱的形而上学是神学性的，因此在整体立场上，他更倾向于将部分 B 作为司各脱形而上学的主要聚焦点。

相关于本研究，沃尔特对于很多超越者的分析有些简略。例如他对于分离性超越者的研究并没有使用很多司各脱的文本作为讨论基础，而更多只是初步的导论，[69]而且我们也不能完全认同他的结论，即司各脱的形而上学就是神学性的，并完全渗透入了其神学目的。[70]这种看法容易忽略部分 A 的重要性。而他对于超越者的分析只主要集中在它们如何在司各脱的形而上学中发挥作用。在大多数情况下，他只是给那些分离性超越者，诸如无限的／有限的，必然的／偶然的等仅几页的研究篇幅，这些超越者所包含的神学内涵并未得到充分揭示。因此，他全书的研究内容和结论部分并没有互相紧密支撑。司各脱的形而上学与其神学目的的关系需要更多的澄清。

在这本专著之后，沃尔特再没有如此集中地给予这个主题以更多的系统研究。他发表了众多涉及司各脱思想各方面的研究论文，并且为司各脱著作的英语翻译做出了重要贡献。

---

[68] "Henry of Ghent and Duns Scotus," pp. 327-328.

[69] 参见 *The Transcendental and their Function in the Metaphysics of Duns Scotus*, pp. 128-161。例如，沃尔特只用了两页篇幅来讨论有限的和无限的这一对超越者。

[70] 参见 "Conclusion: Metaphysics as Theologic," *The Transcendental and their Function in the Metaphysics of Duns Scotus*, pp. 176-184。

（2）霍内费尔德

在霍内费尔德的很多著作[71]以及重要论文中，[72]他利用"超越性"这个核心概念来概括和梳理形而上学发展的不同阶段。不同于沃尔特浓厚的神学关切，霍内费尔德更多关注形而上学历史的发展，尤其特别关注司各脱在从亚里士多德到现代哲学的发展过程中，在形而上学问题上的贡献及作用。

在霍内费尔德的著作所研究的众多哲学家中，他对司各脱给予了特别的重视。在他看来，司各脱的形而上学是对作为存在的存在及超越者的研究，因而就成为"形而上学的第二开端"。因此司各脱的贡献主要包含两个方面：第一，司各脱通过将形而上学的对象[73]确定为作为存在的存在，因而继承了亚里士多德的学说；第二，通过强调超越者在形而上学之中的基础性作用，司各脱给予形而上学以新的定义，从而极大地影响了苏亚雷兹和沃尔夫，并最终推进了现代形而上学的

〔71〕 Ludger Honnefelder, *Ens inquantum ens: der Begriff des Seienden als solchen als Gegenstand der Metaphysik nach der Lehre des Johannes Duns Scotus*, Second edition, Beiträge zur Geschichte der Philosophie und Theologie des Mittelalters (Neue Folge) 16. Münster: Aschendorff, 1989.

〔72〕 例如，"Duns Scotus: Der Schritt der Philosophie zur Scientia Transcendens," in *Thomas von Aquin im Philosophischen Gespräch*, ed. Wolfgang Kluxen, Freiburg and Munich, 1975, pp. 229-244; "Der Zweite Anfang der Metaphysik: Voraussetzungen, Ansätze und Folgen der Wiederbegründung der Metaphysik im 13. /14. Jahrhundert," in *Philosophie im Mittelalter. Entwicklungslinien und Paradigmen*, ed. Jan P. Beckmann et al., Hamburg: Meiner, 1987, pp. 155-186; Ludger Honnefelder and Hannes Möhle, "Transzendental Ⅲ. Duns Scotus und der Skotismus," *Historisches Wörterbuch der Philosophie* (Basel) 10 (1998): 1365-1371; "Metaphysics as a Discipline: from the Transcendental philosophy of the Ancients to Kant's Notion of Transcendental Philosophy;" in *The Medieval Heritage in Early Modern Metaphysics and Modal Theory, 1400-1700*, ed. Russell Friedman, L. O. Nielsen, The New Synthese Historical Library Volume 53, 2003, pp. 53-74; "Erste Philosophie als Transzendentalwissenschaft: Metaphysik bei Johannes Duns Scotus," in *Woher kommen wir? Ursprünge der Moderne im Denken des Mittelalters*, Berlin: Berlin University Press, 2008, pp. 114-132.

〔73〕 司各脱并不总是在形而上学的主题和对象之间做出明确的区分。关于中世纪思想中这一问题的讨论，参见 *The Debates on the Subject of Metaphysics from the Later Middle Ages to the Early Modern Age/I Dibatitili Sull'oggetto Della Metafisica Dal Tardo Medioevo Alla Prima Età Moderna*, ed. Marco Forlivesi, *Medioevo. Rivista di Storia della Filosofia Medievale* no. 34, 2010。

形成。由此，司各脱就站在了古代中世纪与现代的中间位置。[74]

在本书看来，霍内费尔德的贡献主要体现在他揭示了司各脱在形而上学发展中的转折点和推进者的作用。在这个意义上，他的关注主要集中在部分 A 及其与部分 B 的关系上。与本书相关的是，霍内费尔德真正关心的是，司各脱如何继承并发展了亚里士多德的形而上学，并且如何预示了现代哲学，特别是以康德为代表的先验哲学的出现。跟随着这一目的，霍内费尔德的研究重点并不在司各脱的神学目的及其对形而上学的重要意义上。他确实在不少地方讨论了部分 B 和部分 C，但并没有将之作为其研究思路的核心主题。

由于这样的学术研究兴趣，霍内费尔德特别强调了作为存在的存在在司各脱形而上学中的中心位置。结果，他并没有对其他的众多超越者，尤其是那些分离性超越者予以过多的重视。事实上，司各脱形而上学的重要贡献之一就是他极大地扩展了形而上学的研究主题。因此，我们没有看到他系统地处理过分离性超越者。相反，在他关于司各脱形而上学的专著之中，他更愿意集中在作为存在的存在问题的研究上。[75]

（3）艾尔森

艾尔森写过研究阿奎那的超越者学说的重要专著，逐一分析超越者在阿奎那思想中的功能。[76] 他在这一主题上还写过许多论文。[77] 在

---

[74] Ludger Honnefelder, *Johannes Duns Scotus: Denker auf der Schwelle vom mittelalterlichen zum neuzeitlichen Denken*, Nordrhein-Westfälische Akademie der Wissenschaften und der Künste: Vorträge/Nordrhein-Westfälische Akademie der Wissenschaften und der Künste: G, Geisteswissenschaften 427, Paderborn et al.: Schöningh, 2011.

[75] 例如在其 *Ens inquantum ens: der Begriff des Seienden als solchen als Gegenstand der Metaphysik nach der Lehre des Johannes Duns Scotus* 中，大部分的章节都集中在对于作为存在的存在的讨论。他也讨论了那些分离性超越者和无条件的完满性，但是比较简短。

[76] Jan Aertsen, "*Medieval Philosophy and the Transcendentals: The Case of Thomas Aquinas*," Leiden, New York, Köln: Brill Academic Publishers, 1996.

[77] 例如，"Truth as Transcendental in Thomas Aquinas," *Topoi*, Volume 11, Issue 2, pp. 159-171; "Being and the One: The Doctrine of the Convertible Transcendentals in Duns Scotus," *Franciscan Studies* 56 (1998): 47-64; "Scotus's Conception of Transcendentality: （转下页）

司各脱形而上学的研究方面，他最新的对中世纪超越者研究的巨著包含了他对司各脱思想中的超越者和它们的神学目的的最系统处理。[78]

与沃尔特和霍内费尔德相比，艾尔森的分析涵盖得更为全面，他对部分 A 和部分 B 给予了足够多的重视。如上所述，司各脱将超越者的两个含义合并在了一起：一个是所有属相和范畴在形而上学意义上的共同性，另一个是存在在本体论神学意义上的优越性和高贵性。艾尔森同样正确地指出，那些分离性超越者显示了形而上学与共同性的分离。换句话说，艾尔森恰切地将司各脱形而上学的部分 A 与 B 区分开来。他并没有给部分 C 非常多的注意，因为他在这本著作中的核心关切是中世纪形而上学作为超越性科学的发展历程，也是因此他对司各脱形而上学及其神学目的的讨论颇具启发性，但整体较为精练和简短，仍有值得进一步讨论的空间。

2. 极端正统派及其批评

极端正统派对司各脱的存在单义学说及意志论给予了著名的批评，也招致诸多学者对他们的批评。在这一派别的学者中，我们选择凯瑟琳·皮克斯多克（Catherine Pickstock）[79]作为代表，

（接上页）Tradition and Innovation," in *Johannes Duns Scotus 1308-2008: Die philosophischen Perspektiven seines Werkes/Investigations into His Philosophy. Proceedings of "The Quadruple Congress" on John Duns Scotus, part 3*, ed. Ludger Honnefelder, etc., St. Bonaventure, N. Y.: Franciscan Institute Publications; Münster: Aschendorff, 2010, pp. 107-123。

[78] *Medieval Philosophy as Transcendental Thought: From Philip the Chancellor (ca. 1225) to Francisco Suárez.*

[79] Catherine Pickstock, "Duns Scotus: His Historical and Contemporary Significance," *Modern Theology* 21 (2005), pp. 543-574; *After Writing: On the Liturgical Cosummation of Philosophy*, Oxford and Malden: Blackwell Publishers Ltd., 1998, pp. 121-134; "Modernity and Scholasticism: a Critique of Recent Invocations of Univocity," *Antonianum* 78 (2003): 3-46; Papbst, Adrian. "De la Chrétienté à la modernité? Lecture critique des Thèses de *radical orthodoxy* sur la rupture scotiste et ockhamienne et sur le renouveau de la théologie de saint Thomas d'Aquin," *Revue des sciences philosophiques et théologiques* 86 (2002): 561-599. 另可参见奥利维·布尔努瓦对司各脱的评论：*Duns Scot: sur la connaissance de Dieu et l'univocité de l'étant,* Épiméthée, Paris: PUF, 1988; 2nd edition 2011, pp. 290-291。

而选择理查德·克罗斯（Richard Cross）[80]与托马斯·威廉姆斯（Thomas Williams）[81]作为极端正统派批评者的代表，同时也将略微提及奥兰多·托迪斯科（Orlando Todisco）与伊西多尔·曼扎诺（Isidoro Manzano）[82]的观点。这些学者都表达了他们的不同观点并阐述了理由，而他们的看法在极端正统派及其回应中也是最有代表性的。

（1）极端正统派

皮克斯多克对司各脱形而上学解释的主要观点是存在单义性学说导致了一系列消极的神学后果。例如，上帝与受造物的相异性被极大削弱，而上帝超越性被本体论神学系统所限制，神圣之爱的优先性失去了其实质的神学意义。因此，正统基督教信仰与生活被危害甚至毁灭了。换句话说，皮克斯多克认为部分 B 并不能在部分 A 的基础上对神学目的给予足够信服和实质的支撑，结果使得部分 C 的要求变成空泛和形式主义的了。

正如皮克斯多克所引用的，托迪斯科与曼扎诺猛烈批评了她的立场，他们认为存在的单义性和形而上学充满了神学目的。然而，他们的论证并没有说服皮克斯多克，而她同样给出了许多论证以阐发由于存在单义性学说所引发的消极后果。她对于司各脱形而上学的分析包含了部分 A、B 和 C。在皮克斯多克的论证中，以下两点与本书主题最为相关：

第一，"无限的"与"有限的"之间的区分并非本质而且相当笼

---

〔80〕 Richard Cross, "Where angels fear to tread: Duns Scotus and Radical Orthodoxy", *Antonianum* Annus LXXVI Fasc. 1 (January-March, 2001), pp. 7-41.

〔81〕 Thomas Williams, "The Doctrine of Univocity Is True and Salutary," *Modern Theology* 21, no. 4 (2005), pp. 575-585.

〔82〕 Orlando Todisco O. F. M., "L'univocità scotista dell' ente e la svolta moderna" in *Antonianum* Annus LXXVI Fasc. 1 (January-March, 2001), pp. 79-110; Isidoro Manzano O. F. M., "Individuo y sociedad en Duns Escoto," *Ibid.,* pp. 43-78. 转引自 "Duns Scotus: His Historical and Contemporary Significance"。

统，上帝与受造物在本体论系统中被当成同样的东西。"无限的"与"有限的"的相异性变成了补充性的，也即只是在如何（*in quale*）而非是什么（*in quid*）意义上的区分，而这一区分是非常模糊的。上帝的神学形象被吸纳入认知和思维的模式系统。

第二，神圣之爱变成了形式主义的，并且不具有与受造物的实质关系，而司各脱的分有理论将上帝与受造物的关系分离开来。上帝与受造物的因果关系仅仅是动力的，[83] 从而不像阿奎那那样，将这一因果关系建立在范式因果关系中的受造物对上帝的范式/形式相似性基础上。结果，上帝变得很遥远，甚至与受造物形成了多义的关系。

尽管极端正统派的意见的确在某些方面不乏洞见，但在一些重要的地方上仍然是很成问题的。实际上，上帝的超越性以及上帝与受造物的相异性并未丧失。去中心化的形而上学能够成为保证上帝超越性的基础，而四条形而上学进路并不总是被本体论神学系统所局限；相反，它们能够保证上帝与受造物在实在性中没有共同性。存在既有秋平的开端，同时也有破裂与相异化的终点。而这一破裂的终点通过神圣之爱与实践科学相对于思辨科学的超越性得到了弥合，在这个意义上，神圣之爱并不是形式主义的。

（2）批评

威廉姆斯曾在一篇论文中试图证明存在的单义性作为人类认识上帝的合适路径是正确且健康的。[84] 由于他的批评不如克罗斯丰富且详细，因此这里将主要分析克罗斯的文章。

相关于本书，克罗斯的文章包含了两个重要观点：

第一，存在的单义性并没有将上帝与受造物等同起来，相反它主要是一个语义意义上的概念，而没有任何本体论承诺，而且单义性与

---

〔83〕 *After Writing*, p. 131.
〔84〕 "The Doctrine of Univocity Is True and Salutary."

上帝和受造物毫无实在共同性并不矛盾。在很多文本中，司各脱有意识地强调"存在的概念是单义的"，而非"存在是单义的"。

第二，司各脱的立场与阿奎那不同，但是他们之间的相似之处要远比司各脱与现代性的关系更为基础。

我们同意克罗斯的观点，即存在的单义性学说并不与上帝和受造物的相异性矛盾。尽管有时司各脱也声称存在（而不是存在的概念）对上帝和受造物、实体与偶性是单义的（在这一点上，克罗斯的讨论可以更为精细一些），[85] 但是它并没有给上帝与受造物实在的、真正的共同性。本书更为关心的是，形而上学是如何通过将超越者也列入形而上学的研究主题从而得到了去中心化。在这一点上，存在的单义性与形而上学的去中心化是融贯的，它们两者都没有落入也都不属于某个特定的属种或范畴。

我们也同意克罗斯关于上帝和受造物相异性的观点。事实上，这种相异性在司各脱的学说中仍然较好地得到了维护。存在的单义性并不意味着神圣存在者与受造存在者在实在中变得平等。在这个方面，极端正统派对于司各脱思想的理解是偏颇的，而他们也忽视了司各脱使用多个不同的进路建立上帝超越性的努力。

阿奎那与司各脱的关系则是一个充满争议的话题。的确，司各脱并不是如此现代并且仍然与阿奎那具有诸多相似性。然而在本书中，我们更愿意强调他们两者之间的差异性，因为一方面，这种差异性使得司各脱与现代哲学的关系更为明显；另一方面，这种差异性更能够揭示司各脱如何在阿奎那的基础上，处理亚里士多德形而上学与天主教神学要求的关系。因此，为了揭示司各脱如何在他的前辈以及同时代人中确立自己的思想位置，阿奎那与司各脱的区别对于本书来说更为重要一些。

---

[85]　参见本书导论，脚注〔28〕、〔30〕、〔31〕。

3. 布尔努瓦

我们认为布尔努瓦对形而上学和神学目的关系的讨论是较为精准的。他的研究对部分 A、B、C 三者都予以了平衡的理解。

他在这一问题上的看法主要体现在他的《存在与表象》(*Être et représentation*),[86] 以及《邓·司各脱：爱的严厉》(*Duns Scot, la rigueur de la charité*)[87] 两本著作中，同时他还写作了一些相关问题的论文。[88]

这两本著作相互关联，并且在司各脱思想中形而上学与神学关系的问题上持有相似的看法。布尔努瓦认为，亚里士多德与阿奎那都建立起了形而上学与神学的统一性，而司各脱却将它们分离入不同的领域，建立起本体论神学系统，并开启了神学与哲学的新关系。在这一结构中，神学与哲学是分离且彼此独立的，而在同时，这一关系反而深化了两者的互相依赖。哲学与神学的彼此独立与彼此依赖在司各脱的思想中紧密关联。这一观点无疑非常具有启发性。一方面，神学需要形而上学的存在概念以接近上帝，而形而上学的终点又是上帝的存在（部分 B）；另一方面，形而上学中立地、无分别地聚焦在作为存在的存在的研究上，而没有直接的神学目的（部分 A），而神圣之爱

---

〔86〕 Olivier Boulnois, *Être et représentation: Une généalogie de la métaphysique moderne à l'époque de Duns Scot (XIII e-XIV e siècle)*. Épiméthée. Paris: Presses Universitaires de France, 1999.

〔87〕 Olivier Boulnois, *Duns Scot, la rigueur de la charité*. Initiations au Moyen Âge. Paris: Cerf, 1998.

〔88〕 例如他对于皮克斯多克的回应："Reading Duns Scotus: From History To Philosophy," *Modern Theology* 21:4 October 2005, pp. 603-608。关于其他相关论文，参见 "Quand commence l'ontothéologie? Aristote, Thomas d'Aquin et Duns Scot;" "Duns Scot et la métaphysique," *Revue de l'Institut catholique de Paris* 49 (1994): 27-38; "Duns Scot: Métaphysique transcendantale et éthique normative," *Dionysius* 17 (1999): 129-148; "Duns Scot, philosophe et théologien," in *Błogosławiony Jan Duns Szkot 1308-2008: Materiały Międzynarodowego Sympozjum Jubileuszowego zokazji 700-lecia śmierci bł. Jana Dunsa Szkota, Katolicki Uniwersytet Lubelski Jana Pawła II, 8-10 kwietnia 2008*, ed. Edward Iwo Zieliński and Roman Majeran, Lublin: Wydawnictwo KUL, 2010, pp. 25-43。

对存在话语系统的超越性又显示了神学的独立性与优先性（部分 C）。

我们认为布尔努瓦的观点非常接近于司各脱的立场，他对于司各脱的处理非常恰当地在部分 A、B 与 C 之间保持了平衡。与布尔努瓦相比，本书在如下两个方面上尝试做出推进：

第一，他对司各脱本体论神学的讨论并没有注意到其本体论神学与解本体论神学的复杂关系。例如，在本体论神学体系中的因果关系并不完全是本体论神学式的。神圣无限性是不可理解的；第一动力因和目的因是神圣意志与爱；上帝能够自由终止他与受造物之间的庞大因果关系系统。上帝的本体论神学化并未使上帝被本体论神学系统所限制。

第二，布尔努瓦对于司各脱形而上学及其神学目的的处理仍然给我们留下了进一步的讨论空间。

第四节　本书的结构

这本著作的主题是司各脱思想中形而上学与上帝超越性的关系。这与司各脱形而上学与神学的诸多方面相关，而我们尝试使用这一主题将这些方面组织为一个整体，并在现有文献的基础上试图做出自己的处理。本书将会展现司各脱的形而上学与其神学目的的复杂关系，在其中部分 A、B、C 具有各自的位置与功能。尽管形而上学与上帝超越性的主题不可能包含司各脱的所有具体学说，但它能够被看作一个理解司各脱形而上学与神学基本立场的较好视角。

相应于存在的敉平和破裂过程，按照导论第一节所列举的超越者列表，本书的结构安排如下：

第一部分的五章集中于形而上学去中心化的第一个方面：存在的敉平。我们将看到形而上学如何在敉平化的存在概念基础之上获得新的结构，而这一结构同时仍然可以含纳上帝与实体的优先性、一与多、诸形而上学真理与善好的内在秩序。

相应于第一类超越者，也即存在，第一、二章将主要讨论存在的单义性如何容纳上帝相对于受造物、实体相对于偶性的优先性。存在的敉平化并没有完全消灭这两组存在者之间的秩序。

相应于第二类超越者，也即一、真和善好，第三、四、五章讨论这三个与存在可互换且共存的超越者如何被单义性学说所渗透，并同时依然保持其所含纳的不同存在者的形而上学秩序。

然而这些秩序尚不能真正捍卫上帝的超越性，其中第一章尽管维护了上帝的优先性，但仍然需要更为实质性的推进。本书第一部分展现了部分 A 不能充分实现部分 B 的要求。

第二部分的五章集中于形而上学去中心化的第二个方面：存在的破裂。通过讨论五条捍卫上帝超越性的进路，我们将看到从敉平化的存在出发，司各脱如何在与形而上学的纠缠之中捍卫了上帝超越性，如何保证了上帝与受造物的相异性，从而使存在最终走向不同极点的破裂。

相应于第三、四类超越者，第六到第九章选择了其中的三对分离性属性以及无条件完满性来展现这四种超越者如何突破了存在概念在人类理智中的单义性，并实质性地维护了上帝的超越性。第十章的内容则体现了上帝的意志以及实践科学如何进一步超越了形而上学秩序。去中心化的形而上学在第十章的实践科学秩序里中心化于上帝，而爱的交互性最终弥合了受造物与上帝的破裂关系，这一弥合并未削弱上帝的超越性。

本书第二部分展现了部分 B 的建立如何突破了部分 A，并进一步发展出部分 C。

在结语部分，我们将概括本书的整体问题，分析本书主题与本体论神学的关系，讨论"中介的消失"所具有的二重含义，并在这些基础上简短讨论司各脱与笛卡尔的内在关联。

在部分脚注中，本书列举了一些相关主题的研究文献。出于篇幅的考虑，并未注明所有参考过的文献，而将它们全部列在书末的"参考文献"部分。尽管其中一部分文献未必与正文的论述密切关联，但依然保留了它们，以供有兴趣的读者进一步查阅。

考虑到司各脱著作的中文翻译与研究较少，本书在论述中引用了很多他的原著，希望能使论述更易理解。这些引文的中文翻译有如下三种情况：第一，如果已有较好的翻译，则在引文的中文翻译过程中进行参照。第二，如果一些已有翻译不够好，或者不是依照批判版（即 Vatican 版和 Bonaventure 版），那么本书在翻译中主要依照原文译出。没有批判版可用的原文使用 Wadding 版。第三，如果没有译本，本书直接从原文译出。关于本书所使用的所有拉丁文本、缩写以及译本，参见书末的附录部分。为省去不必要的篇幅，本书在脚注中删去了绝大部分原稿中的原著原文，并保留出处。

第一部分

存在的敉平

形而上学的去中心化与秩序

在导论中，我们曾将司各脱的形而上学特点概括为去中心化。在本书的第一部分，我们将具体论述这一去中心化如何渗透入上帝与受造物、实体与偶性的关系，以及一与多、真理和善好等形而上学学说之中，并进一步展现司各脱如何保证这样的敉平结构仍然具有内在秩序。

当司各脱论证存在概念是单义的，他曾重点指出，这一单义性是针对上帝与受造物以及实体与偶性的关系。[1] 然而，司各脱仍然在形而上学中保证着上帝与实体的优先性。去中心化和敉平化并不意味着诸存在者被彻底平等化与共同化，如果敉平彻底泯灭了各个存在者的相异性与秩序，那么神学与形而上学也会随之遭到如下毁灭：

第一，这会使形而上学无法蕴含任何导向上帝的意图，上帝与受造物变得没有秩序性。由于司各脱认为形而上学是自然神学不可或缺的基础，由此人类对于上帝的自然认识就会陷入困境。

第二，这会使实体丧失掉相对于偶性的优先性，并进一步使作为一门科学的形而上学陷入困境。

因此，在去中心化的形而上学结构之中，司各脱仍试图维持上帝对于受造物、实体对于偶性的优先性，并在这一优先性的基础上建立起上帝 / 受造物、实体 / 偶性的秩序。

那么什么是"优先性"呢？司各脱认为，优先性可以进一步被划分

---

[1] *Ord.*, I , d. 3, q. 3.

为本质的优先性和偶性的优先性。[2]而上帝对丁受造物、实体对于偶性的优先性属于本质的优先性，因为这种优先性并不是基于相关双方的偶性关系：

> 在本质性地具有秩序的事物中，优先者无条件地与第一者相关，而优先者就正是这一（秩序）的原因，以及所有在后者的原因。[3]

跟随着这一定义，司各脱证明了上帝本质性地优先于受造物，而实体也本质性地优先于偶性，因为在无条件的意义上，上帝正是受造物的原因，实体正是偶性的原因。不过需要注意的是，这里的"在先的"与"在后的"同样是一对超越者，它们分享着单义的存在基础，因此上帝与实体的优先性并不违反单义性学说。

在第一到第二章，我们能够看到敉平的存在结构仍然内含了上帝与受造物、实体与偶性的秩序。为了避免毁灭哲学与神学，司各脱在形而上学的去中心化和上帝／实体的优先性之间做出了平衡。这一平衡就体现在第一、第二章之中。而第三至第五章则表明，司各脱是如何在去中心化的一、真、善好之中，仍然适度建立起内在的秩序结构。

---

〔2〕 *QM*, b. 5, q. 8, n. 7, Bonaventure Ⅲ, p. 524.
〔3〕 *QM*, b. 5, q. 8, n. 7, Bonaventure Ⅲ, p. 524.

总体来说，这五章的内容由于存在的敉平结构，从而不能非常有力地支撑上帝超越性，尽管它可以允许建立一些内在的优先性和秩序。上帝与受造物的等级秩序以及对敉平结构的超越，需要在第一章的基础上，通过第六到第十章的进路才能真正建立起来。而第四、第五章中形而上学真理 / 善好秩序与神学实践真理 / 善好秩序的相互独立性，则预示了第十章中实践对于思辨的优先性。

第一章　形而上学与上帝 / 受造物的秩序

　　作为最首要的超越者，存在无疑在司各脱的形而上学思想中拥有核心和基础的位置。有学者如霍内费尔德就把司各脱看作中世纪哲学的决定性思想家，他跟随亚里士多德将形而上学研究定义为对作为存在的存在的研究，从而继承并复兴了亚里士多德主义的形而上学传统，成为形而上学的"第二次开端"。[1] 不但如此，司各脱所提出的最著名的学说之一（在一些人眼中也是臭名昭著的）正是存在的单义性学说，这在一些人看来为上帝和受造物提供了一个共同甚至平等的基础，并由此削弱了上帝的超越性。

　　这一解释在一定程度上有合理之处，司各脱的确将形而上学的研究主题定义为作为存在的存在，以及涵盖其下的众多超越者。[2] 然而，这一标准的解释很容易给予人们这样的印象，即司各脱的形而上学并不具有深厚的神学考虑，并且对上帝与受造物的相异性保持了无分别的立场。结果，司各脱似乎将本体论神学系统转换回传统的本体论之中，并且使得神学与形而上学分离开来，由此将神学目的排除出对作为存在的存在及其超越者的研究。

　　事实上，在其《〈形而上学〉问题集》（*Queastiones super libros*

---

〔1〕　一种代表性的立场可见于霍内费尔德的众多著作中，他认为司各脱是形而上学发展的"第二次开端"。例如参见其 *La métaphysique comme science transcendantale entre le Moyen Âge et les temps modernes*。

〔2〕　对于作为存在的存在作为形而上学对象，参见 *Ens inquantum ens*。对于超越者作为形而上学主题，参见 *The Transcendentals and Their Function in the Metaphysics of Duns Scotus*。

Metaphysicorum Aristotelis）中，司各脱曾证明上帝也同样能够成为形而上学的研究主题。在这一文本的基础上，司各脱形而上学研究的真正主题是什么近来引发争议，甚至有人认为上帝才是司各脱形而上学的真正主题，这应该被视为司各脱在成熟时期的最终观点。这一观点是由丽加·伍德（Rega Wood）提出的，[3] 她也坦然承认，除了多米尼克·德芒热（Dominique Demange）[4] 之外的所有学者都与她的观点相悖。[5] 之所以这种观点不容易被学界所接受，是因为《〈形而上学〉问题集》多被视为司各脱较为前期的著作。尽管晚近这一论断已遭受质疑，但这一著作包括第一卷在内的前半部分仍然更多被看作前期思想。因此，丽加的观点不但挑战了对司各脱形而上学基本立场的看法，同时也质疑了传统的司各脱思想的分期问题。

按照伍德的观点，司各脱在《牛津〈箴言书〉评注》（*Ordinatio*）和《巴黎〈箴言书〉评注》（*Reportatio*）等后期著作中认为存在而非上帝才是形而上学的主题。而在《〈形而上学〉问题集》第一卷第一个问题中，司各脱则又最终证明上帝才是形而上学的研究主题，对存在的研究被纳入对上帝的研究之中。这说明《〈形而上学〉问题集》第一卷第一个问题属于司各脱最后期的思想。

撇开具体的分歧，这一解释上的不同促使我们思考如何理解司各

---

〔3〕 Rega Wood, "First Entity as the Subject of Metaphysics," in *Johannes Duns Scotus 1308-2008:Die philosophischen Perspektiven seines Werkes/Investigations into His Philosophy. Proceedings of "The Quadruple Congress" on John Duns Scotus*, part 3, ed. Ludger Honnefelder et al., St. Bonaventure, N. Y.: Franciscan Institute Publications; Münster: Aschendorff, 2010, pp. 87-105; "Duns Scotus on Metaphysics as the Science of First Entity," in *Later Medieval Metaphysics: Ontology, Language, and Logic*, ed. Charles Bolyard and Rondo Keele, New York: Fordham University Press, 2013, pp. 11-29. 这两篇论文在观点和论证上非常相似，本书把后者作为伍德对于这一问题的标准且最终的看法。

〔4〕 Dominique Demange, "Pourquoi Duns Scot a critiqué Avicenne," In *Giovanni Duns Scoto: Studi e ricerche nel VII Centenario della sua morte in onore di P. César Saco Alarcón*, ed., Martín Carbajo Núñez. Vol. 1, Rome: PAA - Edizioni Antonianum, 2008, pp. 195-232. 伍德把德芒热看作她的支持者。

〔5〕 "Duns Scotus on Metaphysics as the Science of First Entity," p. 13.

脱著作中及其相应解释中的两种相反学说。如果上帝能够成为形而上学的主题，那么司各脱形而上学中存在与上帝的关系究竟是什么？

通过对司各脱在这一主题上不同表述的阅读，本书认为这两种解释都各自有其道理和问题。本书同意标准解释认为作为存在的存在以及超越者才是形而上学的主题，但这种观点没有考虑到司各脱的确在《〈形而上学〉问题集》中声称上帝才是形而上学的主题。即便我们认为这一著作是其较前期的著作，但上帝仍然在司各脱后期的成熟形而上学思想中占据突出的优先位置。伍德的解释正确地揭示了上帝在司各脱思想中的重要位置。但问题在于，这种观点过于夸大了上帝在形而上学中的中心位置。本书更不能同意的是，伍德将这种观点当成司各脱最成熟的最终观点。事实上，在作为存在的存在以及超越者作为形而上学主题和上帝作为形而上学主题之间，前者毫无疑问是更为基础和决定性的。司各脱从未放弃过存在概念对上帝和受造物的单义性学说，也始终坚持将作为存在的存在当作形而上学的主题。确实，在《〈形而上学〉问题集》中上帝成为形而上学主题，但是在司各脱后期的成熟著作中，上帝最终落入了对作为存在的存在这一形而上学主题的研究，而非像伍德所认为的那样是上帝作为形而上学主题包含了存在这个主题。事实上，《牛津〈箴言书〉评注》《巴黎〈箴言书〉评注》和《论第一原理》（De Primo Principio）等后期著作才代表了司各脱的最终看法。这些著作将对上帝的研究划分为三个不同的领域：形而上学、自然神学与启示神学，这些领域之间是可相容的。然而这些不同的领域在《〈形而上学〉问题集》中还是不融贯的。后期著作转变了《〈形而上学〉问题集》中的立场，并发展出对存在与上帝进行综合处理的策略，上帝在形而上学之中的优先性在形而上学去中心化的秕平基础上被悉心保护了起来，同时上帝则成为形而上学基础上的自然神学主题，以及依赖于信仰的启示神学的主题。这些不同的领域在后期著作中被分隔开来，但是形而上学与自然神学在《〈形而上学〉问题集》中还没有获得清晰的区分。因此，《〈形而上学〉问题集》讨论上帝作为形而上学主题的第一卷，应被视作司各脱的前期著作。

我们不应忽视司各脱在形而上学之中的强烈神学意图，但这一意图必须在形而上学去中心化的敉平前提下才能得到充分理解。司各脱的形而上学允许上帝具有最高的优先性，但这一优先性只是其整体形而上学的一个部分。[6] 因此，这一章所建立起来的上帝优先性，还未能充分保证受造物与上帝的相异性。这一相异性需要在存在概念的基础上，通过引入第二部分所分析的某些分离性超越者以及无条件完满性，才能逐步建立起来。

司各脱前期著作和后期著作的不一致性并不意味着它们不具有共同之处。事实上，关于上帝在形而上学之中的最突出位置，两者的看法是一致的，区别在于我们是否应该把上帝树立为形而上学的主题。

第一节　前期著作中形而上学的两个主题

对《〈形而上学〉问题集》里上帝在形而上学之中的位置，我们应该首先分析其序言部分，在其中我们能够看到围绕这一问题所展开的争论。

在该书序言中，关于形而上学的主题，司各脱提出了两个相关但不同的看法：

第一，形而上学是研究超越者的科学："因此，必须要有某种普遍科学存在，它在其自身之中考量这些超越者。这就是我们所称的'形而上学'，它来自'*meta*'，意思是'超越'，以及'*ycos*'，即'科

---

〔6〕　在这一点上，本书同意布尔努瓦的观点，即上帝正是形而上学主题的一个部分。参见其 *Être et représentation: Une généalogie de la méthaphysique moderne à l'époque de Duns Scot*, pp. 457-458。

学'。这就像是门超越的科学，因为它是关于超越者的。"[7]

第二，形而上学研究那些最可知且最确定的事情："那最可知和最确定的是原理与原因，而且它们越优先，它们就越确定。因为根据它们（原理与原因），那在后的东西的所有确定性都依赖其上。但这一科学考量这样的原理与原因，如哲学家在这一著作（《形而上学》）第一卷第二章所证明的，以及如那里的文本所明确指出的，即智慧。"[8]在序言的其余部分和第一个问题中，司各脱证明上帝正是最可知、最确定的原因。[9]

看来第一个看法是司各脱对于形而上学主题所给予的标准答案。形而上学研究作为存在的存在以及不能落入属相和范畴的超越者。在超越者的列表中，我们看到超越者可以是原因和结果，而存在则是它们共同的单义基础。相反，第二个看法则特别地集中在最高和最可知的原因上，并因此将结果排除出形而上学的主题。形而上学的主题因此就不再是原因和结果的共同基础。

第一个看法把超越者当作形而上学主题，这一主题就具有普遍性和共同性。第二个则集中在上帝上。这两种看法是否融贯呢？实际上这正是《〈形而上学〉问题集》与其后期著作的重要不同之一。对于前者，这两种看法是融贯的，并且被合并入形而上学之中；而对于后者，它们并不融贯，且被分派入不同的领域。形而上学研究作为存在的存在以及超越者，而自然神学则在形而上学基础上以上帝作为主题。

《〈形而上学〉问题集》的序言认为，形而上学主题或者是超越者或者是上帝。当司各脱声称上帝能够成为形而上学主题时，他试图以如下方式来协调这两个方面：

---

[7]　*QM*, prol., n. 18, Bonaventure Ⅲ, p. 9.
[8]　*QM*, prol., n. 21, Bonaventure Ⅲ, p. 10.
[9]　*QM*, b. 1, q. 1, nn. 130-136, Bonaventure Ⅲ, pp. 59-63.

在理智中最先出现的、作为最可知东西的是共同的存在，而基于此，（第一存在者的）首要性就被证明了。[10]

这一陈述说明，共同存在作为最可知并在理智中最先出现的东西，恰恰是第一存在者，也即上帝首要性的基础。

对于上帝成为形而上学主题，一个自然的疑问是：既然存在对于包括上帝和受造物在内的所有存在者是单义且共同的，那么就应该是存在而非上帝才是这门科学的研究主题。司各脱如此回复：

我答复，就算存在是单义的，上帝将仍然是这里的主要主题，因为这门科学（形而上学）并不是被当作为了如此这样的关于存在的合宜认知的。[11]

从中我们可以看到，司各脱在存在的单义性基础上仍然试图给予上帝在形而上学中以主要的位置，而这也同样暗示，这门科学首要地是为了上帝而非对存在的认知。

因此，我们就能看到为什么《〈形而上学〉问题集》的第一个问题是这样开始的：

关于这门科学的对象，以上已经显示，这门科学关于超越者。然而，同样已经显示的是，它是关于最高原因的。这些不同的意见应该被当作其合宜的对象。[12]

尽管司各脱认为形而上学的主题（subject）更应该被恰切地称为

---

〔10〕 *QM*, b. 1, q. 1, n. 161, Bonaventure Ⅲ, p. 71.

〔11〕 *QM*, b. 1, q. 1, n. 153, Bonaventure Ⅲ, p. 68.

〔12〕 *QM*, b. 1, q. 1, Bonaventure Ⅲ, p. 15.

对象（object），不过在很多地方他并未刻意区分两者。司各脱同时坚持这两种不同的意见。他的立场既不是阿维森纳的，后者认为形而上学的主题／对象不是上帝而是作为存在的存在，也不是阿威罗伊的，后者认为上帝是形而上学的主题／对象，而上帝的存在是在物理学中得到证明的。司各脱一方面同意阿维森纳，即上帝存在的证明不能像阿威罗伊所认为的那样只在物理学中获得，因为对上帝的形而上学进路要比物理学进路更完满。然而，阿维森纳把上帝从形而上学主题中分离出来，而司各脱则认为上帝同样能够成为形而上学主题。

为了将存在与上帝合并入形而上学主题，并在两者关系中给予上帝以优先性和主导性，司各脱在不同地方提出几点不同理由以说明这一点。兹将其收集如下：

第一个理由基于完满性。尽管作为存在的存在和超越者都是形而上学主题，但这并不是完满知识。形而上学主题始终是上帝，因为它被首要地设定为是对作为目的的第一存在者的认知。[13] 然而，作为存在的存在同样也是形而上学研究的重要主题和内容。对于这一困难，司各脱如此回复："因为内容，即这门科学所首要相关的东西，就其作为完满认知或某个概念来说，就是其目的。"[14] 也就是说，形而上学的内容和目的只能在完满知识中一致。在当前状态下，我们对于存在的知识并不完满。"我是我所是"是宣示给有朽者的理智的。[15] 因此，在人类理智的认识起点上，作为存在的存在是在先的，但是上帝则是通过意图与目的的优先性而在先，因为他是首要地被形而上学所意欲的，而且许多认知的整体集合的原理是在此目的下获得

---

[13] *QM*, b. 1, q. 1, n. 147, Bonaventure Ⅲ, p. 67.

[14] *QM*, b. 1, q. 1, n. 148, Bonaventure Ⅲ, p. 67.

[15] "噢主我的上帝，当摩西你的仆人，询问你这位最真的导师，以向以色列的子民宣布你的名字时，你知道有朽者的理智能够把握你什么，你透露了你有福的名字，回答道：'我是我所是。'" *DPP*, 1. 2, Ed. Wolter, p. 3.

整合的。[16]

因此，由于我们的堕落状态，我们需要从存在那里来研究上帝及其神圣属性："关于第一存在者推理出的最首要前提是从作为存在的存在的属性而来的。因为存在的特定前提只意味着首要地与它（第一存在者）有关。因此，（这门科学）考量共同的存在。"[17]这说明：第一，我们关于神圣存在者的知识和前提是从作为存在的存在的前提与属性而来，我们不能直接地获得关于神圣者的形而上学知识；第二，对神圣前提的理解是首要的，但这并不是形而上学唯一集中于其上的主题。这正是为什么形而上学考量共同的存在而非特定的存在者，因为它能够提供必要的基础，在此之上将上帝当作首要的主题，而其他所有存在者都与之关联。如果它只研究某个特定的存在者如神圣者，那么这一门科学将会分裂入不同的特定主题。

因此，上帝的确在形而上学研究中具有优先性，但形而上学也要考量作为存在的存在。为了达到作为最终目的的上帝，我们需要作为存在的存在这一开端。尽管形而上学研究作为存在的存在问题，但这一研究的最终目的朝向上帝。

第二个理由是，在司各脱对于形而上学的设想中，存在不光是单义的，同时还是有秩序的。上帝与受造物分享了同样的前提，但是它们却在有秩序的存在者系统中具有等级。上帝在形而上学中是第一存在者："每一个分离性的属性对首要事物和所有事物是共同的——严格来说不是共同的，而是在多种事物中如此；因此有第一存在者或者第二存在者，因为诸存在者是有秩序的。因此，某个存在者是首要的。"[18]在第一存在者与其他存在者关系的问题上，秩序永远存在于其中。尽管存在是单义概念，但是所有存在者按照形而上学等级和神学

---

[16] *QM*, b. 1, q. 1, n. 140, Bonaventure Ⅲ, p. 64.

[17] *QM*, b. 1, q. 1, n. 142, Bonaventure Ⅲ, p. 65.

[18] *QM*, b. 1, q. 1, n. 156, Bonaventure Ⅲ, p. 70.

体系从而拥有了秩序。在这一秩序中，必须存在着第一存在者，也即上帝。

然而有一个疑问：在作为存在的存在而不是所有存在者与上帝的关联中，所有存在者才是可知的，这是否意味着存在着两个形而上学，第一个的主题是作为存在的存在，第二个是上帝呢？司各脱如此回答：

> 这一科学（关于上帝的科学）是形而上学的一个部分，正如物理学会是不完满的，如果它包含着质料与形式的知识，却忽视了对于自然存在者的整体处理。或者（《解释篇》的科学也是不完满的），如果它只处理名词与动词，却毫不涉及表达，因为这样对于首要主题的考量将会被忽略。由此，就绝对没有其他科学了，因为关于第一存在者的科学要处理那些作为存在者的存在者。因此在它们于其归属中被考量的地方，它们就会在它们自身中（被考量）。但是它们在它们自身中被考量，是因为第一存在者。[19]

物理学与语言学的例子可以说明，一门科学最重要的知识不仅是关于其组成部分的知识，而且还是如何给予它们秩序的知识。对于自然存在者的整体处理安排着关于质料与形式的知识，而关于命题的知识则安排着关于名词与动词的知识。在形而上学中也是如此，它在研究第一存在者也即上帝的基础上安排所有其他作为存在者的存在者。因此，关于作为存在者的存在者的知识被涵盖入研究第一存在者的形而上学之中。存在者能够被恰当地考量，是出于它们与第一存在者的归属关联。在这个意义上，司各脱的立足点与阿维森纳不同，因为在

---

[19] *QM*, b. 1, q. 1, n. 141, Bonaventure Ⅲ, pp. 64-65.

司各脱所理解的阿维森纳的观点中，阿维森纳将上帝从形而上学主题中排除，并将上帝与形而上学主题这两者分离。相反，司各脱在此时仍然认为上帝能够被包括进形而上学的研究主题中去。

第三个理由则涉及形而上学与物理学的差异。司各脱并不满意阿威罗伊的意见，即形而上学的主题是上帝，而物理学则证明上帝的存在，形而上学却做不到这一点。同时司各脱还认为阿维森纳的观点也不正确。对司各脱来说，物理学与形而上学都能够证明上帝的存在：

> 所考量的每一个关于结果的属性不可能存在，除非其原因存在，这就说明原因就是"因为"（*quia*）。但是在自然科学中所考量的属性以及在这门科学中关于结果的考量都不能存在，除非第一推动者存在，且第一存在者存在。因此，这两门科学（物理学与形而上学）都能够证明其（第一存在者）存在。[20]

这两门科学都能够证明上帝存在，因此上帝同时具有形而上学与物理学的功能："存在着第一存在者，这能够通过形而上学与物理学的中介而得到证明。"[21] 正如地球是圆的同时能够在物理学与形而上学中得到证明一样。在形而上学秩序中，上帝在所有存在者中是第一存在者，并且在物理学秩序中，上帝还是第一推动者。但是在司各脱看来，物理学是一门比形而上学低级的科学。在不同地方，司各脱曾对此给出过两个不同的说明。

第一个涉及完满性的不同等级：

> 这门科学（形而上学）更为直接，因为在其中所考量的受

---

[20] *QM*, b. 1, q. 1, n. 113, Bonaventure Ⅲ, pp. 54-55.
[21] *QM*, b. 1, q. 1, n. 163, Bonaventure Ⅲ, p. 72.

造存在者的普遍属性要比在其他科学中所考量的特定条件更容易达到对第一存在者完满性的卓越的肯定认识。因为这些（在其他科学中所树立的条件）更倾向于缺乏性的认识或某种不太卓越的肯定性认识。因为作为推动者的首要性要比无条件地存在的第一存在者更少卓越性。[22]

在这段陈述中，我们看到第一存在者的完满性要比那无条件的第一推动因的完满性更为卓越，因此上帝存在的形而上学证明也要比物理学证明更为完满。物理学所处理的上帝概念，更多涉及运动的关系性概念，并且没有暗含无限性。而形而上学的上帝概念是绝对性的，并暗含无限性。[23]

其次，物理学处理的是更多带有偶性的事物，因此形而上学是证明上帝存在的更好选择：

> 自然哲学家证明某个推动的东西是首要的，而由于这个理由，它就能在其自身中而显示为真的，第一推动者显示为是不移动的，不可朽坏的，等等。因此，形而上学与自然科学通过偶性而相关于同样的事物。但是关于上帝，自然科学更依赖偶性，因为它所能达到的对于上帝最高的描述要比形而上学所建立的最高描述距离上帝的本质更遥远——正如一门科学，比如医学，将一个人当作组织系统来看待，比起那种将人当作人来看待的科学来说，在关于人的方面上就是偶性的。[24]

由于形而上学和物理学都处理不移动也不朽坏的上帝，而神圣属

---

〔22〕 *QM*, b. 1, q. 1, n. 113, Bonaventure Ⅲ, p. 72.
〔23〕 *QM*, b. 1, q. 1, n. 113, Bonaventure Ⅲ, p. 72.
〔24〕 *QM*, b. 1, q. 1, n. 163, Bonaventure Ⅲ, pp. 71-72.

性又只能在通过与自然的、移动的和可朽事物的关系中才能得到理解，所以这两门科学或多或少都与偶性事物相关。在物理学中所处理的上帝距离本质意义上的上帝更遥远，因为"物理学家对于第一存在者从未揭示任何东西，除非通过偶性"。[25] 而人类理智在当前状态下所能获得的关于上帝的最高概念是形而上学的，因此作为一门比物理学来说更少处理偶性主题的科学，形而上学是更为合适的描述上帝的进路。

除此之外，形而上学证明甚至能够将物理学证明包括其中，第一存在者包含着第一推动者的功能："但谁将证明同样的东西既是第一推动者又是第一存在者呢？形而上学家。按照《形而上学》第四卷：'一个人和一个白的人是同样的。'"[26] 这说明形而上学处理上帝的方式要先于物理学，因为前者是研究上帝的更完满的方式，并且甚至可以包括后者。因此，上帝不可能与形而上学分离开来，而是与之有深厚的关系。

除了上述三点理由之外，司各脱还给出了另一个补充理由用以说明为什么上帝应该是形而上学主题，这一理由与人类幸福相关：

> 因此如果是存在，而不是上帝被确立为形而上学的主题，那么形而上学所具有的智慧的概念潜在地（*virtualiter*）也就包括进对存在的认知了。但更完满的认知是不可能潜在地被包括进不太完满的认知中的。因此，对存在的认知要比对上帝和分离实体的认知更为完满。由于自然至福被包括进了对上帝和分离实体的认知中，如《尼各马可伦理学》第十卷所示，而由此至福就包括在对作为存在的存在的认知中，这一点则是错误的，

---

〔25〕 *QM*, b. 1, q. 1, n. 145, Bonaventure Ⅲ, p. 66.
〔26〕 *QM*, b. 1, q. 1, n. 163, Bonaventure Ⅲ, p. 72.

因为（这样的认知）是最不完满的。在这种方式中，它与第四点[27]的分歧是明显的，而由此，相反的立场就会得到坚持。[28]

在这段论证中，司各脱设想如果我们将存在而非上帝设立为形而上学主题的话会有什么结果。形而上学与智慧的知识相关。如果我们把存在设立为形而上学主题，那么就会有两个结果：一是智慧的知识被包括进存在的知识；二是关于上帝的知识要比关于存在的知识更少完满性，因为更少完满性的知识潜在地被包括进具有更多完满性的知识中。然而，人类的自然幸福相关于智慧，后者则在形而上学之中，而前者则与人类对上帝的信仰有关："按照《尼各马可伦理学》第十卷，幸福存在于形而上学地、智慧地认识的活动中，而这就存在于对第一存在者的认识中。"[29]那么这就会造成一个荒谬的结果：关于智慧与上帝的自然幸福却存在于对作为存在的存在这一形而上学主题的认识中。按照本书导言所提到的司各脱在存在问题上的看法，在当前状态下的关于作为存在的存在的知识并不是完满的知识，因此作为存在的存在的科学，这一不完满的科学也就不可能包含关于智慧与人类幸福的知识，因为后者依赖于对上帝的信仰。因此，上帝也应该被设立为形而上学的主题。

这几个理由说明，尽管对作为存在的存在的研究在形而上学中占据基础性位置，但这一研究围绕着对上帝的研究。上帝是形而上学的目的，主导着形而上学秩序，形而上学还最完满地服务于上帝存在的证明以及在上帝中人类所实现的自然幸福。

---

[27] 这就涉及阿维森纳的立场：是存在而非上帝才是形而上学的主题。相反，司各脱在此坚持认为上帝应该被设立为形而上学主题。
[28] *QM*, b. 1, q. 1, n. 123, Bonaventure Ⅲ, pp. 57-58.
[29] *QM*, b. 1, q. 1, n. 160, Bonaventure Ⅲ, p. 71.

第二节　前期著作论上帝作为形而上学主题

从上述论证和理由中，我们看到为什么司各脱认为上帝应该被包括在形而上学内，并应被设立为形而上学主题，但这仍然没有解释上帝究竟是如何成为形而上学主题的。在这一点上，司各脱所面对的困难具有很大挑战性，因为司各脱声称作为存在的存在以及超越者同样也是形而上学主题。他拒绝了阿维森纳的主张，即形而上学研究作为存在的存在并证明上帝存在，也拒绝了阿威罗伊的观点，即形而上学研究上帝而物理学证明上帝存在。司各脱试图在两者之间寻找一种平衡和综合的道路。

司各脱给予了三种方式来将上帝设立为形而上学主题：

第一，上帝能够作为单纯事实（*quia*）而成为形而上学主题；

第二，上帝能够成为形而上学主题，"因为这一科学是关于上帝的许多结论的集合，通过或者（将上帝当作）推理事实（*quid*）或者单纯事实而呈现出来的"；[30]

第三，上帝能够成为形而上学主题，因为形而上学"是许多关于上帝的结论和原理，以及那些归属于第一存在者的其他属性的集合，就这些属性都归属于上帝而言"。[31]

接下来我们逐一检查这三种方式。

1. 上帝成为形而上学主题的第一种方式

第一种方式主要依赖于 *quia* 知识（单纯事实知识）与 *quid* 知识（推理事实知识）的基本区分。这一区分首先是在亚里士多德《后分析篇》第一章第十三节中提出的。简单来说，前者是指从结果到原因

---

[30] *QM*, b. 1, q. 1, n. 133, Bonaventure Ⅲ, p. 61.
[31] *QM*, b. 1, q. 1, n. 134, Bonaventure Ⅲ, p. 61.

的知识，这一知识终结于一个作为原因的事实，所谓"单纯"是指最终到达这一事实不需要预设这个事实之外的其他条件。而后者则是从原因到结果的知识，这一知识要回答为什么如此。所谓"推理"是指对这个原因及其与结果的关系的为什么的追问，需要预设其他根据、原理、原因，从这些其他预设来推理出这一知识。

这一区分在中世纪的思想语境中，成为区分上帝与受造物的关键之一。我们能够从作为受造物的结果出发而达到上帝存在这一单纯的、无条件的事实，这就是关于上帝的单纯事实知识。但我们不可能拥有关于上帝的推理事实知识，因为没有什么其他根据、原理、原因能够先于上帝自身，使我们能推理出为什么上帝如此以及为什么上帝与受造物的关系如此，没有什么上帝之外的根据、原理、原因可以成为上帝存在的原因。司各脱如此解释单纯事实知识：

> 单纯事实的科学证明其主题的存在，因为通过结果，以这种方式关于其原因的某物就被证明了。出于一个结果不能在原因中没有这样的条件而存在的事实，结果也就不能没有原因的存在而存在。因此，原因存在。因为这一点是明确的：我们从结果所推出的关于原因的首要结论是其存在。但单纯事实的科学在理智中预设了关于主题的概念，而关于这一概念，首先论证它存在，其次论证其他存在于其中的事物。[32]

这一引文在普遍的意义上探讨一门科学的主题问题，司各脱并未提到上帝，不过这一讨论同样可以应用在上帝存在的证明的情况上。没有作为原因的上帝，他所作用的结果也不可能存在。因此，从存在着一些结果这个事实来看，我们能够推断出原因的存在以及存在于这

---

[32]　*QM*, b. 1, q. 1, n. 112, Bonaventure Ⅲ, p. 54.

一原因中的其他事物。

之所以我们只能获得关于上帝的单纯事实，是因为在当前状态中，我们的认知只能从感觉开始。[33]我们不能直接从上帝自身获得关于上帝的知识，而是需要从认知的自然进程来开始这一认知。这一过程是亚里士多德主义式的，即感觉是人类认知的第一步。在我们开始试图认识上帝之前，我们并不知道上帝：

> 因此，人通过自然理性而可能获取的第一科学是单纯事实的科学……这一科学既不预设上帝存在，也不从那些由认识他而来的其他事物的知识而开始……因为在单纯事实的科学中（恰当地这样称呼它），关于主题唯一的预设是其名称所意味的东西，以及推断而出的它的存在以及它是什么。[34]

因为上帝不能通过感觉而在自然中直接被发现，在认知的开始，我们对于上帝是无知的。在这个意义上，司各脱的形而上学具有非神学的预设，这一预设并不是特别被设计以用于理解上帝的。在开端，我们关于作为形而上学主题的上帝所知道的仅仅是他的名称，而我们最终关于这一主题所获得的则是他的存在及其是什么。

而且司各脱还指出了单纯事实与推理事实的另一个重要不同：

> 上帝存在作为单纯事实能够在其他科学中得到证明，却不在这门科学（形而上学）中得到证明，这是矛盾的，因为这门科学像其他科学一样，是把结果看作是对自身直接的东西。这就是为什么单纯事实的科学并不能将其主题当作推理事实那样

---

〔33〕 *QM*, b. 1, q. 1, n. 136, Bonaventure Ⅲ, p. 62.
〔34〕 *QM*, b. 1, q. 1, n. 136, Bonaventure Ⅲ, pp. 62-63.

来证明其存在，而且这就是为什么一门关于推理事实的科学预设了其主题的存在及其是什么，因为它能够通过其主题的原理来证明这一点，如果它有原理的话。[35]

这就意味着，既然形而上学的证明和其他学科如物理学一样，都没有预设上帝的存在，那么上帝作为单纯事实如果可以在物理学这样的其他学科中被证明，同样也就可以在形而上学之中被证明。通过结果而达到单纯事实的进路是直接的，因为它不需要通过其所预设的主题以及所蕴含的原理而展开科学研究。相反，在建基于推理事实的科学中，其开端则是在其主题之前就预设的原理和原因。总而言之，"作为对我们而言可知的形而上学，必然地是关于上帝的单纯事实的科学"。[36]

接下来还有一个问题。如果形而上学的主题是作为单纯事实的上帝，那么它又如何关联于对作为存在的存在的研究呢？因为作为存在的存在的确也是形而上学的主题。司各脱将这两个主题如此关联了起来：

> 作为推理事实的、关于作为存在的存在的整体科学被导向为关于上帝的单纯事实科学。[37]

我们能够看到形而上学的目的是上帝，而对作为存在的存在的研究依赖于推理事实，并最终服务于对作为单纯事实的上帝的认识。

除此之外，司各脱还出于其神学立场，从而将形而上学导向至作为单纯事实的上帝，即他想捍卫上帝相对于结果、相对于其他原理、

---

〔35〕 *QM*, b. 1, q. 1, n. 136, Bonaventure Ⅲ, p. 63.

〔36〕 *QM*, b. 1, q. 1, n. 121, Bonaventure Ⅲ, p. 57.

〔37〕 *QM*, b. 1, q. 1, n. 150, Bonaventure Ⅲ, p. 67.

原因的独立性。如果我们关于上帝的形而上学建立在推理事实的基础上，那么这就会预设上帝的存在，并且使得我们对上帝的形而上学研究依赖于这一主题所蕴含的原理和原因，而上帝的超越性也就会受到削弱。相反，从单纯事实的方式来理解上帝，则能够保证原因对于结果的超越性，我们只需从结果出发抵达上帝存在即可，而无须像推理事实科学那样依赖于对其研究主题的本质性理解。[38]

2．上帝成为形而上学主题的第二种方式

上帝能成为形而上学主题的第二种方式主要是相关于从单纯事实和推理事实而来的神圣本性和属性。

如上所述，物理学与形而上学都能够认识上帝，而后者在当前状态下更为精确地相关于上帝本性。因此，形而上学就成为奠定司各脱自然神学的基础。不但上帝的存在，而且一些神圣属性的证明与确立也都是从形而上学化的自然神学而来的。在我们开始分析神圣本性与属性如何能够成为形而上学主题之前，我们需要先澄清为什么上帝被称为"第一存在者"。

正如司各脱经常强调的，上帝是所有存在者中的第一存在者，然而，这就引发了一个问题：究竟"第一"意味着什么？无疑，"第一""第二"和其他相似的序数词都属于作为偶性之一的量。如果第一存在者是指上帝的形而上学位置，并且没有类似在物理学中的偶性含义，那么"第一"作为一种量从而属于偶性，它又如何被用来谓述上帝呢？

当"第一"被用于上帝时，并没有意味着一种量，因为它将会使"第一存在者"成为某种偶性的东西而非必然的概念。为了解决这一困难，我们需要作为形而上学主题的超越者概念从而将"第一"这

---

〔38〕 *QM*, b. 1, q. 1, n. 151, Bonaventure Ⅲ, pp. 67-68.

一偶性的量的概念转变为一个超越的概念，因为超越者超越了包括所有偶性在内的范畴。然而我们不能否认，"第一"的确具有量的含义，那么它如何成为一个超越的概念呢？

为了理解这一点，我们需要看一下司各脱对普遍意义上的存在与作为存在的特定部分的第一存在者之间关系的陈述：

> 形而上学认知的目的是对处于最高的存在者的认知，而这就存在于第一存在者中。因此，考量第一存在者属于形而上学家。[39]

因此，在最高程度上考量存在就是接近普遍意义上的存在的最合适途径，而第一存在者就意味着最高的存在，第一、最高都不是量的概念，而是指这种存在者是形而上学的目的。对于普遍意义上的存在的研究最终导向了对第一存在者的考量。

而且，存在同样属于超越者，而普遍意义上的存在和第一存在者的关系说明第一存在者同样也是一个超越的概念：

> 所有对他（上帝）的自然可知的事物，都是超越者。这门科学（形而上学）的目的就是对于存在者的完满认知，这就是对第一存在者的认知。[40]

因此，"第一"作为本属于范畴的量的概念就被提升为一个超越了范畴的概念，由此它就不再是一个偶性概念了。在对上帝的知识和描述中，没有任何偶性的东西，因为偶性的东西更多存在于那些处于

---

〔39〕 *QM*, b. 1, q. 1, n. 160, Bonaventure Ⅲ, p. 71.
〔40〕 *QM*, b. 1, q. 1, n. 161, Bonaventure Ⅲ, p. 71.

生成与毁灭的自然有朽事物中。而任何对于上帝的描述都必须超越范畴而成为超越的知识。形而上学是一门研究超越者的科学，因此对于上帝的研究也应在形而上学中有重要位置，并最终被设立为形而上学的目的。

不但如此，既然形而上学是一门比物理学和数学更为完满的科学，我们在当前状态下在形而上学中只能具有对于存在的完满知识。这一知识在最高的程度上得到了表达，因此形而上学的主题最终指向了作为第一存在者而处于存在的最高程度的上帝。

我们当前状态下关于上帝的所有自然知识都在根本上依赖于形而上学，上帝不仅是第一存在者，同时还是无限存在者，是作为第一动力因和目的因的存在者，是必然存在者以及最优越、最完满的存在者，我们将在第六至第九章具体探讨这些问题。司各脱的上帝存在证明立足于其形而上学，在这个意义上，上帝能够成为形而上学的主题。

3. 上帝作为形而上学主题的第三种方式

上帝成为形而上学主题的第三种方式的涉及面要比上述两种更大，因为它延伸到了上帝与其受造物的关系，即第一存在者与其他存在者的关系。上帝与其他所有存在者具有形而上学等级秩序：

> 它（形而上学）从主题的统一性而得到统一，但它不是作为在先的（科学而得到统一），而是因为所有其他东西都归属于主题的根据（ratio）（而得到统一），因为在这门科学中的考量会是在无条件意义上的某种首要的东西，而这一首要的东西会在它可被考量的首要根据方面得到考量。[41]

---

〔41〕 *QM*, b. 1, q. 1, n. 134, Bonaventure Ⅲ, p. 61.

在第三种方式中，关于上帝的知识是整个形而上学的统一性所在，形而上学所处理的不仅是上帝自身与神圣属性，还有其他存在者。在所有其他存在者最终都归属于上帝的意义上，上帝可以成为形而上学的主题，而所有其他存在者只能在它们与上帝的关系中才能在形而上学中具有意义并拥有位置，由此形而上学的统一性得以建立。否则，形而上学主题将会被分离而进入关于不同存在者的不同科学。上帝作为形而上学主题将所有存在者作为统一体组织并且管理起来。

一个潜在的问题是：存在的概念在司各脱这里是单义的，那么一个单义且共同的概念如何能被设立为是一个等级秩序，在其中不同存在者都导向了作为中心和最高点的上帝？司各脱如此回复：

> 而且受造的存在者，尽管在第一存在者的根据上来说是单义的，是能够就它归属于第一存在者而言而得到考量。因此，关于所有存在者的首要考量都会是就其归属于第一存在者，而非归属于实体的考量。因此，如果形而上学是第一科学，它将会是相关于在这一根据之下的所有事物。因此，它们在这里或者是作为属性而得到考量，因为它们是从关于上帝的概念而被认知的，或者因为它们是从上帝的概念而得到考量。在第一种方式中，它会是相关于上帝，以及推理事实的科学。在第二种方式中，它会是关于单纯事实的科学。[42]

因此，存在的单义性为所有存在者提供了共同基础，并仍然能够允许在作为第一存在者的上帝和其他存在者之间建立起等级秩序。对于这一等级秩序的认识可以区分为两种：第一种是单纯事实知识，它相关于上帝自身；第二种是推理知识，通过这种知识上帝被认识。

---

〔42〕 *QM*, b. 1, q. 1, n. 134, Bonaventure Ⅲ, pp. 61-62.

借助这两种认识，对所有存在者的知识最终归属于作为第一存在者的上帝。

但我们仍需追问，究竟借助何种关系所有存在者在形而上学之中依赖上帝：

> 在两种意义上，事物被说成是最大程度可知的：或者因为它们是所有被知事物中首要的，不知道它们其他事物就无法被知；或者因为它们是最确定地被认知的东西。而无论在哪种方式中，这门科学都是考量最可知的东西。因此，这门科学就是所有科学中最可欲求的科学。[43]

> 最确定地可知的东西是原理与原因，而且它们越在先，它们就被认知得越确定。[44]

司各脱跟随着亚里士多德《形而上学》的著名开篇"人天生就想要知道"[45]从而认为最可欲求的就是最可知的。既然原理和原因都是最确定和最可知的，那么它们就是形而上学所集中的研究主题，以及人类最为欲求的东西。

然而，即便是原理和原因也有多种不同类型，它们也不能通过同样的优先性而被认知。亚里士多德曾认为那些第一原理和原因是形而上学的研究主题。[46]司各脱同意这一点，并指出在不同的原因之中，只有目的因而非动力因或质料因才真正应该被设立为形而上学的主题：

---

〔43〕 *QM*, prol., q. 1, n. 16, Bonaventure Ⅲ, p. 8.
〔44〕 *QM*, prol., q. 1, n. 21, Bonaventure Ⅲ, p. 10.
〔45〕 *Metaphysics*, Ⅰ. 1, 980ᵃ22.
〔46〕 *Metaphysics*, Ⅰ. 2, 982ᵇ9-10.

它（意志的目的）看来是这门科学（形而上学）的目的，因为意志的对象就是目的；因此，它也（同样是）科学（的目的）。对这一结论的证明：一个目的的目的正是那导向这一目的的目的；意志活动是理智活动的目的。相似地，对主题的认知是那首要地被意欲的东西，否则这一科学将会是多门科学。[47]

如上所述，上帝是所有存在者的第一目的因以及形而上学作为一门科学的目的，因此，上帝也就在这个意义上成为形而上学的主题。上帝是对人而言最可欲求的东西，因为他是最可知的，也是我们的意志最意欲的。我们意志的倾向指向了形而上学的目的，并且在其对上帝的依赖中得到满足。更少可欲求的东西臣服于更多可欲求的东西，因此所有关于其他存在者的其他知识都最终指向并统一在这一门科学之中，因为上帝作为形而上学主题是最可欲求的。

另外我们还在上述引文中注意到，司各脱只提到了形而上学的主题是目的或目的因，却并没有提到原理。尽管原理和原因都是最确定和最可知的东西，原理却并不适合被设立为形而上学的主题。我们将在之后解释这一点。

我们目前已经分析了以上三种将上帝设立为形而上学主题的方式。然而在上帝的优先性与存在作为单义概念的关系中，这些方式似乎造成了更多的困惑。这就将我们导回到了本章第一节的问题，即如果上帝能够成为形而上学主题，那么这又如何与作为存在的存在以及超越者作为形而上学主题相融贯呢？如果所有存在者都是按照神学等级秩序而安排的，那么存在又如何成为一个单义且共同的概念呢？这些疑问又与一个核心议题相关：在司各脱的形而上学研究中，存在与

---

[47] *QM*, prol., q. 1, n. 29, Bonaventure Ⅲ, p. 14.

上帝究竟处于怎样的关系中呢？

为了理解这些疑问并给予一些可能的解决，我们应该从司各脱关于上帝作为第一原因和原理的讨论开始。

我们需要注意到，以上所述并不意味着司各脱只是简单将上帝与作为存在的存在合并为形而上学主题。按照亚里士多德的看法，形而上学研究第一原理和原因，而司各脱在其《论第一原理》中就证明了上帝是第一原理以及所有存在者的最高原因。然而，与亚里士多德所认为的人类所能获得的最大以及最高幸福是对最高存在者也即神的沉思，从而趋向于最高级知识的观点不同，司各脱拒绝了这种自然幸福与思辨活动之间的关联，也就是说，我们从对作为第一存在者的上帝的沉思而获得的东西并不能与人类的自然幸福相联系。在这些方面，司各脱显示出他对亚里士多德的偏离。

第一，沉思最高的以及第一因并不是形而上学的目的与目标：

> 这门科学（形而上学）的最终目的，就不会是沉思最高的第一因，也不会主要是在智慧活动中的自然幸福；因此，形而上学由于第一存在者而首要地考量存在者。但一门科学中的主题是对那首要地被寻求的东西的认知，以及其属性，完满性，还有在单纯事实的科学中它的存在。因此，等等。[48]

在这里，司各脱强调了形而上学与第一存在者的紧密关系，因为形而上学出于对第一存在者的考量而研究存在问题，而神圣属性、完满性以及第一存在者的存在都是其形而上学的主要研究内容。

然而，既然上帝是形而上学的目的与目标，为什么司各脱认为这一科学的最终目的并不是对作为最高以及第一因的上帝的沉思呢？

---

〔48〕 *QM*, b. 1, q. 1, n. 117, Bonaventure Ⅲ, p. 56.

为了理解司各脱的做法，我们需要注意到，在司各脱及其他诸多神学家那里，他们对上帝的理解与亚里士多德形而上学中的神并不相同，尽管它们都是最高的神圣存在者。对亚里士多德来说，上帝是沉思的对象。相反，对司各脱来说，我们与上帝的关系并不依赖于理论智慧或者形而上学思辨，而是基于爱，而爱的施动者并不是理智而是意志。正如司各脱著名的实践学说所揭示的，神学并不是思辨科学，而是实践科学，在这一科学中，上帝作为由意志所驱动的爱的对象是更为合适的（参见第十章第五节）。

　　第二，如上所述，是最终目的与目的因而非原理才是形而上学主题。上帝能够作为第一因而成为这一主题，但并不是这门科学的原理："上帝在这里不是被作为主题的原理而被考量的；因为某个事物在某个科学中被考量，仅只是那门科学中作为认识这一主题的原理，这就像是名称与命题，以及自然与自然存在者一样"。[49]在司各脱的自然神学中，上帝是所有存在者的原理，但是这并不意味着上帝是认识存在的原理，因为原理与其科学的关系和语言与命题、自然与自然存在者的关系一样。在后面两种情况中，前者是后者的基础、根源与组成内容。相反，尽管上帝是所有存在者的创造者并且内在于所有受造物，但上帝并不是像语言组成命题、自然构成自然存在者那样组成了受造物。更重要的是，我们是通过作为原理的语言来认识命题，并通过作为原理的自然本性来理解自然事物的。然而，我们不是通过上帝来认识存在的，因为存在能够谓述上帝以及其他存在者，而并不专属于上帝。因此，上帝在自然神学的意义上是所有存在者的第一原理，但上帝并不是认识与理解存在的原理。

　　这两点揭示了司各脱形而上学的一个有趣现象：上帝能够成为形而上学的主题，但同时却与另一个主题——作为存在的存在并未合

---

〔49〕 *QM*, b. 1, q. 1, n. 118, Bonaventure Ⅲ, p. 56.

并。上帝是第一且最高的原因，同时还是形而上学的最终目的以及所有存在者的第一原理，但他却并不是认识存在的原理，因为上帝与存在相互关联，但实际上两者并不能被合并和互相取代。

通过这一谨慎的平衡，我们可以看到，司各脱试图站在两个极端之间：第一个极端是形而上学研究作为存在的存在的问题而没有神学上的考量，并且将上帝排除出了形而上学主题；另一个极端是上帝作为第一且最高的原因以及第一原理是形而上学的唯一主题，甚至吞没了对作为存在的存在的研究。在《〈形而上学〉问题集》中，司各脱的立场站在两者之间，正如伍德所言，司各脱的形而上学主要是研究作为存在的存在的问题，但同时仍然将上帝当作形而上学主题。[50] 司各脱继承了亚里士多德的主张，即形而上学研究作为存在的存在的问题，而在《〈形而上学〉问题集》中，他同时试图通过将上帝确立为形而上学主题从而将形而上学研究与其神学考量整合入形而上学之中。

第三节　上帝作为形而上学主题的困境

我们现在已经分析了在《〈形而上学〉问题集》中上帝如何成为形而上学主题。现在需要简要概括一下在《〈形而上学〉问题集》中，上帝为什么以及如何成为形而上学主题的五个理由：

1. 在接近上帝的路径方面，形而上学要比物理学更合适并比它更完满，而在当前状态下，我们需要存在概念以接近上帝。尽管作为存在的存在及其超越者是形而上学主题，但上帝同样能够成为这一主题，是因为上帝作为第一且最高的原因以及第一原理是最确定且最可

---

〔50〕 Rega Wood, "The subject of the Aristotelian science of metaphysics," in *The Cambridge History of Medieval Philosophy, Volume II*, ed. Robert Pasnau, Cambridge: Cambridge University Press, 2010, pp. 609-621.

知的东西。

2．我们能够借助结果到原因的思路而在形而上学中证明上帝的存在。形而上学或者是推理事实科学，因为它的主题是作为存在的存在及其超越者，或者是单纯事实科学，因为其主题是上帝，而这一推理事实科学导向了单纯事实科学。

3．形而上学证明且研究神圣本性与属性，诸如无限存在者，第一动力与目的因，最优越、最完满的存在者等。

4．我们能够在形而上学的原因秩序基础上建立起上帝与受造物的关系，存在着第一存在者，而因此形而上学就是第一科学。

5．我们的至福能够在奉献给上帝的形而上学中得到满足。

如果将这五个理由与其后期著作相比，我们就能发现这些理由存在的问题，或至少能发现它们与司各脱成熟时期的形而上学与神学思想的不融贯之处。让我们逐一按照其成熟时期思想的角度来分析它们：

1．对于第一个理由：这里存在着明显的矛盾。如果上帝作为第一且最高原因是形而上学中最可知且最确定的东西，那么存在以及超越者的可知性与确定性将在形而上学中不如上帝。如果是这样的话，又会有两个困难：

（1）如果存在比起上帝在形而上学中要更少可知性与确定性的话，那么存在又如何成为理智的合宜对象以及形而上学的主题呢？由于上帝是更为可知且确定的，那么存在就会次要于上帝。然而，既然存在概念对于上帝与受造物是单义的，这就意味着我们能够确定某个东西是一个存在者，但同时不确定它究竟是上帝还是别的东西。在存在单义性学说之中，相比上帝，存在显然是比上帝更为可知、更为确定的东西，因此它才能成为理智的合宜对象。

（2）原因与被作用的东西是存在的一对分离性超越属性。如果上帝是原因，那么受造物就是被作用的结果，而存在概念又对它们保持共同性和单义性。然而如果存在与超越者要更少可知性与确定性，那么存在又如何成为上帝与受造物的最可知、最确定的基础与前提呢？这将会暗示上帝作为最可知和最确定的东西与其受造物实质性地依赖于一个更少可知性与确定性的东西。

2. 对于第二个理由：当作为存在的存在成为形而上学主题时，形而上学就是一门推理事实科学，它从原因出发到达结果。而当上帝是这一主题时，形而上学又成为一门单纯事实科学，它从结果出发到达原因。而一门科学不可能同时既是单纯事实科学又是推理事实科学。对此我们或许可以说，形而上学作为一门单纯事实科学包含着推理事实科学。结果，我们就能在《〈形而上学〉问题集》中看到两个矛盾的陈述：

（1）"必须要说，关于第一存在者所推断出的主要条件是从作为存在的存在的特性而来的。因为存在者的特殊条件对于它（第一存在者）并没有首要地推断出任何东西，因此（形而上学）只考虑共同的存在。"〔51〕

（2）"作为推理事实科学的关于作为存在的存在的整个科学导向了关于上帝的单纯事实科学。"〔52〕

由此，作为形而上学主题的存在成为上帝存在证明的出发点，而上帝在这一证明的基础也就成为形而上学的主题。然而，它违反了所谓关于科学及其主题的普遍接受的观点，即没有科学证明其主题的存在，也违反了亚里士多德的教诲，即一门单纯事实的科学需要一个更高的推理事实科学。而且，如果单纯事实科学是关于上帝的，而它又包括了其主题是存在的推理事实科学，那么就会在形而上学中产生两种共同性：第一，所有存在者都统一进共同且单义的

---

〔51〕 *QM*, b. 1, q. 1, n. 142, Bonaventure Ⅲ, p. 65.
〔52〕 参见本章脚注〔37〕。

存在之中；第二，所有存在者最终归结于且导向于上帝。这就使得形而上学具有了两种统一性基础，一种是相对低级的，另一种则是至高的。

结果在《〈形而上学〉问题集》中司各脱就必须同时坚持这两种统一性。如果上帝不是这一统一性的基础，那么上帝与受造物的形而上学秩序就会被削弱。如果存在不是这一统一性的基础，那么这一秩序就不会存在着共同且单义的前提。但如果同时存在这两种形而上学统一性，那么司各脱就得寻找出第三种统一性来统一这两种统一性，因为一门科学不可能被两种统一性统一起来。对于一门科学来说，只可能有一个统一性。

3. 对于第三个理由：在司各脱的成熟思想中，上帝在自然神学中被证明为是无限存在者、第一动力因与目的因、必然存在者以及最优越、最完满的存在者。受造物与这些神圣本性与神圣属性具有单义关系。因此，无限的、第一因、必然的等就与有限的、被作用的结果、偶然的等通过单义的共同性从而并存于形而上学之中，而它们都是从属于形而上学主题的超越者。

然而，如果上帝是形而上学主题，那么"无限的"就会成为"有限的"的主题，"原因"会成为"被作用的结果"的主题，以此类推。结果，有限的、被作用的、偶然的等超越者就不能从属于形而上学主题了，这就违反了司各脱在《〈形而上学〉问题集》中的观点，即所有超越者都属于形而上学主题。对此只有一个可能的结果：形而上学主题或者是作为存在的存在及其超越者，或者是上帝，但这一主题不可能同时是它们两者。

4. 对于第四个理由：尽管存在概念对于所有存在者是单义的，然而所有存在者都导向了上帝。在《〈形而上学〉问题集》中，这一秩序依赖于受造物对上帝的本质性依赖："因此在它们于其归属中被考量的地方，它们就会在它们自身中（被考量）。但是它们在它们自身中被考量，是因为第一存在者。"[53]在这一陈述中，受造物对上帝的依赖并不是非本质和外在的，而是本质且内在的。上帝成为形而上学的中心点与最高点。而只有通过上帝，所有存在者才能是它们自身。然而如果是这样的话，神圣存在者与受造存在者的单义性关系就会受到削弱。

5. 对于第五个理由：的确，形而上学思辨能够给予人类以至福与幸福。然而按照司各脱成熟期的道德理论，这种至福建立在自然满足的基础上，并因此就低于建立在自由与神圣之爱基础上的道德生活。换句话说，司各脱将道德从至福和幸福中分离了出来，并将其抬升至它们之上。[54]如果上帝成为形而上学主题，而形而上学又基于作为自然至福与幸福的沉思，那么这就彻底削弱了与信仰以及神圣之爱相关联的道德的至高性。如果我们把《〈形而上学〉问题集》第一卷第一个问题的处理当作司各脱最后的立场，那么这将意味着司各脱在其中抛弃了他成熟时期的道德与伦理学说，从而重新返回到了亚里士多德的自然幸福论。但这种假设所付出的代价太大，所谓牵一发而动全身，我们如果这样来理解司各脱前后期在这一问题上的立场转变，那么其他许多相关的学说的分期都得重新确立。显然我们无法找到足够多的材料和文本来支撑这一激进的理解。

如前所述，伍德认为《〈形而上学〉问题集》第一卷第一个问题是司各脱最终且最后的立场。然而通过以上分析，我们认为这一观点并不令人信服。相反，我们看到，在作为存在的存在及其超越者作为形而上学主题以及上帝作为这一主题之间的确充满了不和谐的矛盾。而在后期著作中，司各脱要比《〈形而上学〉问题集》第一卷第一个

---

[53] 参见本章脚注 [19]。
[54] 参见 Thomas Williams, "How Scotus Separates Morality from Happiness," in *American Catholic Philosophical Quarterly* 69 (3):425-445 (1995)。

问题更为成功地缓解了这些矛盾。

第四节　后期著作中存在与上帝的关系

在揭示了司各脱前期著作中对形而上学主题处理的困难之后，我们现在应该移向其后期著作，在其中司各脱对形而上学及其神学考量进行了更为平衡的处理。在第三节开始所陈述的五个理由中，第一和第五个，也即上帝作为单纯事实科学的形而上学主题，以及上帝与最高至福的满足，在其后期著作中被抛弃。而第二、第三和第四个理由，也即三种将上帝确立为形而上学主题的方式，都在其自然神学中得到了坚持，因为司各脱并不认为这三种方式在严格意义上属于形而上学的研究范围，而更多属于神学中的自然神学部分。

结果，形而上学将作为存在的存在及其超越者——而不是上帝——建立为形而上学主题。这可以为司各脱的自然神学提供形而上学基础。作为神学的一个部分，自然神学将上帝作为其主题，而同时它又依赖于司各脱的形而上学思想。它能够保证上帝的存在、本性、属性以及受造物与上帝的秩序在神学中形而上学式地得到证明和论述，而同时在严格意义上又不完全等同于形而上学研究。

因此，一方面，形而上学的主题是作为存在的存在及其超越者，另一方面，形而上学的目标又是作为最高因的上帝。形而上学是人类对上帝的自然理解的基础，但并不能与神学在主题上合并起来。

为了理解司各脱的后期著作在这一问题上的看法，我们首先应该研究司各脱如何处理普遍意义上的形而上学中存在与上帝的关系。在《论第一原理》这本自然神学著作的开端，司各脱就如此明确阐述了存在与自然神学的关系：

噢主我的上帝，当摩西你的仆人，询问你这位最真的导师，以向以色列的子民宣布你的名字时，你知道有朽者的理智能够把握你什么，你透露了你有福的名字，回答道："我是我所是。"你是真的存在，你是全部的存在。如果对我可能的话，我愿意知道这一点。请帮助我主啊，在我探寻中，我们的自然理性从存在出发——这正是你关于你自己已陈述过的——对真的存在，对你的所是能认识多少。[55]

由于上帝就是他所是，上帝不可能是非存在，或某种超越了存在与非存在的东西，而是存在，而且是真的、全部的存在，这正是我们在当前状态下（即所谓有朽者）对于上帝自然知识的基础与前提，也同时是上帝的圣名。那么我们可否走上纯粹的否定神学道路呢？司各脱对此表示了否定："通过这个方式（纯粹的否定），上帝就被理解为是虚无或者怪物。"[56]如果以纯粹的否定方式理解上帝，我们将不能把上帝与虚无区分开来，我们对他毫无认识。因此，人类心灵必须具有对上帝的肯定性概念，而且必须与存在这一第一概念关联起来，而不能与虚无或非存在无法区分。

正如导言所述，吉尔松指出，司各脱是从一个对受造物和上帝共同的单义概念出发而建立起上帝存在的证明，这一开端并不是特别为上帝所预设的，因此他的证明是一个真正的本体论证明。然而这一做法可能会包含着潜在的危险，即我们也许从这样的开端开始后，无法到达其最终的神学目的。

为了避免这一危险，司各脱做出了各种努力来将上帝与形而上学紧密联系起来。一方面，形而上学的确在一定程度上成为上帝与受造物的共同开端。另一方面，受造物与上帝的秩序又可以通过形而上学

---

〔55〕 *DPP*, 1. 2, Ed. Wolter, p. 3.
〔56〕 *Ord.*, Ⅰ, d. 3, p. 1, qq. 1-2, n. 10, Vatican Ⅲ, p. 5.

得到建立。在第三节中所揭示的那些困难与不融贯显示出，将作为存在的存在与上帝同时合并入一个形而上学主题是不可能的。因此司各脱就将这两个主题分派入两个不同的科学：形而上学的研究主题是作为存在的存在及其超越者，而神学则将上帝当作主题。

为了理解其后期著作对《〈形而上学〉问题集》第一卷第一个问题的回应，我们将其中在各个不同地方、围绕不同问题所展开的不同讨论整理为两个方面。第一个方面可以看作对第三节中五个理由的前四个理由的回应，而第二个方面则是对第五个理由的回应。

1. 形而上学主题与神学主题的分离

在《〈形而上学〉问题集》第一卷第一个问题中，上帝能够通过第二节所显示的三种方式而成为形而上学主题。然而到了《巴黎〈箴言书〉评注》，上帝只能成为神学的主题，所有关于上帝的原理与结论都只是包括在统一的神学之内，而不是形而上学之内：

> 如果进一步追问：神学是一门科学吗？我说它是的，因为它关于一个主题，并且处于一个根据（ratio）之下，也即处于神性这一根据之下。而且从其主题的统一性出发，关于这一主题的科学就获得了其统一性，（因为它是主题，所以）在其中这门科学的所有原理与所有结论都潜在地被包含进去了……而且所有这门科学的原理都最终化约到神性的根据上去了。[57]

在这段陈述中，神学是一个单独的统一体，因为它只具有一个主题：上帝，并且包含着与上帝有关的原理和结论。换句话说，这门科学所包含的所有内容都最终围绕着上帝展开。在《〈形而上学〉问题

---

[57] *Rep.*, 1A, prol., q. 3, a. 1, n. 238, Ed. Wolter & Oleg I, p. 83.

集》中，关于上帝的原理和结论在一定程度上属于形而上学。在这里，这些东西都属于神学。神学以系统的方式在上帝这一主题下得到了组织，而除此之外，没有任何别的科学将上帝当作其主题。[58]

司各脱进一步解释了神学究竟包含着什么：

> 而如果被问道：神学是否相关于所有事物？我认为就所有事物都与上帝有实在的关系而言，上帝也反过来具有与所有事物的根据的关系，诸如优越性与超出的关系相关于原因的三重根据：动力、形式与目的，这些关系依照根据而奠基于上帝，他是从原因的结果所生发出的关系的终点，也即被范式化，并且导向了目的。[59]

这一陈述就是对司各脱自然神学的一个概括。自然神学包含着第二节中所陈述的那三种方式。神学证明了上帝存在，并且通过因果性和优越性确立了上帝的一系列属性。在第二节所陈述的三种方式中，我们可以看到受造物与上帝的等级秩序也随之得到确立。而在后期著作中，这三种方式属于神学而非形而上学。神学集中并统一于上帝，它不但是关于上帝的，而且也通过三重因果关系从而建构起所有事物与上帝的关联。由此，形而上学与神学具有了不同的主题。在神学主题与其他科学的主题之间，还存在着一个重要的差别：

> 而如果进一步追问：神学与哲学科学是有区别的吗？明显是有区别的，这是由于它（神学）具有另一个形式主题，因为它的主题是独一的，而其他科学的主题则都是普遍的。这从归

---

[58] 司各脱通过三个肯定性论证和三个否定性论证来证明神学是唯一将上帝当作主题的科学，而这一科学不可能是形而上学。参见 *Rep.*, 1A, prol., q. 3, a. 1, nn. 110-116。

[59] *Rep.*, 1A, prol., q. 3, a. 1, n. 251, Ed. Wolter & Oleg I, p. 88.

纳上来说也是明显的。因为如果物理学是相关于可移动的东西，那么它（物理学）就不是那个（神学），因为上帝是不移动的。如果几何学是相关于量的，那么上帝也不是这样关于量的。如前所证，形而上学也不是（神学），因此它（神学）就不是任何一种哲学科学。[60]

所有其他科学的主题都在普遍意义上相关于多个事物。可移动的东西是物理学的主题，而可移动的东西有很多。相似的，作为存在的存在及其超越性作为形而上学主题同样与很多事物关联。在这个意义上，可移动的东西、可量化的东西以及存在都是所有这些主题之中的所有个别事物的普遍者。相反，神学却只与上帝这一个存在者相关。

这就意味着形而上学尽管可以包含上帝，因为上帝也是一个存在者，然而形而上学的主题却不能是献给上帝的。形而上学与神学具有不同的主题。那么司各脱究竟该如何处理形而上学与神学的关系呢？神学是否就从属于形而上学了呢？司各脱如此回复：

> 而如果被问：它（神学）从属于其他科学吗？我认为不是这样，因为一个从属性的科学是从一个更高的，也即它所从属的科学那里接收到其原理的，而这些原理作为推理事实而言是明证的，它不会知道这些原理，除非是从经验获得，或者因为它们回溯到至高科学的原理。但是这不会在这门科学（神学）中发生，因为没有别的主题能够潜在地包括这个主题（上帝），情况应该是反过来（即这个主题包括别的主题）。[61]

---

[60] *Rep.,* 1A, prol., q. 3, a. 1, n. 245, Ed. Wolter & Oleg I, p. 86.
[61] *Rep.,* 1A, prol., q. 3, a. 1, n. 247, Ed. Wolter & Oleg I, p. 86.

一门科学对另一门科学的从属要求前者的原理是从另一门更高的科学中得到，而这另一门科学包含着这一原理的推理事实知识。不可能从其他科学中获得关于上帝的推理事实知识，因此神学不可能从属于其他科学，这就意味着不可能存在比神学更高的科学。因此，我们就很容易看到司各脱论证说，神学优先于所有其他科学：

> 而如果被追问：是否它优先于其他科学？显然是的。因为既然按照《后分析篇》第一卷，在诸科学中存在着双重首要性，也即主题的高贵性和知识的确定性，那么这一（科学）在这两个方面都是最确定的，因为其主题在最高贵的概念之下是最高贵的，也即神性，并且因为其原理，它们包括在最确定的主题中，因为它是最单纯的，最确定的。[62]

正如这段引文所陈述的，神学是最高贵且最确定的科学，而因此就优先于所有其他科学，因为上帝就是最高贵、最确定的东西。在《〈形而上学〉问题集》的序言中，上帝成为形而上学主题，因为形而上学处理那些最可知、最确定的东西，而只有作为最高原因的上帝才能是这样的东西。而在《巴黎〈箴言书〉评注》中，存在才是形而上学中最可知、最确定的东西，而上帝则是神学中最可知、最确定的东西。不同的科学处理不同的主题，彼此并没有冲突和矛盾。

然而，神学是否完全独立于其他科学呢？毕竟，上帝是第一存在者，而存在正是形而上学的主题。司各脱对此给予如下回答：

> 相反。如果主题处于一个主题之下，那么这门科学就从属于另一门科学。但是上帝包含在存在之下，而存在则是形而上

---

[62] *Rep.*, 1A, prol., q. 3, a. 1, n. 246, Ed. Wolter & Oleg I, p. 86.

学主题。因此这一科学就处于形而上学之下。必须要说，从属并没有按照什么是至高什么是低级，什么是普遍什么是不太普遍而被决定下来，因为从属性科学是（偶性地）相关于存在的，正如光学是关于可见的线的，但是却不关于那在其自身中而被包含并且本质性地处于某个至高者之下的东西，也即线。[63]

这一陈述承认，上帝作为一个存在者能够被包含在形而上学之中，因为存在是形而上学的主题。如果是这样，这就意味着神学被包含在形而上学中并且从属于它。为了捍卫神学的独立性，司各脱给予了两点理由：第一，即使上帝被包含在存在之下，这也不意味着这一关系包含着低级性/高级性，或者普遍的/不太普遍的等级秩序。第二，尽管上帝在神学中也是一个存在者，然而神学只是偶性地，而非在其自身中地与存在相关。司各脱使用了光学与可见的线的例子来阐述这一点。光学的主题是可见的线，而线又是几何学的主题。然而，这并不意味着光学的主题就因此而低于几何学的主题，因为光学只是偶性地包含着线，而几何学则是就线自身而言研究线。因此，神学只是偶性地与形而上学相关，却从未比它低级。这就能够揭示出科学的另一个重要特点：一门科学是在其自身地集中于其主题之上，而这门科学一般会是这个主题的推理知识科学。它能够包含别的科学而来的单纯事实知识，但是单纯事实知识并不能成为形而上学的主题：

> 所有关于上帝的在其自身的知识的真理都是在这一科学（神学）中作为推理事实而被认识的，这一科学是关于按照其自身的上帝以及神性的合宜概念的东西，而它们就正是对于推断所有关于上帝在形而上学中的限定真理的概念和中间词项。因

---

[63] *Rep.*, 1A, prol., q. 3, a. 1, n. 248, Ed. Wolter & Oleg I, pp. 86-87.

为它（形而上学）只是从共同结果而来，它后天地证明了那些关于上帝的真理，并不是通过其主题（上帝）的概念而来的，因为按照其合宜的概念，这一主题（上帝）它（形而上学）并不知道，因此形而上学仅只在一定意义上是神学，因为它只是在一定意义上而证明了关于上帝的真理，也即（关于上帝的）单纯事实，并以后天的方式（加以证明）。

但也许你会说："形而上学是一门在无条件意义上的科学，因此它考量那些关于上帝所证明的真理，因此这些真理无条件地属于对他（上帝）的考量，而不只是在一定意义上。"

我回复："形而上学就其考量一些可知的真理，或一些关于上帝的真理方面，无条件地是一门单纯事实科学。由此，它只在一定意义上是一门推理事实科学，并因此，这些关于上帝的真理就只在一定意义上属于形而上学。"[64]

按照这些论证，神学是一门关于上帝的推理事实科学，而形而上学则在限定意义上是关于上帝的单纯事实科学。这是因为神学无条件地包含着关于上帝的所有真理、知识、原理与结论。神学将上帝作为主题，并成为包含其他所有事物的基础。在神学的所有部分与要素中，上帝永远是其他事物最终归属的核心。因此，神学是一门推理事实科学，它以先天的方式从作为原因的上帝开始，到达作为其结果的其他所有事物。

上述司各脱的回复可以证明前述吉尔松的看法，即形而上学对于上帝研究的开端并没有依赖于对上帝的预设。形而上学能够证明上帝的存在，但从形而上学所获得的关于上帝的所有知识都不是依赖于上帝而是存在。换句话说，形而上学可以保持对上帝以及神学考量无分

---

〔64〕 *Rep.*, 1A, prol., q. 3, a. 1, n. 235, Ed. Wolter & Oleg I, p. 83.

别乃至无知的态度。上帝并不是始终为形而上学所知的。

对司各脱来说，存在作为形而上学的首要主题并不必然包含着任何给予上帝以优先性的可能性，因为我们能够确定这个东西是一个存在者，而同时对它是否是上帝不做任何进一步的确认。甚至即使这个东西是上帝，我们也仍然能够对他的其他方面保持怀疑：

> 但是旅人（*viator*）[65] 的理智能够确定上帝是一个存在者，并仍然可以怀疑他究竟是有限的还是无限的存在者，是一个受造的还是非受造的存在者。因此，关于上帝的"存在"这一概念就与这些别的两个概念有区分，并且与其中任何一个都有区分，但却被包括进它们之中并因此就是单义的。[66]

在人类的当前状态下，当我们确定上帝是一个存在者时，我们甚至还是能够怀疑上帝是否是无限且非受造的。在这个意义上，存在作为一个有区分的概念以及对上帝的推理知识，肯定先于任何对于上帝的规定和描述。在受造物中情况同样如此。在受造物中，除了肯定它是一个存在者之外，我们仍然能够怀疑它的其他特性。因此，在我们获得上帝与受造物的相异本性及属性的知识之前，上帝与受造物分享了共同的单义基础。否则，我们将会陷入这样的困境，即关于上帝的所有肯定性理解都不可能。形而上学是偶性地以单纯事实的方式以及后天的方式来研究上帝的。

因此，形而上学的主题就是关于存在的推理事实科学，而且它能够为神学提供关于上帝的知识，但是上帝却并不能成为形而上学的主题，因为形而上学只能有条件地且在单纯事实的意义上而成为神学性的。

---

[65] 旅人（*viator*）这个概念对于司各脱乃至基督教神学来说非常重要。简单来说，司各脱用它来意指处于当前状态下的、可朽的人类。

[66] *Ord.*, I, d. 3, p. 1, qq. 1-2, n. 27, Vatican III, p. 18.

不但如此，神学只包含关于上帝的推理事实知识，但却并不包含来自其他科学的其他推理事实知识："因此，尽管按照其存在，这些主题是从上帝而来的，然而却不是通过它们潜在地所包含的它们属性的那种上帝概念而来的，因此，神学在与其他事物的关系中并不断言推理事实。"[67]由于上帝就是所有存在者的根源，因此其他科学的主题是从上帝而来的。然而，这并不意味着其他科学就因此属于神学，因为其他科学是从其自身那里，而非从上帝那里获得了其研究主题的属性。

因此，其他科学是通过它们自身而建立起了关于其研究主题的推理事实知识，而神学却并不包含其他科学与其他主题的推理事实知识。

然而，尽管神学与形而上学彼此具有独立性，形而上学仍然紧密关联于神学。即使是在后期著作中，司各脱仍然坚持认为形而上学的目的是上帝，并且仍然坚持了《〈形而上学〉问题集》中的观点，即形而上学是相关于最高原因的。对于这种"相关于"意味着什么，司各脱给予了如下解释：

> 因为我们所拥有的关于上帝的第一个合宜概念是第一存在者。然而"第一存在者"并不是某种一开始就从感觉而可知的东西，必须先构想这两个词项（"第一"和"存在者"）的组合的可能性，并且在我们认识到这一组合是可能的之前，必须先证明某个存在者是首要的。因此我同意阿维森纳的意见，即上帝不是形而上学的主题。但这也不违反阿威罗伊从《物理学》第一卷而来的说法（关于主题存在的优先知识），也不违反《形而上学》第一卷形而上学关于最高原因的说法，正如《前分析

〔67〕 *Rep.*, 1A, prol., q. 3, a. 1, n. 250, Ed. Wolter & Oleg I, p. 87.

篇》第一卷所言："首先必须确定它相关什么（*circa*），从什么而来（*de*），因为它相关于证明，并且从证明的学科而来，它是从证明的普遍科学而来的。"因此，"相关于"恰切地意味着目的因的境况，正如从什么而来（意味着）质料因的境况。因此，形而上学相关于目的性的最高原因，并伴随着关于它们的思辨知识。[68]

这一引文包含了两个关于形而上学与上帝关系的重要观点：

第一，"第一存在者"这一概念只能在形而上学中证明了的确存在着一个第一存在者之后才能被用来理解上帝。第一存在者是一个抽象的概念，并不能从感觉中获得。而这一上帝存在的证明之所以被一些学者认为是本体论证明，原因之一就在于它并不是从感觉开始的。因此，形而上学可以提供"第一"和"存在者"这样的概念，并把它们合并起来当作对上帝的描述，然而形而上学在对于上帝的研究开端，却并不知道第一存在者。当我们刚刚开始证明上帝的存在时，"第一"与"存在者"的结合还并没有什么实质的意义。在这个意义上，司各脱同意阿维森纳的意见，即形而上学的主题并非上帝。

第二，形而上学追问的目的与终点是作为最高原因的上帝，因此形而上学的确相关于最高原因。然而这并不意味着通过这一"相关于"，上帝就成为形而上学的主题了，因为"相关于"只意味着形而上学为研究上帝提供了目的因境况，但并不意味着形而上学就完全并且永远集中在上帝之上。因此，形而上学在存在问题的基础上，为神学提供了一个共同且非神学的境况，而同时这两个科学各自具有不同的主题。

---

[68] *Rep.*, 1A, prol., q. 3, a. 1, n. 218, Ed. Wolter & Oleg I, p. 77.

2. 形而上学至福的不足与神学

在《〈形而上学〉问题集》第一卷第一个问题中，司各脱论证说，形而上学作为对上帝的沉思能够满足人类至福的要求。如前所述，司各脱在后期著作中的道德理论为人类道德提供了一个更高的维度，而依赖于形而上学的自然至福就因此变成了相对低等的东西："我认为作为形而上学思辨目的的幸福只是在一定意义上是至福，并且是虚构的，只有导向对神圣本质的直观的（至福）才是无条件的至福。"[69] 按照这一观点，存在着两种至福：第一种是亚里士多德式的建立在形而上学思辨基础上的自然至福。然而，这种类型的至福并不具有神学目的，它要比神学至福低级，因为后者的目的在于接近神圣本质的荣福直观。因此，第一种至福是一种有条件的至福。相反，对上帝荣福直观中的至福则是无条件的、永远的真正至福。

因此，我们就能看到，这两种至福建立起了形而上学与神学的秩序：形而上学的主题是存在问题，因此它不可能通过沉思上帝并将上帝树立为最高原因从而提供真正的至福。道德与真正的至福只能在神学中获得，而神学的主题是上帝。在这个意义上，神学将对上帝的沉思与道德实践结合为整体：

> 一种不具有从其对象而来的明证的惯习（*habitus*），不会由于对象的区分而被区分开来。但是按照它们，神学就是这样的惯习。因此它（神学）没有被区分为实践惯习和沉思惯习，因为其对象是施行的（*operabile*）也是思辨的，它们拟定了这门科学是什么。[70]

---

[69] *Rep.*, 1A, prol., q. 3, a. 1, n. 228, Ed. Wolter & Oleg I, p. 80.
[70] *Rep.*, 1A, prol., q. 3, a. 1, n. 243, Ed. Wolter & Oleg I, p. 85.

在神学的主题／对象中，思辨与实践并没有区分，因为上帝本身并不具有这种区分。因此，神学就并没有被分离成为思辨神学和实践神学，相反它们在神学中被合并为同一个主题／对象。因此，神学可以成为对上帝的形而上学追问，但同时却包含着人类真正的至福与道德基础。在这个意义上，对于神学来说，"思辨总是导向施行中的实践"。[71]

通过在形而上学至福与神学至福之间建立起秩序，司各脱一方面使得形而上学与神学彼此独立，另一方面则建立起了神学对形而上学的优先性。

在结束了上述分析之后，我们可以概括一下司各脱的后期著作究竟在形而上学主题问题上如何回应了其前期著作。我们重新将第二、第三节对为什么上帝是形而上学主题的五个理由简要概括如下：

1. 上帝作为最高原因是最可知、最确定的东西，而形而上学就相关于上帝并将其设立为其主题。

2. 形而上学是一门在存在基础上的推理事实科学，以及关于上帝的单纯事实科学。前者包含在后者之中。

3. 形而上学包含了上帝的所有首要性及其属性。

4. 形而上学建立起了上帝与其他存在者的等级秩序。

5. 形而上学作为对上帝的沉思与人类的至福有关。

而司各脱的后期著作则是如此做出回应的：

1. 形而上学与最高原因相关，但这一关系只是为作为最高原因的上帝提供了目的因境况。

2. 形而上学具有对上帝的单纯事实知识，它只能是在形而上学的目的中偶性地获得这一知识。形而上学是关于存在的推理事实科

---

[71] *Rep.*, 1A, prol., q. 3, a. 1, n. 244, Ed. Wolter & Oleg I, p. 85.

学，而神学则是关于上帝的推理事实科学。

3./4. 形而上学证明了上帝存在及其属性，并且建立起了受造物与上帝的等级秩序。然而，它们在严格意义上属于神学，因为神学是所有关于上帝的知识、原理与结论的统一体。

5. 形而上学能够给人以自然至福，但这种至福要低于朝向上帝的神学至福。

因此，我们不能同意伍德的意见，她认为《〈形而上学〉问题集》第一卷第一个问题是对《巴黎〈箴言书〉评注》的回应，并且这一回应关系不能颠倒过来，这正是支持她认为《〈形而上学〉问题集》第一卷第一个问题是司各脱的最终立场的重要证据之一。但通过上述分析我们可以看到，《巴黎〈箴言书〉评注》完全可以被看作已经包含了对《〈形而上学〉问题集》第一卷第一个问题的回应。司各脱最终将上帝从形而上学主题中分离了出来，并同时保证了人类在神学中以形而上学的方式能够获得关于上帝的知识。他克服了前期著作中在这一问题上所隐含的冲突与不融贯，并且在形而上学与神学之间建立起了更好的关系，在这一关系中这两门科学具有不同且独立的主题，形而上学的统一性在于存在，而神学的统一性则在于上帝。形而上学能够成为自然神学的基础，而自然神学是人类在当前状态下获得对上帝的认识的自然路径，而同时形而上学又独立于神学。神学并没有从属于形而上学而是优先于它，并且给予人类真正的至福与道德目标。

第五节　形而上学与上帝/受造物的秩序

在司各脱对形而上学主题问题的成熟处理中，形而上学是人类对上帝的自然认识的基础，而同时形而上学对上帝与受造物可以在开端保持无分别。尽管形而上学的主题是作为存在的存在及其超越者，然而上帝的优先性仍然在形而上学去中心化的敉平基础上得到了捍卫。

在司各脱的上帝存在证明中，上帝被证明为是无限存在者，第一动力因与目的因，必然存在者以及最优越、最完满的存在者，并且完全独立于、优先于受造物，因为所有存在者都最终导向了第一存在者。然而，无论是"存在"这一概念还是所有肯定性的神圣属性，它们都与受造物分享了同样且单义的关系：

> 因此，每一个关于上帝的追问都如此预设，即理智拥有同样的从受造物所获得的单义概念……（如果不是这样的话）比起我们推断上帝在形式上是一块石头，就没有更多的理由去推断，上帝在形式上是智慧的这一点是从我们所理解的受造物的智慧概念而来的。[72]

所有对上帝的追问都必须与受造物具有单义基础，这意味着任何对神圣本性与属性的描述都必须有可能被受造物单义地分享。没有这一共同且单义的基础，我们根本不可能知道上帝与一块石头究竟有什么区别。智慧的概念和其他概念都是从受造物中获得的，我们可以使用它们来建构对上帝的自然知识。例如，对于那些上帝与受造物的相异性，诸如"受造的/非受造的"，"无限的/有限的"，"原因/被作用的"，"必然的/偶然的"，这些概念都具有同样的单义基础，因为它们都是存在的超越的分离属性。无条件的完满性同样也是超越者，并且成为作为最完满存在者的上帝与作为不完满者的受造物的共同单义基础。

结果，人类的任何对上帝的知识与理解都总是在超越的、单义的共同基础上与受造物相关。存在给予上帝一个原初性的描述，即他是一个存在者，这使得上帝能够与虚无区别开来，接着单义概念提供了

---

[72] *Ord.*, I, d. 3, p. 1, q. 2, nn. 39-40, Vatican III, pp. 26-27.

关于上帝的所有自然知识与描述的前提，而这些知识是人类在目前状态下凭借自然能力所能获得的。

一方面，作为存在的存在及其超越者建构了一个形而上学去中心化的敉平前提，而没有预设直接的神学方向；另一方面，伴随着作为最终目的的、强烈的神学意图，上帝与其他存在者被安排入形而上学的等级秩序，在这一秩序中上帝具有最高的位置与优先性。如果形而上学的主题是上帝，那么形而上学就不会是去中心化的，存在的起点也不会是敉平的，而是像神学一样以上帝作为永远的中心；如果形而上学与神学毫无任何关联的可能，那么在形而上学中不会为上帝安排任何优先的位置。因此，司各脱将上帝从形而上学主题中排除出去，这能够保证形而上学的去中心化与存在的敉平，而同时他又为神学建立起了形而上学秩序，以便能够保证上帝在形而上学之中的优先性。

作为形而上学家，司各脱在其著作中时常浸透了强烈的神学目的。在其前期对形而上学主题的处理中，这一目的是非常明显且直接的，他试图同时在不同意义上将作为存在的存在及其超越者与上帝树立为形而上学主题，在其中上帝甚至更为根本，因为所有存在者都最终归属于第一存在者，而第一存在者又是最可知、最确定的东西。尽管通过将上帝设立为形而上学主题，上帝的优先性可以很好地得到捍卫，然而在第三节中我们看到，这一做法仍然产生了很多与作为存在的存在及其超越者作为形而上学主题的矛盾与不融贯。

在其后期著作中，司各脱发展出一种新型的形而上学及其神学考量关系的平衡，在其中形而上学并不包含直接的神学预设，甚至在开端和原初状态里对上帝与受造物保持无分别。换句话说，上帝相对于受造物的优先性是在存在的敉平基础上建立起来的，这一敉平化起点的最终目标是作为最高原因的上帝，它能够为自然神学提供形而上学基础。因此，形而上学与神学具有不同的独立主题与领域，而同时形而上学则保证了神学中受造物与上帝的本体论秩序。上帝在形而上学中的优先性在形而上学去中心化的敉平前提下得到了保证，甚至还包含着超越形而上学的可能性，因为上帝是神学的主题，而神学则优先于形而上学，并且只有神学才能给予人类以真正的至福。而如何将上帝的优先性提升为上帝的超越性及其与受造物的相异性，则是本书第二部分的主题。

第二章　形而上学与实体 / 偶性的秩序

　　按照亚里士多德，偶性不能在其自身地存在，它的存在依赖于作为其主体的实体，[1] 没有关于偶性的科学。[2] 实体与其他偶性都属于范畴，存在的多重意义通过类比关系而中心化于作为核心意义的实体。亚里士多德的实体理论被很多古代中世纪的亚里士多德主义者们所接受，并在不同的时代处境和问题意识的刺激下获得多方面的发展。

　　司各脱部分接受了这一学说，然而他很大程度改造了这一学说，使之具有了很多反亚里士多德的因素：偶性能够被独立地个体化，一些绝对偶性甚至能够在圣餐之中脱离其主体而独立存在，也即在经历了实体转化之后，面包的偶性仍然在场。[3]

---

[1] *Metaphysics*, Ⅶ. 1, 1028ª9-15.

[2] *Metaphysics*, Ⅵ. 2, 1026ᵇ2-4.

[3] 实体与偶性的平等性及其分离具有两种类型：在形而上学的个体化中与在圣餐中。在前一种情况里，司各脱论道，偶性无须其对主体的依赖而个体化。对司各脱来说，存在着三种不同的偶性：（1）绝对偶性：量与质；（2）内在关系偶性：关系；（3）外在关系偶性：空间，时间，处所，状态，主动，受动（参见第三节）。绝对偶性是由其自身的这个性（*Haecceitas*）而个体化的，而关系偶性则是作为个别事物而被个体化的。所有的偶性都是作为个体而个体化，而绝对偶性则比关系偶性具有更多的形而上学独立性。就司各脱的个体化原理来说，其意图首先是形而上学的而非神学的；在后一种情况里，司各脱论证说，有些偶性能够没有主体而存在，这是出于他对实体转化的考量。尽管司各脱在圣餐理论中的立场是神学的，但这并不意味着在圣餐中的偶性只是例外情况并且能够与其形而上学分离。相反，司各脱是在更为普遍和常规的意义上来处理圣餐中的偶性。关于司各脱对实体及偶性的依存性的处理，参见 Giorgio Pini, "Substance, Accident, and Inherence. Scotus and the Paris Debate on the Metaphysics of the Eucharist," in *Duns Scot à Paris, 1302-2002. Actes du colloque de Paris, 2-4 septembre 2002*, ed. O. Boulnois, E. Karger, J. -L.（转下页）

然而，如果我们接受了偶性的独立性及其与实体的分离，那么实体与偶性将会在形而上学之中获得一定意义上的平等性，而司各脱将会不得不面对形而上学作为一门科学的瓦解，毕竟司各脱跟随着亚里士多德认为不可能存在着关于偶性的科学。因此，为了维持实体与偶性的等级秩序，他又不得不证明实体在形而上学之中优先于偶性。

　　结果，在司各脱的形而上学之中，我们似乎能够看到两种相反的学说：一方面，偶性和实体在某种程度上分享了平等性；另一方面，实体在形而上学之中优先于偶性。[4]

　　之所以司各脱论证一些偶性能够独立存在部分是出于对圣餐问题的神学考虑，但我们认为司各脱能做到这一点很大程度上也是形而上

（接上页）Solère and G. Sondag, Turnhout: Brepolis Publishers, 2004, pp. 273-311；关于阿奎那与司各脱的实体理论及它们与亚里士多德的关系，参见 Dominik Lusser, *Individua Substantia: Interpretation und Umdeutung des Aristotelischen usia-Begriffs bei Thomas von Aquin und Johannes Duns Scotus*, Ad Fontes 1, Frankfurt am Main: Peter Lang, 2006；关于司各脱偶性理论诸多方面的更为广泛的研究，参见 Cal Ledsham,. "Scotus on Substance," in *Substantia-sic et non: Eine Geschichte des Substanzbegriffs von der Antike bis zur Gegenwart in Einzelbeiträgen*, ed. Holger Gutschmidt, Antonella Lang-Balestra, and Gianluigi Segalerba, Frankfurt am Main, Ontos-Verlag, 2008, pp. 211-234；关于司各脱对圣餐中偶性的讨论，参见 Marilyn McCord Adams, *Some Later Medieval Theories of the Eucharist: Thomas Aquinas, Giles of Rome, Duns Scotus, and William of Ockham*, Oxford and New York: Oxford University Press, 2010, pp. 197-220；关于司各脱在《精细问题集》（*Quaestiones Subtilissimae*）中对偶性的讨论，参见 Berthold Wald "'Accidens est formaliter ens.' Duns Scotus on Inherence in his *Quaestiones Subtilissimae* on Aristotle's Metaphysics," in *Aristotle in Britain during the Middle Ages*, ed. J. Marenbon, Turnhout: Brepolis Publishers, 1996, pp. 177-193；关于司各脱在《〈形而上学〉问题集》中对偶性的讨论，参见 Charles Bolyard, "Accidents in Scotus's *Metaphysics* Commentary," in *Later Medieval Metaphysics: Ontology, Language, and Logic*, ed. Charles Bolyard and Rondo Keele, New York: Fordham University Press, 2013, pp. 84-102。除了这些文献之外，理查德·克罗斯贡献了对于司各脱实体 - 形式理论的富有启发的讨论，参见 "Duns Scotus's Anti-Reductionisitic Account of Material Substance," *Vivarium* 33 (1995): 137-170;*The Physics of Duns Scotus*, Oxford: Oxford University Press, 1999, pp. 77-115。本章对于这一问题的关注点与这些文献有关但不完全相同。在这一章中，我们认为司各脱是在其去中心化的形而上学基础上来保证实体的优先性的。

[4]　乔治·皮尼（Giorgio Pini）将这种实体与偶性的新类型理解为偶性的独立性与实体的优先性，参见 "Substance, Accident, and Inherence. Scotus and the Paris Debate on the Metaphysics of the Eucharist"。而在这一章中，我们更倾向于使用平等性与共同性来描述这一关系。独立性并不能非常好地揭示这一事实，即有些偶性具有与实体相似的本体论位置，这预设了一种新型的形而上学结构。

学去中心化与存在敉平化的必然结果。存在概念是单义的，而形而上学的主题则是作为存在的存在及其超越者们。这一形而上学观念削弱了实体作为中心点和核心意义的地位。形而上学在其起点上对于实体和偶性保持单义、共同和无分别。[5]换句话说，司各脱对于形而上学的理解使得他能够在一定程度上赋予实体和偶性一个平等的起点，而这就有助于司各脱去解释圣餐中面包的偶性为什么在实体转化之后并未随之变化的问题。因此，对司各脱来说，圣餐问题中偶性的独立性可以被视为一些偶性的一般状态，而非像阿奎那所认为的那样只是神圣全能所制造的例外。[6]

　　本章将主要集中在一个具体问题上：司各脱如何捍卫实体在形而上学之中的优先性及其与偶性的等级秩序，并同时保持形而上学的去中心化结构以及存在的敉平。

第一节　存在的敉平与实体 / 偶性的关系

　　对司各脱来说，存在着两种类型的实体。一个是神圣实体，另一个则是作为属相的实体：

　　　　对于大马士革的约翰的观点，即上帝在神性中就包含着所有事物，必须指出，在这一权威性的表述中，有句话就解答了全部，"那超实体地包含着每一个受造物和非受造神性的实体"，

---

[5]　事实上，一些超越者只属于一些特定的存在者，参见 Jan A. Aertsen, "The Concept of 'Transcendens' in the Middle Ages: What Is Beyond and What Is Common," In *Platonic Ideas and Concept Formation in Ancient and Medieval Thought*, ed. by Gerd van Riel, Caroline Macé, Leen van Campe, Leuven: Leven University Press, 2004, pp. 151-153。然而，就实体与偶性而言，它们仍然分享了作为单义与共同基础的存在。

[6]　"Substance, Accident, and Inherence. Scotus and the Paris Debate on the Metaphysics of the Eucharist," pp. 276-287.

100　　敉平与破裂

在这种方式里，神圣实体超实体地包含所有东西。但是作为最普遍（范畴）的实体则实体地包含这些东西，在这种方式里实体就是一个属相。因此，这并不是第一种方式（即并不是超实体地包含）。而在这种方式（第一种方式）里，上帝超实体地包含所有。当受造事物的不完满和有限制的完满性通过抽象而被移除掉后，完满性仍然留存，而这就属于神圣实体。因此伪狄奥尼修斯（在《论圣名》中）就以这种方式命名上帝，也即超实体的，超善的，超理智的以及其他相似的说法。因此在这种方式中，上帝如何包含所有就很明显了，不是作为最普遍的东西（包含）其较为低级的东西（或次范畴）。[7]

在这段陈述中，司各脱将实体区分为神圣实体和作为属相的实体。对于前者，他跟随大马士革的约翰对于神圣本性的理解，即神圣实体是超实体性的，换句话说，上帝超越了处于属相中的实体及其所有不完满性。神圣实体超越了属相和范畴，而上帝也并不具有偶性。而对于后者，司各脱则追随了亚里士多德的实体理论，即实体落入了属相和范畴。在这一章中，我们将集中在后一种实体上。[8]

形而上学的去中心化以及存在的敉平化有利于削弱实体在传统亚里士多德主义哲学中所扮演的核心功能，并提供了这样一种可能性，即在个体化和圣餐问题中，把实体与偶性当作两个彼此独立的东西。因此，偶性，尤其是某些绝对偶性具有与实体相似的本体论功能。

与第一章讨论上帝与受造物的关系不同，这一章所讨论的实体不涉及上帝，而是讨论普遍意义上的、具有偶性的实体。

---

[7] *Rep.*, IA, d. 8, p. 2, q. 5, n. 151, Ed. Wolter & Oleg., p. 376.

[8] 关于司各脱的神圣实体理论，参见 Richard Cross, "Duns Scotus on Divine Substance and the Trinity," *Medieval Philosophy and Theology* 11 (02):181-201 (2003).

第二节　前期著作中的实体／偶性关系

在《〈形而上学〉问题集》第七卷中，司各脱跟随亚里士多德而论证说实体在时间、认识、定义和完满性上都是形而上学中的首要存在者。[9]本节将首先分析司各脱的论证，接着指出它们与形而上学的去中心化不足以保持融贯关系。

1. 在所有存在者中，实体在时间上是首要的 [10]

实体在时间上是首要的。按照亚里士多德的定义，时间与运动有关。[11]在他看来，时间作为运动的数目而与运动相关，能够被量度，并能够被划分为"之前"与"之后"。时间可以是一种数目，它指示出运动与事实的秩序与顺序。时间并不是作为绝对的东西而与运动者和被推动者完全分离。

司各脱并没有否认这一定义。然而他提醒我们，如果我们只是简单跟随亚里士多德的这一定义来理解实体的优先性，将很快陷入困难：在所有的存在者中，如果实体在时间上是首要的，那么这就意味着实体与所有存在者的时间秩序仍然是由时间所量度的，而实体的优先性也就依赖于时间量度了。然而，时间作为一种量度只是量，而量是一种偶性。因此，如果实体是在这个意义上具有优先性，那么这就会导致无穷后退：实体在作为偶性的时间意义上优先于偶性。为了优先于这种作为偶性的这个时间，实体又需要另一个作为偶性的优先时间。因此，为了避免这一困难，在所有存在者中，应该如此来理解实体在时间上是首要的：

---

〔9〕　*Metaphysics*, Ⅶ. 1, 1028ᵃ32-33. "……实体在每一个意义上都是首要的——在定义上，在知识的秩序上，在时间上。"

〔10〕　*QM*, b. 7, q. 2, Bonaventure Ⅳ, p. 103.

〔11〕　Aristotle, *Physics*, Ⅳ. 11, 219ᵇ1-4.

"在时间上在先"就被说成是没有别的事物也能够分离存在，而别的事物却不能没有它的事物。[12]

这就是说，实体在时间上是首要的意味着它能够在其自身中存在，而偶性却并不能离开它们所依赖的实体而存在。换句话说，实体是在本性上优先于偶性的。

也许有人会说，我们能够设计并使用另一种类型的绵延来量度实体与其他事物的关系。然而这仍然不能解决无穷后退的问题，因为无论这种新的类型的绵延是什么，它始终都是被量所计算的，而量始终是偶性。因此，我们就需要另一种方式来量度时间的优先性。我们认为，司各脱实际上对此构想出了两种解决方案：

第一，任何以亚里士多德的方式所理解的时间都不能给予实体以真正的首要性，因为时间始终是与作为偶性的量相关的。对司各脱来说，实体在时间上优先，并不是在作为物理学意义上的绵延或量度而在时间上优先。实体应该具有更高的优先性。实体试图以一种超越于甚至优先于时间的方式来确立实体的优先性，也就是说实体是在形而上学意义上出于本性或本质而优先于偶性的。

第二，实体的优先性可以建立在实体与偶性的因果关系基础上："能以这种方式（在本性上优先）而优先，是通过两种方式而发生的：或者因为一个事物不依赖于另一个，或者因为另一个并不是其必然原因……从分离偶性的角度来说，实体在这两种方式中都优先。"[13]实体与偶性之间具有因果关系。在亚里士多德看来，实体与一个事物的形式因相关，也与一个事物的所有属性及偶性的中心化有关。[14]在这个意义上，实体优先于偶性正如原因优先于结果。

---

〔12〕 *QM*, b. 7, q. 2, n. 21, Bonaventure Ⅳ, p. 110.
〔13〕 *QM*, b. 7, q. 2, n. 22, Bonaventure Ⅳ, p. 110.
〔14〕 *Metaphysics*, Ⅶ. 17, 1041^{b}5-9.

在第一种解决方案中，实体完全超越了作为偶性的时间而与之没有关联。而在第二种解决方案中，实体与偶性之间具有必然的因果关系："因为它（偶性）在其本质中具有这样的必然原因。因此在这种方式中，它是不可分离的，也即就它（实体）是偶性的原因来说。"[15]然而，对于这一必然性，司各脱却并没有给予更进一步的解释。在我们看来，这种必然性并不意味着实体必然地会作用于偶性，而是意味着偶性必然地依赖于作为其原因的实体。在这个意义上，我们才可以说实体是其偶性的必然原因。偶性是不可与实体分离的。

在这两个解决方案中，我们并没有看到时间扮演着什么根本性的角色。司各脱所说的"在时间上"（*tempore*）与亚里士多德的时间概念并不完全相同：

> 并不是在这里把"时间"恰切地当作运动的数目，它（实体）在时间上在先，是因为它并不在时间上有依赖。[16]

"在时间上"在先并不意味着实体处于时间的量度之中。相反，实体并不依赖于作为运动量度的时间，而是在其自身地存在着。而实体与偶性的形而上学因果关系并不是本质性地关联于时间的。因此，这种"在时间上"的优先性意味着它在形而上学意义上优先于时间。时间是被实体在形而上学意义上所超越和领先，我们才能说在所有存在者中，实体在时间上是首要的。

2. 在所有存在者中，实体在认识上是首要的[17]

由于司各脱拒绝了神圣光照论，他的认知理论似乎跟随亚里士多

---

〔15〕 *QM*, b. 7, q. 2, n. 23, Bonaventure Ⅳ, p. 111.
〔16〕 *QM*, b. 7, q. 2, n. 32, Bonaventure Ⅳ, p. 113.
〔17〕 *QM*, b. 7, q. 3, Bonaventure Ⅳ, p. 115.

德而把感觉作为认识的开端。但尽管如此，他在这里仍然论证实体在认识上才是第一的。

司各脱指出，不同意见认为似乎偶性在认识上优先于实体。偶性更多与可感之物相关，而实体则是理智的认识对象。我们首先在感觉中接受了可知事物的偶性的种相，接着从中抽象出实体。这就意味着我们的理智所认识的实体的种相已经预先存在于对可感事物偶性的种相之中，否则这一理智的认识与抽象活动就是不可能的。而能够认识偶性所含种相的能力是估量能力（estimative power）。

然而在司各脱看来，这会导致一个严重的困难：似乎感觉与理智发生了混合，因为在理智开始活动之前，感觉认识就包含了理智认识，而偶性也就包含了实体："实体的种相并不是在理智中，因为这样的话实体的种相就会首先在感觉中，而由此实体就能够通过感觉而被认识。"[18]因此理智与实体变得甚至后于感觉与偶性，甚至比它们更不完满。

司各脱当然不能接受这一结果。他认为当我们认识一个东西的时候，我们的理智的确形成了种相，这一种相相关于感觉，但并不是它的原理：

> 实体产生了一个种相，它在感觉中并在媒介中。但它（种相）并不是视觉的原理，正如在空气中的种相不是（原理），因为空气并没有认识那具有相似性的事物的认知能力，但是在理智中存在着视觉的原理。[19]

按照这段话，实体所制造的种相是在感觉中，但这一种相如果没

---

〔18〕 *QM*, b. 7, q. 3, n. 10, Bonaventure Ⅳ, p. 116.
〔19〕 *QM*, b. 7, q. 3, n. 11, Bonaventure Ⅳ, p. 117.

有理智的活动就是无用的。这一种相能够在空气中，但空气本身只是一个物理性的容器和媒介，而不能使得这个种相变得可以认识，即使感觉自身也不能通过这一种相而无须理智去理解一个东西。因此，这就说明理智才是视觉以及理智概念的原理。原理要比种相本身更为决定性，也更为根本。

因此，实体在认识上要比偶性优先。但是我们的当前状态是堕落状态，我们对于实体的认识在其自身中也并非最完满的。司各脱对此指出：

> 我说"其种相是在理智中的东西，是更完满地被认识的"，这在它与其可知性的比例中来说是真的，然而这样的实体则在其自身中、对我们来说都是更完满地可知的，如果我们可以达到它的话，但在此生中我们做不到。[20]

我们当前的堕落状态不允许我们在理智中直接获得可知对象的种相，因此我们的认识仍然是从感觉开始的。结果在认识的生成过程中，感觉要优先于理智，而偶性要优先于实体。然而，生成的优先性要后于完满性的优先性：

> 因为我们对实体所具有的知识，在其被获得时，要比对于一个偶性的认知是更完满的认知，尽管偶性在我们理智的生成秩序中是首要可知的东西，然而实体在完满性中则是首要的，并因此是无条件地首要的。[21]

---

〔20〕 *QM*, b. 7, q. 3, n. 16, Bonaventure Ⅳ, pp. 118-119.

〔21〕 *QM*, b. 7, q. 3, n. 16, Bonaventure Ⅳ, p. 119.

我们现在就看到了，为什么在所有存在者中，实体在认识上是首要的，因为它是一种比感觉认识更为完满的认识。实体与理智包含着偶性与感觉的原理，并且形成了在当前状态下相对而言最完满的知识。这种优先性主要是依赖于认识活动而建立起来的。

3．在所有存在者中，实体在定义上是首要的[22]

如上所述，司各脱坚持认为偶性本质地依赖于实体，而且偶性不能从实体中完全分离出来。现在他要进一步解释，为什么实体在定义上要优先于所有存在者。

有这样一种看法认为，偶性在定义上优先于实体。亚里士多德在关于一个事物是什么的本质（*quid*）知识与关于其质与量的程度（*quale*）知识之间做出了区分，而偶性属于后者。[23]结果偶性就具有了属相和种差，这就组成了偶性的定义。因为在我们知道这是一个实体之前，我们就形成了感觉认识，而偶性的定义看起来就要比实体的定义更为优先。[24]

不但如此，可感偶性还应该能够在其自身中存在，甚至拥有多个主体，否则，"塌鼻"这个概念就应该只是无用的重复，因为"鼻"本就应该被包括进作为其实体的"塌"之中。如果不是这样，我们就得承认，"塌"本身是可以在其自身中存在的。这就是说，偶性在这个意义上与实体可以分离，而相似的，运动者也可以从被推动者那里分离出来。[25]

司各脱通过这样的理由来否认这一意见——属相与种差的组合与定义并不相同：

---

〔22〕 *QM*, b. 7, q. 4, Bonaventure Ⅳ, p. 121.
〔23〕 *Metaphysics*, Ⅶ. 1, 1028ª9-13.
〔24〕 *QM*, b. 7, q. 4, nn. 1-2.
〔25〕 *QM*, b. 7, q. 4, nn. 8-12.

从形而上学来说，这一通过属相和种差的根据（*ratio*）并不是定义，因为它并没有整体地、完满地表达本质（*quidditas*），也因为它并没有表达（偶性）对于实体的秉性（*aptitudo*），除非加上实体（这个词项）。[26]

在这里，司各脱在逻辑意义与形而上学定义之间做出清晰的区分。前者是由属加种差组成的，因此它只能表达一个事物的逻辑意义，却不能给予这个事物是什么以本质的解释，这是因为它并没有揭示偶性对实体的依赖，也就是说偶性并没有与作为本质的实体发生关联，而这种关联只能在形而上学定义上才能在实体中获得。没有实体，我们就无法获得关于偶性的真实定义。

因此，关于偶性自身的、没有其他进一步条件的知识就是模糊的知识，而不是完整且分明的知识，后者只能在其与实体的关系中才能获得。即使很多主体共享一个偶性，这一偶性也只能在其主体中得到理解，正如属相与种相的情况一样。许多种相拥有同一个属相，然而，"更共同的主体是在其下面的种相的主体中才被理解的"。[27]

而对于"塌鼻"的例子，司各脱承认"塌"本质上与鼻子并不相关，因为这一形状完全可以有别的表达，例如"凹"。然而，这并不意味着塌能够与鼻子分离开来，因为"塌性"仍然指示了其与作为其主体的鼻子的关系。

因此，偶性不能在其自身中存在。当它与其主体分离时，它就消逝了。而对于推动者与被推动者的关系，司各脱承认"运动者能够比被推动者更为在其自身之中，因为被推动者依赖于推动"。[28]

司各脱的立场揭示出，只有实体才能有真实的定义。而且当我们

---

〔26〕 *QM*, b. 7, q. 4, n. 25, Bonaventure Ⅳ, p. 127.
〔27〕 *QM*, b. 7, q. 4, n. 30, Bonaventure Ⅳ, p. 128.
〔28〕 *QM*, b. 7, q. 4, n. 37, Bonaventure Ⅳ, p. 129.

试图给实体一个定义时，这并不意味着我们给予了某些额外的东西，像是偶性对实体一样。定义存在于实体自身之中，当实体要求一个定义的时候，并没有任何别的东西被加到实体中去。没有什么外在因，如动力因或者质料因能够作用于实体，因为这样的原因并不属于本质。实体是一个事物的本质，而定义依赖于本质性的知识。因此，在所有存在者以及在形而上学意义中，实体在定义上是首要的。

4. 实体在完满性上优先于偶性

除了以上三种优先性，司各脱还在《〈形而上学〉问题集》第七卷的其他地方证明实体在形而上学中由于另外两个理由而优先于偶性。

第一个论证是为了回复这样的反对意见，即偶性要比实体更为完满，因为偶性要比实体更单纯，而单纯性正是一种完满性。对此司各脱这样反驳：

> ……在可毁灭的事物中，普遍来说更单纯的东西更不完满，虽然不是由于其更大的单纯性——就好像并没有完满性——而是因为这样的本性不能允许如此多的现实性还具有单纯性；至少不能有它在具有组合性时的这么多，而普遍地来说，现实性越多就越完满。比如，如果某只狗是智慧的，而伴随着智慧，它不能拥有与一只狗所相宜的最大的凶猛，那么这只狗就会比一只没有智慧的狗更不完满；而如果它是不完满的存在者，因为"狗"限定了"存在"，并且它（智慧）能够与它（狗）矛盾，它（狗）在实体（*entitas*）之中就确立了高贵性。[29]

---

[29] *QM*, b. 8, q. 1, n. 27, Bonaventure Ⅳ, p. 406.

在这一论证中，司各脱区分了两种存在者：可毁灭的东西和不可毁灭的（永恒的）东西。对于前者，更多的单纯性意味着更多的不完满性。而对于后者，单纯性要比组合性具有更多的完满性。例如，司各脱在别的地方曾经证明，上帝是绝对地、完满地单纯的，他是最完满的存在者。[30] 然而在可毁灭的月下事物中，单纯性却并不能拥有充足的现实性。而由于现实性是一种完满性，因此更单纯的东西也就具有更少的现实性以及更少的完满性。狗的例子就可以证明这一点。狗的本性并不依赖智慧，而是依赖凶猛。如果存在着一只具有智慧的狗，它由此变得不太凶猛，并欠缺了与它本性相宜的凶猛，结果它的现实性反而比一只尽管没有智慧但却最凶猛的狗还要少，并因此更不完满。

由于这一论证是为了捍卫实体的优先性，因此司各脱在这里的真正意思是，偶性作为一个更单纯的东西比实体更少完满性，因为实体是一个组合的东西，而偶性又要比实体具有更少的现实性与组合性。

第二个论证则是对另一种反对意见的驳斥。这种反对意见认为偶性存在者只具有动力因和目的因这两个外在因，因为它与一个东西的本性无关，而实体性存在者则具有亚里士多德所说的四个原因。结果，偶性对于原因的依赖性要少于实体，因此偶性就变得更完满了。司各脱对此这样驳斥：

> 在同样的证实方式里：尽管一个被作用的存在者是无条件地不完满的，因为它是有依赖的；然而有条件的存在者，其合宜的实体又必然要求它是被作用的，那么如果它是被好几个（原因）所作用，它就能比被更少原因所作用的另一个存在者更完满地成为这样的存在者，由此，它（后一种存在者）就没有

---

[30] *Ord.*, I, d. 8, p. 1 q. 3.

接收如此多的完满性。因为在依赖的事物中，的确依赖者依赖于更多的（原因）会更完满，从（作用它的）每一个东西那里，它都接收到了一些完满性（由于其完满性从而要求所有这些东西），因此没有任何在其自身的东西是足够的。因此，普遍地来说，被更完满地作用的东西，它们不是被上帝所直接作用的，并依赖于好几个原因，因为根据它们更大的完满性，（数量）较少的（原因）就不足以作用它们（更完满的东西），而它们（数量较少的原因）（对于）那些更不完满的东西（是足够的）。[31]

在这一论证中，司各脱驳斥了这样的意见，即对原因的依赖性意味着不完满性。对司各脱来说，一个事物越是依赖越多的原因，它就具有越多的完满性，因为原因本身就是一种完满性。当一个原因作用一个东西时，它同时也就把完满性给予了被作用的东西。因此，具有四个原因的实体要比只具有两个原因的偶性更为完满。

这两个理由依赖于形而上学的等级秩序，即现实性和因果性是两种完满性。一个存在者，尤其是可毁灭的月下事物，如果它拥有越多的现实性和因果性，它也就拥有越多的完满性。因此，实体要比偶性更为完满。

司各脱并没有放弃实体对偶性在完满性方面的优先性，而是始终认为实体与偶性的关系能够通过完满性而建立等级。然而我们也应该注意到，上述这两个在《〈形而上学〉问题集》中所提出的理由在他的后期著作中并没有再出现，而是遭到了抛弃，这是为什么呢？

通过仔细观察我们可以发现，在上述两个理由中，完满性总是伴随着一定条件下的限定性：这种完满性只能被可毁灭的东西所拥有，因为这种完满性在永恒事物中恰恰是缺陷与不完满性。对于可毁灭的

----

〔31〕 *QM*, b. 8, q. 1, n. 28, Bonaventure Ⅳ, p. 406.

东西，越多的组合性和因果性就意味着越多的完满性。相反，对于永恒事物来说，它们却把单纯性和不被作用性当作完满性。例如，上帝是最优越、最完满的存在者，然而他同时还是没有组合性的最单纯的存在者，并且从不被别的东西所作用。在下一节中我们将看到，在司各脱成熟时期的形而上学思想中，无条件的完满性才是实体优先性的真正基础。

现在我们可以看到，在《〈形而上学〉问题集》中，司各脱如何通过时间、认识、定义与完满性四种方式来捍卫实体的优先性。然而我们必须指出，这四种保证实体优先性的方式与形而上学的去中心化并不和谐。

对于在时间上的优先性：为了避免这样一种困境，即这种优先性是依赖于作为偶性的时间，司各脱论证说实体要优先于任何量度与时间中的运动。这一优先性依赖于实体作为形式因和偶性作为结果之间的必然因果关系。如果实体的优先性建立在它与偶性的必然形式因果关系上，那么偶性就会失去它的独立性，并且始终依赖于作为它的中心点与核心意义的实体。结果，形而上学就不会是去中心化的，而是会把实体当作其研究的中心点。

对于在认识上的优先性：这一种方式完全依赖在认识和理解过程中的可知性的不同程度。因此，这一条道路更多依赖于司各脱的认识论，而不能为实体与偶性的形而上学共同性与平等性提供具有足够说服力的理由。

对于在定义上的优先性：这一种方式完全否定了偶性独立性的可能性。偶性只有在其主体中才能存在。

对于在完满性上的优先性：这一完满性始终包含着一定条件下的限定性，否则它就不是完满性。结果，它不能在形而上学的去中心化和存在单义论的基础上为所有存在者提供必要的共同性与平等性。

总的来说，之所以这四条道路都不能与形而上学的去中心化、存在的敉平以及实体与偶性的平等性相融合，是因为司各脱在《〈形而上学〉问题集》第七卷中仍然没有完全放弃亚里士多德主义的立场。亚里士多德所论证的实体与偶性的一定意义上的平等性是以承认它们之间的类比关系为前提的，而因此形而上学的研究主题会集中于实体。没有实体这一主体，偶性将不可能实存。

　　如果司各脱完全接受了这一点，那么他就不可能辩护偶性在个体化问题上以及圣餐中能够独立于实体甚至与这一主体分离的观点，形而上学的超越性也会受到削弱。因此，为了坚持他对于形而上学的新处理，并且给予偶性以独立性，司各脱需要放弃亚里士多德主义的立场，并且找到别的非亚里士多德主义的方式来捍卫实体的优先性。

第三节　后期著作中的实体 / 偶性秩序

　　在其成熟期的著作如《牛津〈箴言书〉评注》《巴黎〈箴言书〉评注》《论第一原理》中，我们认为司各脱曾提出四种方案来保证实体的优先性及其与偶性的等级秩序，同时又确保它们与形而上学的去中心化不产生矛盾。

1. 偶性的个体化与实体的优先性

　　在这一问题上，我们将先分析偶性在形而上学的个体化问题上如何获得了与实体的平等性以及独立性，接着指出这种个体化又如何同时保证实体与偶性的等级秩序。[32]

---

〔32〕　按照彼得·金，司各脱在四个地方讨论了个体化问题：(1) *Ord.*, II, d. 3 p. 1 qq. 1-6, Vatican., VII, pp. 391-494; (2) *Lec.*, II d. 3, p. 1 qq. 1-6, Vatican., XVIII, pp. 229-293; (3) *Rep.*, II A, d. 12, qq. 5-11; (4) *QS*, VII, q. 13, Wadding, VII, pp. 402-426。它们对于个体化原理的讨论，大致是相似的。参见 "Duns scotus on the common nature," *Philosophical Topics* 20 (1992), p. 50。关于这一节的主题，上述四个文本中目前可利用的部分并没有本质上的不同。

在其著名的个体化学说中，司各脱提出了颇有影响力的概念"这个性"（*Haecceitas*）来为一个事物为什么以及如何成为一个个体事物提供原理。司各脱通过一系列的论证拒绝将量作为个体化原理。[33]在这些论证中，核心的理由之一是，量作为偶性不可能成为一个具有实体意义的、在其自身的存在者的个体化原理。因此，司各脱将量排除出了个体化原理。

然而这并不意味着只有实体性东西才能个体化。事实上，司各脱颇为惊世骇俗地认为，所有十个范畴都能够被独立地个体化。这一主张看起来似乎很荒谬，因为没有主体的偶性不可能成为一个真实的个体事物，然而司各脱却坚持这一主张，所有范畴都是独立的个体。为了证明所有范畴都可以不需要依赖其他范畴而获得个体化，司各脱给出了如下论证：

> 在每一个范畴的等级秩序中，都存在着所有属于这一等级秩序的事物，而没有任何别的不是本质性地属于这一等级秩序的东西。[这一点可证，是因为任何两个这样的等级秩序都首要地是相异的，因此没有什么属于这一个等级秩序的东西是通过另一个等级秩序而（属于这一等级秩序的）。]但是属于这一等级秩序的，是就其被（这一等级秩序的）顶部和底部所限制而言的（按照哲学家，《后分析篇》第一章），正如它（顶部）属于首要被谓述的东西，没有谓述别的东西——因此它（底部）就属于最低级的主体，没有东西把它当主体（*subicitur*）。因此，在每一个范畴等级秩序中，个别者或个体并不是通过任何属于其他等级秩序的东西而建立起来的。[34]

---

〔33〕 *Ord.*, II, d. 3, p. 1, q. 4.
〔34〕 *Ord.*, II, d. 3, p. 1 q. 4, n. 89, Vatican VII, pp. 433-434.

在这里，范畴等级秩序并不是指实体与偶性之间的等级秩序，而是指一个单个范畴内部的等级秩序。对于每一个范畴，它都包含着最高的（"顶部"）、最普遍的属相（"属于首要被谓述的东西，没有别的东西被谓述"），以及最低级的（"底部"）、最特定、具体的个体（"最低级的主体，没有东西把它当主体"）。因此在不同层级上，这些不同的构成者组成了一个范畴自身的等级秩序。正如在这一引文中所述，每一个范畴的等级秩序与别的范畴的等级秩序都是独立的，因为每一个等级秩序在其自身中具有自己的秩序与构成者。不同的秩序是相异的，并且彼此之间没有依赖。因此，在每一个范畴的等级秩序中的任何个体与单独的要素都不属于别的范畴的等级秩序。因为在每一个等级秩序中的每一个个体都独立于其他等级秩序中所包含的个体，这一个体的个体化就并没有分有或者依赖于其他等级秩序。

因此，所有十个范畴都具有它们各自独立的等级秩序。例如，实体的等级秩序就独立于量的等级秩序，而一个实体性存在者的个体化就独立于一个偶性比如量的等级秩序的个体化。结果在不同的范畴等级秩序中的每一个构成者都是独立地个体化的。偶性能够成为个体，并且甚至独立于实体。

然而，这种观点有可能引发一个困难：如上所述，司各脱拒绝将量当作个体化原理，而量又如何能够被独立地个体化呢？为了解决这一困难，我们应该注意到，量作为实体的一个偶性本身并不能成为十范畴的个体化原理。但如果我们把量当作独立的东西，则它是可以被个体化的。换句话说，如果我们把偶性理解为一个依赖于实体的东西，那么它不可能成为个体化的基础。但如果我们给予偶性以形而上学的独立性，则它就能够做到这一点。在后一种情况里，偶性就具有独立的本性，正如实体一样。

因此，司各脱甚至认为某些偶性没有对实体依存性的绝对偶性。按照克罗斯的分析，司各脱把十范畴分为了四类：

（1）实体；

（2）绝对偶性：量与质；

（3）内在关系性偶性：关系；

（4）外在关系性偶性：空间，时间，处所，状态，主动，受动。[35]

绝对偶性甚至可以没有主体而独立存在，内在关系性偶性则与那与之相关的东西的内在本性有关，而外在关系性偶性则是个别之物。

对司各脱来说，首先，个体化原理要求一个个体并不依赖别的个体；其次，这一原理建立在个体的内在本性基础上。"这个性"这一关键性的概念就能够同时满足这两个要求。

跟随这一原理，我们就能看到，两个绝对偶性就能够独立地存在，它们可以在不依赖其他范畴的前提下维护自己的本质，而内在关系性偶性同样与个体的本性与本质相关。由此，个体化具有三种不同的情况：

（1）首要的个体化。这种个体化排除了偶性范畴，并且给予一个在其自身的存在者以这个性。

（2）绝对偶性和内在关系性偶性的个体化：质，量与关系。这种个体化基于这三个范畴的这个性。

（3）外在关系范畴的个体化。这种个体化并非基于这个性，而是基于作为个别之物的偶性。

为什么司各脱认为不同的范畴秩序及其个体化是彼此独立的呢？我们认为，至少有三点理由可以说明司各脱的用意：

第一，实体先于偶性，而偶性不能于在其自身的意义上来区分不同的个体（如苏格拉底与柏拉图），而只能通过关于这一个体是什么的原理才能完成。因此，司各脱构想出形而上学概念"这个性"来作为个体化原理的基础，而这是不能通过偶性完成的。因此，个体化必

---

[35] 对司各脱范畴分类的概括，参见 *The Physics of Duns Scotus*, pp. 94-95。

须要独立于偶性。

第二，个体化原理与偶性并无关系，因此偶性的主体也就能独立起来，并且无须偶性而被个体化，无论这一主体是属相还是种相，是最高的还是最低的概念。结果在个体化中，实体秩序就与偶性秩序没有关系。不同的范畴秩序彼此独立。

第三，司各脱在这一问题上的原创之处不仅在于实体秩序本身是独立的，而且偶性秩序也是独立的。因为实体的个体化完全与偶性的个体化分离开来，并且前者并未给后者留下空间，那么偶性或可由此而获得赢取独立性及与实体分离的可能性。一些绝对偶性甚至可以拥有它们自己的这个性。这并不意味着个体化原理变成了偶性的，相反，是因为这些绝对偶性能够没有主体而存在，因此它们就在形而上学中具有了类似实体一样的独立位置。换句话说，偶性的个体化原理仍然是形而上学的，而非偶性的。

然而，实体的优先性在偶性的个体化中被削弱，因为那些绝对偶性似乎变得与实体类似甚至相同，那么司各脱又如何在这种实体与偶性的相似性基础上来捍卫实体与偶性的等级秩序呢？

解决这一困难的关键在于，我们必须认识到，个体化原理本身是基于在其自身的存在者，而非偶性的存在者。

对于"是否物质性实体通过某种决定个别事物本性的肯定的存在性而成为个体？"这一问题，司各脱通过如下理由而给出了肯定答复：

正如共同的一在其自身中跟随着共同的实体，所以所有的一都是在其自身中跟随着某个实体。因此，无条件的一（如以上经常被描述的一个个体的———也即一个这样的一，它被划分为数个主体性的部分是与之不相容的，并且它没有被指定为"这一个"也是与之不相容的），如果它是在存在者中（正如每一个意见所假设的），它就在其自身中跟随着某个在其自身的实体。但是它并不是在其自身地跟随着本性的实体，因为它具有一个它自己的、在其自身的、实在的一，如第一个问题的结论所证明的那样。因此，它跟随着某个别的决定这个为一的实体。而且那个别的实体随着本性的实体而组成了某个在其自身的一，因为这个一所属于的整体是出于其自身而完满的。[36]

　　所有范畴的个体化都是依赖于在其自身的实体。一个无条件的个体统一体能够在形而上学上成为个体，基于两个条件：第一，它不能被进一步划分为几个主体性部分，也即它是不可化约地单纯的；第二，这一个体被指定为"这一个"。它必然地以在其自身的方式而依赖于某个在其自身的实体。对司各脱来说，一个个体的统一体由两个东西组成：共同本性以及这个性，而它们两者都是在其自身的实体（参见第三章第三节）。

　　如我们知道的，实体是不依赖于偶性的、在其自身的存在者。结果，个体化原理完全依赖于在其自身的实体而非偶性。因此，实体能够在范畴的个体化中建立起与偶性的秩序。换句话说，如果一个绝对偶性能够在形而上学中被个体化，而不是像那些外在关系性偶性只能被当作无法自存的东西，那么这一绝对偶性就必须被转换成并被当作类似于实体一样的东西，由此实体与绝对偶性就都具有它们各自的这个性。相反，实体的个体化则与偶性毫无关系，并且不需要被转换成且被当作类似于偶性的东西。在这个意义上，实体仍然是与偶性具有等级秩序的，因为个体化的原理与基础基于这个性，而这个性永不可能是偶性的，而必须是实体性的。

　　因此，我们就能发现在个体化问题中关于实体与偶性的两个方

---

[36] *Ord.*, II, d. 3, p. 1 qq. 5-6, n. 169, Vatican VII, pp. 474-475.

面：一方面，所有范畴等级秩序都是彼此独立的，每一个范畴在其自身的等级秩序中都具有独立的个体化；另一方面，即使一些绝对偶性能够具有它们自己的这个性，然而它们的个体化仍然需要基于在其自身而非偶性的基础。

司各脱的个体化理论与形而上学的去中心化是融贯的。由于形而上学的主题超越了范畴，而存在概念对于实体与偶性又是单义的，那么这似乎就为实体与偶性的共同性与平等性埋下了伏笔，而这一伏笔就让范畴等级秩序的互相独立成为可能。单义性的敉平开端有利于使偶性不再绝对依存于实体。也就是说，将共同的单义概念作为开始，以及范畴等级秩序的独立化，在一定意义上为实体与偶性建立了平等性，这种共同性和平等性的开端使得范畴等级秩序的互相独立成为可能。一些独立偶性甚至能够像实体一样拥有这个性。

然而即便如此，实体与偶性的等级秩序仍然在这一前提下得到了保存。司各脱从未放弃在其自身的存在者与偶性的存在者之间的形而上学区分，而真正意义上的个体化原理就依赖于在其自身的这个性。通过将量这样的偶性排除出个体化原理，并进一步提升个体化原理的在其自身的形而上学基础，偶性就不足以建立起各范畴等级秩序之间的互相独立性。借助于第一实体意义上的这个性，各个偶性才得以获得了独立于实体的范畴等级秩序。因此，偶性与实体看似共同、独立与平等的结构，恰恰不是基于偶性的原理，而是基于在其自身的这个性原理。偶性的个体化并不意味着个体化能够是偶性的，相反这意味着所有范畴，无论是实体还是偶性，如果它们在形而上学获得了真正的个体化，那么就必须被当作在其自身的实体。否则，这种个体化就只能依赖于那些类似另外六个外在关系范畴一般的偶性。由此，司各脱就在不同种类的个体化之间建立起了形而上学秩序，在其中实体与绝对偶性要优先于其他作为个别之物的偶性。

因此，由于个体化原理的在其自身中的基础，实体始终优先于偶性，而这一优先性又依赖于实体与偶性在开端上的平等及其在范畴等级秩序之间的互相独立。

2. 实体与偶性的完满性

正如第二节所分析的，在《〈形而上学〉问题集》中，实体在有条件的完满性上优先于偶性。相反，在司各脱后期的成熟著作中，无条件的完满性才是实体优先性的真正基础，而这种完满性则属于形而上学的研究主题。司各脱对这一完满性给出了如下定义：

> 无条件的完满性被说成是在任何东西之中，都要比不是它的东西更好。[37]

在这一定义中，我们发现这一完满性没有包含进一步的限定条件，诸如实体的或偶性的，可毁灭的或永恒的，单纯的或组合的，神圣的或受造的，等等。这一完满性普遍地指涉所有东西。与第二节中有条件的完满性不同，无条件的完满性始终是完满的，并且不可能在某些进一步的条件下变成缺陷或不完满。按照司各脱的观点，这种完满性是超越者，并且属于形而上学主题，因为它是无条件的，也就是说，这种完满性超越了实体与偶性、上帝与受造物的区分。无疑，这种完满性也可以按照一个事物所拥有它的程度而获得等级，然而一个具有更多无条件完满性的事物与具有较少无条件完满性的事物分享了同样单义且超越的无条件完满性。

结果，在《〈形而上学〉问题集》第七卷中的有条件的完满性与形而上学的去中心化并不能融贯。例如，在可毁灭事物中的有条件的完满性就有可能在不可毁灭的事物中变成不完满性。而在这些不同甚

---

[37] *DPP*, 4. 10, Ed. Wolter, p. 79.

至相反的限定条件中，有条件的完满性不能对它们保持单义性和共同性。由此，在这种完满性的不同限定之间，并不存在着去中心化且单义的前提与基础。

因此对司各脱来说，只有无条件的完满性才能属于形而上学的主题，而只有这种完满性才能与存在的单义性以及形而上学的去中心化相容，因为在这种完满性中并不存在任何能够限定它究竟相关于什么、存在于什么事物之中的条件。它能够存在于所有事物之中，并始终保持自身为完满性。

在这种完满性的基础上，司各脱证明实体要比偶性更为完满：

> 优先的东西被说成是优越的，而（在完满性中）被超过的东西则是在后的。简要而言，任何依照本质的东西都更完满、更高贵，由此就是在先的。这就是这种类型的优先性。亚里士多德在他《形而上学》第九卷中证明现实要比潜能优先时，在那里他按照实体与种相而称它（现实）为优先的。他声称："在生成上在后的事物，在种相与实体上是在先的。"[38]

按照这一看法，不同的存在者能够按照完满性的不同等级而获得秩序。一个拥有更多完满性的东西要优先于拥有更少完满性的东西，而前者要比后者更为优越。这种完满性与优先性依赖于种相与实体。实体本身就优先于偶性，因为实体比偶性具有更多的现实性与更少的潜能性，而现实性又优先于潜能性。由于实体是完满的这一点没有别的限定，相比于偶性，实体并不可能在某个条件和限定之下变成不完满的东西。[39]

---

〔38〕 *DPP*, 1. 7, Ed. Wolter, p. 5.
〔39〕 尽管司各脱引用亚里士多德来证明实体的优先性，他的立场仍然与亚里士多德不同，因为亚里士多德从未声称无条件完满性是形而上学的主题。

尽管这种完满性依赖于实体性与种相，这并不意味着它们是这种完满性的条件。与单纯性和因果性不同，它们只能在一定的条件下成为完满性，司各脱从未提过实体与种相本身的完满性需要什么前提条件。无论在可毁灭的还是永恒的存在者中，它们相比于偶性都是完满的。对于所有拥有实体和种相的事物来说，它们本身不需要别的条件而就具有这种完满性。

这并不意味着偶性的本质完全依赖于实体的本质，这只是意味着实体与偶性能够按照无条件完满性的不同层级而获得秩序。因此，无条件完满性能够被当作实体对偶性优先性的基础，并同时与形而上学去中心化保持融贯。关于无条件完满性的这一特点，我们将在第五章中进行详细分析。

3. 外在因果性对于内在因果性的优先性

如上所述，在《〈形而上学〉问题集》中的第三种实体优先性仍然使用了必然的形式因果性来维持实体的优先性。形式因果性与形而上学中存在的中心化具有关系。[40]

司各脱继承了不少中世纪哲学家对四因说的分类：形式因与质料因是内在因，动力因与目的因是外在因。[41]前者内在于一个事物的构成之中，而后者则外在于这个事物。

为了平衡形而上学的去中心化与实体的优先性，司各脱首先放弃了内在进路并转而使用外在进路来建立实体与偶性的关系，并接着论证说实体仍然优先于偶性，因为实体仍然可以在缺乏与偶性的内在关系的前提下成为偶性的原因。

在开始之前，我们应首先分析上帝如何与实体／偶性相关联。因

---

[40] 参见本章脚注[13]。
[41] *DPP*, 2. 26-28, 3. 3, 22, 35, 48, Ed. Wolter, pp. 25, 43, 53, 55, 61, 61.

为上帝与实体／偶性的关系部分地决定了实体如何与偶性关联。我们即将看到，上帝与实体／偶性的关系在一个方面上和实体与偶性的关系相同，即这两种关系都是外在性的关系。

（1）上帝与实体／偶性的关系是外在的

实体与偶性都是由上帝所创造的，尽管它们具有不同程度的完满性。除此之外，上帝主要是以外在进路而成为它们的原因：

> 就受造物而言上帝具有两个性质：一个是善好之中的优越性，另一个是因果性。优越性不能再被进一步划分，但是因果性可以。按照一些人，它被划分为范式因，动力因和目的因。他们说范式因给了一个事物以本质性存在（*esse quiditativo*）。但是我在这里要说，并且在下面更广泛地说，范式因在数量上并不能够算作动力因之外的一个，因为在工匠心灵之中的范式因并不能使事物存在，除非它伴随着动力因。由此如果有形式因的话，那么它将被更多说成是优越性而不是形式因，因为更为优越的存在潜在地包含着其他事物的形式，并且统一地包含着它们。因此在上帝里面存在着这三种东西：优越性、动力性与目的性。[42]

在这段陈述中，上帝与受造物的因果关系只依赖于动力与目的关系。范式因本来是与作为内在因的形式因紧密相关的，因为它给予了一个东西本质性的存在。然而，司各脱并没有给予范式因独立的位置，甚至将它与形式因分离开来，并将其吸纳入作为外在因的动力因以及优越性。结果，上帝是外在地并且不通过任何本质的关联而作用于所有受造物的实体与偶性。

---

〔42〕 *Lec.*, I , d. 2, p. 1, q. 2, n. 39, Vatican XVI, pp. 124-125.

司各脱进一步解释了上帝作为外在因与绝对存在者的关系：

> 因为（它是）绝对的，而（它是）绝对的，那么它就既不
> 要求终端也不要求多个终端，因为这样的话它就不会是绝对的
> 了。因此，如果它需要主体的话，那么这就要求对这一本质的
> 某个另一依赖性。但没有什么某个绝对事物对于某个与其本质
> 不相关事物的依赖性是无条件地必然的，除非是对于无条件的
> 第一外在因，即对上帝（的依赖性）。[43]

绝对偶性也属于绝对存在者，这里的绝对性是指它由于其自身的
本性，而非别的外在原因从而并不需要任何终端以及主体，因为它是
自足的，并且不需要对其他存在者的本质依赖性。结果，一个绝对偶
性就不必然需要无条件地依赖于另一个与其本质毫无关系的存在者。
它只无条件地依赖上帝，即使上帝与其本质无关。

清楚的是，绝对偶性在自身之中而没有依赖实体就拥有了它自己的
独立本质，因为它并不要求一个主体。尽管绝对偶性对上帝有依赖性，
然而偶性对上帝的依赖性以及偶性与上帝的因果关系仍然是外在的：

> 然而，按照哲学家《形而上学》第五卷"论存在"一章，
> 偶性按照其自身来说是在其自身的存在，——因此它在属相中
> 是在其自身中的。主体并不是无条件的第一外在因，因为上帝
> 并不是偶性的主体。因此，绝对偶性对主体的依赖并不是无条
> 件地必然的（我认为"无条件地必然的"，其相反面包含着矛
> 盾）。大前提可证，因为第一因能够完满地提供与任何被作用的
> 东西相关的、任何种类的外在因的因果性，因为他在其自身中

---

〔43〕 *Ord.*, Ⅳ, d. 12, q. 1, n. 39, Vatican Ⅻ, p. 310.

要比第二阶原因更为优越地具有所有这种因果性。[44]

在这一陈述中，偶性在属相的意义上成为在其自身的存在者。如前所述，上帝作为外在因创造了实体与偶性，而上帝不可能成为偶性的主体 / 实体，否则上帝将拥有偶性，所以上帝与偶性的关系是外在因果关系，而这一因果关系要比实体与偶性之间的关系更为优越。相比于其主体 / 实体，绝对偶性只对上帝这一外在因的依赖是无条件必然的，在此一前提下，绝对偶性就并非无条件地必然依赖其主体 / 实体了。

由此，作为属相的偶性和实体一样都是在其自身的，而绝对偶性与其主体 / 实体的关系让位于绝对偶性对上帝的依赖性。而上帝与绝对偶性的关系又是外在的因果关系。在这一意义上，偶性与其主体 / 实体在它们与上帝的关系中获得了一定的平等性。

（2）实体与偶性的关系是外在的

跟随着上帝与偶性的外在关系，司各脱在后期著作中认为实体与偶性的关系并非基于两者在本质上的内在关系，而是基于非本质性的外在关系：

> 对另一问题，当说它会拥有其自己的依存性（inesse）时，（即）另一种在量的意义上的白性的依存性，而如果它通过白性而仍然依存于量的相似性的话，那么它就是另一种量的依存性，白性的量的依存性，以及相似性的依存性。而当这样说的时候，关系的属相就不会是单纯的，从普遍的依存性而言它是组合的，在其中它与其他偶性、与其自身的依存性一致，而这是对于别的事物来说的，由此它就只是相关于关系而非质，因为通过那

---

[44] *Ord.*, IV, d. 12, q. 1, n. 41, Vatican XII, p. 311.

一论证，质的属相就会是从普遍的依存性而来的组合，由此它与其他别的事物以及其自身的依存性一致了，也即进行限定（*qualificare*）。因此我认为，依存性既不是关于关系的本质的，也不是关于质的本质，也不是关于在是什么的意义上言说成是它们的东西，而是派生的，因此它依存于量之中，依存于质之中，而它们都不能本质性地具有依存性。[45]

这一论证包含了两个要点：

第一，偶性能够具有其自身的依存性。例如，一个量就能够依存于"白性"这个主体。这一"白性"并不是偶性。相似的，"白性"自身也能够依存于量，并将量作为自己的主体。因为存在着各种各样的量，而它们都属于作为属相的量。结果，量与白性一样，正是因为它们可以互相依存，所以都是绝对且独立的主体。每一个范畴都具有其自身的等级秩序，既有最高的构成者（作为属相的量），也有许多特定的东西（白性）。

第二，人们可以说这一依存性也许并不独立，因为它可以属于作为范畴的关系。司各脱拒绝了这一说法，并论证说量、质和关系都是彼此独立的范畴。量与关系可以成为一个组合，并且允许其他偶性依存于其中，因此它们两者就具有它们自己的依存性。

通过这两点，偶性就能够没有主体并且像实体一样拥有自己的依存性，也就是说，别的事物可以依存于自身。然而，这一依存性的关系应该是外在的，并且没有任何本质性的互相依赖性。否则，在实体与偶性之间就会有本质性的内在等级秩序，偶性就会因此无法拥有其自身的依存性，而是内在地依赖于实体。因此，实体对于偶性是外在的，从而只是派生的而非内在本质性的：

---

〔45〕　*Rep*., II, d. 1, q. 7, n. 16, Wadding XI, p. 261.

而如果你问，它属于什么属相，从而在其自身中意味着那是"偶性"或"依存性"的东西，我回答：（它属于）某个与外在方面相关的属相。因为这一点很清楚：之所以说成是（外在的）方面，是因为它作为其自身的根据不能被理解。而它并没有表达内在的方面，因为它并不必然跟随最外在的位置，因为——正如将在最终结论中会清楚的——其基础与终端能够没有这一（内在的）方面而依然持存。[46]

从中我们可以看出，偶性所属的属相只是在外在方面而言具有依存性，即便它与其所依存的主体没有内在关系，偶性依然可以通过外在关系而依存于其主体。

至此，我们已经分析了偶性与实体的关系如何外在化。那么司各脱又是如何通过偶性与实体的相互独立性而捍卫实体的优先性呢？

　　因此，第一权威是通过单词"因为"的多义用法而产生的。由于"因为"并不总是作为在先的形式因而被知的：因为《形而上学》第五卷，"论因为"章，经常被说成是"原因"，也时常被说成"就……而言"或"因为"，任何在先的原因都能够被知。而因此，由于实体是某种偶性的原因，但它却并不相关于其本质，而一个偶性是存在者，是因为它是这样的存在者，即它将那一因果性指派入实体。但是它并不是通过在白性实体中的这一形式的"存在"而成为另一个存在者的"存在"。[47]

对司各脱来说，亚里士多德对于"因为"和"原因"的用法其实

〔46〕　*Ord.*, Ⅳ, d. 12, q. 1, n. 34, Vatican Ⅻ, p. 308.
〔47〕　*Ord.*, Ⅳ, d. 12, q. 1, n. 55, Vatican Ⅻ, pp. 316-317.

是多义的。它可以指内在与必然的因果性，也可以指外在且非本质的因果性。前者与被作用的东西的本质有关，而后者则与其本质毫无关系。因此，实体仍然可以成为偶性的原因，尽管这一关系并不具有内在的本质联系。

在这一点上我们不能同意乔治·皮尼的观点，他认为司各脱在《牛津〈箴言书〉评注》中放弃了实体与偶性的因果性。[48] 从上述陈述中我们可以看到，司各脱仍然在这一评注中坚持认为实体可以成为偶性的原因，这就能够证明实体仍然是优先于偶性的。

因此，作为最首要的原因，上帝是包括实体与偶性在内的所有存在者的第一动力因与目的因。而作为第二阶的原因，实体是偶性的动力因与目的因。这两种原因都与被作用者的本质无关，它们只是与后者具有外在关系。[49] 在形而上学的去中心化基础上，基于实体与偶性的外在非本质关联，实体通过作为偶性的外在原因而获得了对偶性的优先性。

4．偶性与实体的关系是偶然且无分别的

这种优先性与司各脱的偶然性理论紧密相关。在这种方式中，偶性可以存在于并且依存于实体，但是实体从未依存于偶性。这一非交互性的关系能够在一定程度上保证实体的优先性。然而，这一关系不仅如上所述是外在的，而且还是偶然且无分别的。无分别性意味着在偶性对实体的依存性以及偶性对实体的分离之间并不具有本体论秩序。我们在下面还将看到，这一方式能够捍卫实体的优先性，而这一优先性又与形而上学去中心化是融贯的。与第三种方式相似，这一方

---

[48] "Substance, Accident, and Inherence. Scotus and the Paris Debate on the Metaphysics of the Eucharist."

[49] 这就能够澄清皮尼对"外在关系"（*respectus extrinsecus*）到底意味着什么的困惑。按照上述分析，这一关系仅相关于两个相关词项的动力与目的关系。参见 "Substance, Accident, and Inherence. Scotus and the Paris Debate on the Metaphysics of the Eucharist," p. 303.

式也包含着两个方面。我们首先分析这一方式中上帝与实体／偶性的关系。

（1）上帝与实体／偶性的关系是偶然且无分别的

按照司各脱，上帝是完全偶然地、无分别地创造了这个世界。而上帝在受造物的存在与不存在之间并没有任何偏好性，受造物在上帝那里并不具有必然的根基。对于实体与偶性，上帝创造了它们并且给予实体性以优先性，而上帝始终保持着他的至高自由与无分别性：

> 然而，这一命题，即"每一个绝对东西（即偶性在主体中的依存性）的联合都是与外在方面相关"可证，因为无论其本性还是它们两者，都不会是这种联合的必然原因：因为上帝能够分离它们而无矛盾，并且分离地保存一个而无须另一个。[50]

这段话表明，偶性及其主体的关系的确是像上述第三种方式所述，是非本质且外在的。然而与第三种方式不同，在这里这一关系是外在关系的原因并非由于因果性的秩序，在这一秩序中内在因被吸纳入外在的动力因与目的因中，而是因为上帝的自由。偶性的本性和它与主体的结合并没有本质上的关联，因而这一结合是非本质且外在的。上帝能够将它们结合为一，但同时也能够自由地分离它们。而且上帝甚至能够保存偶性却同时并不创造实体。

结果，这第四种方式就比第三种方式更为激进。第三种方式的侧重点在于上帝与受造物的关系是外在的，但这一外在关系仍然得到了保证。而在第四种方式中，这一依赖于上帝至高自由的因果关

---

[50] *Ord.*, Ⅳ, d. 12, q. 1, n. 78, Vatican Ⅻ, p. 323.

系能够被上帝自由地终止。因此，上帝专断的超越性得以显露。无论是实体还是偶性在上帝那里都不具有必然性。实体能够被确立为优先于偶性，然而上帝却能够改变这一关系，并且具有使偶性先于实体的自由。而对于受造物的相反可能性，上帝是完全自由且无分别的。

伴随着这一点，实体与偶性的外在关系同样也是偶然的：

> 但是"关于外在方面"最终化归到上述理由那里去，以及第三个结论的证明那里去，也即化归到这一命题这里来："上帝能够制作任何绝对的东西，而它（绝对的东西）并不相关于其本质，因为它（绝对的东西）将不能通过那个（本质）而有依赖，除非是作为一个外在但并非第一的原因——而每一个这样的依赖性都是偶然的。"[51]

在这一段话中，司各脱首先强调了上帝的至高权力与自由，而绝对的东西对其本质的依赖性是外在的。不但如此，如果这一关系不是与作为第一因的上帝相关联，那么这一依赖性就是偶然的。因为绝对偶性必然地依赖于作为第一因的上帝，但却偶然地依赖于作为第二阶原因的实体。

因此，我们在下面就会看到，既然上帝偶然且自由地创造了实体与偶性，并可以自由终止两者的依存秩序关系，那么实体与偶性的关系也就是偶然的。而由于上帝对于实体／偶性的结合或分离是无分别的，那么这两者中没有哪一个能具有本体论上的优先性，而偶性也同样对它与实体的结合或者分离保持无分别。

（2）实体与偶性的关系是偶然且无分别的

---

〔51〕 *Ord.*, Ⅳ, d. 12, q. 1, n. 79, Vatican Ⅻ, p. 324.

伴随着上帝与实体／偶性的偶然关系，我们就能理解以下这个论证了：

> 我认为存在化（*essendi*）的方式或者能够被理解为是它们多样化了这个"存在"，或者因为它们可以通过这个"存在"而设立某种在后的相异性。第一种方式，就如偶性的"存在"在面包中与不在面包中一样，因此（它们是）同样的方式。而第二种方式则有不同变化，因为在面包中的"存在"已经是与面包具有实在关联的主体。然而，当它在其自身中时，它就可以从这一关联中剥离出来。而由此就清楚了：它们通过安置与另一个事物的关联并通过剥离（这一关联）而指示出关于"存在"的相异方式。[52]

按照这一陈述，"存在化"本身具有多种方式。第一种是与存在化本身相关的，而第二种则是跟随它的。前者涉及圣餐问题。偶性能够在面包中或者不在面包中，这在"存在化"中是相同的。而对于后者，尽管偶性是通过实在的关系而与主体相关，这一关系却是偶然的，换句话说，偶性本可以从主体中剥离出来。这两种情况在"存在化"中是相同的。在这两种"存在化"中，存在于主体中以及不存在于主体中具有相同的本体论位置。"存在化"对于它们两者是无分别的。

司各脱进一步解释了第三种和第四种方式之间的关系：

> 可以说如果白性具有其自己的属性的话，那么它就会比这个依存性更为直接地依存于其自身。因为它必然地依存于白性

---

〔52〕 *Ord.*, Ⅳ, d. 12, q. 1, n. 89, Vatican Ⅻ, p. 310, Vatican Ⅻ, p. 326.

之中，而它或者通过与主体联系，或者通过分离而（依存于白性）。然而，依存性只是偶然地依存，不是从白性的本性，而是从外在因（而依存的）。因为白性自身并没有依存，而是一个施动者（在依存）。[53]

这说明如果白性具有真正属于自己的属性的话，这个属性就必然依存于白性，无法与其主体分离。然而实际上这一与主体的依存性是偶然的。这种依存性允许偶性以及主体的属性与其主体或相连或分离，因为这一依存性基于外在的因果性，而非偶性以及属性自身。换句话说，主体的形式因从来没有作用于偶性以及属性之中，而偶性以及属性自身在其主体中也并不具有对它的必然依存性。主体只能作为外在施动者而与偶性以及属性具有因果关联。

也许会有这样的疑问，即为什么偶性与实体的关系是外在且偶然的？司各脱如此回复：

> 就其本性（*natura*）而言，秉性正是这样的东西，即其本性就是其秉性，而这也并不是某种绝对的东西，这一点是清楚的。它并不是别的东西，即相关于某种实在的现实性，因为它只是表明了这样的本性如此统一了起来。因此那些本性是相容的或并不矛盾，因为这一本性就正是这一本性。[54]

司各脱诉诸秉性以及本性来解释不同本性的结合。在这一点上我们同意皮尼的看法，即司各脱其实并没有给予进一步的解释，[55]但我

---

〔53〕 *Ord.*, Ⅳ, d. 12, q. 1, n. 80, Vatican ⅩⅡ, p. 324.

〔54〕 *Ord.*, Ⅳ, d. 12, q. 1, n. 88, Vatican ⅩⅡ, p. 326.

〔55〕 "Substance, Accident, and Inherence. Scotus and the Paris Debate on the Metaphysics of the Eucharist," p. 310.

们却可以推断出正是上帝使得这一本性是这个本性。上帝甚至可以以别的方式制造这个本性，或者拆散本性之间的结合。

因此，实体的确对偶性来说具有一定的优先性，因为偶性能够依存于实体之中，但实体却并不能依存于偶性之中。然而它们两者的关系却并不具有必然性，而且这一依存关系相对于它们的分离来说也不具有优先性。第四种方式可以给予实体以优先性，但这却是四种方式中最弱的一种。

这一方式与存在的单义性以及形而上学的去中心化非常融贯。我们可以看一眼司各脱对于单义概念的描述：

> 我认为一个单义的概念是这样的概念，它是以这种方式而成为一的，即它的统一性能够在肯定与否定同样东西的矛盾中捍卫（作为一的自己）。[56]

这一描述能够帮助我们理解实体与偶性的关系。实体与偶性在它们的单义基础上都是存在者。尽管偶性可以依存于实体之中，然而它们的单义基础却允许对这一关系进行无分别地肯定或否定。无论偶性在实体中的依存性是肯定性的还是否定性的，而且无论偶性与实体是结合的还是分离的，偶性与实体都总是在作为统一体的形而上学起点中具有单义的基础。换句话说，偶性与实体的统一性首要地基于存在概念的单义性，而不是偶性对实体的依存性。形而上学的去中心化对于实体与偶性的结合以及分离保持无分别。

因此，就偶性依存于实体但实体不能依存于偶性来说，实体仍然是优先于偶性的，但这一优先性并不具有形而上学上的必然性。

---

〔56〕 *Ord.*, I, d. 3, p. 1, qq. 1-2, n. 26, Vatican III, p. 18.

现在我们已经分析了上述四种保证实体优先性的方式，而这四种方式同时也与形而上学的去中心化保持了融贯。在这些方式中，实体通过四种优先性而建立起与偶性的秩序：

1．个体化的原理本身并不基于偶性，而是基于在其自身的实体。

2．实体要比偶性更为完满，这一完满性是无条件的。

3．实体是偶性的原因，尽管这一原因是外在且非本质的。

4．偶性可以依存于实体，但实体从不会依存于偶性。

而同时，司各脱又试图在实体／偶性的等级秩序与形而上学去中心化以及实体与偶性的平等性及共同性之间保持平衡：

1．所有的范畴秩序都是彼此独立的，并且都能被独立地个体化。一些绝对偶性甚至像实体一样具有这个性。

2．实体的完满性与偶性的完满性是无条件地单义的。

3．实体与偶性的关系是外在且非本质的，偶性并不具有对实体的本质性依存。

4．在实体与偶性的结合与分离之间并没有哪一者具有本体论上的优先性。这一结合是偶然且有条件的。

因此，在《〈形而上学〉问题集》中，实体对于偶性的优先性要比其后期著作中更为本质且必然。在《〈形而上学〉问题集》中的优先性并不能与形而上学的去中心化相融贯，因此司各脱在后期著作的不同地方总共提出了另外四种方式来保证实体的优先性。在这四种新型的优先性中，实体与偶性的等级秩序在形而上学的去中心化基础上得到了保证，从而与存在的敉平这一单义性起点相容。

第四节　存在与实体的关系

在揭示了实体在形而上学去中心化的基础上如何优先于偶性之后，我们应该转向一个更为普遍的主题，即司各脱究竟如何理解存在与实体的关系，这能够帮助我们理解司各脱形而上学中的实体与偶性的秩序问题。

我们已经看到了实体与偶性关系的复杂之处。一方面，偶性相对于实体具有了独立性，一些绝对偶性甚至可以没有主体而存在。另一方面，实体仍然优先于偶性。

事实上，这两个看似矛盾的方面并非不融贯。实体对偶性具有优先性，并不必然意味着偶性就必须要依存于实体，而偶性的独立性及其与实体的分离并不必然意味着实体就丧失了优先性。实体的优先性及其与偶性的秩序可以在存在的单义性以及共同性的前提下得到保证，因为这一优先性并没有允诺实体成为存在必然的中心点与核心意义。

实体与偶性的关系能够集中地反映出司各脱如何处理存在与实体的关系：

第一，形而上学的去中心化与存在的敉平化在一定意义上给予了实体和偶性以共同性和平等性。这使得形而上学主题能够超越实体与偶性的区分，而作为中心点的实体也就不再成为形而上学主题。这就为偶性的独立性及其与实体的分离提供了可能性，并且进一步建立起实体与偶性的相互独立性。

第二，即便如此，司各脱仍然试图给予实体以优先性，否则实体与偶性的区别，在其自身的存在以及偶性的存在之间的区分也就变得不太重要了，而形而上学将因此不会成为一门科学，因为关于偶性的存在是没有科学的。这一区分并不必然就与存在的单义性和共同性构成冲突，因为这一单义性与共同性可以容纳其中一些存在者的优先性。因此，司各脱的形而上学一方面给予了实体和偶性共同的前提，但同时也能够为它们安排形而上学秩序。

然而，如果我们严格地遵循着司各脱对形而上学主题的定义，即形而上学研究作为存在的存在及其超越者，而超越者又超越了包括实体与偶性在内的所有属相与范畴，那么在形而上学之中实体究竟还具有怎样的位置呢？它是否就变成了形而上学之中并不重要的部分，甚至有可能是相对低级的科学才会研究的主题呢？实体还是一个形而上学概念吗？

回答这些疑问的关键在于，实体自身并不能成为形而上学主题，但如果它与偶性放在一起就可以。"实体的""偶性的"是一对存在的分离性属性。形而上学为它们提供了一个单义且共同的前提。因而实体仍然是一个形而上学概念，但它自身还不足以成为一个独立的研究主题，因为它只是存在这一形而上学主题的一个部分。因此，一方面而言，实体性存在与偶性存在组成了形而上学的一个独立主题，而存在概念对于实体和偶性又是单义且共同的。另一方面，司各脱又证明在形而上学之中，实体仍然与偶性具有秩序。这一秩序给予了实体相对于偶性的优先性，并同时削弱了实体作为形而上学研究主题以及存在的核心意义的功能。而这与存在的敉平结构是相容的。

因此，实体优先于偶性，这能够保证在其自身的存在和偶性的存在之间的区分与等级秩序，这使得形而上学仍然是可能的。但同时实体在形而上学中的中心功能与位置则被大大削减，以便于将形而上学去中心化，并与存在概念的单义、共同性与无分别性相容。结果，偶性的确后于实体，但能够被独立地个体化，而其中的绝对偶性甚至能够没有主体而独立存在。

作为形而上学去中心化的结果，存在的敉平化削弱了实体在形而上学中所扮演的中心功能，实体不再成为形而上学的研究主题，而存在作为这一主题对实体性的存在与偶性的存在具有共同性，因此偶性在其与实体的关系中获得了更多的独立性。而这在存在的类比关系中是不可能的。在这一非亚里士多德的结构中，正如克罗斯所言，一个事物更像是各种组成部分的松散的"捆装"(bundle),[57]而在其自身的存在与偶性的存在拥有了共同且单义的前提。

因此我们可以看到,司各脱在形而上学的去中心化与实体/偶性的等级秩序之间试图保持平衡。为了达到这一点,司各脱没有继续采用在《〈形而上学〉问题集》中所采取的三种亚里士多德式的实体优先性以及基于有条件的完满性的优先性,并在其后期著作中通过另外四种去中心化的方式来保证这一优先性。司各脱的实体与偶性理论并不仅仅是其思想的重要组成部分,而且还开启了一种新的形而上学结构。敉平的存在起点虽然能够容纳实体的优先性,但却让实体与偶性的关系变得松散。

---

[57] "Duns Scotus: Some Recent Research," *Journal of the History of Philosophy* 49:3 July 2011, pp. 294.

第三章　一与多的平等化及其秩序

　　一与多的关系是一个经典的传统哲学问题。一些经院哲学家跟随亚里士多德[1]认为，作为超越者的一与存在是可互换的。对司各脱来说，他的一与多学说具有一些值得注意的特点。概要而言，在司各脱的形而上学中所处理的一有两种：第一种是作为超越者而与存在可互换的一，这种类型的一是一个独立的超越者；第二种是与多相对的一，这种一与多共同构成了一对分离性超越者。

　　因此，一在两个意义上是超越者：作为与存在可互换的超越者，以及作为一与多这对分离超越者中的一。一方面，一作为存在的可互换者是形而上学所关涉的主题；另一方面，一与多共同构成形而上学所关涉的主题。我们应该追问，这两种不同的一之间的关系究竟是什么？为什么一具有两种成为形而上学研究主题的方式？形而上学应该集中在多所归属的一之上，还是应该将一和多作为整体来研究？一与多在司各脱这里究竟具有怎样的关系和秩序？

　　为了回答这些问题，我们应该注意到形而上学去中心化和一与多学说的关系。存在概念的单义性及其牧平影响着司各脱对于一与多关系的处理。这使得他的一与多的秩序学说具有一些重要的新特点。我们将看到，与亚里士多德和阿奎那等人认为一与多相对立，以及存在只和与多所对立乃至归属的一可以互换的观点不同的是，司各脱认为

---

〔1〕　Aristotle, *Metaphysics*, Ⅳ. 2, 1003^b23.

138

存在和与多所对立的一并不能互换；相反，存在只和那种包含着一与多在内的一可互换，换句话说，存在和作为整体的一与多可互换，并对一与多保持单义性。因此，存在与一并不意味着相同的东西，它们也并不总是可互换的[2]："存在与一并不相同，并且在本质上并非毫无条件地就可以互换。"[3]一与多通过存在的单义学说从而在起点上具有了一定的平等性。存在概念以及作为一与多统一体、与存在可互换的一，对于一与多是单义的。对于这一重要的特点，艾尔森已经做出了颇富启发的研究。[4]在这一章中，我们将部分跟随艾尔森对司各脱的一些先驱者的立场进行分析，并与司各脱的其他一些学说关联起来加以研究。司各脱对一与多的系统处理是在《〈形而上学〉问题集》第四卷第二个问题中展开的，我们将它作为研究一与多问题的核心文本，并在必要时加入其他著作中的相关讨论。

第一节　一的分类及其单义性

在亚里士多德分析存在与一的关系之前，他首先讨论了实体与哲学工作的统一性。在他看来，形而上学这门科学所处理的主题具有首要性，并且是其他事物所依赖且借以获得名称的东西。这就是实体。[5]由此，实体也就与哲学家所研究的那些首要的原理和原因关联起来。尽管形而上学这门科学所研究的存在问题具有多种含义，然而通过存在的类比学说，这些多种含义在实体中获得了作为一的核心意

---

〔2〕　参见 Wouter Goris, Jan Aertsen: "Medieval Theories of Transcendentals", http://plato. stanford. edu/entries/transcendentals-medieval/; Jan Aertsen: "Being and One: The Doctrine of the Convertible Transcendentals in Duns Scotus", *Franciscan Studies* 56, 1998, pp. 47-64。遗憾的是，沃尔特并没有提及这一重要特征，参见 *The Transcendentals and Their Function in the Metaphysics of Duns Scotus*, pp. 101-110。

〔3〕　*QM*, b. 4, q. 2, n. 68, Bonaventure Ⅲ, p. 335.

〔4〕　"Being and One: The Doctrine of the Convertible Transcendentals in Duns Scotus. "

〔5〕　*Metaphysics*, Ⅳ. 2, 1003^{b}15-18.

义，这维护了这门科学的统一性。在这一统一性中，实体的首要性使得其他事物依赖于这个一。

部分地依赖于这一观点，亚里士多德论证说存在与一具有同样的本性，尽管它们两者并不相同：

> 如果存在与一是同样的，是单一的东西，这是说它们作为原理和原因而彼此相随，而不是在它们被同样的原理所解释的意义上。[6]

存在与一在一定意义上是相同的，这正是一与存在可以互换的前提之一。[7]然而，它们却并不具有同样的原理，也并不是同一个概念。在这一基础上，亚里士多德进一步解释了本质（实体）与一的关系：

> 如果每个事物的本质（实体）并不是在偶性上是一……那么，一有多少种，存在就有同样多的种。而研究它们的是什么就是同一门科学的工作，这一科学在属相上是一。[8]

对于存在问题的研究进一步推进为对实体的研究，而实体并不是在偶性上是一，这样才保证了形而上学这门科学的统一性。

阿维森纳发展了这一学说，并增加了一些重要的变动。他认为存在与一并不具有同样的本性，因为一并不与实体密切相关：

> 一可以与存在对应，因为一正如存在一样，述说每一个范畴，但是它们在理智中如你所知是相异的。他们同意的是，它

---

[6] *Metaphysics*, Ⅳ. 2, 1003ᵇ22-25.
[7] 关于这两个概念如何具有共同的本性，参见 *Metaphysics*, Ⅳ, 1003ᵇ22-1004ᵃ6.
[8] *Metaphysics*, Ⅳ. 2, 1003ᵇ31-33.

们都不能表示任何一个事物的实体。这一点你已经知道了。[9]

　　因此我认为，一或者述说偶性或者述说实体。如果是述说偶性，它就不会是实体……如果是述说实体，它就绝不是如属相或者种差来述说它们，因为它无法实现诸实体中的任何一个本质方面，它只是实体的某个伴随部分，如你所知。[10]

按照这两段引文，亚里士多德与阿维森纳的区别在于，阿维森纳将一与实体分离开来。阿维森纳认为，一并没有集中在实体上，而也可以述说偶性。但这并不意味着实体与偶性相同。事实上，阿维森纳的本质的无分别性学说认为，当一在述说实体时，一就意味着实体，而当一述说偶性时，则一就意味着偶性。结果，一只不过是实体的伴随者。

阿维森纳的这一观点极大影响了司各脱，[11]因为这一学说可以与形而上学的去中心化保持融贯。在亚里士多德的实体学说之中，作为多的偶性是围绕着作为一以及中心点的实体而实存着。与之不同的是，司各脱认为存在概念对于实体与偶性是共同且单义的，形而上学的研究主题超越了实体与偶性的区分，而作为与存在可互换的一在概念中单义地、无分别地包含一与多、实体与偶性。司各脱进一步将阿维森纳的主张发展为新的结构，在其中与存在可互换的一同时可容纳一与多，而一与多则拥有了更为平等的关系。由于一本身就具有不同的含义，为了阐述司各脱的主张，并澄清作为超越者的一究竟是什么，我们首先应该看一下司各脱是如何理解不同种类的一的。

---

[9]　*The Healing of Metaphysics*, b. 3, ch. 2, n. 20, Ed. Van Riet., Ⅰ, p. 114.
[10]　*The Healing of Metaphysics*, b. 3, ch. 3, n. 10, Ed. Van Riet., Ⅰ, p. 117.
[11]　对于司各脱对阿维森纳论证概要的概括及其与阿威罗伊关系的讨论，参见 "Being and One: The Doctrine of the Convertible Transcendentals in Duns Scotus," pp. 56-60。

亚里士多德曾为一的含义给出了两种不同的分类。[12] 司各脱同意这一分类，并特别指出第二种分类，即一可以分为"普遍的""特定的""数目的"和"成比例的"，是很恰当的。[13] 通过阅读司各脱关于存在与一关系的文本，我们认为他实际上提到了三种不同的一。

1. 数目意义上的一

第一种一包含两种不同的情况。第一种是数目，第二种则是数目的原理。从其字面含义来说，一可以被当成数目"一"。在这一情况下，它并不属于形而上学研究，因为它作为量属于偶性。而对于作为数目原理的一，它就在一定意义上具有形而上学含义，因为它能够在其自身地存在："一（*unitas*）[14] 是一个原理，不仅因为从它这里计数开始了，而且也因为它是数的在其自身的部分，并且处于其形式的潜能中。但是没有数在其自身地就是数的一个部分。"[15] 作为计数原理的一并不只具有计数开端的功能（从一开始计数），而且还是整个计数过程的在其自身的基础。这一功能并不依赖于计数本身或其他数目。不但如此，它同时还是一个连续体（*continuum*）："所有连续体，由于其连续性都成为一。"[16] 作为数目原理的一是连续体，因为它包含着计数的连续性。如果它不是连续体，那么计数就不可能了，因为计数的过程就会被分成各个独立的部分，从而丧失了计数本身的统一性。

这种类型的一是作为超越者的一吗？司各脱如此回复：

---

[12] 参见 *Metaphysics*, V. 6, 1015^{b}16-1017^{a}6。对亚里士多德来说，第一种对于一的分类有两种情况：一种是通过偶性，另一种是通过其本性。第二种分类则包含四种情况：在属相、种相、数目与类比中的一。

[13] *QM*, b. 5, q. 4.

[14] 对司各脱来说，在讨论一与多的关系上，*unitas* 与 *unum* 没有本质区别。

[15] *QM*, b. 4, q. 2, n. 97, Bonaventure Ⅲ, p. 344.

[16] *QM*, b. 4, q. 2, n. 95, Bonaventure Ⅲ, p. 343.

因此，作为数目原理的一存在于所有事物中，在其中它和那与存在可互换的一没有实在的区别。但是超越的一的概念总是更普遍的，因为它自身对于有限制的和无限制的东西是无分别的。然而，一个确定的属相的一，必然地就会造成某些有限制的东西，正如任何东西在任何属相中都是如此。[17]

一方面来说，"作为数目原理的一存在于每一个事物之中"，[18] 在这个意义上，这种一和与存在可互换的一在实在中并没有不同，因为它们两者都存在于每一事物之中。另一方面，作为与存在可互换且超越的一则要比作为数目原理的一更为普遍，因为前者对于有限制和无限制的东西保持无分别，但后者却不能对其保持无分别。

不但如此，数目意义上的一与量这一偶性相关。它不能与存在互换，因为存在与超越的一超越了范畴。因此，作为超越者的一肯定要先于作为数目原理以及连续体的一。

2. 与多相对立的一

这种一是亚里士多德[19]和阿奎那[20]所坚持的。他们两人都认为，多是对一的否定以及一的缺乏。[21]

按照司各脱，这种一既不是数目的一也不是数目的原理，它对

---

〔17〕 *QM*, b. 4, q. 2, n. 100, Bonaventure Ⅲ, p. 344.

〔18〕 *QM*, b. 4, q. 2, n. 100, Bonaventure Ⅲ, p. 344.

〔19〕 *Metaphysics*, Ⅳ. 2, 1004ª10-11.

〔20〕 *ST*, Ⅰ, q. 11, a. 2, Leonina Ⅳ, p. 109. 另参见 Jan Aertsen, *Medieval Philosophy and the Transcendentals: The Case of Thomas Aquinas*, Leiden, New York, Köln: Brill Academic Publishers, 1996, pp. 201-242。

〔21〕 Jan Aertsen, "*Medieval Philosophy and the Transcendentals: The Case of Thomas Aquinas*," pp. 229-231. 关于阿奎那一与多理论更为系统的研究，参见 John F. Wippel, *The Metaphysical Thought of Thomas Aquinas: From Finite Being to Uncreated Being*, Monographs of the Society for Medieval and Renaissance Philosophy, Washington D. C.: Catholic University of America Press, 2000, pp. 63-194。

上帝与受造物保持无分别。在这种意义上，它要比第一种一更为接近超越且单义的存在。它不能包含其他的分离性属性，例如"潜能与现实"，因为这些分离性属性具有不止一个组成者，并因此不是一而是多。[22]

与多相对立的一在其自身地存在，并与存在相关，但司各脱并不认为这种一能够与存在可互换，因为它并不包含多。这种一不能被进一步划分为一与多，而是将多排除出去了。由于存在可以是一或者多，并且还具有对一与多的单义性和共同性，因此这第二种一就不能与存在可互换，也因此它就不能述说所有东西。

3. 作为一与多以及其他分离性超越者的包含者的一

这一类型的一作为一与多的统一体而包含一与多。这种一与存在是可以互换的：

> 在无条件的意义上，一并不是无条件地与存在可以互换，因为一并不是述说其相反者，也即多的。[23]

在这一引文中，存在着两种一：第一种，一并不述说那作为一的对立者的多，由此一就与存在不可互换。这说明一与存在的可互换性并不是无条件的。第二种，如果移除了并不述说多这一限定条件，一也就与存在可互换了。

由于存在能够述说一与多，因此与存在可互换的一也就能够述说一与多。在这个意义上，只有能够述说一与多的一才能是超越者。而对于作为多的相反者的一则不可能成为这样的超越者。作为超越者的

---

[22] *QM*, b. 4, q. 2, n. 54, Bonaventure Ⅲ, p. 332.
[23] *QM*, b. 4, q. 2, n. 54, Bonaventure Ⅲ, p. 332.

一将一与多作为整体包含起来，而没有陷入两者的对立之中。

更重要的是，作为超越者的一并不只是包含一与多，那些分离性的超越者同样可以包含于其中：

> 对这一问题须指出，出于已给出的理由，它们（一与存在）并不是可互换的……（它们只有在每一个东西都是一的意义上才是可互换的，或者）是在无条件，或者在限定意义上。这一分离者与存在可互换，正如"潜能或现实"。一个分离者不能在其自身地（与存在可互换）。[24]

在这里司各脱使用"潜能与现实"的例子来说明潜能的存在与现实的存在作为分离性的超越者被包含入作为超越者的存在与一之中。而这些分离性超越者中的单独一方，例如"潜在的"或者一，是不能与存在可互换的，它们只有与作为相反者的另一方在一起，也即潜能与现实一起，一与多一起，才能与存在互换。存在本身为这些分离者们提供了单义且共同的前提，而这些分离者们彼此共同作为超越性的整体而存在。因此，存在与超越的一单义地包含了这些分离者。一与多由于具有了单义且共同的前提，所以与存在可互换的超越的一也就对一与多保持无分别。

所有这三种一都与存在有关系，而只有第三种才能与存在可互换。作为分离者，一与多具有相反的含义，但它们都被包含在存在与超越的一之下，即使分离者中的一方对另一方具有优先性。

现在我们初步找到了本章开始所提到的那些问题的答案。对司各脱来说，在作为形而上学研究主题的超越的一与作为这一主题的一与

---

[24] *QM*, b. 4, q. 2, n. 66, Bonaventure III, p. 335.

多之间并没有矛盾。前者的一与后者的一并不相同，因为前者单义且无分别地包含了一与多，而后者则是与多相对立的。只有包含了一与多的一才可与存在互换。

司各脱甚至利用亚里士多德来支持这一观点：

> 在回应那些关于哲学家意图的论证时，（亚里士多德认为）去考量主体，及其分离性属性，如存在或者一或者多，以及分离者的两个部分，（这些考量）都属于同一门科学。因此，他意图去证明，考量存在与一属于同一科学。为了证明这一点，并不需要这样的前件，即一是与存在本质性地同样的，或者它（一）与存在是可互换的，而（只要证明这一点）就足够，即这一"分离者及其相反者一起"是与存在可互换的，因为从这一点出发就得出了哲学家的结论。[25]

在这一论证中，司各脱提到了关于形而上学研究主题的两种观点：

（a）形而上学研究存在与一。

（b）形而上学研究存在以及一与多。

这两个看法并不相同。为了调和它们并寻找哲学家对这一调和的支撑，司各脱将第一个意见囊括入第二个意见中。形而上学研究存在问题，也研究一，但这个一如果只是与多相对立，就不能与存在互换且共存。相反，形而上学是研究一与多的，因为一与多只有在作为两个分离者时才共同与存在互换且共存。因此，形而上学研究一以及一与多，或精确地来说，研究囊括一与多的一。

巴门尼德曾对一与多的问题提出具有深远影响的观点，这一观点

---

〔25〕 *QM*, b. 4, q. 2, n. 67, Bonaventure Ⅲ, p. 335.

认为只有作为事物全体的一存在着，也就是说，他并不认为多的存在是实在的，而只是将作为整体的一或者存在当作哲学研究的主题。在这个意义上我们可以说他同意观点（a）但并不完全同意（b）。然而，这一理论在后世的一些哲学家看来并不能非常好地揭示这个世界所存在的生成流变。

亚里士多德使用了存在的类比学说而对处于实在之中和生成流变之中的一与多进行更为综合性的处理。实体就是多种可变偶性的主体。在这个意义上，实体可以被说成是一以及这个，而偶性则是多。然而，亚里士多德的立足点与司各脱并不相同。尽管一与多都与形而上学相关，观点（b）也并非完全不成立，不过亚里士多德在其类比学说中却更倾向于观点（a）。例如，一与多学说能够用于作为一的实体和作为多的偶性的关系中，而多也就因此依赖于一：

> ……种差在人之中是众多的，如有脚的，两足的，无羽毛的。为什么这些是一而不是多？……在定义中的诸属性肯定为一，因为定义就是为一的原理，并且是实体的原理，因此它就必定是某一事物的原理。因为实体，如我们所认为的，就表示"一"以及"这个"。[26]

按照亚里士多德，一个事物（例如人）具有各种各样的种差和属性，例如有脚的、双足的、无翅膀的等。这些种差通过层层分类，最终到达人的定义，而人的定义也就包括了这些种差、属性。这些不同的种差、属性作为多，最终能够成为人这个一而不是多，是由于人这个原理以及实体这个原理。正是作为中心点的实体，使得多最终成为一。

---

[26] *Metaphysics*, Ⅶ. 12, 1037^{b}21-28.

就形而上学也处理一与多（实体与其所包含的各种种差 / 属性）而言，亚里士多德也涉及观点（b），但是他却在其实体学说中将聚焦点放在了作为多的统一体的实体上面，即观点（a）。由此，亚里士多德也就建立起了一与多的等级秩序。

司各脱的处理方式与巴门尼德以及亚里士多德都不同。他切断了观点（a）与（b）之间的关系。在他看来，并不是观点（b）中对一与多的研究最终收拢到观点（a）中对一的研究，相反，是对一与多的研究实际上包含了对一的研究。由于存在的敉平化，亚里士多德式的从一与多到一的聚集被削弱。一与多具有了共同且单义的出发点，并且被作为超越者的一所囊括。而存在以及作为超越者的一并没有特别聚集在一或者多上面，而是对它们保持无分别。因此，司各脱才会认为存在和那种与多所相对、由多所聚集的一并不是可互换的，而是和一与多一同可互换且共存。这种可与存在互换的一单义地包含了实体与偶性，而没有聚集在实体之上。多也因此不需要最终彻底聚焦在一并依赖于一，相反多与一被处理得更为平等，而包含它们的一才是形而上学的研究主题。形而上学的去中心化能够允许一与多在作为超越者的一之下共存。

由此，一与多的关系也随之变得松散了。不可否认，一与多能够被作为超越者的一所包含，但重要的是，作为超越者的一并不包含多对于一的依赖性，也因此这种单义的超越统一性更多只是其组成部分的松散容器。这一点极为突出地表现在司各脱的概念“联合性的收纳”（*unitiva contenta*）之中。

按照艾尔森的分析，司各脱从伪狄奥尼修斯那里借用了这一概念，以便于解释众多不同的完满性和属性如何在上帝之中联合为一，而司各脱还将其用于其他的相关学说，诸如存在与其超越者的关系。

这种收纳是一种次级的实在区分，[27]换句话说，这意味着一个事物包含着能够在实在中分离性地加以区别的众多事物，它们在一种松散的关系中成为一。因此，正如艾尔森所言，这一区分连接了实在的区分与非形式性的区分。[28]它能够允许众多事物在实在中分离性地被区分开来，但同时它们又被一松散地收纳起来。因此，它属于一种非常特殊的实在区分。

　　这一概念能够被用于解释不同的神圣完满性与属性如何在上帝之下联合性地被收纳为一。如果不同的神圣完满性和属性只是形式的区分，那么它们在实在中的独立意义与位置就会被削弱；如果它们是完全的实在区分，那么它们在上帝那里的统一性将大打折扣（这与三位一体的情况不同。三位一体是形式的区分，其统一性要强于神圣完满性与属性的统一性）。因此，上帝以一种次级的实在区分方式而联合性地收纳着它们。它们在实在中可以被区分，但同时在上帝之中以一种比形式的区分更松散的结构而得到了收纳。除此之外，联合性的收纳同样也可以解释存在与其可互换的超越者的关系，诸如作为超越者

---

〔27〕 对司各脱来说，实在与神圣本性结构的多个面向建立在同一与区分的不同种类上，而这些不同种类的基础都在一与多的问题上。同一更多考虑一的问题，而区分则更多关涉多的问题，一使得一个或多个事物被认定为一，而区分则与多个事物相关。对司各脱来说，存在着四种不同的区分：（1）实在的区分。A与B的区分被称为实在的区分，是由于A实存时可以没有B，反之亦然，A与B在实在上是完全独立和分离的。例如，两个个体的人之间的区分就是实在的区分。（2）形式的区分。这一区分对于司各脱的形而上学与神学来说具有重要意义。A与B被认定为同一个不可分离的事物，但它们仍然是有区别的，因为它们具有不同的实在性、定义，人们对它们的理解也不同。例如，这一区分存在于上帝的三个位格与上帝作为一之间，存在于理智、意志与同一个灵魂之间。这一区分甚至能够被用于更为普遍的情况：共同本性与这个性，本质与其属性，属相与种差，等等。（3）样态的区分。这一区分是指同一个本性可以允许不同的程度。例如，A和B是两种不同程度的白，它们在白性的强度上有区分。白作为一种颜色可以允许更白或不太白，但在强度的变化中始终保持着白这一颜色。（4）理性的区分。火星同时是晨星和昏星。这同一事物的不同名称只能在人类理智中加以区分，但在实在中是完全同一的。司各脱的同一与差异理论具有诸多不同的应用情况。对于司各脱不同区分的简要导论，参见 Peter King, "Scotus on Metaphysics," in *Cambridge Companion to Duns Scotus*, ed. Thomas Williams, Cambridge: Cambridge University Press, 2003, pp. 21-26.

〔28〕 "Being and One: The Doctrine of the Convertible Transcendentals in Duns Scotus," p. 63.

的一。存在与一的可互换性正是一种联合性的收纳关系。如果它们在实在中完全被区分开来，那么它们两者的互换性就会被削弱，甚至不复存在；如果它们只是在形式上而不是在实在中具有区分，那么存在就在实在中与一成为一个东西。因此，存在与一之间的联合性的收纳是次级的实在区分，这种特殊的区分方式能够使它们在实在中获得区分，并同时具有可互换性。

在联合性的收纳中，一（神圣本性，存在）与多（诸多神圣完满性与属性，诸多可互换的超越者）具有松散的关系，这是因为作为超越者的一在一定程度上给予了一与多以平等性和共同性，并同时弱化了多对于一在实在中的内在依赖性。

由于一与多的问题涉及众多重要的哲学问题，为了更好地揭示司各脱一与多学说的特点，我们接下来选取三个具体的学说加以阐释。

第二节　三种学说中的一与多

司各脱的一与多学说与其众多学说都具有内在关系。我们特意选取了三个具体学说作为代表来凸显这一学说的影响：

1. 共同本性（*natura communis*）与这个性。对司各脱来说，一个事物的本性是由同一本质的两个部分组成：作为普遍本性的共同本性，以及作为个体本性的这个性。前者是众多不同个体所包含的普遍本性的统一体，而后者则解释了为什么这些个体在形而上学上是不同的这一个。

2. 人类本性的统一性与实体性形式的复多性。一个人之所以被称作一个人，是因为其本性的统一性。然而与阿奎那不同，这一统一性却允许人至少具有两种不同的实体性形式：灵魂的实体性形式与身体的实体性形式。不但如此，与一些实体性形式复多论者不同，司各脱甚至认为这种实体性形式的复多性进一步包含了次级的实体性形式复多性。例如，身体不但具有与灵魂不同的实体性形式，并且其众多的器官部分同样包含了各自独立的实体性形式。

3．实体与偶性。实体是作为多的偶性所依赖的一。

这三个学说都与司各脱的一与多学说具有内在关系。我们将看到司各脱的一与多学说塑造了这些学说的基本结构，在其中一并不能完全统一多，而多也具有了更为独立的位置与功能，甚至与一作为平行者而共存，两者的关系更为松散。我们将不会重复司各脱的论证，而是将它们放置入一与多的学说中加以考察。

1．共同本性与这个性

阿奎那认为，个体化的原理基于质料，[29]而对于司各脱来说，这一观点并没有赋予个体形而上学根基，因此个体化原理必须是这个性。所有事物的本性对于普遍或个体是无分别的，[30]因此它既可以是普遍的，也可以是个体的。在这点上，约瑟夫·欧文斯（Joseph Owens）认为共同本性或是普遍或是个别，他的观点是错误的。事实上，本性对于普遍或个别是无分别的，但共同本性则是普遍而非个别的。[31]当本性在普遍的方面来看时，它就是共同本性；而当本性在个体的方面来看时，它就是这个性。这也就是说，一个事物的本性对于普遍和个体是单义且无分别的。因此我们并不同意沃尔特的观点。他认为共同本性对一与多是无分别的。事实上正是一个事物的本性而非其共同本性对于一与多才是无分别的。共同本性是普遍的，这就可以

---

[29] 对中世纪个体化理论的简要研究，参见 Peter King, "The Problem Of Individuation In The Middle Ages," in *Theoria* 66 (2000), 159-184; 关于司各脱对阿奎那方案的批评，参见 Timothy B. Noone, "Individuation in Scotus," *American Catholic Philosophical Quarterly* 69 (4):527-542 (1995)。

[30] 在这一点上，阿维森纳著名的本质学说"马性就只是马性"对司各脱在本性问题上的看法产生了影响，因为按照阿维森纳，马性对于普遍或个别是无分别的。相关讨论参见 James B. Reichmann, "Scotus and *Haecceitas*, Aquinas and *Esse*," *American Catholic Philosophical Quarterly* Volume 80, Issue 1, Winter 2006, pp. 63-75。

[31] 参见 Joseph Owens C. SS. R, "Common Nature: A Point of Comparision Between Thomistic and Scotistic Metaphysics," *Mediaeval Studies*, 19 (1957): 1-14。

解释为什么许多事物都具有同样的本性，并且被当作同一种事物，而这个性则解释了为什么一个事物是个体事物，即这一个，即使它与别的个别事物具有共同本性。[32]共同本性的实存并不独立于所有个体，而是对所有个体保持无分别，而这个性则将普遍的本质性实在现实化入具体的个体事物。[33]这两种不同的本性组成了一个事物的本性：[34]

> 因此除了在这一个体或那个个体中（同样的）本性，还存在着某种首要的相异者，通过它，这个和那个个体（即这个事物的这个方面和那个事物的那个方面）有了区别。从第二个问题来说，它们不可能是否定。而从第四个问题来说，它们也不是偶性。因此，它们是在其自身地决定本性的某种肯定的实体。[35]

这就说明，共同本性作为普遍本质与这个性作为个体本质组成了一个东西的本质。一个事物的个体化原理不能归因于类似量（数目上

---

[32] 参见 Allan Wolter, *The Transcendentals and Their Function in the Metaphysics of Duns Scotus*, pp. 101-110。另外，很容易将这个性看作所谓"最低限度的个体"，然而这两个概念之间仍然具有本质性的差异。对于这一差异，参见 Woosuk Park, "*Haecceitas* and The Bare Particular," in *Review of Metaphysics* 44 (2):375-397 (1990)。对司各脱的这个性的用法，参见 Dumont, Stephen, "The Question on Individuation in Scotus's 'Quaestiones super Metaphysicam,'" in Leonardo Sileo (ed.), *Via Scoti: Methodologica ad mentem Joannis Duns Scoti. Atti del Congresso Scotistico Internazionale. Roma 9-11 Marzo 1993*, Rome: *Antonianum*, Vol. 1, 1993, 193-227。

[33] 参见 Kenneth C. Clatterbaugh, "Individuation and the Ontology of Duns Scotus," *Franciscan Studies* 32 (1972): 65-73。

[34] 对于共同本性与个体的关系，参见 Timothy B. Noone, "Universals and Individuation," in *The Cambridge Companion to Duns Scotus*, ed. Thomas Williams, Cambridge: Cambridge University Press, 2003, pp. 100-128; Peter King, "Duns Scotus on the Common Nature and the Individual Differentia," in *Philosophical Topics* 20 (2):51-76 (1992); "Duns Scotus On The Common Nature," *Philosophical Topics* 20 (1992), 50-76; "Duns scotus on singular essences," *Medioevo* 30 (2005), pp. 111-137. 对于共同本性在司各脱形而上学中的位置与功能，参见 Dino Buzzetti, "Common Natures and Metaphysics in John Duns Scotus," in *Quaestio*, 5 (2005), pp. 543-557. 在更广泛的视野中研究司各脱的个体化理论，参见 Giorgio Pini, "Scotus on Individuation," in *Proceedings of the Society for Medieval Logic and Metaphysics* 5 (2005), pp. 50-69。

[35] *Ord*, Ⅱ, d. 3, p. 1, q. 6, n. 170. Vatican Ⅶ, p. 475.

的差异）这样的偶性或者质料，因为量与质料不能在形而上学的意义上揭示为什么一个事物是这个事物。换句话说，只有依据在其自身意义上的这个性才能揭示为什么不同的个体相互区别。共同本性与这个性都是肯定性的，它们最终决定了一个个体事物的本性。一个人在普遍意义上具有人这个共同本性，但同时在个体意义上具有苏格拉底这一这个性。共同本性解释了为什么众多事物本质性地属于同样一种事物，而这个性则解释了为什么一个事物是与别的个体所区别的在其自身的个体。这个性在这个意义上不能再被进一步划分。[36]

那么共同本性与这个性的关系究竟是什么呢？司各脱认为它们互相并不包含彼此，而是并存于同一个主体中，且没有等级秩序。换句话说，一个事物的本性具有两个独立且平等的构成部分。但问题在于，如果一个事物具有两个独立本性，那么这个事物的统一性就会消失。为了保证共同本性与这个性的统一性，司各脱仍然使用了"联合性的收纳"这一概念来解释。[37]共同本性与这个性的关系是次级实在区分，这能够保证这两种本性不只是在理智中、思想中被区分开来，而同样在实在中具有区分。但由于这一实在的区分是次级的，因此它仍然允许它们松散地联合为一个统一体。因此，一个事物联合性地包含了两种本性，并将其联合为一。

由此，共同本性与这个性就在同一事物中作为平行者而共存，并且没有内在的等级秩序。司各脱并没有给予它们中的一方形而上学上的优先性。[38]这正是因为形而上学的去中心化以及存在的欻平化允

---

〔36〕 关于个体化与个体性，参见 Woosuk Park, "The Problem of Individuation For Scotus: A Principle of Indivisibility or A Principle of Distinction," *Franciscan Studies* 48 (1):105-123 (1988).

〔37〕 *QM*, b. 7, q. 13, n. 131.

〔38〕 在这一点上，司各脱的立场与亚里士多德并不相同。实体是一个事物之为这个事物的承担者，而在作为这一个事物的第一实体和普遍意义上的第二实体之间，亚里士多德曾给予前者优先性，尽管这一优先性在不同的学者看来仍然值得进一步商榷。而司各脱则出于个体化原理的考虑拒绝了这种实体理论，参见 Schulai Elkatip, "Individuation and Duns Scotus," in *Medioevo. Rivista di Storia della Filosofia Medievale* Bd. 21 (1995) S. 509-528。

许一个事物的本性可以是复多但同时又是一的。[39]共同本性与这个性也因此就在这一结构中被设置为同一个事物中的两个不同而并存的本性。然而，这是否说明一个事物就因此具有了两种不同的在其自身的构成部分呢？并非如此。一个个体事物不能由两个在其自身的东西构成，因为一个在其自身的东西并不能依赖于另一个。如果有两种这样的构成部分，那么一个个体事物就会具有两个独立的形而上学本性了。究竟该如何理解联合性的收纳所起到的作用呢？

为了恰当地理解这一困难，我们应该将司各脱的一与多理论纳入考虑。从这一理论出发，我们认为它具有两点理由可以解释一个事物的双重本性问题。

第一，通过研究一个事物的是什么及其所依存其中的诸多偶性，亚里士多德建立起了一个形而上学中心点，而司各脱的存在的敉平以及单义性则弱化了这一中心点的重要性。因此，根本不必找出并且建立一个事物唯一的形而上学本性。相反，本质的等级秩序变得无分别、平坦并且去中心化了，这就能够允许两个不同的本性在同一事物中并存，而无须建构起内在的等级秩序。

第二，按照司各脱，由于一与多应该在形而上学中同时得到处理，而普遍且共同的本性作为众多个体事物的统一体与作为个体事物根据的这个性就应该在一个事物的本性中被平等地加以处理，正如一与多在作为超越者的一之中也具有这种平等性。这个性并没有遵循柏拉图式的模式而分有共同本性，也不需要归因于共同本性。一个事物的本性联合性地收纳着作为一的共同本性与作为多的这个性，因此共同本性与这个性作为两个独立的、彼此没有依赖关系的本性就获得了次级的实在区分，并仍然能够松散地被联合为一。一个事物的本性正

---

[39] 对于存在的单义性与个体化的关系，参见 O. J. Brown, "Individuation and Actual Existence in Scotistic Metaphysics: A Thomistic Assessment," *The New Scholasticism* Volume 53, Summer, No. 3 (1979): 347-361。

是这个松散的一，这个一像是作为超越者的一一样，联合性地收纳了共同本性与这个性。

2. 人类本性与实体性形式复多性的一

对阿奎那而言，人类本性只具有一个实体性形式，也即灵魂，正是这一形式建立起了人类本性的形式。[40] 相反，司各脱遵守方济各传统而坚持认为灵魂和实体具有各自的实体性形式。[41] 不但如此，司各脱还将实体性形式的复多性理论扩展为新的结构，在其中身体不但有其自身统一的实体性形式，而且还具有众多次级实体性形式，身体的一些器官部分都具有各自的独立实体性形式。[42] 结果，人类本性的统一性允许两个实体性形式以及众多次级实体性形式同时并存，并且彼此之间没有形而上学上的依赖关系。一些器官部分不但具有自己的实体性形式，甚至在整个身体生成结束之前就已经存在了：

> 因此，第一个意见（动物的器官性部分具有分别不同的形式，它们是特定地有所不同的）是可以坚持的。这一点可以这样确证：按照哲学家，心脏是首先被生成的——即使是暂时的——在动物的其他部分之前。而在动物的生成中，应该为诸部分的众多形式分派（就整体来说的）众多的完整变化，在时间中（这些变化）一个在另外一个之前。因此如果动物仅只是混合者的一个形式，它或者在最冗长的运动中，众多运动确实

---

[40] *"Medieval Philosophy and the Transcendentals: The Case of Thomas Aquinas,"* pp. 230-237.

[41] 对于阿奎那和司各脱在这一问题上的分歧，参见 Richard Cross, "Philosophy of Mind," in *The Cambridge Companion to Duns Scotus*, pp. 263-284。

[42] 在这一点上，托马斯·瓦德（T. M. Ward）做出了很好的研究。参见其 *The Hylomorphism of John Duns Scotus*, Chapter 3, ProQuest, UMI Dissertation Publishing, 2011, 以及 "Animals, Animal Parts, and Hylomorphism: John Duns Scotus's Pluralism about Substantial Form," *Journal of the History of Philosophy*, Volume 50, Number 4, October 2012, pp. 531-557.

是一个接着一个，或者（存在着）众多变化，在这些变化中，众多运动就拥有了这些变化的界限。在动物的所有部分中放置一个形式时，其中的每一个似乎都是不一致的。[43]

司各脱的这段论述尽管是生理学式的，但却为他的实体性形式的复多论提供了证明。动物的生成过程经历了一系列的变化，因为其器官部分并不是同时生成的。首先生成的是心脏，这一事实揭示出心脏能够在别的器官部分还不存在的时候就独立地、在其自身地存在。因此，心脏应是在其自身的意义上具有其专有的形式。相似的，其他器官部分也都具有各自不同的形式。因此，一个身体的构成本身就具有复多的实体性形式。如果只为身体设置一个实体性形式，没有充足的说服力，它不能解释身体的生成过程，也不能解释为什么身体的不同部分彼此并不一致。

因此，一个人具有两个构成部分：灵魂与身体，它们各自具有独立的形式；而一个人的身体同样包含多个器官性部分，而这些部分各自具有独立的形式。类似于心脏这样的器官性部分在生成过程中的实存并不需要依赖整个身体的最终完成。

这一结构可以在形而上学的去中心化结构、一与多学说以及共同本性与这个性的关系中得到解释：

第一，对于亚里士多德主义而言，一个事物的形式可以在一定意义上与其实体以及这个事物的是什么紧密相关。[44]亚里士多德并没有采用实体性形式的复多性来解释灵魂与身体的关系以及身体的结构，相反他认为灵魂正是身体的实体性形式。而司各脱所建构的敉平化的形而上学结构则允许一个事物能够拥有多个实体性形式。灵魂与身体各有独立

---

〔43〕 *QM*, b. 7, q. 20, n. 38, Bonaventure Ⅳ, pp. 389-390.
〔44〕 *Metaphysics*, Ⅶ. 17, 1041^{b}5-9.

的形式，而身体同样能拥有多个实体性形式。灵魂与身体以及身体的各个部分的统一性并不是通过一个唯一的统一性形式而实现的。

第二，作为超越者的一单义地包含着一与多，这使得一与多的关系变得相对松散且平衡，而多并不需要完全依赖于一。如果这种依赖性过于根本，那么形而上学以及作为超越者的一就会倾向于聚集在一之上。作为一的人的统一性包含了复多的形式，而身体作为一个形式也同样包含复多的独立形式。人类形式的统一性联合性地包含了灵魂与身体，而身体形式的统一体又联合性地包含了各器官部分的复多形式。

第三，正如克罗斯所指出的，人的形式包含了共同本性与个体化的这个性。[45]因此，人的所有形式，无论是灵魂还是身体的形式，或者一个器官部分的形式，都总是联合性地包含着共同本性和这个性。人的形式统一性包含了多个实体性形式与次级实体性形式，而每一个形式自身也同样松散地包含了共同本性和个体部分。

说形而上学所研究的一是一与多的组合，也就意味着这种一超越了一与多的对立关系或者归属关系。结果人作为一也就包含了作为多的灵魂与身体，而身体作为一也同样包含了作为多的诸器官部分。因此，形而上学并未聚集于灵魂这个一之上，或者身体的某一器官性部分之上，因为它所研究的超越者对于一与多的区分是共同且无分别的。这一形而上学结构能够允许复多形式的不同组合存在于一个主体之中，并且无须将所有形式归结为独一的形式。

3. 实体与偶性

如前所述，对亚里士多德来说，实体可以被看作一，而偶性则是多，在这个意义上的多不可能在没有对一的依赖性前提下而独立实存。作为一的实体是作为多的偶性的中心点。而一个事物的实体正是

---

[45] "Philosophy of Mind," p. 272.

这个事物是什么的统一性基础，而一个事物具有多个偶性。在这个意义上，相对于作为多的偶性来说，一个事物的是什么更多地与作为一的实体有关。

相反，正如第二章所揭示的，对司各脱来说实体性存在和偶性存在具有更为平衡的关系。实体对于偶性的优先性依赖于形而上学的去中心化，而偶性对于实体的依赖性也变得更为外在和偶然。

实体与偶性的这一关系能够在司各脱的一与多理论里得到解释：实体与偶性作为一与多可以允许多（偶性）与一（实体）具有更多的平等性与相互独立性，两者既构成了事物的统一性，同时这一统一性也变得更为松散。

在结束对这三个例子的分析之后，我们将上述内容以下面的图表来加以总结（图1）。在这里因讨论主题所限，没有专门涉及天使的情况。

第三节　一与多中的上帝/受造物关系

我们已经讨论了司各脱一与多学说在三个不同的形而上学例子中的应用情况。但仍然有一个重要的方面值得探讨：在一与多学说中的上帝与受造物的神学关系。

正如图1所示，上帝与受造物在某种意义上都具有多，因为上帝具有三个位格，以及多种完满性及属性，并创造了多个受造物。但与受造物不同，有且只有一个上帝，而三个位格只是在同一主体中被形式地区分，并且只有上帝才是完满地单纯的。相反，任何种类的受造物相比于上帝都不是真正单纯而是具有组合性的，并且每一个个体受造物在实在中都与别的受造物区分开来。[46] 因此，一与多的关系同样

---

[46] *Ord.*, I , d. 8, p. 1, q. 2.

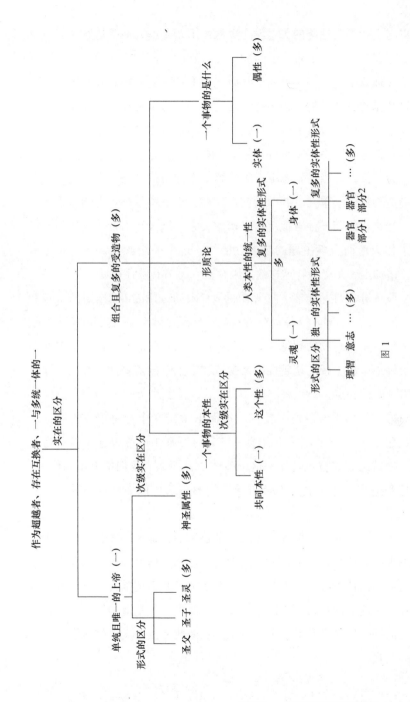

图 1

可以与上帝和受造物的关系发生关联：上帝是一，而受造物是多。单义的存在概念对于上帝和受造物是无分别的，而作为超越者的一则可以单义地收纳一与多。形而上学研究对上帝和受造物具有共同性的存在以及作为超越者的一，而存在与这种一又将上帝和受造物作为一包含起来。因此，只有上帝与受造物在形而上学中被当成是一与多的统一体时，这个统一体才是与存在在整体上可互换的一。

为了保证在当前状态下人类理解上帝的自然进路，司各脱为上帝与受造物提供了单义且共同的前提。存在与一些超越者也能够给予上帝和受造物的相异性看似更为平衡的关系。结果，上帝与受造物就组成了作为形而上学主题的超越性的一。这个一能够包含多个相异事物，诸如上帝和受造物这样的无限存在者与诸有限存在者。

那些分离性超越者，如无限的/有限的，原因/被作用的，必然的/偶然的等不同（这些将在第六至八章得到讨论），它们能够建立起上帝相对于受造物的超越性，与之相反，司各脱的一与多理论却并不能很好地维护上帝的超越性以及受造物对上帝的依赖性。有三点理由可以说明这一点：

第一，如司各脱所坚持的，形而上学研究作为超越者的一，这种一包含了一与多在内。由于一与多的关系在司各脱这里以更为平衡、松散的方式被包含在一这个整体中，那么当我们把上帝当作一，而把受造物当作多时，上帝与受造物的关系也似乎变得松散和平衡起来了。

第二，作为一与多统一体的一是超越者，是单义概念的一。而上帝不可能在这个意义上是一，因为他不可能对作为一的自己和作为多的受造物保持单义性，换句话说，上帝本身并不是单义概念，他不是存在、一这样的具有单义性的超越者。他可以与受造物拥有单义的开端与前提，但本身并不是单义概念，也因此无法单义地收纳他与受造物的关联。

第三，如果上帝是创造了万有（多）的一，那么多就应该完全依赖于一，换句话说，一与多就应该在这一依赖性基础上具有等级秩序。然而，司各脱却将一与多一同收纳入超越性的一，这就削弱了多对于一的依赖性，而多也不需要最终归因于一并将一当作其根源。如果多需要依赖于并且归因于一，那么形而上学将更多聚集在这种与多相反对的一的研究上。而由于一与多在作为超越者的一之中彼此具有更为独立的位置，与多相对的一也并没有超越于或者优先于作为统一体的一，因此，作为并存的平行者的一与多就削弱了作为一的上帝和作为多的受造物之间的等级秩序。

司各脱的一与多理论与形而上学的去中心化是相融贯的。从籹平的存在结构出发，一与多作为超越者的一之中松散地并存。作为普遍者以及一的共同本性和作为个体以及多的这个性，人类本性的统一性和实体性形式的复多性，作为一的实体和作为多的偶性，都同时并存一起，而其中一方对另一方的形而上学依赖性被弱化。一对多的优先性及其秩序以及一与多的对立关系或归属关系在这里被转换为一与多的并存关系，这一并存基于它们共同且单义的形而上学起点。

如上所述，司各脱对于一与多的籹平化处理并没有为上帝的超越性提供足够的支持，因为这似乎暗示作为多的受造物并不需要归因于且依赖于作为一的上帝，而一也并没有因此而超越多。一与多的秩序在司各脱的形而上学中具有更多的籹平性。

第四章　形而上学真理秩序的去中心化

司各脱认为，作为超越者的真与存在可互换。当我们用存在来谓述一个东西时，也可以说这个东西是真的。与作为超越者的一相似，形而上学的去中心化与存在的敉平同样影响了司各脱关于真理的学说。作为超越者的真也同样在起点上被去中心化和敉平化了，尽管不同的真理之间具有秩序。不但如此，司各脱还给予形而上学真理与实践／神学真理更多的彼此独立性。它们具有不同的领域以及不同的施动者，并没有紧密地相互关联。[1] 这一相互独立性与真的单义性在一定程度上使上帝的超越性以及上帝与受造物的相异性并不能在形而上学的去中心化真理秩序中较好地得到捍卫，而是能够在实践／神学真理的秩序中更为完满地获得实现。

在这一章中，我们将讨论形而上学的去中心化与作为存在的可互换者的真之间的关系，在其中我们可以看到司各脱对于真理的新处理及其与形而上学的关系。

遗憾的是，司各脱在其著作中并没有给我们留下对真理问题系统

---

[1]　关于司各脱形而上学中的真理问题，参见 Allan Wolter, *The Transcendentals and Their Function in the Metaphysics of Duns Scotus*, St. Bonaventure, N. Y.: The Franciscan Institute, 1946, pp. 110-118; 关于司各脱与海德格尔在形而上学真理问题上的关系，参见 Sean J. McGrath, "Heidegger and Duns Scotus on Truth and Language," *Review of Metaphysics* 57 (2003): 339-358; Michael D. Robinson, "Truth in Metaphysics: Duns Scotus and the Early Heidegger," *American Catholic Philosophical Quarterly* 83 (2009): 467-490。司各脱对于实践真理的处理并非本章重点，相关文献请参考书末"参考文献"。

且综合性的讨论，最系统的讨论是在《〈形而上学〉问题集》第六卷第三个问题中，我们将把这一文本作为最重要的讨论基础，并且在必要时讨论其他相关文本。

第一节　真理的分类

司各脱对真理做出了非常详细的分类。通过分析这一分类，我们就能看到究竟哪一种真理才属于形而上学，以及这些不同的真理差异何在。司各脱跟随亚里士多德，[2]认为从总体而言存在着两种真理：在事物中的真理，以及在理智中的真理，前者又以两种方式存在：

> 真理以两种方式普遍地存在于事物之中：在（事物）与（事物的）制作的比较中，以及在（事物）与（事物的）认识与理解的比较中。[3]

这两种在事物中的真理的存在方式包含了如下六种特定的类型：

> 在第一种方式中，真理被说成是制品与制作在绝对意义上的一致性；或者以确定的方式按照适当性而来的一致性；第三种方式是以确定的方式按照模仿而来的一致性。[4]

> 按照第二种模式，也即通过与理智的比较中，一个事物以三种方式被说成是真的。第一，因为它显明（*manifestativa*）自

---

〔2〕　对亚里士多德来说，事物中的真理相关于"作为什么是真而言的存在"，而思想中的真理则与错误有关。参见 *Metaphysics*, Ⅵ, 4, 1027^{b}17-1028^{a}3。

〔3〕　*QM*, b. 6, q. 3, n. 23, Bonaventure Ⅳ, p. 65.

〔4〕　*QM*, b. 6, q. 3, n. 24, Bonaventure Ⅳ, p. 65.

身——就它与其自身相关来说——给有能力认识这一显明的理智。第二，因为它对可同化（*assimilabilis*）的理智而言是同化性的，（这种理智）只能是受造理智。第三，因为一旦显明或同化发生了，事物就在理智中了，正如被认识者在认识中。[5]

而对于在理智中的真理，则有两种类型：

> 然而，在理智中的真理按照两种施行（*operatio*）方式（简单理解，与简单理解的组合与分解，即判断）而有两种，按照这两种方式，它能够与对象一致，正如被测度者与测度。[6]

因此，一共有八种真理：

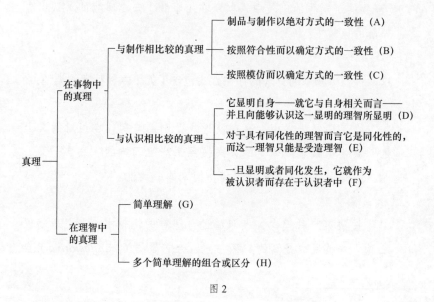

图 2

---

[5] *QM*, b. 6, q. 3, n. 26, Bonaventure Ⅳ, p. 66.
[6] *QM*, b. 6, q. 3, n. 31, Bonaventure Ⅳ, pp. 67-68.

真理 A 的绝对方式的一致性是指这种一致性没有任何限定和条件，而真理 B 的确定方式的一致性则包含了一些限定和条件。司各脱并没有明确指出真理 A、B、C 是否只是神学真理。事实上，它们三种都可以在神学或形而上学的意义上得到理解。真理 A 涉及无条件的普遍情况。当它以亚里士多德式的方式而被用在房子的建造与房子的关系中，它就具有形而上学和物理学的含义，而当它用在神圣创造与受造物的关系中，它就具有神学意义。[7]

在这一点上，我们不能同意麦格拉斯（Sean J. McGrath）的观点。他认为这种真理只显示了作为制作者的上帝与作为被制作者 / 制品之间的真理关系。[8] 然而在这里司各脱并没有说只有上帝才能进行制作，这种真理没有这种排他的神学限定。制作可以是人类或其他动物所进行，类似人类建造房子，或者蜜蜂建造巢穴。因此，这里的制作可以在脱去神学意涵的前提下得到理解。

与第一种真理相比，第二和第三种真理则以确定的方式包含神学限定。司各脱给予真理 B 这样的神学限定："（真的）第二种方式在上帝的圣子之中找到，他就是真理，因为按照奥古斯丁，他与他的原理具有最高相似性，而这正是具有符合性的一致性。"[9] 这意味着圣父制作圣子的原理与作为被制作者的圣子具有最高的相似性。他们两者不但具有最高的一致性，而且圣子对于圣父的制作原理而言也是相符合的。

真理 C 与真理 B 一样，表面上并未显示出其神学的含义，但司各

---

[7]　对于司各脱思想中不同种类真理的简要讨论，参见 Allan Wolter, *The Transcendentals and Their Function in the Metaphysics of Duns Scotus*, pp. 111-119。沃尔特将八种真理区分为三类：与制作性心灵相一致的真理，与在认识者的心灵相关的真理，以及形而上学真理。

[8]　麦格拉斯并没有明确地区分司各脱的不同真理，而是将作为制作者的上帝和作为被制作的真理的关系当作其讨论的基础，参见 Sean J. McGrath, "Heidegger and Duns Scotus on Truth and Language"。

[9]　*QM*, b. 6, q. 3, n. 25, Bonaventure Ⅳ, pp. 65-66.

脱同样给予了这种真理神学的限定："（真的）第三种含义在受造物中
找到，它模仿着范式，以这种方式它（与范式）同化，尽管是有缺陷
的。否则，这就不能说成是模仿了。"[10]

范式主义是托马斯主义哲学的核心学说之一。真理 C 可以存在于
上帝与受造物的关系之中。在上帝的制作中，受造物模仿神圣范式并
与之具有不完满的、有缺陷的相似性。相反，真理 B 则是基于完满的
相似性而无任何缺陷。

因此，真理 A、B、C 表面上看来都未包含明显的神学限定，甚
至可以在形而上学的意义上得到理解，然而司各脱为真理 B、C 明确
赋予了特定的神学考量，从而这两种真理不能脱离其神学含义而成为
纯粹的形而上学真理。相反，尽管真理 A 能够涵盖神学含义，但由于
司各脱并未给予它神学的限定性，因此它反而可以在没有神学限定的
前提下在形而上学和物理学的意义上得到理解。

真理 D、E、F、G、H 都与理智相关。在它们之中，真理 D 是
特别的一个，因为如果没有理智存在的话，其他的几个真理都不能存
在，但真理 D 却仍然能够存在：

> 因为如果没有理智存在，每一个事物按照其实体的程度都
> 会出自本性（nata）显明（manifestare）自身。而且这一知识是
> 这样的，即通过它一个事物被说成是由本性所知，不是因为一
> 个本性认识它，而是因为它出自本性按照其合宜的更大或更小
> 的显明，就其自身而更完满地或更少完满地被认识。[11]

实体的程度并不依赖于认识者，但是却将其自身显明给理智，

---

〔10〕 *QM*, b. 6, q. 3, n. 25, Bonaventure Ⅳ, pp. 65-66.
〔11〕 *QM*, b. 6, q. 3, n. 28, Bonaventure Ⅳ, p. 66.

而这一程度也就依赖于其实体的本性，无论认识者是否存在。如果认识者正在认识这一真理，那么这一真理就与理智相关，但实体的本性及其程度并不依赖于理智。在这种情况下，实体的可知性依赖于其本性，它显示出相应的或大或小的显明。更大的显明需要更为完满的认识。

因此，真理 D 依赖于本性和实体，但并非理智。当它与本性以及实体相关时，它可以具有形而上学的含义，而当它与理智相关时，它又可以是一个认识论意义上的真理。它不可能在根本的意义上是神学真理，因为它可以允许认识者及其理智不存在，而神学真理不可能在神圣理智不存在的前提下独立存在。

司各脱承认，"在事物中的真理"这个表述是多义的，[12]因为制作与理解并不相同。因此当这种真理在本性中（制作中）时，它与在理智中（认识和理解中）的真理其实是多义的。然而在上帝之中，是不可能将它们两者完全分离开来的，因为如果上帝在创造受造物时却没有理解它们，或者上帝能理解受造物却没有能力去创造它们显然是荒谬的。[13]这也就是说，在理解中与在制作中的真理实际上在上帝的创造中是合一的，而它们并不必然地在受造物中合一。蜜蜂能够制作巢穴，但由于缺乏理智，所以它们并不理解巢穴。人类能够理解蜜蜂，但却不能制作蜜蜂。只有上帝能够制作他所理解的东西，并且能够理解他所制作的东西。

而真理 G、H 作为在理智中的真理，显然属于人类，因为上帝并不需要去经历简单理解这样的低阶认识活动，而当他理解某物时，也不会经历组合或分解的过程。

---

〔12〕 *QM*, b. 6, q. 3, n. 26, Bonaventure Ⅳ, p. 66.
〔13〕 *QM*, b. 6, q. 3, n. 27, Bonaventure Ⅳ, p. 66.

第二节　形而上学真理与存在

在初步分析了司各脱所列举的多种不同真理之后，我们应该进一步确定真理在司各脱形而上学之中的位置。

对司各脱来说，"存在"包括了"善好"与"真"：

> 由于存在在自身中潜在地包括善好与真，所以无限存在者就包括了无限善好和无限真。[14]

存在与真在司各脱这里是可互换的，然而这并不意味着真是存在的同义词。例如，存在是人类理智的第一对象，但这并不必然意味着真也是人类理智的第一对象。

在以上八种真理之中，有一些可以与存在互换，有些则不行。这八种真理与存在的关系并不相同。我们将看到它们能够被大致地划分为形而上学、神学、认识论以及逻辑真理。在它们之中，真理 A、D 可以在形而上学意义上与存在互换，而其余的六种在司各脱的形而上学中不可能与存在进行无条件地互换。

对真理 A、B、C，正如前文提到的，司各脱承认它们能够与形而上学相关：

> 我认为那个在第一种方式里的"实在的真理"，也即通过与制作相比较（的真理），属于形而上学家们的考量，在此它相关于所有三个成员（真理 A，B，C），因为它们并没有把存在收入量中也没有收入运动中。[15]

---

[14]　*Ord.*, Ⅰ, d. 3, qq. 1-2, n. 59, Vatican Ⅲ, p. 41.
[15]　*QM*, b. 6, q. 3, n. 71, Bonaventure Ⅳ, p. 83.

真理 A、B、C 能够被纳入形而上学家的考量，因为它们并没有像是数学家那样把存在收入量中，或者像物理学家那样把存在收入运动中，也就是说，这些真理并不是在量或运动的意义上来研究存在的。相反，它们是在形而上学的意义上研究存在。

然而司各脱并没有提到它们是否能够与存在互换。对于真理 A，它能够以绝对的方式，也即无条件的方式应用于所有存在者。因此它理应在形而上学意义上可以与存在互换。相反，由于司各脱给予了真理 B 和 C 以明确的神学限定，因此存在的可互换性就不能完满且无条件地应用于它们。

对于真理 B，当我们谈论圣父与圣子关系时，我们可以借用一些形而上学的方式来解释它，但其关注点和问题根源仍然是纯粹的神学问题。由于这一真理被特别限定在了圣父圣子的问题上，因此它不适用于所有存在者。

对于真理 C，它似乎具有与存在可互换的可能性，然而这种对于上帝与受造物关系的解释模式更接近于阿奎那式的，即受造物分有神圣范式。对阿奎那来说，不同的真理与存在一样是以类比的方式获得秩序的，[16] 而因此，神圣范式就仍然在其众多分有者的中心位置上。这一真理关系只存在于神圣范式与其分有者之间。

而对于真理 D、E、F，司各脱对真理及其与存在的可互换性给予了明晰的解释：

（1）第二种，也即在与认识的比较中的那种，就其与存在可互换而言，它属于第一种的成员（真理 D）。而第二种（真理 E）收至一个特定的行动，它与存在不可互换。第三种（真理 F）是消逝性的存在者，恰当地来说，它是一种逻辑的存在者。

---

〔16〕 参见本章第四节。

因此，所有第二意向都谓述这样的（消逝性的）存在者，并因此恰当地被形而上学家所排除。[17]

司各脱对真理 D、E、F 在其他地方给予了另一种描述：

（2）对于这三种真理（真理 D，E，F），它们整个地从形而上学家的考量中被排除，它们依赖于理智。[18]

对于真理 E 以及 F，描述（1）与（2）是相容的，因为它们都指示出这两种真理依赖于理智。

但对于真理 D，按照描述（1），它与存在可互换，因此也就具有了形而上学意义。但按照第二种描述，它则依赖于理智，也因此并不是形而上学真理。理解这一矛盾的关键在于，真理 D 既可以依赖理智也可以不依赖理智。如上所述，司各脱明确说过，实体即使在没有理智的情况下，仍然显明自身。因此，当真理 D 与理智并不相关时，它就与存在可互换，并且属于形而上学真理；而当真理 D 依赖于理智时，它就被排除出形而上学家的考量。

真理 D 并不违反存在的单义性，而当它不依赖于理智的认识活动时，它就是形而上学真理。它能够由其本性显明自身，并且可以按照实体的程度而具有更多或更少的显明。尽管不同的实体具有不同的程度，它们都在单义的意义上被看作存在者。当真理 D 处于理智的认识活动中时，它就像是真理 E 以及 F 一样依赖于理智。

真理 E 被收入一个确定的认识活动中，从而依赖于理智。与存在可互换的概念应该能够普遍地谓述所有存在者。显然，真理 E 由于其

---

[17] *QM*, b. 6, q. 3, n. 71, Bonaventure Ⅳ, p. 83.
[18] *QM*, b. 6, q. 3, n. 72, Bonaventure Ⅳ, p. 84.

限定性而不能与存在无条件互换。

真理 F 由于它只依赖于理智，而因此不具有充分的形而上学意义，但司各脱却认为它仍然在某种意义上可以与存在互换：

> 然而，它（真理 F）与存在可互换，因为逻辑学家是以与形而上学家不同的方式来考量所有事物，但是其考量的模式不同，也即（一个是）通过实在的本质，（另一个是）通过第二意向，作为存在在无条件和消逝性的意义上与存在可互换，因为它们两者在共同性上都没有超出另一个。因为在存在中的任何东西在无条件的意义上都能是消逝性的存在者。[19]

逻辑学所研究的东西与形而上学所研究的并不相同。前者相关于作为消逝性存在的理智意向，特别是真理 F 中的第二意向，而后者则研究实在的本质。在形而上学中与存在无条件可互换的真与作为消逝性存在而在逻辑学与理智意向中的真具有同样范围的共同性。然而，由于它仍然主要是一个逻辑学概念，它就只是在消逝性的意义上而非在实在的本质意义上与存在互换。所以它与存在的可互换性就必须具有消逝性这个限定意义。

这八种真理与存在具有不同的关系。一般而言，在司各脱的形而上学之中，只有真理 A 与 D 被当成形而上学真理时才能够与存在无条件地互换。因此，在真理与存在关系的视野之下，我们可以说有两种不同的真理：与存在可互换的形而上学真理，以及与存在不可互换或在一定限定下可互换的神学、认识论和逻辑学真理。

我们似乎已经摸清真理在司各脱这里是如何与存在可互换的。然

---

[19] *QM*, b. 6, q. 3, n. 71, Bonaventure IV, p. 83.

而，这一可互换性是否意味着存在与真理相同呢？司各脱论证说它们的确可互换，但仍然并不相同。在《〈形而上学〉问题集》第六卷第三个问题中，司各脱通过三个论证而试图证明，是存在而不是真理才是形而上学的第一对象。

第一个论证与现实及潜能有关："按照其形式的原因，第一对象自然地先于潜能，在与其行动的关系中更是如此。然而，如果'真'意味着理智中的存在（或事物）的概念，那么它就不是自然地先于那个行动。"[20] 按照这一论证，作为形而上学的第一且相符合的对象，存在必须在本体论上优先于潜能，甚至更优先于现实。但是那与存在可互换的真却不能优先于理解的活动。司各脱的解释非常简短，所以我们需要做出更多的澄清。理智能够开始理解存在的概念并将其当作被认识者，但只有在理智认识到理解的活动时才能理解到这一点。换句话说，理智应该首先进行理解的活动，存在的概念才会在理智中出现。然而，真本身并不能先于甚至优先于存在概念，因为真理要求理智活动的出现，而并非像存在那样源初。结果，真并不能优先于理智活动，没有理智活动，真不能成为形而上学对象。

第二个论证与存在和真在认识中的先后秩序有关。前者基于直接的活动，后者则是反思性的活动：

> （有时，通过反思性的行动，而不是通过直接的行动，只有认识不能成为作为理智能力的最终对象。）它并不是理智潜能的第一对象，它不能通过直接的行动，而只能通过反思性的行动而被认识。但是按照他们（阿奎那与根特的亨利）真理就是这种（反思性的对象）。[21]

---

[20] *QM*, b. 6, q. 3, n. 15, Bonaventure Ⅳ, p. 61.
[21] *QM*, b. 6, q. 3, n. 16, Bonaventure Ⅳ, p. 61.

认识真是一个反思性的活动，因为是通过首先认识存在这一中介而认识到真。认识真预设了我们已经首先理解了存在概念。相反，认识存在则要早于并且优先于认识真。当我们进行认识活动时，不可能有什么概念会早于且优先于存在。认识存在因此是一个直接的活动。当我们认识真时，我们就应该已首先具有了存在的概念。例如，当我们的理智认识一块石头时，石头的概念就应该首先处于理智之中，接着我们才能认识这块石头。因此，存在是真的前提条件。在认识活动中，存在相较于真的优先性侧面证明了存在要比真更适合成为形而上学的第一对象。

第三个论证则与可理解性有关。[22] 对此存在着一个反驳，即真能够独立于存在，正如善好可以独立于真一样。它们都是在其自身的可理解者。因此，真能够在其自身地成为可理解的。不但如此，理智能够按照善好与真的不同的、在其自身的意义而将它们理解为两个独立的对象，甚至对于善好的理解都必须依赖于真，因为真与可理解性有关，没有可理解性，我们就不能理解善好。

这种反驳认为，理智能够在没有理解存在的前提下而理解某个独立的在其自身的概念，比如善好。真作为一个在其自身的概念变成了理解其他概念的前提。结果，存在的优先性就被削弱了，甚至让位给真。

为了反驳这一说法，司各脱论证说既然真与善好是两个独立的在其自身的概念，那么善好作为一个在其自身的概念就只能以偶性的方式来包括在其自身的真。结果，理智就只能在无条件的意义上，偶性地理解善好以及其他概念。这显然是荒谬的。因此真不能成为理智的第一对象。

司各脱还进一步宣称，只有存在才能以在其自身的方式被包含入每一个概念以及可理解者之中：

---

[22] *QM*, b. 6, q. 3, n. 17.

理智的第一对象只能是某种本质性地被包括在每一个在其自身的可理解之物中的事物。就像视觉的第一对象只能是某种本质性地被包括进每一个在其自身的可见之物中的事物，正如在白与黑中的颜色。但是既然每一个存在者都是在其自身地可理解的，并且除了存在，没有什么能够被本质性地包括进每一个东西中，所以理智的第一对象会是存在，这就是阿维森纳在其《形而上学》第一卷中所讲的："存在在（灵魂的）第一印象中就被印在了灵魂中。"但是任何超越的概念，它们好像是存在的属性——诸如真，善好等——都后于第一对象。而它们每一个都是在其自身地、平等地可理解的，一个（属性）并不会相比另一个来说更是理智拥有的对象概念。[23]

如上所述，善好不能以在其自身的方式而被包括入真，但存在可以。每一个概念都必须首先与存在发生关联，才能在其特定的定义中具有意义。否则，它就会属于非存在或者无，而非存在或者无不可能在肯定的意义上属于形而上学。当我们说真是某个事物时，这就意味着真本身就是一个存在，因为"是"本身就意味着"存在"。正如视线与可见者的关系一样。每一个可见者都在视线的意义上是可见的，没有视线，就没有什么东西可以说是可见的。相似的，没有存在，就没有什么概念能够是在其自身地可理解的。因此，只有存在而非真，才能成为理智的第一对象。当理智开始理解某物时，这一对象并不必然被理解为真或者善好，但是它却必然地以在其自身的方式被理解为存在。一个概念首先得是存在，接着才能是善好或真。善好以及真是存在的可互换属性，并且后于存在。在这些可互换者之中，没有哪一

_____

〔23〕 *QM*, b. 6, q. 3, n. 20, Bonaventure Ⅳ, p. 63: 3.

个能在可理解性的意义上具有相对于存在的优先性。

因此，尽管存在与真可互换，它们在形而上学以及理智之中并不具有相同的重要性与优先性。存在先于并且比真更为根本、更为源初。换句话说，真依赖于存在，但存在并不依赖于别的概念，存在正是形而上学以及理智的第一对象。

第三节　形而上学真理的敉平化

我们现在来分析作为超越者的真是如何在司各脱的形而上学之中被去中心化的。为了实现这一点，司各脱将真也定义为是单义且无分别的，真由此也被敉平化了，尽管真可以具有秩序。他还将形而上学与实践／神学真理分离开来。在这一节，我们将首先分析形而上学真理如何单义化且去中心化。

亚里士多德曾在形而上学的意义上来理解真，并将之当作存在的可互换者：

> 对那些与存在的含义互换的事物，以某种方式是另一个东西的存在原因的事物，可以合理地被称为在本性上优先。而存在着这样的情况，这一点是清楚的。因为一个人与存在的含义互换是伴随着关于它的真的陈述：是否存在着一个人，通过这一陈述我们认为存在着一个人是真的，并且是可互换的——因为如果我们认为存在着一个人所借重的陈述是真的话，那么就存在着一个人。而真的陈述绝不是现实事物存在的原因，现实事物似乎以某种方式是陈述为真的原因：因为现实事物存在与否，所以陈述被称为真的或假的。[24]

---

[24]　Aristotle, *Categories*, ch. 12, 14^b11-22.

在这一论证中，亚里士多德分析了真如何与存在可互换。人之所是的实在性本身意味着人是他所是的这句陈述是真的。然而，存在要优先于真，因为前者是后者的原因。不但如此，亚里士多德还指出真只有在作为可理解者的陈述中才能是真或假的，而在实在的对象中，它并非如此。[25]

　　与之相对，奥古斯丁则将真理本身等同于上帝自身：

　　　　我不"与你在法庭中争辩"（《雅各书》第九章第三节），因为你就是真理。[26]

　　　　上帝，那真理，那被确保的善好与最贞洁的和平的富裕资源。[27]

　　　　你就是居于所有事物中的真理。[28]

　　对奥古斯丁来说，上帝就是存在自身，并且还是真理本身，他在神学意义上超越了并且统治着万有。

　　阿奎那则将这两种不同的对真的理解综合了起来。[29]当他在回答是否只存在一个真理，所有事物按照这一真理而是真的这一问题时，

---

〔25〕 对亚里士多德真理学说更详细的讨论有诸多文献，如 K. Barthlein, *Die Transzendentalienlehre der alten Ontologie*, Vol. I, pp. 22-76; P. Wilpert, "Zum aristotelischen Wahrheitsbegriff," in: *Philosophisches Jahrbuch* 53 (1940), pp. 3-16; Paolo Crivelli, "Aristotle on Truth," Cambridge: Cambridge University Press, 2007 等。

〔26〕 *Confessions*, I, 6. 7.

〔27〕 *Confessions*, V, 12. 22.

〔28〕 *Confessions*, X, 41. 66.

〔29〕 关于阿奎那作为超越者的真理学说，参见 Jan A. Aertsen, "Truth as transcendental in Thomas Aquinas," *Topoi*, Vol. 11, No. 2. (1 September 1992), pp. 159-171; *Medieval Philosophy and the Transcendentals: The Case of Thomas Aquinas*, Leiden, New York, Köln: Brill Academic Publishers, 1996, pp. 243-289.

阿奎那探讨了两种情况：

　　我答复：在一种意义上，那种所有事物由于它才是真的真是一，而在另一种意义上它不是（一）。关于对这一点的证明必须要知道的是，当有某个事物单义地谓述许多事物时，在每一个事物里面都能按照其相符合的本性而发现它（单义的事物），正如在动物的每一个种相中都能发现动物。但是当有某个事物类比地谓述许多事物时，只能在其中的一个事物里面按照其相符合的本性而发现它（类比的事物），别的事物是通过这个事物而被命名的。因此，健康可以用来谈论动物、小便和医药，健康性并不只在动物中。但是通过动物的健康性，医药被称为健康的，因为它产生了健康；小便被称为健康的，因为它表示健康。虽然健康既不在医药中也不在小便中，然而在它们两者中都有某种事物，通过它一个事物产生健康，而另一个则表示健康。已经说过，真理首要地存在于理智之中；而其次则按照它们导向神圣理智而言在事物中。因此，如果谈论真理，当它按照其相符合的本性而存在于理智中时，就会有许多真理存在于许多受造理智中。它们是按照众多被知事物而存在于同一个理智之中。因此，《诗篇》11：2（真理从人的孩子中消逝）就有了这样的注释，即"从一个人的面庞，许多相似性就映射在镜子中，因此许多真理都从一个神圣真理而映射出来"。但是如果我们谈论在事物中的真理，那么所有事物就是通过一个第一真理而成为真的。其中每一个都是按照它的实体而被同化进去。因此，虽然事物的本质或形式是许多个，但神圣理智的真理却是一个，按照神圣理智，所有事物被命名为是真的。[30]

---

〔30〕 *ST*, I, q. 16, a. 6, Leonina IV, p. 213.

阿奎那在人类理智中的真理与在事物中/在神圣理智中的真理之间做出了区分。它包含着以下三个要点：

（1）对人类理智中的真理，存在着各种基于不同事物本性相应的相符合的真理。在这里，阿奎那使用了亚里士多德的存在类比学说来阐述真理的秩序。对于一个事物的真理的不同含义，其核心意义与中心点是基于真本身的。所有其他的真理含义都依赖于这一中心点。

（2）但是阿奎那与亚里士多德不同。他认为在实在中的所有真理都最终归因于作为第一真理的上帝。在这一点上，阿奎那又接近于奥古斯丁的立场。上帝是真理自身，以及所有受造真理的来源。阿奎那将实在中的真理与在神圣理智中的真理等同起来，因为上帝正是所有真理的原理。[31] 上帝在其理智中具有存在于实在中的所有受造真理。

（3）因此，对于人类理智中的真理来说，它们是由于其核心意义和中心点而以在其自身的方式而是真的。对于在实在中的真理以及在神圣理智中的真理，上帝则是第一真理，所有真理都是因为上帝这一真理而是真的：

> 我答复：如上所述，真理在理智之中被发现，是根据理智按照事物是什么而理解事物；而（真理）在事物中，是按照事物具有符合理智的存在。而真理则是以最大的程度在上帝之中。因为他的存在不仅与他的理智是一致的，而且还是其理解活动。而他的理解活动正是每一个其他存在和每一个其他理智的测度与原因，而他自己就正是他自己的存在以及理解活动。因此，并不仅只是真理存在于他之中，而且上帝就是至高真理和第一

---

[31] *ST*, I , q. 16, a. 5, ad. 2, Leonina IV, p. 212.

真理本身。[32]

按照这一陈述，上帝不仅是第一真理，而且还像奥古斯丁所认为的那样是真理本身，因为上帝在最大的程度上拥有存在与真理。作为神圣存在者，上帝包含了理解所有真理的活动。他的存在以及其理解的活动正是所有受造存在者与真理的量度以及原因。

因此，阿奎那将亚里士多德以及奥古斯丁对真理的理解综合起来。真理在亚里士多德式的类比学说中、在奥古斯丁式的神学等级中获得了秩序。真理在人类理智中是通过其自身而是真的，并且在实在中通过作为真理自身的上帝而是真的。

司各脱的立场与阿奎那非常不同。真理在司各脱这里并不是基于某个中心点或核心意义从而是类比的，而是与存在一样也是去中心化且单义的。而他也从未声称所有形而上学真理之所以真是因为上帝这一第一真理。在第四、第五节中，我们将看到诸真理是如何在去中心化的基础上获得秩序的，以及形而上学真理又是如何与实践的/神学的真理分离开来的。我们在这里首先分析形而上学真理作为超越者如何成为单义且去中心化的。

为了证明真理是单义的，并且是超越者，司各脱引用了亚里士多德的意见：

> 说亚里士多德从未教导过那些普遍的谓词（即超越的谓词），果真是这样吗？
> 我答复：在《形而上学》第八卷中他教导说，没有什么将上帝述说为属相（按照前述权威），而他的确在《形而上学》第二卷教导说"真"是单义地述说上帝与受造物的，如前所述

---

[32] *ST*, I, q. 16, a. 5, Leonina Ⅳ, p. 212.

（在那里他说"永恒事物的原理是最真的"）；由此，他就教导说实体是单义地述说上帝与受造物的，因为他在那里（即《形而上学》第二卷）补充道："由于每一个事物都与存在有关，所以都与真理有关。"[33]

鉴于亚里士多德的权威性，司各脱引用亚里士多德的著作来寻求对他观点的权威性支持。在这一引文中，亚里士多德被司各脱解释成具有和他一样的观点，即存在与真理都是超越者并且都是单义的。因此，尽管这段引文引用了亚里士多德的著作，但更应该将其看作司各脱自己的观点。超越性与单义性都优先于属相和范畴的划分。因此，作为超越者且单义的真理也就超越了属相与范畴。

然而，司各脱在真理单义性上的立场与亚里士多德实际上并不相同。按照亚里士多德，在对同一对象的肯定与否定之间，只有一者是真的：

> 如果一个人认为某物将会存在，而另一个则否认这一同样的事物，清楚的是，他们其中一个所说的就必然是真的——如果每一个肯定是或者真或者假的话。因为它们两者在这样的情况下不可能同时这样（或者真或者假）。[34]

这意味着对于未来偶然事件，对它的肯定与否定不可能同时为真。如果它们其中一者是真的话，那么另一者就必然是假的。真与假是排他的矛盾双方。

相反，形而上学的去中心化与存在的单义性为这种肯定和否定提

---

[33] *Ord.*, d. 8, p. 1, q. 3, n. 126, Vatican IV, p. 215.
[34] Aristotle, *De Interpretatione*, ch. 9, 18ª34-39.

供了共同且无分别的前提与基础。在第二章中，我们曾引用过司各脱在《牛津〈箴言书〉评注》中的一个观点："我认为一个单义的概念是这样的概念，它是以这种方式而成为一的，即它的统一性能够在肯定与否定同样东西的矛盾中捍卫（作为一的自己）。"[35]这一陈述揭示了一些要点：每一个单义概念，包括存在与真，对于同一东西的肯定与否定的矛盾是无分别的，也就是说，它对于亚里士多德式的真与假的区分给予了共同且超越的根基。相反，如果存在以及真的概念仍然是类比的，而形而上学也由此获得中心化的秩序，那么对同一东西的肯定与否定就不可能拥有无分别的敉平基础，而是肯定地指向作为真理的一个方向。如果真理概念本身不具有这样的中心点，那么它自然也就对其进一步的方向变得无分别，也就是说，真理概念的单义性及其敉平化能够在对同一对象肯定与否定所形成的矛盾面前保持为没有区分的统一体。这种真理概念也就超越了正确与错误、肯定与否定。真的单义性与敉平化超越了形而上学真理的中心化秩序。按照司各脱，任何对于同一东西的肯定与否定都预设了一个共同的前提与基础。当我们说"上帝不是一块石头"时，这也就预设了"上帝是别的东西"，而上帝与石头在这个"是"与"不是"之下都是一种单义的存在。否则我们将不可能做出上帝是否是一块石头这样的判断。我们在同一前提下肯定或否定上帝与石头的关系。单义性正是形而上学真理的无分别性和敉平化的基础。

现在我们来分析一下，是否所有八种真理都具有这种无分别且敉平的特点。

对于真理 A，制作与被制作者能够具有无分别的关系。制作某物就意味着在制作与被制作者之间建立起真的关系。然而，制作者无论制作了多少不同种类的制品，甚至不制作，就制品与制作的关系而

---

[35] *Ord.*, I, d. 3, p. 1, qq. 1-2, n. 26, Vatican III, p. 18.

言，其中真的含义可以是相同的，因此，这种真理有可能被敉平化、无分别化。

对于真理 B，显然作为真理的上帝之子并不允许处于对同一神学议题给予肯定与否定的共同基础中。例如，圣父不能对圣子的诞生与否持无分别的态度。

对于真理 C，相似地，在神圣范式及受造物之前的关系中，受造物不完满地模仿并且分有了神圣范式。神圣范式正是上帝与受造物之间的模仿与分有关系的中心点与最高点。因此，这种真理不可能敉平化且无分别化。

对于真理 D，这种真理与本性自身相关。不同的实体依照本性的不同程度而具有不同程度的显明。作为实体的上帝是最高的实体，并且具有最伟大的显明。按照司各脱，上帝与受造物在单义的意义上都是存在者。处于不同程度的不同实体分享了单义的形而上学基础。因此，真理 D 能够对不同的存在者与实体在敉平化的前提下保持单义且无分别。

对于真理 E 以及 F，如司各脱所述，这种真理只有在受造理智中才是可能的。神圣理智是不变的，同化的过程不可能在神圣心灵中发生，而对于作为造物主的上帝来说，被一个受造的对象所同化是荒谬的。因此，这两种真理对于所有存在者肯定不是单义且无分别的，因为它们只能用于受造理智。

真理 G 则与其他种类的真理不同，它的相反者并不是错误，而是无知：

> 错误并不是与第一者（简单理解）相反对的，而是无知。在这种方式中，人们理解了《论灵魂》中的说法，即理智，就其总是与一个东西的是什么相关来说，就总是真的，就像感觉与其可感觉物相关一样。关于那无条件的简单概念，必须这样

被精确地理解。[36]

　　一个无条件、无限定的简单概念是这样的概念，即它不能被化约入两个概念，其中一个决定着另一个。存在就是这样的概念，但"无限存在者"则不是，因为"无限的"为存在附加了条件和限定。另一个例子是"人类"，它能够被化约为"理性的"与"动物"两个条件和限定。在单纯而无条件、无限定的概念中，错误与真理并不处于互相反对的关系。更精确地来说，其中并不包含错误，因为其中并没有组合以及区分。理智或者知道它，或者不知道它，但不可能以错误的方式来知道它。

　　如果一个概念并不是无条件地简单的，那么"……一个与并不是无条件地简单的概念相关的简单理智，尽管它不能形式地成为错的，但仍然可以通过在它所不同意的一个规定之下来理解某物，从而潜在地是错的"。[37]

　　一个简单理解停留在非常源初的状态之中，而且还并没有做出成熟的判断，因此它所理解的东西不可能在形式的意义上是错的。然而，当它与某个不是无条件地简单的概念叠加时，简单理解就接收了一个规定，因此它就能在实际上将某物理解为错误的。

　　因此，对真理 G 来说，对于无条件的简单概念的理解总是真的，并且由于其并不存在进一步的规定与限定，因此总是允许关于同一东西的肯定与否定的相反关系存在。例如，"无限的"和"有限的"是一对相反者，但它们分享着"存在"这一同样的单义基础。当我们做出一个错误的判断，如"上帝是有限的存在者"，或者"上帝不是无限存在者时"，其中所包含的"上帝是一个存在者"仍然是真

[36]　*QM*, b. 6, q. 3, n. 32, Bonaventure Ⅳ, p. 68.
[37]　*QM*, b. 6, q. 3, n. 33, Bonaventure Ⅳ, p. 68.

的。"上帝是一个存在者"能够允许进一步的真或假的判断。而且如前所述，肯定与否定预设了一个共同且单义的基础，否则任何判断都是不可能的。因此，对于无条件的简单概念的理解可以是单义且无分别的，但当它建立于一个并非如此的概念之上时，就不再是单义且无分别的了。

然而，由于建立在无条件的简单概念之上的真理过于源初了，因此它不能在精确意义上被当成真理，因为它并不具有像真理 H 一样的对自身的反思性活动。当被叠加一个并非无条件而简单的概念时，这一组合概念只能是潜在地为真，但并不能在形式上为真或为假，也就是说，简单概念只能在潜在的意义上而不是在形式上对于真以及假的概念保持单义。因此，这种真就不是真的无分别，因为它处于源初的状态里面。简单理解就只能在非常低阶的认识中成为无分别的。

对于真理 H，因为它包含着从真理 G 而来的命题与简单理解，并且将其通过组合与区分而形成判断，它也就因此不能允许对同一东西的肯定与否定保持无分别。命题与简单理解的组合与区分是可以化约的，并且可以指向一个特定的含义，同时并不具有对肯定与否定保持共同性的可能性。

在这八种真理之中，我们看到其中五种不能是无分别的（真理 B、C、E、F、H），而另外三种（真理 A、D、G）有这种可能性。真理 A 既可以是形而上学的、物理学的也可以是神学的，而 B、C 则具有明确的神学限定，真理 E、F、H 主要属于逻辑学与认识论。真理 D 既可以是形而上学的也可以是认识论的。真理 G 同样也与认识论相关，但严格来说，真理 G 只有在限定的意义上才能是无分别的，并且由于其缺乏反思性的活动而不能被当作严格意义上的真理。结果，只有真理 A 与 D 具有在形而上学意义上保持无分别，并对进一步的限定与真假保持单义的可能性。

真理的无分别性有可能将非矛盾律置于危险的处境：这是否意味着真理能够允许某个东西在同一方面同时既是又不是呢？我们认为并不是这样。司各脱从未否认过作为形而上学根本原理的非矛盾律的有效性与确定性。是与不是是一对矛盾的概念，而单义性与超越性属于存在概念。因此，真理的无分别性并不能应用于非矛盾律。在是与不是、存在与无之间并不存在任何单义且超越的形而上学概念。作为形而上学的基石之一，非矛盾律并不包含对同一东西的同时肯定与否定。真理的无分别性只能应用于非矛盾律之外的其他情况。

由于形而上学真理是无分别、去中心化且单义的，那么所有的形而上学真理就不是通过唯一的第一真理而成为真的。它们在单义的前提下各自成真，而不是通过阿奎那式的类比关系成真。如果存在着一个所有真理由之而为真的形而上学第一真理，那么这个第一真理就会是所有真理的中心点以及来源，而存在与真理概念也就很难单义化。因此，司各脱形而上学之中的真理总是真的，但这一真理性并不是像奥古斯丁或阿奎那所认为的那样来源于作为第一真理的上帝。

第四节　形而上学真理的秩序

存在的单义性有利于所有形而上学真理在共同且单义的意义上为真，而不是完全根源于类比关系中的第一真理。因此，所有真理通过第一真理而为真的中心化结构被削弱。

这是否说明在诸真理之中并不存在着等级秩序呢？在第三节中，我们看到形而上学真理被敉平化、单义化，这给予了所有形而上学真理共同的起点。在司各脱的《〈形而上学〉问题集》中，他如此论证真理的秩序：

原理并不是平等地都是第一位的，虽然一个并不是另一个真理的原因，正如在一与多的情况中那样是清楚的。它们两者并不是依照其自身而平等地被认识的，因为那拥有更好被认识的词项的原理是更好地被认识的，而其中一个的词项自然地要比另一个的词项更好地被认识，由此一个就要比另一个更真。因此，在直接真理中存在着秩序，尽管并不存在因果性。[38]

按照这段话，形而上学真理的单义性和共同性并不意味着诸真理之中不存在秩序。其中提到了两种真理，一种是间接真理，另一种则是直接真理，后者是前者的基础。例如，非矛盾律作为直接真理是进一步的形而上学推论与判断的前提与基础。间接真理是由直接真理所组成的，而之所以间接真理具有秩序，是因为直接真理具有秩序。在诸直接真理与基本原理之中，它们按照各自不同的可知性从而具有了等级秩序。有些原理要比另外的原理更为可知，因为它们是由更为可知的词项所组成的。因此，直接真理是具有秩序的，由此依赖于直接真理的间接真理也有了秩序。

形而上学诸真理具有秩序这一事实与形而上学的去中心化与单义性并不矛盾。形而上学真理的秩序能够依赖于去中心化且单义的敉平基础。所有的形而上学真理可以具有不同程度的实体与可知性，但所有的实体与可知性是单义的，并且不需要归因于、依赖于最完满、最可知的真理。因此，与阿奎那所认为的所有真理化约回作为第一真理的上帝的观点不同，司各脱并不认为所有形而上学真理依赖于作为其根源的上帝，[39]因此所有的形而上学真理具有了去中心化且单义的前提与基础，而它们之间也并不存在因果关系。

存在与真的可互换性塑造了司各脱的真理学说。存在不但是超越

---

〔38〕 *QM*, b. 1, q. 1, n. 108, Bonaventure Ⅲ, p. 52.
〔39〕 参见本章第五节第 2 小节。

的、单义的、无分别的，而且还是有秩序的、有等级的，这些存在的特点很大程度上决定了司各脱对真理的理解。真理作为存在的可互换者同样也是单义且有秩序的，并且在对同一事物的肯定与否定之间保持无分别。一方面，真理是超越且单义的，因为它与存在可互换；另一方面，这些不同的真理由于其不同的确定性与可知性从而具有等级秩序。

我们现在来进一步分析这些不同种类的真理是否具有内在等级秩序，以及这一秩序是如何建立的。

对于真理 A，如果进行制作的制作者是一个受造物，那么正是制作者的意图和能力完成了制作。在形而上学意义上，进行制作的制作者能够没有被制作者而存在，但被制作者不能没有制作者。如果制作是由上帝完成的，那么这一制作者的意志就更不可能受到被制作者的限制。因此，制作者的制作肯定要优先于被制作者，被制作者依赖于制作者的制作而存在。

对于真理 B，即使圣父与圣子在三位一体的结构中具有最高程度的相似性以及平等位置，这也并不意味着圣父与圣子是完全一样的。两者在位格上虽然平等，但圣父却是圣子的作者与来源，因此在这个意义上圣父与圣子仍然是具有秩序的。而另外，人类对耶稣基督所带来的真理的信仰也构建出信仰者与被信仰者的秩序。

对于真理 C，在对完满的神圣范式的模仿中，作为模仿者的受造物依赖于上帝。在神圣范式及其模仿者之间存在着秩序。

对于真理 D，实体的程度并不取决于认识者，而是由其本性而显明自身，也就是说，实体的程度依赖于这一实体的本性，无论认识者是否存在。在这种情况中，实体的可知性依赖于其本性，并展示出或大或小的相应的显明。理智可以认识在不同程度中的不同显明。某一认识会比别的认识更为完满，因为它具有更为完满的真理本性。即使没有理智存在，按照不同的实体程度从而形成的不同显明仍然存在。

如前所引："因为如果没有理智存在，每一个事物按照其实体的程度都会出自本性显明自身。"出自本性而展示的更大显明能够更完满地显明给理智。因此，来源于更大实体的更大显明要比来源于更小实体的更小显明更为完满。通过这一点，我们就能进一步看到，上帝作为真理是最大的真理，上帝是最大、最高的实体，并因此具有最大的显明。

对于真理 E 和 F，其中并不存在形而上学秩序，但仍然存在认识的先后过程秩序。在真理 E 之中，"同化者以及与被动理智相关的同化总是先于在理智之中的存在，因为这一存在从本性上就后于理解活动"。[40] 在同化性的存在以及预先存在于理智之中的存在之间具有认识上的秩序。而在真理 F 之中，"然而（在被理解的事物中的）关系，按照《形而上学》第五卷，要绝对后于它（所关联的心灵中的认识活动）"。[41]

作为心灵中认识活动的绝对者与被理解事物之中的关系之间具有秩序。这两种类型的真理属于受造理智。而在上帝的情况中，上帝并不具有这种同化性的心灵（因为同化性的心灵会摧毁上帝的单纯性），因此在上帝之中并不存在这种属于受造理智的认识过程秩序。

对于真理 G 和 H，G 在认识过程中优先于 H，但 H 却要比 G 更适合被当作真理："因为虽然真理在形式上存在于它这两个施行（G 与 H）之中，但并不是对象性地在那里，而是只在第二种之中。"[42] 只有真理 H 能够形成判断，反思其活动，并将这一判断与对象进行比较，由此我们知道了简单理解的组合或分解的真与错，因此真理 H 不仅只是形式性的，而且还能够对象性地形成判断。相反，在真理 G 之中，我们无法将其与对象进行比较并反思其活动，因为它只是处于低层次上的简单理解，也就是说它只能是形式性的。真理 G 与 H 基于

---

〔40〕 *QM*, b. 6, q. 3, n. 29, Bonaventure Ⅳ, p. 67.

〔41〕 *QM*, b. 6, q. 3, n. 30, Bonaventure Ⅳ, p. 67.

〔42〕 *QM*, b. 6, q. 3, n. 36, Bonaventure Ⅳ, p. 69.

认识的不同阶段从而构成了认识中的秩序。

在这八种真理之中，我们能够看到它们都包含了不同类型的秩序。秩序或者存在于某一类型真理之中（A、B、C、D），或者存在于两种真理之间（E与F，G与H）。大概来说，存在着三种不同的秩序：形而上学秩序（A、D），神学秩序（A、B、C），认识秩序（D、E、F、G、H）。[43]

八种真理都具有秩序，但只有A与D的真理秩序在形而上学意义上具有被去中心化、单义化和无分别化的可能性。

第五节　形而上学真理与实践/神学真理

在第四节中我们看到，司各脱并非完全抹平了诸真理之间的秩序。就形而上学真理来说，这种真理并不指向一个作为中心点的方向，而是在去中心化的基础上具有秩序。一个形而上学真理并不是依赖于别的真理才能为真。结果，上帝超越性以及受造物对上帝的依赖性在形而上学真理之中不能充分获得维护。

如前所引，亚里士多德对于真的理解与其形而上学思想具有关联，而奥古斯丁的基督教信仰则驱使他将上帝等同于真理。阿奎那将两种思路综合起来，通过亚里士多德的类比结构，真理在人类理智中通过它们自身而是真的，并且在实在中通过上帝而是真的。

司各脱拒绝了阿奎那的这种综合，并且有意识地将亚里士多德与奥古斯丁的思路分离开来，换句话说，他将形而上学真理与实践/神学真理分离开来，而非综合它们两者。

与形而上学真理秩序不同，司各脱在实践科学与神学领域之中建立起了上帝与受造物真正的中心化的等级秩序。在实践科学与神学的

---

〔43〕　E、F、G、H种类的真理具有逻辑学的意义，参见 *QM*, b. 6, q. 3, n. 71, Bonaventure Ⅳ, p. 83。

真理秩序中，所有的实践与神学真理在根本上依赖于作为第一真理的上帝，而对于这些真理，并不存在单义性的前提与基础，由此上帝在真理意义上的超越性得到维护。因此，作为形而上学主题的真理，同存在概念一样是单义且去中心化的，但神学的主题却并不是单义的，而是中心化于上帝。

事实上，司各脱出于其对形而上学去中心化与上帝超越性的平衡考虑而有意识地保持了这一分离。他将形而上学真理在起点上确立为去中心化且敉平化，并同时通过这一分离建立起实践／神学真理相对于形而上学的超越性。如果这两种真理是综合在一起的，那么形而上学真理与实践／神学真理容易成为平行者。这种分离允许实践与神学真理优先于形而上学真理，并摆脱去中心化的敉平结构。如我们将在第十章中看到的，对司各脱来说，实践科学相比于思辨科学更为高贵、可知和确定。

如司各脱所述，真理 A、B、C 与真理 D、E、F 这两大类真理之间的关系是多义的。[44] 而且作为真理的圣子与人类理智（依赖于理智的真理 E、F、G、H）或形而上学并无紧密关系。在这个意义上，真理不可能对神学与哲学保持单义。

为了分析形而上学真理与实践／神学真理的关系，我们将在下面讨论这一关系的不同情况。

1. 形而上学真理与自然神学真理的关系

对司各脱来说，自然神学是当前状态下，通向关于上帝存在及其属性的知识的自然进路。因此，自然神学首要地如形而上学一样是思辨的，而非实践或施行性的。在司各脱的自然神学之中，上帝是所有存在者的第一原理。然而，他坚持认为非矛盾律同样也是形而上学的

---

〔44〕 *QM*, b. 6, q. 3, n. 27, Bonaventure Ⅳ, p. 66.

第一原理。结果，上帝与非矛盾律在不同的意义和领域中都成为第一原理。他们作为平行者而存在。

作为对形而上学真理传统理解的基础，非矛盾律在亚里士多德《形而上学》中被称为第一原理，[45]它在形而上学之中拥有确定以及坚实的位置。司各脱继承了这一传统，并且证明非矛盾律是不可怀疑且最为坚实的真理。是与不是不能同时在同一方面成为同样的东西。[46]它是最真的真理，它在是与不是、存在与非存在之间做出了明确的区分。

在其成熟期的自然神学著作《论第一原理》之中，司各脱证明上帝是第一原理。这一第一原理在动力性、目的性和优越性方面具有三重首要性，是最真的真理。

因此，第一原理在司各脱这里就具有两种不同的含义：形而上学的第一原理以及自然神学的第一原理。而这两种不同的含义在这两个领域中具有不同的功能。非矛盾律是形而上学的第一原理，并在是与不是、存在与非存在之间做出了明确区分。上帝是自然神学的第一原理，因为上帝作为所有事物的创造者是第一动力因、第一目的因以及最为优越的存在者。

对于形而上学第一原理，非矛盾律是最为坚实的真理。[47]一种可能的反驳是，我们的灵魂能够同时拥有相反者。司各脱并不同意这一意见，并且论证说相反者并不能同时处于心灵之中，但相反的种相可以如此。我们可以使用"动物"这一例子来解释这一点。动物包含具有理性的动物和不具有理性的动物这两个种相。我们的心灵能够拥有

---

[45] 关于司各脱那里不同种类的原理之间的关系，参见 *Rep.*, Ⅳ, d. 29, 在其中司各脱认为原理在概念和位格意义上是单义的，但是在概念/位格与本质意义之间则是多义的，尽管这两者具有某种共同性。上帝作为第一原理依赖于司各脱的自然神学，在其中原理意味着第一动力因与目的因，以及最优越和完满的存在者。

[46] 关于司各脱对非矛盾律的细致讨论，参见 *QM*, b. 4, q. 3, Bonaventure Ⅲ, pp. 365-375。

[47] *QM*, b. 4, q. 3.

"动物"这一概念，它同时包含了这两个相反的种相，但这并不意味着它会引发诸如"是／存在"与"不是／非存在"这样根本性的矛盾。相反的种相仍然分享同样的东西。因此非矛盾律在形而上学以及理智之中都是最坚实的真理。即使人们怀疑这一点，它也不可能错。[48]

对于自然神学的第一原理，上帝是第一动力因、第一目的因以及最为优越的存在者。司各脱证明了目的正是一个原理与原因。[49]"每一个在其自身的施动者都是由于其目的而是施动的。"[50]一个在其自身的推动者并不是通过机运或者命运来活动。由于目的正是被意图的东西，它也就正是那使得这一活动得以活动起来的原因，因此，目的是施动者动机的原理与原因。作为第一原理的上帝是最被爱的目的，以及那开启了受造物运动的第一动力因。在不同种类的知识之中，作为第一动力因以及第一目的因的第一原理的知识应该是最为坚实的知识，并且要比其他真理更为完满和优越。因此，作为自然神学第一原理的上帝也就拥有了这样的三重首要性。

这两种第一原理在某种意义上彼此关联：一方面，非矛盾律是形而上学的基础，而形而上学则是司各脱自然神学的基础，它证明了上帝的存在以及三重首要性。另一方面，上帝则是形而上学的目的，因为"形而上学在目的上相关于诸最高原因，并终结于对它们的思辨"。[51]

因此，这两种第一原理具有不同的功能。非矛盾律既不是目的也不是原因，而是形而上学最为坚实和自明的真理。上帝基于其三重首要性而成为第一原理。非矛盾律只具有形而上学与逻辑学意义。它并没有预设上帝的存在，并且没有明确的神学指向。相反，上帝作为第

---

[48] *QM*, b. 4, q. 3, nn. 21-27, Bonaventure Ⅲ, pp. 369-371.
[49] *QM*, b. 5, q. 1, Bonaventure Ⅲ, pp. 395-411.
[50] *QM*, b. 5, q. 1, n. 14, Bonaventure Ⅲ, p. 398.
[51] *Rep.*, 1A, prol., q. 3, a. 1, n. 218, Ed. Wolter & Oleg Ⅰ, p. 77.

一原理则也遵循了非矛盾律，因为神圣全能的活动并不能引发矛盾：

> 因为上帝能够做出任何不包含矛盾的事情，并且能够以每一种不包含矛盾的方式（许多其他方式是这样的）施动。[52]

因此，上帝不会违反非矛盾律，这能够证明形而上学是自然神学的基础。然而，如果上帝不违反非矛盾律这一形而上学中最坚实的第一原理的话，那么上帝还仍然是第一原理吗？对司各脱来说，上帝与非矛盾律都是第一原理。尽管都是第一原理，但两者之间并没有冲突，因为上帝是自然神学的第一原理，而非矛盾律是形而上学的第一原理。在形而上学领域，上帝并不违反作为第一原理的非矛盾律，因此上帝并不是形而上学的第一原理。在自然神学之中，由于上帝是第一动力因、第一目的因和最优越、最完满的存在者，因而是第一原理。作为第一原理的非矛盾律是形而上学真理的基础，而作为第一原理的上帝则在自然神学真理中成为所有其他存在者的创造者。如果上帝是形而上学的第一原理，那么这就会使得非矛盾律后于上帝，而神圣全能会优先于非矛盾律。如果非矛盾律是自然神学的第一原理，那么上帝在神学意义上的核心位置就会被削弱。

因此，司各脱同时在不同领域坚持这两种类型的第一原理，将它们都当作最为坚实、最真的真理。这两种真理在不同的秩序中都具有优先性，并且在某种意义上具有一定的互相独立性。

这是否意味着这两种真理是彼此分离的呢？事实上，司各脱给出了如下陈述以坚持作为第一真理的上帝和其他种类的真理之间的秩序：

> 只有你才是第一真理。的确，它并不是它所显现的那样这

---

[52] *Ord*, Ⅰ, d. 44, n. 7, Vatican Ⅵ, p. 366.

一（观点）是错误的。因此，某个它自己之外的东西就是其显现的根据，因为如果它的本性就正是这一显现的根据，它就会显现为它的所是。除了你，显现没有别的根据，因为在你的本质中，它就是首先显现给你自己的。通过这一事实，没有什么在后的事物是显现的根据。在那个本质中，我认为所有可理解事物的本质都在其可理解性的根据中而最完满地呈现给你的理智。因此，你就是最光辉而不可错的真理中可理解的真理，并且确定地理解每一个可理解的真理。而其他的在你之中显现的东西，并没有因为它们在你之中显现，就以欺骗你的方式而显现为依存于你之中。因为显现的根据并没有阻拦它通过显现给你的理智而所揭示的相应根据，就像当别的显现阻止了它所显现的东西时，我们的视觉出错的情况那样。在你的理智中并不是这样。恰恰相反，通过你本质的显现，任何出于最完满的清晰性而在你的本质中显示的东西，都按照其相符合的根据而向你显现。关于你的真理和在你之中的理念，并不是我在这里要以更大篇幅来处理的目的。对于理念已经说得够多，但是即使从未说过什么，理念也的确从未被提及，关于你的完满性也不会知道得更少。这一点是清楚的，因为你的本质就是在任何可认识者的根据之下认识每一个可认识者的完满根据——愿意的人可以称其为理念——但是在这里我们不想再停留在这个希腊与柏拉图式的词汇上。[53]

这一陈述强调上帝是第一真理。看起来司各脱的看法似乎与阿奎那很相似，从而似乎削弱了相关于受造物的形而上学真理的去中心化及其相对于神学的独立性。然而我们认为，司各脱的立场仍然在下面

---

[53] *DPP*, 4. 85, Ed. Wolter, pp. 144, 146.

三点上与阿奎那非常不同：

（1）对阿奎那来说，所有真理是由于作为第一真理的上帝而真的。换句话说，所有真理在其自身之中并不能完全具有为真的根基，而是在根本上依赖于作为根源的上帝。没有作为第一真理的上帝，所有真理将不会成真。相反，在这段论述之中，司各脱却并没有说所有真理是因为第一真理而为真的，所有真理作为真理对于上帝的依赖性相比阿奎那要更弱。对司各脱来说，上帝理解所有真理，没有什么错误能够欺骗上帝。但是，所有真理与第一真理的关系并不是建立在前者对后者的绝对依赖基础上。相反，司各脱更多强调的是所有真理只是呈现给上帝，而并不是依赖于、根源于上帝。

在这一点上，沃尔特做出了正确的分析，即司各脱对于形而上学真理的处理在根本上受到了 1277 禁令的影响。对于柏拉图主义和奥古斯丁主义影响下的范式主义而言，它们都强调（a）上帝对于形而上学真理的理解，即形而上学的可理解性，以及（b）形而上学真理对上帝制作的依赖性，也即形而上学与创造者的因果关系，这两点是不可分离的。然而，由于奥古斯丁主义式的范式主义遭到了谴责，[54] 司各脱试图分离（a）与（b）以便使上帝的创造及受造物与他的因果关系独立于与受造物相关的形而上学真理。如果（a）与（b）过分紧密地结合在一起，那么上帝与形而上学真理的因果关系将会被限制在形而上学真理的可理解性上。的确，上帝的理解以及制作，即（a）与（b）是结合起来的，但尽管如此，司各脱仍然保留了分离它们的可能性。[55]

（2）第一真理和所有其他真理在去中心化的形而上学结构之中具有存在以及真理单义性的前提。如果所有真理是由于第一真理而为真的，

---

［54］　参见 M. De Wulf, *History of Medieval Philosophy, Volume Ⅱ*, trans. E. C. Messenger, New York: Longmans, Green & Co., 1938, p. 227。

［55］　Allan Wolter, *The Transcendentals and Their Function in the Metaphysics of Duns Scotus*, St. Bonaventure, N. Y.: The Franciscan Institute, 1946, pp. 115-116.

那么所有真理的单义性关系就受到削弱，而形而上学真理将会最终中心化于作为第一真理的上帝。因此，形而上学的去中心化，能够允许第一真理以及其他真理共存，而无须将后者在本质上都归因于前者。

（3）司各脱将上帝称为第一真理，但是他从来不像奥古斯丁和阿奎那一样认为上帝在形而上学意义上正是真理本身。如果上帝不仅是第一真理而且还是真理自身，那么形而上学真理将会中心化于作为真理自身的上帝之中。对司各脱来说，上帝是真理，但其他所有真理对于这个第一真理具有更多的独立性。因此，司各脱不愿意使用"理念""范本"等希腊式的、柏拉图式的概念来描述第一真理，因为这些概念容易暗示它们是所有真理的中心点与最高点，并且由此就与形而上学的去中心化发生矛盾。

这一陈述非常重要，因为它正是在作为所有受造真理的创造者的上帝以及形而上学的去中心化之间的平衡。对于前者，上帝是第一真理，所有真理毫无欺骗地呈现给他。对于后者，所有其他真理之所以为真，并不是由于第一真理，它们在这一点上并不依赖于第一真理。

一方面，形而上学真理与自然神学真理相互关联。上帝遵守作为形而上学第一原理的非矛盾律，而作为自然神学第一原理的上帝则是第一真理，并且理解包括形而上学真理在内的所有真理。

另一方面，这两种真理仍然具有相互独立性。非矛盾律与上帝作为不同领域中的第一原理都是最为坚实、最真的真理。所有真理是呈现给神圣理智的，但它们之所以为真并不是由于作为第一真理的上帝。上帝既不是所有真理的理念，也不是其范本。所有真理与上帝的关系更多体现为一种呈现的关系。形而上学的去中心化削弱了奥古斯丁和阿奎那为所有真理所赋予的在本质上和内在中对上帝的依赖性。

2. 形而上学真理与实践 / 神学真理的关系

阿奎那对于形而上学 / 思辨真理与实践真理关系的处理包含两个

方面：一方面，它们具有清晰的区分；另一方面，它们在作为认识者和拥有者的上帝那里联合了起来。

对于这两种真理为什么不同，阿奎那给予了如下理由：

> 我答复：某种知识只是思辨的，某种知识只是实践的，而某种知识则部分是思辨部分是实践的。在其证明中，必须要知道某种知识能够以三种方式被称为思辨的：第一，在被知事物方面，它们不是通过认识者而成为可施行的；正如关于自然与神圣事物的人的科学。第二，就认识的方式来说，例如，如果一个建造者通过确定、划分一个房子，并考量其普遍的谓述。可被施行的事物就以思辨的方式而得到考量，而并不是因为它可被施行，因为可被施行的事物通过形式运用于质料而存在，并不是通过把组合化解为其普遍的形式原理。第三，就目的来说，正如哲学家在《论灵魂》第三卷所说，"实践理智在其目的中与思辨理智有所区别"。因为实践理智导向施行的目的。而思辨理智的目的是对真理的考量。因此，如果一个建造者考量一个房子能建造得如何，那么他不是将之导向施行的目的，而只是去认识（如何做到这一点），他的考量就会由于其目的而是思辨的，即使它相关于可施行的事物。因此，那由于其所知事物的根据从而是思辨的知识，就正只是思辨的。而那或者由于其方式或者由于其目的来说是思辨的知识，就部分是思辨的、部分是实践的。当它被导向到一个施行性的目的时，它就无条件地是实践的。[56]

在这一段论述中，阿奎那列举了思辨知识／真理以及实践知识／

---

[56] *ST*, I, q. 14, a. 16, Leonina Ⅳ, pp. 196-197.

真理的不同情况。按照他的论述，思辨真理与被认识的事物、认识的方式以及目的相关，而实践真理则与施行的目的相关。思辨真理致力于对真理的考量，但是实践真理则指向施行。

值得注意的是，在这两种真理的区分之中，我们并没有看见它们之间存在着等级秩序或者哪一方具有绝对优先性。它们更为平等地共存。

尽管这两种真理有区分，阿奎那还是将它们在上帝之中结合了起来：

> 必须要说，上帝关于他自身只具有思辨知识，因为他自身并不是可施行的。但是关于其他所有事物，他既具有思辨的也具有实践的知识。就其方式而言，它就是思辨的。无论我们通过限定和划分而在事物中思辨地知道了什么，上帝都更完满地知道所有这些。[57]

上帝与他自身的关系并不包含任何施行的以及实践的东西。但是上帝却与受造物具有实践的关系。思辨知识与实践知识在作为它们的拥有者的上帝那里结合了起来，而且上帝要比我们更为完满地知道这些真理。[58] 在这个意义上，上帝是在整体上拥有这两种不同真理。格里高利·杜兰（Gregory T. Doolan）指出，阿奎那统一思辨与实践的

---

〔57〕 *ST*, Ⅰ, q. 14, a. 16, Leonina Ⅳ, pp. 197.

〔58〕 在这一点上，本书同意皮克斯多克的意见，即沉思／理论真理与实践真理在上帝那里合一。参见 John Milbank, Catherine Pickstock, *Truth in Aquinas*, London & New York: Routledge, 2001, pp. 5-6。"对阿奎那来说，关键是存在类比地相似于认识，而认识相似于存在。就是这一点使得托马斯的真理理论——与现代理论不同——成为本体论而非认识论的。的确，属于认识与被认识者之间的一致性与比例为知识引介了美学的维度，这一点对于最现代的思考方式来说是完全陌生的。另外，对于阿奎那来说，真理还具有目的论和实践的维度，以及理论的维度。这就是说，一个事物的真理被当作那个事物完成其应完成的方式，这一方式必须导向真。真理的这两个维度，即一个事物所是的方式和其应成为的方式，走到了一起。因为对托马斯来说，这两者在上帝的心灵中合一。而对于现代的回应来说……首先是具有一个关于真理的理论，接着它或者应该或者不该应用于神学，而对托马斯来说，真理无须提醒，就是神学的。"

基础在于其理念学说。[59]

相反，在司各脱这里，这两种不同的真理的分离与区分要比阿奎那更为根本和明显。有两点理由可以说明这一点：第一，实践要比思辨更为高贵。第二，意志作为实践中的道德德性的座基超越了与形而上学真理紧密相关的自然。司各脱并不认为这两种真理可以像阿奎那所认为的那样平等。我们将在第十章更为详细地讨论这两个理由，在这里我们为第二个理由做一些补充。

司各脱认为，实践真理具有两种不同的情况[60]：对于那些必然的实践真理，它并不是主要与意志相关，因为这种情况并没有给意志的自由活动留下太多空间："必然的实践原理的真理比其思辨原理的真理来说，并不更多依赖于意志。"[61]与思辨真理相似，必然的实践原理与真理也并不过多依赖于意志。因此，这种实践真理就能够与相关于统一事物的、在理智之中的思辨真理相结合："相反：因此，关于同样的东西，一个理智会拥有实践知识，而另一个则（拥有）思辨知识，如果行动对于一个理智是可能的，但对另一个（理智）不可能的话。"[62]

然而，对那些相关于不同的、变动境况的实践真理，它就更多与意志相关：

> 可以说，实践的完满正道（*rectitudo*）包含着施动的境况，正如其他境况一样，因此，没有它，就没有正道。如果一个人认为"上帝是被爱的"，除非被什么，即被意志所附加，否则它就并

---

[59] Gregory T. Doolan, *Aquinas on the Divine Ideas as Exemplar Causes*, Washington, D. C., The Catholic University of America Press, 2008, p. 11.

[60] 对司各脱来说，神学是一门实践科学，而所有的实践知识与行动都与神学相关。在接下来的讨论中，实践真理是神学真理的一种类型。

[61] *Ord.*, prol., p. 5, a. 3, n. 262, Vatican I, p. 55.

[62] *Ord.*, prol., p. 5, qq. 1-2, n. 336, Vatican I, p. 219.

不是完全意义上的实践真理，因为上帝并不是被野兽所爱的。[63]

在这里司各脱使用了"上帝是被爱的"这个例子来阐释处于一定境况中的实践真理究竟是什么，因为究竟这个例子是否是一种实践真理依赖于特定境况。如果这一境况是指野兽，那么"上帝是被爱的"就不是实践真理，因为野兽由于缺乏自由与意志，从而不可能爱上帝。只有那些具有自由与意志的受造物才能真正爱上帝。没有意志，"上帝是被爱的"就不可能是一种实践真理。因此，司各脱认为意志才是道德德性的座基，并且引导着行动在道德上正确，[64]因为如果在某个特定的境况之中没有意志存在的话，那么就不可能存在类似于"上帝是被爱的"这样的实践以及道德真理。正如司各脱所声称的，从意志所引发的行动才是最真的行动："……意志所引发的行动是最真的实践，即使没有什么被命令的行动与之相伴。"[65]

在第十章中，我们将看到意志超越了存在于道德事务和实践之中的自然及其必然性。与之相反，如真理 D 这样的形而上学真理则在根本上基于其自然本性。即使没有意志存在，与不同程度的实体相关的形而上学真理仍然显明自身。

因此对司各脱来说，形而上学真理与神学 / 实践 / 道德真理这两类真理属于不同的领域，具有不同的主题、施动者以及境况。以上我们曾提到两点理由来解释为什么这两类真理并不相同：第 ，实践要比思辨更为高贵（参见第十章第五节）；第二，尽管它们在相关于那些必然知识的同样理智中被结合起来，当实践处于变动的偶然境况和

---

〔63〕 *Ord.*, prol., p. 5, qq. 1-2, n. 336, Vatican Ⅰ, p. 219.

〔64〕 关于司各脱的立场究竟是理智主义还是意志主义的，已经有太多的争论。在第十章中我们将进一步讨论这一问题。对于司各脱在这一问题上的看法，参见 *Duns Scotus on the Will and Morality*, trans. Allan Bernard Wolter, William A. Frank, Washington, D. C.: The Catholic University of America Press, 1988, pp. 319-422。

〔65〕 *Ord.*, prol., p. 5, a. 3, n. 314, Vatican Ⅰ, p. 207.

前提之中时，它们仍然在本质上出现了不同。在这些变动的境况和前提之中，意志变成了引导行动的指导性能力，而自由超越了与形而上学真理相关的自然必然性的束缚。

因此，形而上学真理与实践真理在司各脱这里并不像在阿奎那那里那样平衡；相反，后者要优先于甚至是超越了前者。

3. 形而上学真理与启示神学真理的分离

对司各脱来说，我们的形而上学基于当前状态，因此它是不完满的，并且不足以描述启示学说。启示真理是必然且自足的。[66]它们相互之间彼此独立。对于形而上学真理来说，它基于不完满的当前状态下的人类理智。而对启示真理，它则基于圣经叙事和纯粹的宗教信仰。因此这两种真理被分离开来，从而不可能获得综合。

与存在一样，作为超越者的真理也是单义且去中心化的概念。它在单义性的前提下同时接纳对于同一东西的肯定与否定，而其敉平化的特点也使得它对于这一矛盾保持无分别。上帝是第一真理，但并不是作为真理自身或真理的理念与范式。尽管形而上学真理具有秩序，但这一秩序却始于敉平的起点。如前所引，只有形而上学真理才能去中心化且具有秩序，而其他类型的真理则只能具有秩序但不能无分别。而且只有形而上学意义上的、作为超越者的真才与存在真正可以互换。相反，所有神学与实践真理都超越了单义性与敉平性，它们对于上帝的依赖性中心化于上帝。

因此，作为有秩序的、无分别的、单义的、与存在可互换的敉平化真理，并不能够真正维护上帝的超越性以及受造物在神学秩序中对上帝的依赖性，这一超越性和依赖性只能在神学与实践领域中建立起

---

〔66〕 *Ord.*, prol., p. 1 and p. 2., Vatican Ⅰ, pp. 1-87.

来。这种真理具有秩序，但并不与存在可互换，并且不是无分别且单义的。在形而上学真理中，上帝与受造物分享有单义的真理概念，而受造真理并没有分有神圣理念或范式，而只是呈现在神圣理智之中，这就削弱了受造真理对神圣真理以及上帝的依赖性。相反，实践与神学真理并不存在单义性与去中心化，因为它们都在根源上完全依赖于上帝这一终极目的。

如上所述，司各脱有意识地将这两种真理（形而上学真理以及神学／实践真理）分离开来。如果它们结合在一起，那么就会有两种可能结果：第一，形而上学真理变得与神学真理一样，也围绕着上帝这一中心展开，这就需要与去中心化与敉平化的形而上学真理概念进行协调；第二，形而上学真理与神学真理都被去中心化，结果，上帝在神学与实践科学中的中心以及至高位置会被削弱。

因此，这一分离就使得作为形而上学第一原理的非矛盾律和作为自然神学第一原理的上帝在不同领域中存在；实践比思辨更为高贵，而意志则与实践紧密结合，并超越了作为形而上学基础的本性／自然；启示真理是自足的，并且在当前状态下不需要与形而上学真理发生结合。这两种真理并不像在阿奎那那里那样平衡与综合，相反却彼此独立并具有不同结构：形而上学真理是去中心化的，而神学／实践真理则中心化于上帝。后者要优先于甚至超越于前者。

作为超越者，在形而上学之中的真由于其敉平化从而并不能对上帝超越性以及受造物对上帝的依赖性给予足够支撑，而这两个目标在神学与实践秩序之中才获得更多的实现。形而上学真理与实践／神学真理的彼此独立显示出形而上学，或者说哲学，在一定意义上与神学和实践秩序发生分离。这一彼此独立性可以帮助司各脱建立起实践科学相对于思辨科学的优先性。[67]

---

〔67〕 参见第十章第五节。

第五章　形而上学善好秩序的去中心化

在这一章中，我们将分析另外一个存在的可互换者：善好。这一分析与关于真的第四章相似。真与善好都是超越者，都具有单义性、去中心化与敉平化的特征，并且同时还具有内在秩序。除此之外，司各脱还在形而上学善好与道德善好之间做出了非常明确的区分，这类似于形而上学真理与实践 / 神学真理互相独立的情况。[1]

因此，为了研究善好秩序与形而上学去中心化的关系，我们将使

---

[1]　对中世纪哲学中存在与善好问题的通论，参见 *Being and Goodness: The Concept of the Good in Metaphysics and Philosophical Theology*, ed. Scott MacDonald, New York: Cornell University Press, 1990; *Die Metaphysik und das Gute Aufsatze zu ihrem Verhaltnis in Antike und Mittelalter: Jan A. Aertsen zu Ehren*, ed. Wouter Goris, Leuven: Peeters Publishers, 1999; 关于司各脱如何将形而上学善好从道德善好中分离出来，参见 Allan Wolter, *The Transcendentals and Their Function in the Metaphysics of Duns Scotus*, St. Bonaventure, N. Y.: The Franciscan Institute, 1946, pp. 119-127; Thomas Williams, "From Metaethics to Action Theory," in *The Cambridge Companion to Duns Scotus*, ed. Thomas Williams, Cambridge: Cambridge University Press, 2003, pp. 332-351; 关于超越的善好与形而上学的关系，参见 Jorge Uscatescu Barrón, "Zu Duns Scotus' Bestimmung des transzendentalen Guten als Hinsicht," in *Die Logik des Transzendentalen: Festschrift für Jan A. Aertsen zum 65. Geburtstag*, ed. Martin Pickavé, Miscellanea mediaevalia 30, Berlin and New York: Walter de Gruyter, 2003, pp. 269-284. 遗憾的是，乔治并没有在超越的善好与道德善好之间做出区分，而是将它们放在一起来研究形而上学善好，并因此没有对超越的善好给予正确处理；对于司各脱的超越者理论与道德问题关系的研究，参见 Ludger Honnefelder, "Transzendentalität und Moralität: Zum mittelalterlichen Ursprung zweier zentraler Topoi der neuzeitlichen Philosophie," *Theologische Quartalschrift* 172 (1992): 178-195; 对于司各脱的道德善好理论，参见 Marilyn McCord Adams, "Duns Scotus on the Goodness of God," *Faith and Philosophy* 4 (1987): 486-505; Richard Cross, "Duns Scotus on Goodness, Justice, and What God Can Do," *Journal of Theological Studies* 48 (1997): 48-76; for Scotus' theory of moral goodness, 参见 Mary Beth Ingham, *The Harmony of Goodness: Mutuality and Moral Living According to John Duns Scotus*, Second, revised edition. St. Bonaventure, N. Y.: Franciscan Institute Publications, 2012.

用与第四章相似的方式来讨论善好。司各脱对善好并没有做出类似于真那样详尽的区分。威廉姆斯已经分析过司各脱对善好的区分，[2] 而存在与善好的可互换性也已经被学者讨论过，[3] 在本章中我们将不再详细讨论这两个问题。

第一节　形而上学善好的敉平化

为了理解司各脱对于作为超越者的善好的处理，阿奎那的立场会很有帮助。跟随亚里士多德，阿奎那同样认为存在与善好是可互换的：

> 在事物之中，每一个都具有它具有存在那么多的善好：因为善好与存在是可互换的。[4]

当阿奎那回答"是否所有的事物都是通过神圣善好而是善好的"这个问题时，他给予了如下答复[5]：

> 我答复：在那意味一种关系的事物中，没有什么能阻止这个事物被外在地命名。正如某个事物由于"位置"而被命名为"被放置入"（一个位置的），由于"测度"命名为"被测度的"。

〔2〕　"From Metaethics to Action Theory."
〔3〕　"Zu Duns Scotus' Bestimmung des transzendentalen Guten als Hinsicht."
〔4〕　*ST*, Ⅰ. Ⅱ, q. 18, a. 1, Leonina Ⅵ, p. 127.
〔5〕　关于阿奎那作为超越者的善的学说，参见 Jan A. Aertsen, "The Convertibility of Being and Good in St. Thomas Aquinas," *New Scholasticism* 59, 1985(4): 449-470; "Good as Transcendental and the Transcendence of the Good," in *Being and Goodness: The Concept of the Good in Metaphysics and Philosophical Theology*, pp. 56-73; *Medieval Philosophy and the Transcendentals: The Case of Thomas Aquinas*, Leiden, New York, Köln: Brill Academic Publishers, 1996, pp. 290-334。

但是就绝对的（非关系性的）东西来说，意见则有不同。柏拉图认为存在着所有事物的分离种相，而所有个体事物是通过它们得到命名，像是个体事物分有了分离种相。例如，苏格拉底按照人的分离理念而被称作是人。就如同他设置了人与马的分离理念，这些理念他称之为在其自身的人与在其自身的马，所以，他还设置了"存在"与"一"的分离理念，他称它们为在其自身的存在与在其自身的一性。通过分有它们，每一个事物都被称为"存在"或者"一"。但是，他把在其自身的善好与在其自身的一称作是最高的神，通过他，所有事物借助分有的模式而被称为是善好的。

尽管这一意见在肯定自然事物的在其自身自存的分离种相方面是没有道理的——如亚里士多德以多种方式而证明的那样——但是它在这一点上仍然是绝对正确的，即存在着某种一，它通过其本质而是善好的，我们称之为神，如前所示。甚至亚里士多德也赞同这个说法。因此，每一个能被称为善好的以及存在者的东西，都是由于第一存在者以及第一善好并通过其本质而这样的，因为它以某种同化的方式而分有着第一存在者，即使是以遥远和有缺陷的方式，如前所示。

因此，每个事物都因为上帝的善好而被称作是善好的，因为上帝是所有善好的第一范式，第一动力因和第一目的因原理。而每个事物都是通过与上帝善好的相似性而被称作善好的，这个善好依存于（这个事物），并且在形式上就是命名它（这个事物）的善好。因此，在所有事物之中，存在着一个善好，并且也（存在着）多个善好。[6]

---

[6]　　*ST*, I , q. 6, a. 4, Leonina IV, p. 70.

阿奎那的回复包含了三个重要的观点：

（1）他拒绝了柏拉图式的形式理论和理念论。对柏拉图来说，一个事物之为善，是因为它分有了作为善本身的善理念。因此，正如艾尔森所言，善的理念是超越的，并因此与分有者分离开来。[7]

（2）阿奎那声称所有存在者与善好都分有并且同化入了第一存在者，他是存在与善好的最高点，也是中心点。在这里阿奎那并没有采纳柏拉图式的"至高存在者""至高的善好"这样的方式来论证，而且他也不认为作为本质性善好的第一存在者与其他善好之间具有柏拉图理念论意义上的分离。

（3）阿奎那拒绝了至高善好的超越性与所有其他善好的分离，相反他试图在神圣善好与存在于其他事物中的、在其自身的善好之间做出平衡和综合。一方面，由于神圣善好是所有事物善好的范式与第一因，因此所有事物是善好的。另一方面，所有事物是因为它们的善好与神圣善好具有相似性从而也就具有它们自己的善好。

因此，所有事物或者由于神圣善好，或者由于其自身的善好从而是善好的。阿奎那的立场综合了柏拉图主义与亚里士多德主义。如果所有事物只是由于它们自身就具有善好从而是善好的，那么它们的善好对于神圣善好的依赖性就会削弱。如果所有事物只是因为分有了神圣善好所以才能是善好的，那么阿奎那的立场就会更接近柏拉图而非亚里士多德。亚里士多德对柏拉图的形式理论与善好理念论做出了批评，因为后者把善好的理念与在其他事物自身之中的善好分离开来。[8] 如果是这样，所有事物在自身中拥有善好的可能性会被损害，而且这还会进一步导致神义论的问题，即所有事物的善好与上帝相比是有缺陷的，但这种缺陷却需要上帝负责。

---

〔7〕　Jan Aertsen, "Good as Transcendental and the Transcendence of the Good."
〔8〕　Aristotle, *Nicomachean Ethics*, Ⅰ.6, 1096ᵃ12-1097ᵃ15.

对阿奎那，由于存在与作为超越者的善好的可互换性，善好同样也具有类比的结构：

> 善好并不是被区分为这三个东西，就像是对它们平等地谓述的单义的东西一样，而是按照优先性与在后性而谓述它们的类比的东西。因此，它主要地谓述有德性的事物，接着谓述令人愉快的事物，最后是有用的事物。[9]

在这一论证中，阿奎那对于善好类比性的讨论涉及他的伦理学思想，但这一讨论却主要依赖于形而上学的类比学说，因为相比于司各脱，阿奎那并没有完全将形而上学善好与道德伦理意义上的善好分离开来，而不同善好之间的关系则是类比的。[10]

相反，司各脱拒绝了阿奎那的类比结构。在他看来，存在与作为超越者的善好对上帝与受造物都具有单义性，也就是说形而上学意义上的善好同样也具有敉平化的起点。如前所引，司各脱认为"存在"包含了"善好"和"真"：

> 由于"存在"潜在地就在自身中包含了"真"和"善好"，因此"无限存在者"也就包含了"无限的真"和"无限的善好"。[11]

> 存在不仅具有与之可互换的单纯属性——如一，真，善好——而且还具有一些属性，这些属性具有互相反对的、有区别的相反者，如必然存在与偶然存在，现实与潜能，以及类似

---

〔9〕　*ST*, I , q. 5, a. 6, ad. 3, Leonina IV, p. 65.
〔10〕　关于它们在这一问题上的不同立场，参见本章第二节。
〔11〕　*Ord*, I , d. 3, p. 1, qq. 1-2, n. 59, Vatican III, p. 41.

的东西。[12]

　　善好是存在的可互换属性，存在与善好对于无限存在者以及有限存在者而言是单义的。阿奎那认为所有事物之所以是善好的，是与作为范本的神圣善好有关，司各脱并不认同这种观点，他的存在与善好单义性学说在某种意义上给予了上帝与受造物以某种共同性。无限善好与有限善好在形而上学的起点中分享了共同的单义基础，因此有限善好之所以为善好，并不是由于神圣善好作为范本或理念而在形而上学中成为所有善好的最高点与中心点。

　　司各脱对于善好问题的讨论更多集中在道德伦理问题以及意志问题上而非形而上学问题上。在他的著作中，他并没有给予形而上学善好以对作为超越者的一和真那样详细的讨论，因此我们在这里需要寻找别的方式来探讨阿奎那与司各脱在这一问题上的分歧。

　　对阿奎那来说，受造物的存在分有了作为其范本的神圣存在。神圣存在通过类比的结构从而成为存在问题的焦点，所以存在者的存在与神圣存在在类比的关系中建立了起来：

　　　　受造物对上帝的相似性并不是出于按照相同属相或种相的原因而在形式上的连通，而仅仅是按照类比，因为上帝是通过他的本质而是存在者，而其他事物是通过分有而成为存在者。[13]

　　因此，所有存在者的存在最终中心化于包含它们范本的神圣存在之中。相反，由于存在与形而上学在司各脱这里被去中心化，我们可以用从受造物这里所取得的单义概念来理解上帝。除了他关于存在单

[12]　*Ord.*, I, d. 8, p. 1, q. 3, n. 115, Vatican IV, pp. 206-207.
[13]　*ST*, I, q. 4, a. 3, ad. 3, Leonina IV, p. 54.

义性的讨论，我们还可以看一下他对于智慧的讨论，这可以帮助我们理解从受造物那里所取得的单义概念如何被应用在上帝那里：

> （如果关于上帝的概念不是单义的，那么）比起我们推断上帝形式地是一块石头，我们就将没有更多的理由去推断，上帝形式地是智慧的这一点是从我们对受造物的智慧概念的理解而来的。因为是有可能从受造石头的概念而形成另一个概念，即石头的概念作为上帝之中的理念，而这一石头就被归因为这一理念。所以我们就可以在形式上按照这一类比的概念说"上帝是一块石头"，正如我们按照那一类比的概念说"（上帝是）智慧的"。[14]

这一引文指出了我们认识上帝的一个困境，即如果不存在上帝与受造物的单义概念，那么我们就无法将上帝与受造物区分开来。如果关于上帝的概念不是单义的，那么我们通常会有另外两个选择：多义和类比。在多义的结构中，我们将很难获得对于上帝的肯定的、确定的自然知识。在类比的结构中，在我们眼前的一块石头与上帝之中的石头理念之间将具有等级关系，正如在受造物自身之中的善好与在神圣范本中的善好之间的关系一样，而由此上帝将会通过他所包含的完满石头从而承担与石头的关系，结果我们甚至就可通过说"上帝是智慧的"这样同样的方式来说"上帝是一块石头"了，这显然是荒谬。因此，如果类比的关系要避免这样的情况发生，就只能变为多义关系。

因此，作为超越者的善好也同样需要成为单义概念。善好的单义性与存在的单义性紧密相关，因为作为超越者的善好正是存在的可互换属性。在这个意义上，作为超越者的善好也获得了去中心化的结构

---

〔14〕 *Ord*, I, d. 3, qq. 1-2, n. 40, Vatican III, p. 27.

并被敉平化，它不需要集中于一个类似理念、范本这样的最高点以及中心点之上。

第二节　形而上学善好与道德善好的分离

阿奎那认为，在形而上学善好与道德善好之间并不存在绝对性的区分：

> 我们必须以在事物中的善与恶来谈论行动中的善与恶：由于任何事物都产生行动，这些行动和这个事物同类……但是只有上帝拥有他的存在的整个充裕性（plenitudo），就像是某种一和单纯的事物一样，而每一个其他事物都拥有存在的充裕性，这一充裕性通过相异的方面而适宜于这一事物。因此，有时在一些事物上会发生（这样的情况），即它们在某个方面具有存在，然而它们却缺乏应有的存在的充裕性。例如，人类存在的充裕要求一个人应该是一种灵魂与身体的结合体，并具有认识与运动的所有能力和工具，因此，如果一个人缺乏其中的任何一个东西，他就会缺乏与其存在充裕性有关的某个事物。因此，他拥有多少存在，他就拥有多少善好。而就他缺乏善好来说，他就被说成是恶的。〔15〕

在这段引文中，尽管阿奎那所讨论的是在行动之中以及在道德意义上的事物之中的善与恶，但他仍然使用了作为形而上学概念的存在来进行阐释。上帝具有存在的至高充裕，因此他就是至高善好的。一个事物以及行动拥有越多的存在，也就拥有越多的善好。阿奎那在形而上学意

----

〔15〕 *ST*, I - II, q. 18, a. 1, Leonina VI, p. 127.

义上使用了善好及其与存在的关系来讨论在道德事物中的善与恶。[16]

相反，如前所述，作为超越者的善好在司各脱这里获得了去中心化，它因此首先不能够建立起所有事物的形而上学善好对于神圣善好的本质依赖性，其次也不能够给予神圣善好绝对的超越性。事实上，司各脱在道德领域中而不是在形而上学中建立起了这种依赖性和超越性。为了在形而上学的去中心化以及神圣善好的至高位置之间建立起平衡，司各脱将形而上学善好与道德善好分离开来。[17]

因此，正如汉斯·莫勒（Hannes Möhle）所指出的，阿奎那所理解的道德善好与司各脱非常不一样。对阿奎那来说，道德善好具有本体论的特征，它与形而上学意义上的完满性有关，并且是作为目的因而施行自身的，因此在阿奎那这里，道德善好与形而上学善好不能完全割裂开来。而司各脱则脱去了道德善好的形而上学意义，仅把这种善好当作一个关系性的概念。由此，一种善好之所以具有道德的意义，不能只凭借它自身，因为它不是某种像形而上学善好一般的在其自身的、无条件的绝对事物，而是取决于施动者按照正确理性而做出的正确判断及其行动，这一判断包含了其所决定施行的行动以及这个行动所具有的特征之间的一致性（convenientia），道德善好就存在于这个一致性的关系之中。[18]换句话说，道德善好、伦理学乃至进一步的自然法问题，都属于实践真理领域，而非某种相应于施动者的内在本性的德性品质。[19]

道德善好并不是这一章的主题。然而为了更好地揭示形而上学善好的特点，我们可以使用道德善好作为一个很好的比较视角来论述这两种不同善好之间的差异性。通过讨论道德善好，我们就能够更好地

---

[16] 关于这一点的另一个证据是存在与善的区别。对阿奎那来说，形而上学善好与在道德和行动意义上的善好具有关联，参见 *ST*, I, q. 5, a. 1。

[17] 参见本章脚注[1]。

[18] Hannes Möhle, "Scotus's Theory of Natural Law", in *The Cambridge Companion to Duns Scotus*, p. 327.

[19] "Scotus's Theory of Natural Law", p. 312.

理解司各脱是如何处理形而上学善好的。

现在我们来逐一分析这两种类型的善好。

1. 形而上学善好

与善好的道德定义不同，司各脱并不认为与存在可互换的形而上学善好在道德意义上与恶相关：

> 我认为，按照《形而上学》第六卷，完满性与善好是一样的。然而，有两种方式述说完满性。在第一种方式里，它不缺乏任何东西，它（完满性）是内在的，这就是内在的本质完满性意义上的完满性，或者第一完满性。在另一种方式里，它是通过第二完满性而被说成是完满性。因此，善好也处于两种方式中。第一种，以及第二种。第一种方式里的善好在其本性中不能具有对立者与缺乏，因为对立者是相关于同样的东西而产生出来的。因此，那生来就不依存另一事物的事物没有对立者，也没有作为缺乏的相反者。它是善好，或者在第一完满性中的完满性，因为它是首要的，也即生来就不依存于另一个事物。虽然它相关于存在，也可以依存于另一事物之中，因为可以说一个偶性通过第一或内在的完满性以某种方式也是完满性，因为它是本质性的。然而就第一完满性而言，它将自身中的善好指示给它自身。因此，作为第一善好的善好就具有作为对立者的相反者：非善好（ *non bonum* ）。然而，在第二种方式里，善好是外在的，它具有作为缺乏的对立者的恶。因为按照大马士革的约翰，（《正统信仰阐释》）第十八章，恶是善好的缺乏。[20]

---

[20] *Rep*., II, d. 34, q. 1, scholium. 1, n. 3, Wadding XI, p. 390. 这里的翻译部分借用了威廉姆斯的翻译，参见 "From Metaethics to Action Theory"。

按照这段话，司各脱首先将善好等同于完满性。有两种完满性，一种是本质的、内在的完满性，并不具有缺乏，而另一种则可以具有缺乏。跟随着这两种类型的完满性，也同样存在着两种善好，而且司各脱还在它们两者之间做出了明确的区分：第一善好是形而上学概念，并且与恶无关，也就是说，这种善好本质上与存在相关，而与道德意义上的恶无关。这种善好并不具有道德上的相反者，诸如恶或者坏。在这种情况中，我们可以称一匹马为某个善好的东西，并不是因为这匹马就是最为优异的马，而是因为它是一个存在者。一匹不完满的马仍然在形而上学的意义上是一匹好马，因为它并不是非存在。在这个意义上，一个善好的东西由于不具有非存在，从而不具有缺乏。换句话说，这种类型的善好并不引发任何与其他事物的关系，它只是与其自身相关。它只是把"非善好"当作自己的相反者，而"不善好"则在形而上学意义上意味着"非存在"。相反，第二种善好则是道德善好，它将恶或者坏——而不是"非善好"或者"非存在"——作为自己的相反者。如前所述，司各脱所理解的道德善好是一种关系性的概念，它取决于与其他事物的关系，因为行动的道德性以及道德性质总是与境况还有施动者的判断等其他因素有关，因此它只是一种外在性的善好，是恶的缺乏。

在此基础上，司各脱继续将第一种类型的善好与作为超越者从而与存在可互换的善好等同起来：

> 我认为，恶的主体并不是在相反于恶的善好中的，而是在那与存在可互换的善好之中。因为那缺乏第二种完满性的恶指明了那本质的和第一完满性的善好。而奥古斯丁在《论信望爱手册》第十三章中就这样说，并通过字面如此表达："在没有善好的地方，恶也不能存在。"在下一章中，他说这欺骗了那些辩证法学者的规则，他们认为"关于同一事物不可能同时有两个

相反者"。但是对于这一点我认为奥古斯丁已经说了很多关于辩证法学者的规则被欺骗的事情，相反者，无论它是如何抽象出来的，或者最普遍地被接受了，都不能涉及相异性。它们在同一主体中，彼此并不一致，正如白与黑，无论把它们当作多么普遍的东西，它们都不能存在于同一主体中。但是在超越者中，即善好与存在，就不能按照那种认为相异与存在可以同时的看法来禁止相反者了，就像是作为本质性善好的善好，或者是第一完满性的自然善好，以及作为第二善好否定的恶（它是出自本性就依存于这种本性的完满性）一样，所以在这种方式中就不可能不合宜地同时存在着相反者。[21]

司各脱在这段引文开头的意思并不是说与存在可互换的形而上学善好把恶当作自身之中的东西；相反，他是说恶的主体并不是作为恶的相反者的道德善好，而是形而上学善好。因为恶在形而上学之中同样也是一种存在者，它命名了作为第一完满性的形而上学善好。道德善好并不能成为恶的主体，因为道德善好与恶并不能在同时、在同一个事物之中存在，道德善好正是恶的缺乏，它不能在自身之中具有恶，因此它们是彻底分离的，正如白与黑在同一个主体之中是分离的一样。

辩证法学者的非矛盾律能够应用于道德善好与恶，但是却不能用于形而上学善好以及恶的情况。在道德事物中，的确善与恶不能并存，某个事物或者行为即便并非最善，但也不可能既善又恶，而在形而上学之中，作为超越者的形而上学善好，却能够在其自身之中拥有恶，尽管这种恶并不是一个恰当的相反者。恶在道德事物之中是对第二善好的否定，但并不是对形而上学中的第一善好的否定。

---

〔21〕 *Rep.*, II, d. 34, q. 1, scholium. 3, n. 18, Wadding XI, p. 393.

而奥古斯丁则并没有在形而上学善好与道德善好之间做出这样明确的绝对区分。对他来说，道德善好可以被包括入形而上学的考量之中。善好本质性地相关于存在。由于恶正是善好的缺乏，它同样也就是存在的缺乏，恶是一种非存在。[22] 而这也正是奥古斯丁神义论的重要基础之一。

相反，司各脱在这两种善好之间所做出的区分就能够允许恶被包括进形而上学善好之中，因为恶在形而上学之中被剥夺了道德意义，即使它是对道德善好的否定。我们认为，之所以司各脱能够将恶的主体当作与存在可互换的超越者的善好，部分要归因于形而上学善好的单义性。正如第四章所引用的，"我认为一个单义的概念是这样的概念，它是以这种方式而成为一的，即它的统一性能够在肯定与否定同样东西的矛盾中捍卫（作为一的自己）"。对于道德事物之中的善好的肯定与否定并没有摧毁单义的形而上学善好的统一性。善好的单义性能够允许自身拥有在其他意义中的进一步的矛盾与相对立。

因此，形而上学善好与作为单义概念的存在是可互换的，并且与道德含义相分离。在形而上学意义上，我们不能说一匹马并不足够好或者坏，因为一匹马是一个存在者就等于说一匹马是好的，而这匹马就在形而上学之中并不具有任何恶的、坏的意义。

正如威廉姆斯所认为的，司各脱所认为的道德善好只是一种"偶性的善好"，因为它与其他事物相关联，因此这种善好更多具有类似关系这样的偶性的特点。[23] 然而，作为一个超越且单义的概念，形而上学善好超越了包含偶性在内的所有范畴，这就使得形而上学善好能够独立于在道德事物之中的偶性的关系性善好。

---

[22] 参见 *Confessions*, Ⅶ, 12. 18。
[23] 参见 "From Metaethics to Action Theory", pp. 340-341。

由此，在道德情况之中，我们可以说某个人在过去是个恶人，但由于他皈依了基督教信仰，从而他现在比过去变好了。然而在形而上学意义上，我们却不能这样说，因为这个人一直都是一个存在者，因此他一直都是好的。这个人在形而上学之中从来没有在善好与坏或者恶之间转变，因为这种转变总是与偶性具有或多或少的联系，而形而上学善好则超越了偶性。

作为一个单义概念，形而上学善好是去中心化的、敉平的、单义的，并且在道德上是中立的。它并没有把神圣善好当作最高的中心点。为了将受造物的善好与神圣善好能够在相异的意义上区分开来，司各脱在道德领域之中建立起了神圣善好的超越性。

2．道德善好

在这一节中，我们将讨论道德善好的三个方面，这三个方面相关于这种善好的独有特点，并且也与其和形而上学善好的差异有关：（1）作为偶性的道德善好；（2）道德善好与恶的三种类型；（3）人类意志、神圣意志与道德善好。

（1）作为偶性的道德善好

与形而上学善好不同，道德善好落入了范畴之中，它依赖于关系这一偶性：

> 一个行动的道德善好是一种它所具有的装饰，包括了对所有应该形成比例东西的应有比例集合（诸如潜能、对象、目的、时间、位置与方式），特别是这一正确理性所指示的（比例集合）应该与行动相一致（convenire），由此我们就能够认为所有这些东西都在它们对正确理性的行动一致性中。如果是这样的话，那么行动就是善好的，而如果不是这样，那么——无论行动与什么东西一致——它都不是善好的，因为无论行动关于什

么对象，以及行动如何与对象相关，如果它在施行中没有按照正确理性（例如，如果正确理性并没有指导其施行），那么行动就不是善好的。因此，行动的道德善好就主要在于行动与正确理性的一致性上——即充分地指导与所有境况相关的应有行动。

但是这一善好，像是与其他关系一样，并不具有其自身的主动原理。[24]

这一段话清楚地显示出道德善好是一种偶性的东西，它总是存在于与实体的关系之中。这就揭示了作为偶性的道德善好的三种意义：

A. 道德善好与关系是和谐的，由此一个行动的所有组成要素，诸如潜能、对象、目的、时间、处所以及方式等，都在这一行动中以合比例的、合宜的、和谐的方式获得了秩序。它们存在于一个被较好地组织起来的关系之中，而这一关系作为一种偶性又基于作为其组织者的道德善好。

B. 当这些要素足够和谐到能够完成一个善好的行动时，我们就称这个行动是善好的。道德善好只有在它的相关者被给出的时候才是有意义的。在这个意义上，道德善好本质性地相关于行动，正如偶性相关于实体。

C. 道德善好自身指向正确理性，只有通过正确理性，一个行动才能被称为善好的。正确理性正是一个行动以及这个行动的要素的目的与规矩。道德善好自身只是一个空的概念，它只有在与正确理性的关系中才有意义，而且它并不具有自身的原理以及根据，换句话说，它不能够在其自身地存在。

因此，道德善好并不能与存在可互换，而且不能被孤立地当作科学的主题，因为科学并不处理偶性。当它与行动、行动的要素以及作

---

〔24〕 *Ord.*, I, d. 17, p. 1, qq. 1-2, nn. 62-63, Vatican V, pp. 163-164.

为其目的的正确理性相关联时，它才属于道德科学。

（2）道德善好与恶的三种类型

存在着三种类型的道德善好，它们具有不同的主体以及施动者：

> 按照等级，存在着三种道德善好。其中的第一种是通有的善好（*bonitas ex genere*）；第二种善好可被称为德性的或者境况的善好（*bonitas virtuosa sive ex circumstantia*）；第三种是功德的或无偿的善好（*bonitas meritoria sive bonitas gratuita*），或是导向神圣接纳所奖赏的善好。[25]

我们将在下面揭示出，这三种类型实际上具有某些相似性。与形而上学善好不同，它们都基于作为其施动者的意愿，并且本质性地与外在目的相关。不过它们的目的各不相同，分别是正确理性，境况以及神圣功德。

A. 通有的善好

这种类型的善好指示出对象与行动之间的合宜关系："第一种相宜于意愿，它按照正确理性的指令而相关于与这一行动所一致的对象，而不只是因为这一行动自然地与之一致，如同日光（相宜于）视觉（的活动）。"[26] 我们能够看到，它们的关系与自然基础并不相同，因为日光自然地与视觉相关，人只有通过视觉才能够看见日光，而只有日光才能使视觉活动起来。相反，在通有的善好之中，活动却并不自然地与对象相关。我们具有做某件与其对象不合宜的事情的自由。然而如果被意愿的对象并不合宜，那么它就不能在道德上是善好的。正确理性指导着自由，使对象与其活动具有了合宜的关系。

---

[25] *Ord.*, Ⅱ, d. 7, q. 1, n. 28, Vatican Ⅷ, pp. 88-89.
[26] *Ord.,* Ⅱ, d. 7, q. 1, n. 29, Vatican Ⅷ, p. 89.

之所以将这种善好称之为通有的善好，是因为这种类型的善好为更进一步的善好以及被习俗的类型（*genere moris*）和正确理性所指导的行动提供了通有的基础，也就是说，这种类型的善好本身并不是最终行动，而只是在正确理性基础上的进一步的善好行动所实现的前提条件。这并不意味着它包含着行动的所有可能性；相反，它只是在道德上属于行动的潜能性。在这个意义上，这种善好属于道德范畴，并且指示出被意愿的对象以及行动的合宜性。

B. 境况性善好

从这个名称中我们就能看到，这种类型的善好依赖于道德行动的境况："第二种善好相宜于意愿，它是由意愿而在所有境况下所引发出来的，它被正确理性所指令，应使自己胜任于引发它（善好）。"[27]这种类型的善好聚集于与正确理性所指导的道德行动所合宜的境况。境况性善好在不同的境况、状态、处境下具有不同的特定善好，因为不同的境况要求实现道德善好的不同行动。在这种情况下，意愿被正确理性指导着以做出好的选择，并且在可变的境况中正确地行动。换句话说，这种类型的善好与偶然境况紧密相关。

C. 功德性善好

这种善好属于神圣功德以及神圣之爱："第三种善好相宜于行动，它预设了上述两种善好，行动在与施行功德的原理（即神圣之爱或恩典）的一致性中而被引发出来，或者是按照神圣之爱的倾向性（而被引发出来）。"[28]这种类型的善好是道德善好的最高以及最终的形态，它正是第一和第二种道德善好的目的。第一种道德善好建立起了对象与行动的合宜关系，而第二种道德善好则在不同的可变动境况中指导着行动，它们最终都指向了对上帝的爱。而且功德性的善好预设了第

---

〔27〕 *Ord.*, II, d. 7, q. 1, n. 30, Vatican VIII, p. 89.
〔28〕 *Ord.*, II, d. 7, q. 1, n. 31, Vatican VIII, p. 89.

一和第二种道德善好：第一种道德善好使得我们爱上帝的行动成为合宜的；第二种道德善好则在可变的处境和境况中保证着我们对上帝的爱。而神学上的考量则成为所有道德善好的最终目的。

如前所述，形而上学并不把恶当作自己的相反者。与之相反，恶则是道德善好的相反者。相应于三种道德善好，也存在着三种相应的坏：第一种坏具有不合宜的对象；第二种具有坏的境况；第三种则是从恶行而来的。[29]

我们可以看到，道德善好与道德上的坏具有相反的含义。它们组成了三对道德概念，并且存在于道德秩序的等级结构之中。相反，在形而上学中并不存在这样的坏以及恶，因为形而上学善好的相反者是"非善好"。

（3）人类意志、神圣意志与道德善好

形而上学善好在起点上对上帝与受造物是单义的，而人类理智在理解形而上学善好方面遵从神圣理智。

然而在道德善好之中，人类意志并不总是、也并不必然处于对神圣意志的遵从之中，即使这两种意志具有某些相似性：

> 如果它（受造意志）在所有境况下都与自身一致，假定两个意志意愿同样的东西，并采用同样的方式，由此伴随着所有其他境况，则受造意志不会被要求成为像非受造意志是善好的那种方式而成为善好的，因为行动的诸境况并不一致，一如行动具有相异的施动者。[30]

如前所述，存在着三种道德善好，它们相关于对象／施动者，境

---

〔29〕 *Ord.*, Ⅱ, d. 7, q. 1, n. 34, Vatican Ⅷ, pp. 90-91.
〔30〕 *Ord.*, Ⅰ, d. 48, q. 1, n. 4, Vatican Ⅵ, p. 388.

220　　秩平与破裂

况以及对上帝的爱。而之所以我们的意志与神圣意志在这个问题上具有差异，是基于以下三点理由：

A．神圣活动与人类活动具有不同的施动者。前者是神圣意志，后者则是受造的意志。

B．神圣活动与人类活动具有不同的、相合宜于其活动的境况与处境。

C．即使在同样的事物以及同样的方式之中，受造意志是善好的方式仍然与神圣意志是善好的方式不同。

因此，神圣意志与受造意志并不具有单义性的善好，因为它们是在不同的方式之中成为善好的。

另外，与作为思辨科学的形而上学不同，道德科学与意志以及行动关系紧密。这也是作为思辨与理智性的形而上学善好与作为意愿性的道德善好之间的另一个区别。

从这三个方面而言，即第一，道德善好与偶性相关；第二，道德善好的相反者是坏／恶；第三，道德善好对于神圣意志与受造意志并不是单义的，我们就能够看出道德善好的一些特征：第一，道德善好并不处于形而上学领域之中，因为形而上学研究作为存在的存在及其超越者，而这些研究主题不依赖于像偶性这样的范畴；第二，在不同类型的道德善好之间存在着秩序，所有的道德善好都把对上帝的爱以及从神圣恩典而来的善好作为其最终目的；第三，作为道德善好的施动者，神圣意志与人类意志并不分享一致性、共同性和单义性。因此，形而上学善好由于其单义性和超越性从而获得去中心化，而道德善好则由于其道德和神学上的考量从而中心化于上帝。

第三节　两种善好秩序

如果形而上学善好是去中心化且单义的，那么这是否意味着司各脱认为受造物的善好与神圣善好在形而上学之中就变成同样的东西从而丧失了等级秩序呢？如果在形而上学之中存在着所有善好的等级秩序，那么形而上学善好秩序与道德善好秩序又有什么不同呢？

司各脱并没有极端到认为形而上学善好不存在等级秩序，因为这会与其基督教立场相冲突，毕竟上帝才是受造物善好的作者与来源。没有上帝，受造物不可能存在，也无处获得善好。正是上帝给予了所有受造物以善好。因此，在不同的形而上学善好之间存在着秩序，但与道德善好秩序不同，这种善好秩序依赖于形而上学善好的去中心化结构。

1. 形而上学善好的秩序

按照司各脱，一个事物之所以是好的，是因为它在形而上学之中是一个存在者，而且其合宜的相反者是"非善好"，正如存在的相反者是"非存在"。恶与坏并不是形而上学善好的合宜相反者。对于形而上学善好秩序，我们同意威廉姆斯的看法，他认为在司各脱的善好学说中，不可能对属于同一类的不同个体之间进行这方面的比较，而只能在不同种类之间的个体进行比较："不可否认，本质性的善好是具有程度的属性。一个东西有可能比另一个东西具有更多的本质性善好。然而，两个同一种类的东西却不可能具有不同程度的本质性善好。一个天使要比一个人具有更多的本质性属性（就第一善好来说更好），但是一个好人却不可能比一个恶人拥有更多的本质性善好。"[31]

因此，在同一种类中的诸个体之间并不存在形而上学善好，或者说本质性善好的等级秩序。不同人的完满性或者善好在形而上学之中并不具有秩序，它们只能在道德领域之中获得秩序并被区分为不同程度。我们能够把形而上学之中的人的完满性与神圣善好区分开来。上

---

[31] "From Metaethics to Action Theory", p. 340.

帝具有最大的、程度最高的形而上学善好以及存在，并且超越于、优先于只拥有较少的形而上学善好以及存在的受造物。

不幸的是，司各脱对于形而上学善好的讨论并不详尽。他对于善好的处理更多地集中于道德问题上。为了更好地理解形而上学善好是如何获得秩序的，在这里我们试图使用司各脱的另一个概念"自然善好"来分析形而上学善好的秩序。

在司各脱的著作中，他曾提到三种不同的善好：形而上学善好，道德善好以及自然善好。自然善好是某种与形而上学善好相同的东西。如前所述："就像是作为本质性善好的善好，或者是第一完满性的自然善好……"[32] 在这里，第一善好就是本质性善好，也同样是自然善好。不但如此，自然善好能够拥有秩序和程度，这能够帮助我们理解形而上学善好的秩序。

在开始分析之前，我们应该注意到，自然善好并不总是被理解为是形而上学善好的。在这方面，威廉姆斯与沃尔特具有不同的意见。前者承认，自然善好有时被当作形而上学善好或者所谓第一善好，但是司各脱却最终将自然善好定义为是道德领域中的第二善好，自然善好在这个意义上其实是"偶性的善好"[33]。而后者则认为，自然善好主要仍然是形而上学善好，尽管它有时与偶性相关。[34]

接下来我们将论证，威廉姆斯的观点至少部分地来说是不正确的，因为司各脱明确将自然善好从道德善好那里分离出来了，因此它不能被真正地当作第二善好，而且它也并不总是与偶性相关。准确地说，我们认为司各脱谈及了两种不同的自然善好，第一种是作为第一善好的形而上学善好，第二种则是作为第二善好的偶性善好。当我们讨论自然善好的秩序时，我们应该小心地依赖于形而上学意义上的自

---

〔32〕 参见脚注〔21〕。
〔33〕 "From Metaethics to Action Theory", p. 340.
〔34〕 *Morality and will of Duns Scotus*, p. 48.

然善好，而非偶性的自然善好。我们可以把第一种称为第一自然善好，也即形而上学善好，而把第二种称为第二自然善好。

（1）第一自然善好

自然善好与道德善好不同，它与形而上学善好具有等同性：[35]

> 正如一个存在者的第一善好（自然善好），被称作"本质的"善好，并且就在存在者自身的整体性和完满性中，它肯定性地意味着对不完满性的否定，由此（完满性的）减少与不完满性就被排除了，由此存在者的第二阶主要的完满性，即偶性的，或者某种在实体之上的（完满性），则在其相一致的整体性中，或者在应与其自身一致的整体一致性中，这是某种应该与它（完满性）一致或者它（完满性）应该与之一致的东西。[36]

在这里，司各脱对自然善好的理解与形而上学善好非常相似：第一，它并不是一种偶性，而是被称为"本质性的"；第二，它正是存在自身的完满性，并且本质性地相关于存在；第三，在自然善好之中没有不完满性，换句话说，它并不包含类似于善好与恶／坏这样的相反者。与之不同，第二善好是道德善好：第一，它是偶性的，而不是在其自身地存在的；第二，它是一种与其他事物的和谐关系；第三，它包含了道德意义上的善好与恶／坏这样的相反者：应该具有某种道德品质，或者不应该具有。这种应该或不应该就包含了道德标准。

---

[35] *Duns Scotus on the Will and Morality*, selected & translated by Allan B. Wolter, Washingdon D. C.: Catholic University of America Press, 1986, pp. 48-49.

[36] 由于《自由问题集》的英语翻译跟随着西班牙语译本的新编码系统，而这一系统又与 Wadding 版本的编码系统不同，在本书中，当给出《自由问题集》的翻译及拉丁原文时，首先将给出其新编码，接着是 Wadding 版本的原文页码。*Quodlibet*, 18. 9, Wadding XII, p. 475.

自然善好拥有秩序和程度：

　　意愿的自然善好，它（自然善好）作为某种肯定的存在者和按照它的实体等级而相宜于任何肯定性存在者的事物（实体越多，善好越多；实体越少，善好越少），从而相宜于它（意愿）。[37]

自然善好能够按照实体的程度而被划分为不同的程度。一个实体所拥有的程度越高，它就拥有越高的善好，因为存在与形而上学善好是可互换的。实体与善好都是肯定性的事物，而非存在则是否定性的。因此，一个事物拥有越多的实体以及善好，这个事物在形而上学中的肯定性就越强。上帝是最高而且最肯定性的实体，并且具有最大的形而上学善好。而不同种类的实体在形而上学善好中具有不同的程度，而我们就由此能够在不同种类的实体之间的形而上学善好方面做出比较，诸如上帝与人之间做出比较，但我们不能在两个人之间做出这种比较。

（2）第二自然善好

然而正如沃尔特所指出的[38]，自然善好并不完全是形而上学概念，因为它有时仍然与作为偶性的关系相关："因为它自然地与行动相宜，正如日光相宜于视觉的活动一样。"[39]在这里我们将省略掉对于偶性的自然善好，也即第二自然善好的讨论，因为它超出了形而上学善好秩序的主题。

由于形而上学善好在司各脱这里获得了单义性，因此在受造物的

---

[37]　*Ord.*, Ⅱ, d. 7, n. 28, Vatican Ⅷ, p. 88.
[38]　*Morality and will of Duns Scotus*, p. 48.
[39]　*Ord.*, Ⅱ, d. 7, n. 29, Vatican Ⅷ, p. 89.

善好与神圣善好之间并不存在基于分有关系的柏拉图式结构。不但如此，司各脱还拒绝了亚里士多德与阿奎那的存在与善好的类比学说，因为这一结构在一定程度上将所有善好归因于它们所围绕着的、所依赖着的神圣善好，结果形而上学善好就不再是单义的，而是中心化于神圣善好。

结果，形而上学善好在第一自然善好的意义上可以具有秩序，但这种秩序只能在不同种类的存在者之间而不能在同一种类的不同个体之间建立起来。一种存在者拥有的实体越多，它所拥有的完满性就越多。按照这一秩序，上帝作为最大、最高的实体也就因此具有最大、最高的完满性与善好性。但我们应该注意到，形而上学善好的不同程度之间的秩序并不是基于类比或分有关系，而是基于去中心化的形而上学结构。这一秩序并没有预设任何类似于善理念或者所有善好之为善好的神圣根源。形而上学善好虽然具有秩序和程度，但受造物的形而上学善好对于上帝的形而上学善好的依赖性并没有非常明确地建立起来。受造物是善好的，因为它们在它们自身的意义上是存在者。

2. 道德善好的秩序

在道德善好之中，则非常容易就能建立起人类善好对神圣善好的依赖性，并且树立起神圣善好的超越性。通过对善好的形而上学秩序以及其道德秩序的比较，我们就可以更好地理解什么形而上学善好是有秩序的，以及它如何与道德秩序不同。关于上帝的善好与人类善好的关系，我们可以找到这样一段关于爱的论述：

> 每个人都自然地倾向于在无限善好之后爱他自己……每个出于爱而爱的人，都在导向无限善好的秩序中爱他自己，因为他爱那种行动或惯习，通过它们，他趋向于那个善好。而在这种方式中，这一种爱就指向了别的东西，因为上帝就正是其行动的主要

对象。然而，他为他自己而拥有爱，并不是把他自己就当成了最终对象，而是当成为一个最邻近的对象，这一对象被导向了最终和第一的对象，而这一对象与他自身是有所区分的。[40]

我们可以在这里看到一个处于不同种类的道德善好与爱之间的秩序。当司各脱讨论人类之爱与上帝之爱时，他时常强调人类对于善好的爱应该被安排为指向第一善好。而第一善好正是人类道德善好与爱的最高点，并且需要通过对上帝的信仰才能获得。一个人具有对自身的爱，而这种爱只是自我中心甚至是自私的爱，但这种类型的爱并不是爱的最终对象与目的，而是始终被安排着朝向对上帝的爱。因此，我们爱我们的善好，并且渴望着我们自身的善好，但这种善好总是处于与上帝无限且最终级的善好关系之中。对于上帝的善好的爱是每个人对于善好的爱的首要、合宜且最终极的对象。私人性的善好，诸如对邻人的爱，都应该最终指向作为终极目的的神圣善好：

> ……邻人的善好并不是作为对象的爱的行动的终极根据，而神圣善好才是这种根据，因为即使一个人被导向了这个邻人的善好，这也只是通过曲折性（reflexo）行动的方式，这一行动总是在其行动所指向的对象中导向最终对象。[41]

关于邻人的道德善好并不是人类之爱的最终对象，因为人类之爱的合宜且最终对象是神圣善好。我们可以爱邻人，但这种类型的爱并不是从邻人而来，而是来自上帝，而且对于邻人的爱最终仍然指向了对上帝的爱。

---

[40] *Ord.*, Ⅲ, d. 29, q. 1, nn. 6, 8, Vatican X, pp. 94, 95.
[41] *Ord.,* Ⅲ, d. 28, n. 25, Vatican X, p. 91.

但这并不意味着邻人只是爱的第二对象。对司各脱来说，只有一个直接的爱的对象：上帝。"曲折性行动"意味着我实际上所爱的对象并不是邻人而是上帝，因此邻人并不是我们爱的行动的直接对象，它只是一个曲折性的对象。我爱邻人，是因为我想要我的邻人也爱上帝，这正是爱的完满且恰当的方式：

> 我们的邻人并不是被指定为爱的第二阶对象，而是（被指定为）对于爱的对象来说完全偶性的对象……
> 在这里面，我偶性地爱他们——并不是因为他们，而是因为这样的对象，这个对象是我想要他们去爱的。而通过意愿，那个对象就被他们所爱了。[42]

上帝是每一个人的爱的真正的唯一对象。"我知道上帝"并不必然意味着当我处于与你同样的惯习之中时，我能够知道你像我一样地知道上帝。但是对于意志来说，我却能够想要你像我一样想要上帝，因为这是一种基于同一种爱的欲求性、意愿性行动。在这个意义上，爱邻人最终指向爱上帝。我们偶性地爱着邻人，因为只有上帝才是我们真正所爱的。

与那种和在单义性处境中保持中立的人类理智相关的形而上学善好不同，对于邻人的爱完全是上帝所给的。我们不能在当前状态下，也即拥有原罪的状况下通过我们自身而获得爱，是上帝通过神圣恩典从而把爱倾注入我们的灵魂之中，并且促使我们的意志倾向于爱他：

> 因此，上帝以完满且有秩序的方式倾注（*infundens*）爱，由此所有存在者都导向于他，上帝给予了这样的惯习，由此，他就

---

[42] *Ord.*, Ⅲ, d. 28, n. 15, Vatican X, p. 88.

作为共同善好以及被其他人所爱的善好而被当作被爱的。[43]

因此，爱基于从上帝而来的恩典，而非基于人类的理智活动。意志是爱的施动者，但人类不可能没有神圣倾注而通过自己的意志获得爱的行动。由此，道德善好完全依赖于神圣善好。我们的自爱以及对邻人、他人的爱最终都完全中心化于对上帝的爱。

现在我们就可以看到，在形而上学与道德领域中，分别存在着两种类型的善好秩序。受造物在这两种秩序中拥有与上帝的不同关系。

在形而上学善好秩序之中，所有善好都在去中心化的前提下获得秩序。神圣善好的确要高于受造物的善好，因为上帝是最大的存在者，但神圣善好并没有通过理念论或者类比学说而成为所有善好的中心点，尽管神圣善好具有最大程度的善好。作为超越者的善好概念对于上帝和受造物是共同的。在这一秩序中，受造物的善好对于神圣善好的依赖性并没有被过多强调，尽管上帝具有最高程度的善好。

相反，在道德善好秩序之中，所有受造物的道德善好都完全依赖于并且朝向作为爱的最合宜对象的神圣善好。与当作形而上学概念的善好不同，神圣善好与受造物的善好在道德领域之中的关系基于爱这样的意愿性行动以及神学信仰。在道德领域中的所有善好具有明确的目的论指向，受造物的善好指向并且在根本上依赖于作为受造物最终目的的神圣善好。出于神学上的考量，道德善好被完全中心化于上帝了。

一方面，司各脱坚持认为存在与作为超越者的善好可以互换，它们俩都是单义的，而非特定地归因于神圣善好。作为超越者的善好是一个去中心化的形而上学概念。另一方面，所有的道德善好最终都通

---

[43] *Ord.,* Ⅲ, d. 28, n. 11, Vatican X, p. 86.

过与关系、意愿以及神圣等级秩序相关的道德秩序从而指向了神圣善好。当司各脱谈及形而上学中的存在与善好时，他并没有提到神圣善好超越了所有受造物的善好，也没有提到后者依赖于前者。而当他谈及道德领域中的神圣善好以及人类善好的秩序时，他却并没有提到这种善好与存在的可互换性。在形而上学之中，上帝与受造物具有单义的属性；而在道德领域之中，上帝与受造物则是完全相异且不具有任何意义上的单义关系。形而上学善好与道德善好之间的分离被有意识地保留了下来。[44]

与真理相似，司各脱在形而上学善好与道德善好之间保持了互相的独立性。前者获得了去中心化与敉平化，而后者则是中心化的。如果他将这两种善好结合起来，那么就会有两种可能的结果：

第一，道德善好将中心化于上帝中，或者在形而上学意义上的事物自身中。如果道德中心化于上帝，那么上帝将与形而上学的中心点紧密相关，而上帝相对于形而上学秩序的超越性会被削弱；如果善好中心化于事物自身，那么受造物将具有更多的形而上学意义上的独立性，而它们对于上帝的本质依赖性将会被削弱。

第二，道德善好将与形而上学善好一样被去中心化。如果是这样，那么道德以及神学善好所依赖的上帝超越性将大打折扣。这将会在神学中造成消极的后果。

因此，形而上学善好与道德善好之间的分离能够维持形而上学的去中心化，并同时建立起上帝在道德以及神学领域的超越性。形而上学善好能够具有秩序，但这一秩序并不指向某个善好的最高点或者中心点，从而在起点上是敉平的。相反，道德善好却能够朝向并且依赖

[44] 然而并非每一个研究者都注意到了这一重要的区分。例如 Marilyn McCord Adams, "Duns Scotus on the Goodness of God", *Faith and Philosophy*, Volume 4, Issue 4, October, 1987, pp. 486-505, 在其中作者就并没有做到这一点，并且简单地把形而上学善好当成神学善好。

于上帝，他正是人类道德生活以及爱的最为合宜的最终对象。

与真理的情况相同，这一分离证明了上帝的超越性以及受造物对上帝的依赖性不能够在敉平化的形而上学真理秩序中充分建立起来，而它只能在道德秩序中获得较好地捍卫。与真理相似，在司各脱这里，形而上学以及道德领域之间，或者在宽泛意义上说，哲学与神学之间存在着一定意义上的相互独立性。这能够使得司各脱建立起道德与实践秩序相对于形而上学以及思辨科学的优先性。[45]

---

〔45〕 参见第十章第五节。

小　结

在第一部分的五章中，我们已经看到了形而上学如何被去中心化，以及籶平的存在结构如何使上帝超越性不能通过这五章的论述充分建立起来。

尽管形而上学的去中心化和存在的籶平化给予了上帝与受造物某种共同性和平等性，然而这甚至能够比类比关系给予上帝更多的超越性。我们在第二部分会看到，由于这一形而上学结构有利于移除中心点对上帝的限制，上帝也就从形而上学中心点的限制中解放了出来。因此，尽管第一到第五章中，上帝的超越性在某种意义上被存在的籶平所暂时削弱，然而它却是本书下半部分第六到第十章中增进上帝超越性的必要准备。

对于第一、第二章，司各脱形而上学的去中心化削弱了上帝与实体所可能扮演的中心角色。为了不致使自然神学与形而上学遭到毁灭，司各脱使用了越来越多的非亚里士多德模式来维持上帝与实体的优先性。因此在其成熟时期的著作中，从籶平的起点出发，司各脱在存在的籶平与上帝/实体的优先性之间保持了平衡。

按照司各脱的超越者系统，一、真、善好是与存在共存且可互换的超越者。第三、四、五章逐一探讨了它们，并主要集中在一个问题上：这三个超越者也都具有去中心化的特点，同时也能够在一定意义上建立起内在的等级秩序，然而这种秩序由于其籶平化的特点从而不能很好地维护上帝的超越性与受造物对上帝的依赖性。

尽管如此，一、真与善好的去中心化却可以成为保持上帝超越性的前提。上帝由此就脱离了以下几个形而上学的中心化限制：或成为所有存在者的形而上学的统一者，或是所有其他受造物类比地依赖的最真的形而上学真理以及最完满的形而上学善好存在者。因此，上帝不必受这些身份的束缚，从而也就较少受到形而上学中心点的内在规定，并能够在受造物与他的关系中更为超越、遥远与外在。这将在下面的第六到第十章中得以展现。

　　这五章内容对司各脱形而上学的去中心化、存在的敉平及其秩序进行了系统论述，而在第二部分我们将开始讨论，司各脱如何论证上帝超越受造物，并且以形而上学和非形而上学的方式获得超越性。由此，我们就能够看到司各脱形而上学所包含的两个互相联系却不同的部分：在第一到第五章，形而上学的去中心化主要体现为存在的敉平，尽管上帝与实体能够具有优先性，而一、真、善好可以具有内在秩序，然而这一秩序却是松散的，其各个组成部分不具有深厚的超越关系和依赖关系。在第六到第十章中，形而上学的去中心化主要体现为存在的破裂，并成为建立上帝超越性的基础，存在的敉平终于被上帝与受造物破裂的相异性超越，神圣超越性甚至最终超越了形而上学与思辨科学的限制。

第二部分

存在的破裂

捍卫上帝超越性

第一部分集中分析了司各脱的形而上学去中心化的第一个特点：存在的敉平。上帝和受造物拥有了超越且单义的共同起点，同时形而上学本身也能够容纳一定的内在秩序。但由于这一秩序的各个部分之间相对松散，并且不具有对秩序顶点的深厚依赖性，从而使上帝超越性不能得到充分保障，上帝与受造物的相异性没有真正实现。作为一名天主教神学家，司各脱力图建构上帝与受造物的等级秩序。从敉平的共同开端出发，司各脱一步步走向了破裂的终点。

因此，这一部分我们将重点分析形而上学去中心化的第二个特点：存在的破裂。我们将看到，司各脱使用了五种不同的进路来维护上帝的超越性，并克服了上帝与受造物的共同性。

在前四条形而上学进路中，无限的 / 有限的，原因 / 被作用的，必然的 / 偶然的，无条件的完满性作为超越者，都与形而上学的主题相关。第五条进路则是非形而上学的，它与形而上学并不矛盾，但却具有超越形而上学与思辨科学的维度，并中心化于上帝。

出于以下理由，我们将这些章节和进路安排成目前的结构：

第一，在第六章之中，从存在的敉平性出发，无限的和有限的建立在作为单义概念的存在基础上，然而两者没有任何公度性，而神圣无限性与不可理解性紧密相关。这就能够保证上帝与受造物在实在中并不分享任何实在的共同性。由于无限性是我们在当前状态下所能归给上帝的最完满的描述，因此这一条进路被列为第一条。

第二，在第七章中，上帝作为第一目的因和第一动力因不仅给予了上帝超越性，还同时建立起受造物对上帝的绝对依赖，而后者正是第六章所缺乏的。而且司各脱还将第一目的因与第一动力因定义为神圣意志与神圣之爱，从而体现出其隐含的实践导向，因此就为形而上学的因果系统增加了非形而上学的因素。

　　第三，第八章与第七章非常相似，都在维护上帝超越性的同时，保证了受造物完全依赖于上帝。与第七章不同，上帝在这一进路中包含有更多的超越性。神圣意志不仅成为偶然性的唯一根源，而且受造世界的偶然性因为具有共时的特点，从而使其偶然性得到了深化。相反的共时偶然性被敉平化，神圣意志无分别地决定其中一方，而神圣理念脱离了与偶然性的关系。神圣之爱的功能被弱化，因为上帝偶然地创造这个世界，他的爱并不先于创造。因此，这一进路能够更好地揭示上帝的自由以及他对受造物的独立性和无分别性。

　　第四，第九章是对存在的敉平及其破裂的综合。一方面，无条件完满性作为单义概念本身可以普遍存在于不同事物之中，另一方面，所有的无条件完满性都必然地在最高程度上谓述至高本性，也即上帝，而且只有无限的上帝才能真正在形式意义上拥有它们，这就破除了无条件完满性的共同性。而受造物的本性所拥有的不完满性与上帝的完满性之间是多义关系。不但如此，这一进路在某种意义上还是形而上学维度与非形而上学维度的某种综合，因为所有超越者都是无条件完满性，同时无条件完满性还包含了一些与实践科学有关的超越者，诸如意志、自由与爱。我们把这一章放在四条形而上学进路的最后，是因为它能够成为从存在的敉平走向存在的破裂的一个综合，并同时含纳了从形而上学进路走向实践科学进路的可能性。

第五，之所以要把第十章放置在第六到第九章之后，是因为这一条进路包含了超越形而上学的维度，神圣意志与神圣之爱超越了人类理智的结构，实践科学则超越了思辨科学。因此，这一进路能够比那些形而上学进路为上帝提供更多的超越性，而同时还能够克服形而上学的限制，从而中心化于上帝。

通过以目前这个结构来安排这些进路，我们就能够看到，司各脱所维护的上帝超越性如何保证了他与受造物并不真正分享任何共同的实在性。由于这一超越性并不依赖任何中心化的形而上学结构，所以存在的敉平结构能够一步步走向破裂。

第六章　无限性　理解上帝的核心进路

之所以把无限性当作第一条保存上帝超越性的进路，是因为无限性在司各脱对当前状态下的上帝描述中占据着最重要的位置：

> 可最完满地构想，并且也是我们能够自然获得的关于上帝最完满的绝对概念，就是他是无限的。[1]

无限性是我们在当前状态下能够自然地归于上帝的最完满的绝对概念。[2]司各脱利用形而上学的方式证明上帝是唯一的无限存在

---

〔1〕　*Ord.,* Ⅰ, d. 2, qq. 1-2, n. 147, Vatican Ⅱ, p. 215.

〔2〕　关于司各脱对无限性理解的一般性研究有很多，如 Francis J. Catania, "John Duns Scotus on Ens Infinitum," *American Catholic Philosophical Quarterly* 67 (1993): 37-54; Von Steven Barbone, "Scotus: Adumbrations of a New Concept of Infinity," *Wissenschaft und Weisheit* 59 (1996): 35-43; Richard Cross, *Duns Scotus on God*, Aldershot: Ashgate, 2004, chapter 5, pp. 91-98; Roberto Hofmeister Pich, "Positio impossibilis and Concept Formation: Duns Scotus on the Concept of Infinite Being," *Patristica et Mediaevalia* 30 (2009): 45-82; 关于无限性及其与内在样态的关系，参见 Roberto Hofmeister Pich, "Infinity and Intrinsic Mode," in *New Essays on Metaphysics as "Scientia Transcendens": Proceedings of the Second International Conference of Medieval Philosophy, Held at the Pontifical Catholic University of Rio Grande Do Sul (Pucrs), Porto Alegre/Brazil, 15-18 August 2006*, ed. Roberto Hofmeister Pich, Louvain-la-Neuve: F. I. D. E. M., 2007, pp. 159-214; 关于自然之中的无限性，参见 Joël Biard, "Duns Scot et l'infini dans la nature," in *Duns Scot à Paris, 1302-2002, Actes du colloque de Paris, 2-4 septembre 2002*, ed. Olivier Boulnois, Elizabeth Karger, Jean-Luc Solère, and Gérard Sondag, Textes et études du Moyen Âge 26. Turnhout: Brepols, 2004, pp. 387-405; 关于外展无限性与内集无限性的区别，参见 Anne Ashley Davenport, *Measure of a Different Greatness: The Intensive Infinite, 1250-1650*, Studien und Texte zur Geistesgeschichte des Mittelalters 67, Leiden: Brill, 1999, Chapter 5, pp. 240-306; Gérard Sondag, "Jean Duns Scot sur l'infini extensif et l'infini intensif," *Revue Thomiste* 105 (2005): 111-122; 关于无限性与其他 （转下页）

者，[3] 而无限性在司各脱那里变成了对上帝的核心描述。而且无限性与上帝的三重首要性紧密相关：第一动力因，第一目的因和最优越的存在者。上帝所有的属性也都被无限性彻底渗透：上帝无限善好，无限有能力，无限智慧，等等。一个受造物同样也可以具有善好、能力、智慧，但是受造物的这些属性是受限的。相反，神圣无限性使得所有这些属性都达到了最大的程度。

这条进路中的无限与有限作为两个超越者包含在形而上学的主题之下，存在的概念对于无限与有限来说是单义的。[4] 而弗朗西斯·卡塔尼亚（Francis J. Catania）在关于司各脱无限概念的出色研究中指出，司各脱将大马士革的约翰对上帝的否定理解（上帝是无边的、无限制的）转换为肯定理解。[5] 神圣无限性被定义为一个事物（res）或

（接上页）神圣属性的关系，参见 Robert P. Prentice, "Primary Efficiency and its Relation to Creation: Infinite Power and Omnipotence in the Metaphysics of John Duns Scotus," *Antonianum* 40 (1965): 395-441; Roberto Hofmeister Pich, "Scotus on Absolute Power and Knowledge," *Patristica et Mediaevalia* 31 (2010): 3-27; 32 (2011): 15-37; 关于无限性与意志，参见 François Loiret, *Volonté et infini chez Duns Scot*, Paris: Éditions Kimé, 2003; 关于司各脱的无限性与大马士革的约翰之间的关系，参见 Gérard Sondag, "Jean de Damas et Jean Duns Scot sur l'infinité de la nature divine," *Chôra-Revue d'études anciennes et médiévales* 3-4 (2005-2006): 285-325; 关于司各脱对阿奎那无限性学说的批评，参见 Antoine Côté, "La critique scotiste du concept d'infini chez Thomas d'Aquin," in *Via Scoti: Methodologia ad mentem Joannis Duns Scoti. Atti del Congresso Scotistico Internazionale Roma 9-11 marzo 1993*, Vol. 2, ed. Leonardo Sileo, Rome: Edizioni Antonianum, 1995, pp. 577-592; 关于司各脱与奥卡姆论无限性，参见 Martin M. Tweedale, "Scotus and Ockham on the Infinity of the Most Eminent Being," *Franciscan Studies* 23 (1963): 257-267。

[3] 司各脱认为无限存在者的存在是通过那些上帝相关于受造物的特性，如原因、优越性等而得到证明的，比如 *Ord.*, Ⅰ, d. 2, p. 1, q. 2。

[4] *Ord.*, Ⅰ, d. 8, p. 1, q. 3, n. 113. 关于存在的单义性与无限性，参见 Jean-Michel. Counet, "L'univocité de l'étant et la problématique de l'infini chez Jean Duns Scot," in *Actualité de la pensée médiévale. Recueil d'articles*, ed. Jacques Follon and James McEvoy, Philosophes médiévaux 31, Louvain-la-Neuve: Éditions de l'Institut Supérieur de Philosophie; Leuven and Paris: Éditions Peeters, 1994, pp. 287-328。关于存在与有限存在者，参见 Étienne Gilson, "Sur la composition fondamentale de l'être fini," in *De doctrina Ioannis Duns Scoti. Acta Congressus Scotistici Internationalis Oxonii et Edimburgi 11-17 sept. 1966 celebrati*. Vol. 2, Studia Scholastico-Scotistica 2, Rome: Commissionis Scotisticae, 1968, pp. 183-198。

[5] Francis J. Catania, "John Duns Scotus on Ens Infinitum," *American Catholic Philosophical Quarterly* 67 (1993): 37-54.

者实体（ *substantia* ）。[6] 也就是说，神圣无限性的定义首先并不是对有限存在者的否定，而是肯定性地建立在一个可以与有限存在者分享的概念基础上。

建基于这种理解之上，司各脱使用了"无限"这个概念来维护上帝的超越性，并进一步通过四条途径建立起受造物与上帝在实在之中的相异性：第一，无限存在者与有限存在者具有不同的存在的强度。第二，无限存在者超越了能够归给有限者的关系与量度，而且无限者与有限者之间是不可公度、不可交互、没有比例性的。第三，无限存在者建立起了无限与有限作为两个极端之间的无限距离，无限者与有限者是相异的。它们的距离是无限的并且不可被移除。第四，无限是不可理解的，正如我们不能在当前状态之中如上帝自身那样理解上帝。结果，在无限与有限之间并不存在任何实在的共同性。

第一节　无限性的分类

在讨论神圣无限性之前，我们应该首先澄清在什么意义上上帝是无限的。司各脱在《自由问题集》（ *Questiones Quodlibetales* ）第五个问题以及《〈形而上学〉问题集》第二卷第四、五、六个问题中分析了无限性的含义。

在《自由问题集》第五个问题中，司各脱在表达自己观点之前先引用了亚里士多德对无限的定义："按照哲学家（亚里士多德）《物理学》第三卷，无限是指其量无论被拿掉多少，都始终仍然剩下有可以拿的。"[7]

---

〔6〕　神圣实体与被造实体并不相同，因为前者没有偶性。关于司各脱论神圣实体，参见 Richard Cross, "Duns Scotus on Divine Substance and the Trinity," *Medieval Philosophy and Theology* 11, 2003(02):181-201。

〔7〕　*QQ*, 5. 5, Wadding XII, p. 118.

对司各脱来说，亚里士多德对于无限的定义不能满足他的神学需要，因为这种量的无限只是潜能的无限而不是现实的无限：[8]

> 理由是：因为在量之中的无限者，正如哲学家所言，只能在潜能中拥有存在，拿走一些还总有一些；而无论被拿走多少都是有限的，是潜能中的无限者的一个特定部分，而其无限者中总有部分留待被拿走。由此（亚里士多德）做出结论，既然在量中的无限者只有在制作之中或者在潜能中才拥有存在，那么它就不具有一个整体的概念，因为一个整体不具有外在的任何东西。但是总是有外在于无限者之外的东西，也即在这个其具有在（潜能中的）存在之外的东西，总还是有更多的东西。它不会是完满的，因为完满者不缺乏完满性，而它却总是缺乏一些东西。[9]

在这个陈述之中，司各脱分析了亚里士多德对于无限的理解。亚里士多德所说的无限并不是现实的，而这显然与神圣本性相矛盾，因为上帝不可能被增加或者减少，上帝的无限性永远都在现实性之中而没有潜能性。亚里士多德的无限概念甚至意味着无限的东西是可分的，因为可以为它增加更多的量或者拿走一部分量，而这与神圣单纯性的无限性也矛盾。除此之外，这一无限概念也不是完满的概念，因为如果它的量可以增加，则也可以说它能够处于缺乏更多量的状态，而上帝的无限性是不缺乏任何东西的。

因此，对司各脱来说，无限存在者是现实的，从而没有潜能性。

---

〔8〕 关于晚期中世纪哲学"无限性"概念的一般研究，参见 *Infinity and Continuity in Ancient and Medieval Thought*, ed. Norman Kretzmann, Cornell University Press, 1982; John E. Murdoch, "Infinity and continuity," in *The Cambridge History of Later Medieval Philosophy*, ed. Norman Kretzmann, Anthony Kenny, Jan Pinborg, Eleonore Stump, Cambridge University Press, 1982。

〔9〕 *QQ*, 5. 5, Wadding Ⅻ, p. 118.

它什么也不缺，也不可能在量上有什么增加。它"不能在实体上被任何其他存在者所超过"。[10] 无限者是完全独立的实体而不能允许量的增加或者减少，无限者在最高和最完满的层级上是现实的。

在《〈形而上学〉问题集》中，司各脱清楚地指明了神圣无限性究竟是怎样的无限性。为此，他用两种不同的分类方式总结出关于无限的种种不同定义：

第一，存在着三种无限："否定的"，"缺乏的"，和"相反的"。[11]

第二，存在着两种无限：数目上的无限，量度上的无限。[12]

在下面的讨论中我们将看到，司各脱最终认为神圣无限性是建立在量度（*Magnitudo*）之上的。

按照亚里士多德，量度是一种量：

> 我们将能够被划分为两个或者更多组成部分并且其每一个部分就其本性来说都是一个以及"这个"的东西称作一个量。一个量如果是可数的，则它就是复数的，如果它是可测量的，则它就是一个量度。[13]

对亚里士多德来说，一个量能够被划分为两个或者更多的作为在其自身中存在的"一"以及"这个"。有两种不同的量，一种是潜在地可数的数量，另一种则是可测量的量度。第一种依赖于数目，而第二种依赖于量度。

然而亚里士多德并不认为一个无限的量度能够现实地存在。从来

---

[10] *QQ*, 5. 7, Wadding Ⅻ, p. 118. 对于司各脱在《自由问题集》中无限性定义的详细讨论，参见 Roberto Hofmeister Pich, "Positio impossibilis and Concept Formation: Duns Scotus on the Concept of Infinite Being," in *Patristicaet Mediaevalia* 30 (2009): 45-82。

[11] *QM*, b. 2, qq. 4-6, nn. 18-20.

[12] *QM*, b. 2, qq. 4-6, nn. 21-60.

[13] Aristotle, *Metaphysics*, V. 13, 1020ᵃ7-8.

就没有现实存在的无限量度，而量度也与神圣的东西毫无关系：

> 由上所述很清楚的是，存在着与可感事物分离的永恒而不可动的实体。也已经显示了这一实体不能拥有任何量度，它没有部分并且是不可分的。因为它通过无限的时间制造运动，但是没有任何有限的东西具有无限的能力。每一种量度或者是无限或者是有限，基于上述理由，它根本不能具有有限的量度，而且它不能拥有无限的量度，因为根本就没有无限的量度。而这一点也很清楚，即它是不可被触动也不可改变的；因为所有别的改变都后于地点的改变。那么为什么第一推动者具有这些属性就清楚了。[14]

按照这一陈述，亚里士多德将神圣实体理解为永恒的、不可动的并且与可感事物相分离的东西。它没有量度，没有部分，也没有进一步不可分的东西。作为不动的动者，它制造运动，但并不拥有无限或有限的量度。无限的量度是不存在的。

在接下来，我们会看到司各脱同样不认为数目上的量能够属于神圣存在者，但是与亚里士多德不同，司各脱将量度当作神圣无限性定义的基础。这种无限的量度始终在现实性之中并且与作为偶性的量毫无关系。在讨论这一点之前，我们需要首先讨论司各脱对于无限性的分类。

1. 第一种分类：无限作为否定的、缺乏的和相反的 [15]

事实上，司各脱只是给出了对这三种无限性非常简短而有限的分

---

〔14〕 Aristotle, *Metaphysics*, XII. 7, 1073ᵃ13-30.

〔15〕 *QM*, b. 2, qq. 4-6, nn. 18-20.

析，他所提供的文本无法提供较为详细的讨论基础，但我们仍然可以大致看出这三种无限性是什么意思。

否定的无限性是指这种无限性与某一事物的关系是偶性的："第一种（否定的无限性）从《物理学》第三卷来看是明显的：一个点是否定地无限的，就像声音是不可见的。"[16]亚里士多德是在批驳无限可以作为实体而存在时提出这一论证的。在这里，点与"无限的"关系是偶性的，因为点的不可分性尽管与无限性相关，但却并非基于点的本性。正如声音与"不可见的"的关系也是偶性的。这种偶性关联的无限性并不基于在其自身的正面肯定，从而是否定的无限性。

缺乏的无限性建立在缺乏某事物的基础上："（之所以称为缺乏的无限性）是因为它缺乏合于本性而终结的目的。"[17]如果某物缺乏这种目的，那么它就缺乏本性的限度。在这个意义上，它能够被视为无限是因为它缺乏终结与目的的限制。

第三种无限性建立在一对相反者比较的基础上。在这种情况里，其中一方的本性建立在另一方本性的基础上："'不义的'是以相反的方式被言说的，因为（不义的人）具有与由行动所产生的正义所相反的惯习。由此，无限的是通过（设定有限的）相反状态而否定有限，就像无限的广延没有终结一样。"[18]在这种无限性里面，无限与终结是一对相反者，正如不义之人的惯习与正义之人的惯习是相反者。在这个意义上，无限的广延与终结是相反者，所以没有终结就是无限的。

而且这第三种无限性还可以进一步划分为两种类型：[19]"被以相反的方式言说的无限性可以以两种方式言说：或者是作为某种没有终

---

〔16〕 *QM*, b. 2, qq. 4-6, n. 18, Bonaventure Ⅲ, p. 244. 另参见 Aristotle, *Physics*, Ⅲ. 5, 204ᵃ9-16。

〔17〕 *QM*, b. 2, qq. 4-6, n. 18, Bonaventure Ⅲ, p. 244.

〔18〕 *QM*, b. 2, qq. 4-6, n. 18, Bonaventure Ⅲ, p. 244.

〔19〕 *QM*, b. 2, qq. 4-6, n. 19.

结而现实存在的东西，或者是在潜能之中如此，这正是哲学家在《物理学》第三卷中所定义的。"〔20〕在第一种情况里，无限的东西现实地没有终结，而在第二种情况中则是潜在地没有。司各脱认为后者属于数目性的量，因为这种无限事物拥有在量上增加的潜能性。〔21〕

2. 第二种分类：无限作为数目和作为量度

数目的无限性不可能现实地存在。对此司各脱给予了三个理由予以说明。

第一个理由是这样的：

> 将所有连续体现实地无限划分下去是不可能的，因为它或者被划分为可分者或者是不可分者。如果是第二种情况，那么（连续体）是由不可分者所组成的，因为它是如此被分解掉的。如果是第一种情况，那么它就可以进一步被划分下去，而如此的话它就不是被无限划分下去的。但是"数目是通过划分连续体而被产生的"，因此，数目不能现实地无限。〔22〕

按照这段论述，如果一个无限连续体是可分的，那么它就可以被划分为可分者或不可分者。在前一种情况里这种划分并非无限，因为它能够被继续划分下去。司各脱对此并没有给予进一步解释，我们可以将其解读为可分者能够进一步被划分并最终到达不可分者，因此这种划分就不是无限的。在后一种情况里，这种划分就会最终分解为一些不可分者，所以这种划分也不是无限的。因为数目是建立在连续体的划分基础上的，而划分不可能无限进行下去而是最终停在不可分的

---

〔20〕 *QM*, b. 2, qq. 4-6, n. 18, Bonaventure Ⅲ, p. 244.
〔21〕 *QM*, b. 2, qq. 4-6, n. 19, Bonaventure Ⅲ, p. 244.
〔22〕 *QM*, b. 2, qq. 4-6, n. 28, Bonaventure Ⅲ, p. 247.

单位上，所以数目就不可能现实地无限。

接着司各脱如此论证："而且，在亚里士多德《形而上学》第五卷'论量'一章里他说复多性，如果它是有限的，那么它就是数目，因此，每一个数目都是一个有限的复多性。"[23]就像亚里士多德所认为的，一个复多性如果是有限的，那么它就是数目。没有无限的复多性，因为数目总是有限的。

最后，司各脱提出了第三个理由：

> 而且，亚里士多德《形而上学》第五卷说："数目是通过一而计量的复多性。"但是被有限的东西所计量违反了无限者的概念，按照亚里士多德《物理学》第六卷的证明，无限者不能被有限者所计量。因此，没有数目能够是无限的。[24]

按照这一点，一个无限的东西不可能被有限的东西所计量。数目是有限的，因为它不能测度一个无限的东西。在第四节，我们将进一步讨论这一点。

通过这些理由，司各脱最终证明数目是不能现实地无限的。

第二种无限性则是基于量度。[25]对托马斯·阿奎那来说，并不存在现实的无限量度：

> 因此必须这样来理解，一个完全是量度的物体，能够以两种方式来考虑：也就是数学地来考虑，即就它只能被以量的方式来考虑；或者自然地来考虑，就它处于形式—质料之中考虑。关于被自然地来考虑的物体，显然不可能有现实的无限者。因

---

〔23〕 *QM*, b. 2, qq. 4-6, n. 29, Bonaventure Ⅲ, p. 247.
〔24〕 *QM*, b. 2, qq. 4-6, n. 30, Bonaventure Ⅲ, p. 247.
〔25〕 *QM*, b. 2, qq. 4-6, nn. 51-59.

为每一个自然物体都具有某个确定的实体性形式。因此，因为偶性由此而来自实体性形式，那么通过一个确定的形式，就必然有确定的偶性，在其中就有量。因此每一个自然物体都具有明确的量，或者在高层范围，或者在低层范围。而由此一个自然物体就不可能是无限的……

对数学体来说同样的理由也成立。因为如果我们想象现实地存在着一个数学体，那么我们必然将其想象为在一定形式之中，因为除非通过它的形式，否则就不是现实的。因此，因为这样的量的形式是形状，那么它就会必然拥有某种形状。而因此它就会是有限的，因为一个形状是被一个界限或者多个界限所包含的。[26]

对阿奎那来说，存在着两种量度：第一种是数学之中建立于量的基础上的量度；第二种是在自然物体之中与形式／质料相关的量度。阿奎那认为这两种量度都不可能在现实之中成为无限的。

在一个自然物体之中，由于其实体性形式已被确定，其偶性（比如量）跟随着实体性形式的确定。因此，一个自然物体允许更多或更少的量的确定。在第三节我们将看到阿奎那对于无限性的理解建立在形式与质料关系基础上。因为质料和形式使得彼此成为有限制的，所以只有像上帝这样没有偶性与质料的纯形式才能是现实地无限的。

在数学之中的量度同样具有一个确定的形式，比如形状，所以一个数学物体的形式同样也是确定的。由于形状是由边界所限定的，在数学与数学物体之中的量度就不可能无限。

对司各脱来说，建立于量度之上的无限性看起来不可能现实地存在，因为按照阿奎那的说法，量度已经预设了某种终结。比如，当亚

---

〔26〕 *ST*, I , q. 7, a. 3, Leonina IV, pp. 75-76.

里士多德讨论圆形行星的时候就指出，即使永恒的行星能够在运动方面无限，其圆的形体仍然被其表面所限制。[27]因此，这种类型的无限性并非没有限制。这揭示出在司各脱那里，现实存在的神圣无限性不可能被任何类似于表面与数量这样的东西所限制，因为表面外形和数量是偶性，它们只属于受造物。

如果无限的量度不可能现实地存在，那么它能潜在地存在吗？虽然亚里士多德并不认为无限的量度可以现实地存在，司各脱却从亚里士多德的著作中找到了一段话表明任何能够潜在地存在的量度都能够现实地存在。[28]这段话困扰着司各脱，因为它意味着作为无限存在者的上帝能够从潜能性出发而现实地存在着。

司各脱对亚里士多德关于量度无限性观点的处理有一定复杂性。概括来说，司各脱试图证明如下两个观点：

第一，与亚里士多德和阿奎那不同，司各脱认为无限的量度能够现实地存在。神圣无限性就建立在无限量度的基础上，并且没有类似于表面和数量的基于偶性的限定性因素，所以司各脱试图证明上帝作为无限存在者能够依赖于现实的无限量度而存在。

第二，司各脱断然拒绝了他所理解的亚里士多德的看法，即任何能够潜在地存在的量度都能够最终现实地存在。虽然亚里士多德并不认为一个无限的量度能够现实地存在，司各脱仍然认为亚里士多德的这个观点会暗示建立在量度基础上的神圣无限性是从潜能性走向现实性的，也就是说，神圣无限性可以包含潜能性。

因此对司各脱来说，无限的量度一方面能够现实地存在，而另一方面它绝不是从潜能性转变为现实性而是始终都在现实性之中。

---

[27] *QM*, b. 2, qq. 4-6, n. 51, Bonaventure III, pp. 252-253.

[28] Aristotle, *Physics*, III. 7, 207^{b}17-18. "量度则相反。连续的东西可以被分割到无限，但在增加的方向上却不是无限的。因为它在潜能上能有多大的规模，它就能在现实上有多大。"这一句话被司各脱所引用，参见 *QM*, b. 2, qq. 4-6, n. 52, Bonaventure III, p. 253.

为了防止潜能地无限存在的量度能够现实地无限存在，司各脱最终给出了对于无限量度的三种解释。[29]而第一和第二种在司各脱看来并不成功，我们只需要看一下他的第三种解释：

> 因为量度只有通过对它附加另一个已被划分的量度才能增加。正如一只脚的量度被划分并且附加到另外一只脚的量度上面，而它也绝不会增长成为两只脚的量度。哲学家对此从未有过不同的想法。[30]

按照这段表述，一个量度绝不可能通过被加到另外一个被划分的量度上而增长为无限的量度。比如，一只脚的量度被划分开来，接着这个被划分的量度被加到了另外一只脚的量度上面，但是这两只脚的量度并没有增加。因此，这能够证明一个量度绝不会通过潜能性到现实性而增长为无限的。

由此，司各脱认为建立在量度基础之上的无限性绝不会经历从潜能性到现实性的过程，而是始终都在现实性之中。司各脱最终将神圣无限性确定为最伟大的现实量度：

> 而对越大就越好的完满性的量度来说，其中并没有以否定的方式如此存在的无限性，也许是因为每一程度都是可分的。其中也不可能有在缺乏意义上的无限者，因为不可能存在没有终结却要被终结的程度。但是是否存在着相反者的潜能无限性则是有问题的，因为按照哲学家，这样的无限性只有在数量中以潜能方式存在。然而，它只在上帝之中存在并且不是现实地

---

[29]　*QM*, b. 2, qq. 4-6, nn. 53-59.
[30]　*QM*, b. 2, qq. 4-6, n. 59, Bonaventure Ⅲ, p. 254.

250　牧平与破裂

在结果中存在。[31]

在这一段简短但却重要的陈述中，司各脱提到了五种不同的无限性：否定的，缺乏的，作为相反者的，在数量中的以及在量度中的。无限量度能够通过完满性而得到理解。对于完满性的量度来说，完满性越大的量度就是越好的完满性，因为它包含更多的完满性。

在量度中的无限性不可能是否定的无限性。如前所述，否定的无限性只是偶性地与某物相关，比如一个点基于其不可分性从而只是否定地（偶性地）无限的，但量度中的无限性，由于其每一程度都可分，从而排除了不可分性，由此就不可能否定地无限。

在量度中的无限性不可能是缺乏的无限性。缺乏的无限性缺少终结。不过一个完满性量度的程度拥有一个终结，因此完满性量度不可能是缺乏的无限性，因为它没有终结。

最后，司各脱拒绝了那种认为量度中的无限性可以是相反者的潜能无限性，因为这种无限性只能潜能地存在于数量之中。

由于在上帝之中并不存在着潜能性和类似数量这样的量的因素，司各脱最终认为作为量度的无限性只能现实地存在于上帝之中。我们现在就可以理解司各脱如何定义神圣无限性了：神圣无限性是没有潜能性而始终在现实性之中的无限量度。

然而这个定义还是有内在的困难：一个完满性最高的量度似乎与作为一种偶性的量有关系，而量度的程度尽管达到了完满，也仍然像是一种偶性，这似乎暗示着上帝拥有了作为偶性的量。

解决这一困难的关键在于，我们需要认识到神圣偶然性的量度与量和偶性毫无关系。司各脱在这一点上并没有追随亚里士多德从而认为量度建立于量的基础上。如前所述，神圣无限性的量度是从不增加

---

[31] *QM*, b. 2, qq. 4-6, n. 60, Bonaventure III, p. 254.

的，而相反，作为一种偶性的数量意义上的量则能够从潜能上增加或者改变。而且既然在上帝之中没有潜能性，那么在他的量度之中也就没有改变。因此，这种类型的量度就是不变的并且不增加的。在这个意义上，神圣无限性中的量度与受造物之中的作为偶性的量是完全不同的。司各脱将作为一种偶性概念的量度转化成为一种在其自身（*per se*）的概念：

> 然而，它（"无限的"）表达了一种那个实体（即被构想为无限的实体）的内在样态（*modum intrinsecum*）。结果，当我说"无限存在者"的时候，我并没有像是拥有了一个由主体和属性（所组成的）偶性概念，相反，（我拥有了）一个处于确定完满程度的主体的、在其自身（*per se*）的概念，也即无限的（完满性）。[32]

按照这一段论述，无限性是一个无限实体的内在样态。它作为一个在其自身的概念而存在，并且没有主体与属性的组合，因此它与类似量这样的偶性并不相同，它只是表明了完满性的无限程度。

无限性—有限性的区分是内在于一个实体的存在的，而无限性则拥有一个存在者强度最高的量度。量度并不是像偶性一样的量，而是存在者内在的、在其自身的概念。因此罗伯特·皮契（Roberto H. Pich）指出："'量'或者'量度'……与广延范畴意义上的'量'没有关系。"[33] 因此，神圣无限性建基于作为在其自身的概念的量度之上，这就保证了上帝是没有潜能性或者偶性的最完满的现实存在者。

司各脱对于无限性的理解与亚里士多德和阿奎那都不相同，后两

---

〔32〕 *Ord.*, Ⅰ, d. 3, p. 1, q. 12, n. 58, Vatican Ⅲ, p. 40. 这里依照卡塔尼亚自己的翻译，参见 Francis J. Catania, "John Duns Scotus on Ens Infinitum," p. 45。

〔33〕 Roberto Hofmeister Pich, "Infinity and Intrinsic Mode," p. 210.

者都认为在现实中并没有无限的量度。相反，司各脱通过将量度与偶性的量分离开来并将其定义为建立在存在的强度基础上的在其自身的概念，而将神圣无限性定义为一种现实的无限量度。

除了上述对于无限性的分类讨论之外，我们还收集了司各脱在其他地方所提及的对无限性的三种次要划分：

1. 内在无限性与外在无限性。[34] 司各脱认为神圣无限性或者能够被理解为某种无条件的完满性的内在无限性，或者在伪拟的意义上是外在的无限性，正如上帝能够在伪拟的意义上被理解为一种在完满性上的无限的量。

2. 没有界限的距离意义上的无限，和极点的根据意义上的无限。按照司各脱，这两种不同的情况都与受造物和上帝之间的无限距离相关。对于前者，神圣无限性就像是一条无尽的线。受造物与上帝之间的距离是无限的，因为上帝是没有界限从而无限的。而对于后者，由于上帝或者受造物的本性，即使存在着最完满的受造物，它仍然与上帝具有无限的距离。[35] 我们将在第四节进一步讨论这一点。

3. 神圣无限性与自然中的无限性。前者是一个没有界限与限制的形而上学概念，而后者则是在一定界限内的物理学概念。[36]

这三种见于其他地方的无限性分类都或多或少与神圣无限性相关，但它们并不是神圣无限性的首要含义。

---

[34] *Ord.*, Ⅳ, d. 13, q. 1, nn. 122-124. 参见 Anne Ashley Davenport, *Measure of a Different Greatness: The Intensive Infinite, 1250-1650*, Chapter 5, pp. 240-306; Gérard Sondag, "Jean Duns Scot sur l' infini extensif et l' infini intensif"。

[35] *Lec.*, Ⅰ, d. 2, p. 1, qq. 1-2, n. 77, Vatican ⅩⅥ, pp. 138-139.

[36] 参见 Joël Biard, "Duns Scot et l' infini dans la nature"。按照冯·巴尔本（Von Steven Barbone）的分析，司各脱的无限性理论暗示了一种数个无限性存在的可能性，它们可以分为上帝的无限性与物质性自然的无限性，并且能够被发展成为笛卡尔所说的作为无限的上帝和作为无定（indefinite）的物质自然的区别。参见 "Scotus: Adumbrations of a New Concept of Infinity"。

第二节　无限性与神圣首要性／属性

如前所述，司各脱将无限性确立为我们在当前状态下所能获得的关于上帝最完满与合适的概念。不但如此，上帝的三重首要性（第一动力因，第一目的因和最优越的存在者），以及诸如全知、全能、神圣必然性等神圣属性都深深地浸透了神圣无限性。

在我们分析无限性以及神圣属性的三重首要性之前，我们应该先指出一点，司各脱并不认为"无限性"是一种特性或者属性：

> （神圣无限实体）并不（形式地）在自身中包含真理、善好或者其他可归属的特性。因此这样的无限性是一种比任何（神圣无限实体所拥有的）属性都更为内在的本质样态。[37]

按照这一论述，神圣无限性作为实体并不是像真理或者善好这样的属性或者性质，因为无限性并不是类似于属性或者特性那样可以加给神圣实体，相反无限性存在于神圣实体的内在本质之中：

> 强化的无限性（*Infinita intensiva*）表达了一种其实体的内在样态。它如此内在以至于就算我们抽离了其所有的属性或者类似于属性的东西，我们仍然没有排除掉无限性，它仍然统一地包含在那个实体之中。因此，如果我们最精确地考察那个实体，也即不包含任何属性，那么这样说就是真的：它具有一种自身内在优异的、不是有限的量度，因为一个有限的量度是与此相反的。因此它（神圣实体）是无限的。[38]

---

[37]　*QQ*, 5. 11, Wadding XII, p. 119.
[38]　*QQ*, 5. 10, Wadding XII, p. 119.

按照这一解释，无限性并不是一个实体的属性或者类似属性的东西，它属于这个实体的内在样态。即便这个实体没有了任何属性，无限性仍然存在于其中。无限性相关于建立在内在优异基础上的实体的强度，因此，它作为量度超越了有限实体。相比于有限实体，它具有无限强度和内在优异。无限性与有限性不具有任何可确定的比例性关系：

> 因此，任何强化性无限者的内在样态其自身就是无限的，它内在性地表达了存在，（这种存在）不缺乏任何东西，并且以超越任何可确定的比例的方式超过了任何有限者。[39]

无限性作为一个实体的内在样态是这样一种存在，它达到了无限的量度以至于它自身不缺乏任何东西。它超越了所有与有限性的可确定比例。在第四节我们将看到，司各脱论证说无限性与有限性是没有比例的。

在接下来我们将看到上帝的三重首要性都是无限性的属性。无限性与神圣属性以及属性的分离说明了神圣实体与无限性的本质性关系，并且也给予了无限性相对于神圣首要性和属性的优先性。

1. 无限与神圣三重首要性

在司各脱的上帝存在的证明之中，一个"无限的"存在者，而不是"第一动力因""第一目的因"或者"最优越的存在者"，才是证明的核心所在。"第一动力因""第一目的因"或者"最优越的存在者"作为上帝的三重首要性都与神圣无限性紧密相关：

---

[39] *QQ*, 5. 10, Wadding XII, p. 119.

与受造物相关的无限存在者的属性是这样的属性：它或者是因果性的属性，或者是优越性的属性；而因果性有两种，或者是动力的，或者是目的的。[40]

在这一论述之中，上帝的三重首要性（第一动力因、第一目的因和最优越的存在者）都作为特性而属于无限存在者。无限性是这三重首要性的基础与根源。司各脱进一步在细节上揭示了它们之间的密切关系：

……我以四种方式来论证无限性。首先是通过动力性，这一点将通过两种方式来显示：第一，因为它（无限存在者）是所有事物的第一动力因，第二，因为动力因，它分明地知道所有可制作的东西；第三，无限性将通过目的的方式来显示，第四，通过优越性来显示。[41]

在这四条通过三重首要性而论证神圣无限性的方式里，第一、第二种与动力因有关，第三种相关于作为目的因的上帝，第四种相关于作为最优越存在者的上帝。

关于第一种方式，司各脱这样来证明第一动力因的无限性：

如果第一个事物同时在形式上拥有了所有因果性，虽然可被作用的事物还不能一下被制作出来，那么它（第一个事物）就是无限的，就它自身能够同时制作出无限多的事物而言；而同时拥有许多事物的力量就强化性地证明了一个更大的力量；

---

[40]　*Ord.*, I , d. 2, p. 1, qq. 1-2, n. 40, Vatican II , p. 149.
[41]　*Ord.*, I , d. 2, p. 1, qq. 1-2, n. 111, Vatican II , p. 189.

因此如果它拥有这种力量比它形式上拥有所有因果性更完满，那么它的强化的无限性就会更大。但它按照在事物中的整体而拥有的任何事物的因果性，都要比它形式地拥有更为优越。[42]

虽然在这段论证之中，司各脱使用了条件句式（"如果"），但是他最终采纳了这一论证来证明第一动力因的无限性。之所以第一动力因是无限的是因为它能够同时作用并且创造无限多的事物。它所能作用的事物越多，它所拥有的权力就越大。既然它能够作用无限多的事物，那么由于它无限的权力，它就是无限的。第一动力因形式地甚至是优越地可对无限多的事物产生因果作用。

在第二种方式中，第一动力因与神圣理解相关：

……它（第一动力因）分明地理解所有可制作的事物。在此我如此论证：可理解的事物是无限多的，并且它们在那理解所有事物的理智中是现实的；因此那同时现实地理解它们的理智就是无限的。这种东西就是第一理智。[43]

第一动力因能够同时作用无限多的事物，而上帝也同时理解它们。所有受造物对于上帝来说都是可理解的，它们都具有被理解的潜能，并在上帝理解它们时现实化。只有无限存在者能够现实地、分明地同时理解无限多的事物。因此，通过同时理解所有事物，第一动力因就是无限的。值得注意的是，对司各脱来说，理解被吸纳入了动力因。在第七章我们将看到，这是因为作为外在因的动力因替代了相关于受造物与上帝理解关系的范式因。

---

[42] *Ord.*, Ⅰ, d. 2, p. 1, qq. 1-2, n. 118, Vatican Ⅱ, pp. 193-194.
[43] *Ord.*, Ⅰ, d. 2, p. 1, qq. 1-2, n. 125, Vatican Ⅱ, pp. 201-202.

第三种方式相关于上帝作为所有事物的最终目的。我们的意志可以意欲，也可以爱，而我们对善好的欲望和爱只有在无限善好的目的那里才能真正得到满足。[44]

第四种方式相关于优越性。最优越的存在者必须是无限的，因为有限者包含着被某个更伟大事物所胜过、所超出的潜能，完满性和优越性的层级建基于量度的层级之上。如果某个事物是最优越、最完满的，那么它必须是无限的，否则某个更优越、更完满的事物将会胜过、超出它的优越性和完满性。[45]

这四种方式正表现了上帝的三重首要性。第一、第二种方式诠释了作为第一动力因的上帝，而神圣理解则被吸纳入其中；第三种方式诠释了作为最终目的的上帝；第四种方式则诠释了作为最优越存在者的上帝。因此，神圣无限性渗透入了上帝的三重首要性之中。

2. 无限性与神圣属性

无限性完全渗透入了神圣属性之中，因为所有神圣属性都被确定为无限的。比如，上帝是无限完满和善好的，他的理智和意志也都是无限的。相反，受造物的完满性、善好、理智和意志则都是有限的。在这个意义上，无限性变成了神圣首要性和属性的基础。只有无限性可以把上帝的属性与受造物的属性区别开来。

而对于无限性与神圣属性的关系，所有关于这些神圣属性的形而上学追问都是从它们与我们理智之中的与受造物的单义关系而推演出来的：

　　　　每一个对于上帝的形而上学追问都是以这种方式展开的：

---

[44] *Ord.*, Ⅰ, d. 2, p. 1, q. 2, n. 130, Vatican Ⅱ, pp. 205-206.

[45] 参见 *Ord.*, Ⅰ, d. 2, p. 1, q. 2, nn. 131-144, 在这里司各脱还证明了无限存在者是最完满地可理解的，并且他还详细讨论了在神圣优越性方面他与安瑟尔谟立场的差别。

考虑某个事物的形式性概念；而与这个概念相关的存在于受造物之中的不完满性被移除，接着保持这一相同的形式性概念，我们将其归到最高的完满性上，并接着将其归于上帝。比如，"智慧""理智"或者"意志"的形式性概念。在这样一个概念的自身之中并按照其自身来思考它。因为这一概念在形式上并没有包含不完满性和限制。受造物之中的与之相关的不完满性被移除了。保持着"智慧"和"意志"这同样的概念，我们将它们最完满地归于上帝。因此，每一个关于上帝的追问都建立在同样的假定上，即理智拥有从受造物那里所获得的相同的单义概念。[46]

按照这段陈述，我们人类也拥有智慧、意志和理智。拿理智来说，所有关于上帝的追问都与拥有理智的受造物在理智方面拥有单义的关系，然而我们只能不完满地、有限地拥有它。相反，如果我们只是在形式上考虑如理智等这些概念，那么在它们之中是没有不完满和限制的。在它们的形式性的含义之中，这些概念存在于最高的完满性之中，并最终归给了上帝。虽然这些概念在我们理智之中对于上帝和受造物是单义的，但它们在形式上只属于上帝。

那么无限性在一个神圣属性和受造物的属性之间的相异性之中扮演什么角色呢？对此，我们应该先搞清楚什么是"最高的完满性"。因为在《论第一原理》和《牛津〈箴言书〉评注》之间，最高的完满性和神圣完满性的含义并无太大不同。《论第一原理》是如此阐述"最高的完满性"的："（第三个结论）每一个无条件的完满性都必然属于最高本性，并处于最高。"[47]在第十章之中，我们将详细讨论上帝

〔46〕 *Ord.*, Ⅰ, d. 3, p. 1, q. 1,2, n. 39.
〔47〕 *DPP*, 4. 9, Ed. Wolter, p. 79. 司各脱还如此定义无条件完满性："无条件的完满性被说成是在任何东西之中，都要比不是它的东西更好。"参见 *DPP*, 4. 10, Ed. Wolter, p. 79.

所拥有的无条件完满性。这个简短的描述揭示出神圣最高本性必然包含所有的无条件完满性，它们在上帝之中达到了其最高程度。司各脱还给出了另一重要说法："但是每一个有限的事物都通过附加别的东西而获得完满性。因此这样的第一因就是无限的。"[48]上帝是所有事物的第一因，并且由于其单纯性和统一性而拥有最高程度的完满性。因为神圣本性处于最高的完满性中，神圣完满性就包含着最大的完满性并且不能更完满了。只有无限性才能揭示什么是"最高的"和"最完满的"。换句话说，上帝的完满性不可能有增加的潜能。神圣完满性是纯粹现实的，因此它是无限的。

不但如此，无限性是比"最高的"更合适的关于上帝的概念：

> 如果"最高的"（*summum*）在比较的意义上被理解，那么它就包含与某个外在东西的关系，但"无限的"则是一个绝对概念。但如果"最高的"是在绝对意义上被理解的，也即这个事物的本性是无法被超过的，那么这个完满性可以在一个无限存在者的概念中被更清楚地构想，因为"最高的善好"并没有指示这个事物是无限的还是有限的。[49]

这个陈述很清楚地揭示出在两种情况下，即比较的和绝对的"最高的"之中，无限性都是比"最高的"更好地描述上帝的概念。在比较的最高之中，无限性作为绝对概念要比作为比较性概念的"最高的"更好，因为比较性概念包含着上帝与受造物的比较关系；而在绝对的最高中，"最高的"作为绝对概念并不包含像无限性这个概念所包含的完满性，因为"最高的"并不能指示其是否无限。由于上帝没

---

[48] *DPP*, 4. 51, Ed. Wolter, p. 107.
[49] *Ord.*, Ⅰ, d. 3, p. 1, qq. 1-2, n. 60, Vatican Ⅲ, p. 41.

有不完满和局限，他就是最高地、最完满地形式上拥有这些概念和属性。如前所述，最高可以通过无限而更好地表达，所以这些包含神圣属性（智慧、意志、理智等）的概念就是在无限的意义上属于上帝。

神圣首要性和神圣属性，本来在理智中是从受造物相应的属性之中寻找到的，却在形式上存在于无限者之中。在三重首要性和神圣属性之中，神圣无限性在上帝超越性的形而上学概念中拥有最重要的功能。

由于上帝具有许多属性（单纯性，统一性，智慧，力量，理智，意志，自由，真理，善好等），不能在此一一展现，我们可以将完满性作为一个例子和代表来显示无限性如何与神圣属性相关，在第十章我们将会对神圣完满性做出更细致的分析。

无条件的完满性同样也是从受造物得来的单义概念。"无条件的"（*simpliciter*）意味着这些完满性在绝对的意义上并不包含限制。[50] 由于只有上帝才能形式上最高地拥有它们："任何无条件的完满性出自本性都是无限的。"[51] 这意味着所有的无条件的完满性在其本性中都是无限的，所以按照它们的本性，有限存在者不能形式地拥有它们。因此，无限性保障了无条件的完满性作为神圣属性在形式上只属于上帝而不能被我们所分享。然而，一个有限的存在者也可以拥有这些完满性，那么有限存在者是如何分享它们并且它们在同时只属于上帝呢？司各脱如此回答：

> 我说自由是一种无条件的完满性。因此按照相同的无条件完满性，它被形式地放置在上帝之中。在我们之中的自由是有限制的，但是它可以按照其没有限制的形式本性而得到理解，

---

[50] *Ord.*, I, d. 13, n. 50, Vatican V, p. 92; *Ord.*, I, d. 2, p. 1, q. 3, n. 187.

[51] *Ord.*, I, d. 8, p. 1, q. 2, n. 37, Vatican IV, p. 168.

而它也就不是一个有限制的完满性，而是无条件的完满性。比如，智慧是一种无条件的完满性，而按照其本性（ratio）来绝对地考虑它，它也在我们之中；但它不光是在我们之中，而且还拥有限制，因此我们的智慧就包含两样东西，一个是无条件的完满性；另一个则不是，而是包含着限制。因此我说，虽然在我们之中的意志的种相包含着作为无条件完满性的自由，但它并不只包含这种自由，而是还具有限制，而限制并不是无条件的完满性。[52]

按照这一段表述，自由和智慧作为无条件的完满性能够在我们之中和在上帝之中存在。然而，自由和智慧就其形式本性来说并不包含不完满性和限制，而像人这样的有限存在者则又是不完满的和有限制的，因此它们只能形式性地属于上帝。作为有限存在者，我们拥有两种完满性：第一种是不完满和有限制的，另一种则是完满的、无限的、没有限定的。因此，所有包含那些神圣属性（完满性，智慧，意志，理智等）在内的对于上帝的追问都在我们的理智之中与受造物具有单义关系，我们从受造物开始逐步思考神圣属性，但它们在形式上只属于上帝。换句话说，无限性作为量度能够保证所有的神圣属性与我们所拥有的属性可以区别开来，因为我们只在不完满和有限的程度上拥有它们，而上帝则能够无限地在形式上拥有它们。

从这个例子中我们可以看到，上帝与人类都拥有理智、意志、自由、力量和善好，但只有上帝是无限地而在形式上拥有它们。在此基础上，司各脱通过无限性而论证说上帝是全知的、绝对自由的、全能的，并且是最伟大善好的拥有者。[53]因此，上帝的三重首要性与那些

---

〔52〕 *Ord.*, Ⅱ, d. 44, n. 8, Vatican Ⅷ, p. 493.

〔53〕 例如，参见 *Lec.*, Ⅰ, d. 2, p. 1, q. 2, nn. 64-86; *Ord.*, Ⅰ, d. 2, p. 1, q. 3, n. 165; *Rep.*, Ⅰ, d. 2, p. 1, qq. 1-3, nn. 63-75; *DPP*, 4. 88-94。

主要的神圣属性都被无限性所渗透。我们在当前状态下所能拥有的关于上帝最完满和最合适的概念是无限，这也就将受造物和上帝的关系确立为相异的，并且给予上帝在形而上学之中一个超越性的位置。

那么为什么无限性占据如此重要的位置呢？因为相比于三重首要性和神圣属性，无限性在上帝与受造物之间建立起了更为遥远的距离，上帝的超越性也被大大增强。

第三节　神圣无限性与形而上学

对亚里士多德来说，形式与作为诸种存在含义中心点和核心意义的实体具有紧密关联：

> 为什么这个质料是某个个体的事物，也即为什么这些材料是一所房子？这是因为一所房子的本质呈现出来了。而为什么这一个个体的事物，或者处于这种状态下的这个身体就是一个人呢？因此我们所探寻的是原因，也即形式，由于它质料成为某个确定的事物，而这就是事物的实体。[54]

从这一段可以看出，形式使得质料成为这个事物，而与形式相关的实体使得这个事物在其自身而存在。[55] 在 *Lambda* 卷中，亚里士多德进一步认为思着思的思作为神圣存在者是没有潜能与质料的纯形式。[56]

阿奎那继承了亚里士多德对于神圣存在者与形式关系的观点，然

---

〔54〕　亚里士多德，《形而上学》，Ⅶ. 17, 1041^{b}5-9.

〔55〕　参见 Wilfrid Sellars, "Substance and Form in Aristotle," *Journal of Philosophy*, 1957 (54): 688-699; James H. Lesher, "Aristotle on Form, Substance, and Universals: A Dilemma," *Phronesis* Vol. 16, No. 2 (1971):169-178。

〔56〕　参见 Eugene E. Ryan, "Pure Form in Aristotle," *Phronesis*, Vol. 18, No. 3 (1973):209-224。

而阿奎那进一步将无限性与神圣存在者联系起来。对于阿奎那来说，上帝的无限性是建立在形式和质料关系基础上的，无限性意味着没有质料所施加的限制和局限：

> 因此必须要考虑到，某个事物被说成是无限的，是因为它不是有限制的（*finitum*）。现在在一种方式中，质料被形式所限制，而在另一种方式中形式则被质料所限制。质料被形式所限制，是由于质料在先于接收形式时就已经具有接收许多形式的潜能性；一旦它接收了一个形式，则它就被这个形式所限制。形式被质料所限制，是由于形式就其自身来说，对很多东西是共同的。一旦它被接收入质料，则它就变成了这个东西的确定形式。而质料是由限制它的形式所完善的；因此归属于质料的那种无限性就意味着不完满性，因为它作为质料没有形式。而形式也不是通过质料而被完善的，而是具有其被收摄的范围；因此无限者，就其形式不是由质料所确定而言，具有完满的本性。如前所述，所有事物中最为形式的就是存在本身（*ipsum esse*）。因此，既然神圣存在并没有被接收入任何东西，则它就是自身的持存，如前所证，上帝是无限的并且完满的，这一点就清楚了。[57]

按照阿奎那，当形式和质料结合起来的时候，它们就被彼此变成了有限的。当质料接收了形式，质料所具有的可以接收不同形式的诸种潜能性就终结了，质料变得有限了；当形式被接收入质料之中，形式也同样被确定为具体的这个事物，而本来对很多事物具有共同性的形式也就变得有限了。因此，形式和质料彼此限制。由于质料比形式

---

〔57〕 *ST*, I, q. 7, a. 1, Leonina IV, p. 72.

更缺乏完满性，并且是从它与形式的结合之中接收了完满性，所以质料不能给予形式以完满性，而无限者就被质料限定为有限的了，包含质料的无限者也就变得不完满。因此，没有质料的形式具有无限制的完满本性。上帝不需要接收任何类似于质料的东西，所以神圣存在者没有有限性也没有不完满性。对于阿奎那来说，上帝作为纯形式不包含质料和潜能性，他没有来自质料的局限和限制，所以上帝是无限的。

不但如此，阿奎那还声称在受造物中的形式与上帝的形式具有相似性：

> 由于相似性建立在形式中的一致和沟通之上，它会按照形式中沟通的不同方式而变化[58]……受造物对上帝的相似性并不是由于按照形式中的相同属相和种相的形式性的一致而确定的，而只是按照类比性，因为上帝通过他的本质而是存在者，其他事物通过分有而是存在者。[59]

按照这段陈述，受造物的形式与上帝的形式具有相似性并不是因为它们具有共同的属相和种相，而是因为它们具有类比和分有的形而上学关系。在这个意义上，受造物的有限而不完满的形式在受造物与上帝的形式相似性基础上分有了上帝无限而完满的形式。因此，所有存在者和形式都中心化于神圣存在者，后者通过存在的类比而成为所有存在者的形而上学中心点。[60]

正如安托万·柯特（Antoine Côté）指出的，阿奎那对于神圣无限性的理解仍然建立在某种有限性与无限性在形式／质料方面的交互关

---

〔58〕 *ST*, Ⅰ, q. 4, a. 3, Leonina Ⅳ, p. 53.

〔59〕 *ST*, Ⅰ, q. 4, a. 3, ad. 3, Leonina Ⅳ, p. 54.

〔60〕 关于阿奎那论无限性的类比，参见 John Tomarchio, "Aquinas's Concept of Infinity," *Journal of the History of Philosophy*, Vol. 40, 2002(2): 163-187。

系，而罗马天主教会的谴责要求神学家对有限存在者和无限存在者给予更为本质性的区分。[61]因此，司各脱彻底放弃了阿奎那对于无限性的理解，无限性并不依赖于受造物对上帝在形式方面的类比性相似，而是依赖于存在的强化量度。司各脱借助重新定义无限性，比阿奎那更为提升了无限者的超越性，因为在司各脱这里，无限性与有限性并不具有任何形而上学交互关系。无限者不是有限者的形式中心点，而有限者也没有通过类比于无限者从而具有形式的相似性。形而上学的去中心化并没有建立起有限存在者与无限存在者之间的类比关系，有限者自身并没有借此而分有无限者。结果在无限者与有限者之间，我们找不到建立在类比与形式相似性基础之上的共同而交互的尺度，司各脱所理解的神圣无限性没有被形而上学的形式中心化所限制。

因此，无限存在者这一概念只意味着存在的强化量度，而由此无限性也就可以渗透入上帝的三重首要性和神圣属性之中。司各脱声称，无限存在者是比善好存在者或者真存在者更单纯的概念：

> 我认为我们能够达到很多适宜于上帝而不适宜于受造物的概念。其中一个这样的概念就是最高的无条件完满性。而在我们关于上帝所最完满知道的概念之中（如在这一类描述之中），最完满的概念是那种我们于其中可以构想所有最高的无条件完满性的概念。然而还有一个更完满的，同时也是更单纯的概念对我们来说是可能的：无限存在者的概念。这一概念要比善好存在者、真存在者，或者其他类似的概念更为单纯，因为无限性并不是一种存在的属性或特性，或任何可以被说成是这一类的东西。相反，无限性表达了一种实体的内在样态（也即被构

---

[61] 关于司各脱对于阿奎那无限性理解的批评，参见 Antoine Côté, "La critique scotiste du concept d' infini chez Thomas d' Aquin"。

想为无限的）。结果，当我说无限存在者时，我并没有好像因此而拥有一个由主体和特性所组成的像是偶性的概念；而是就有了一个主体处于一个确定完满性程度中的在其自身的概念，也即无限的（完满性）。[62]

对司各脱来说，善好存在者，真存在者，以及其他类型的存在者，都是一些组合性概念。因为善好、真都是作为它们主体的存在者的属性。因此善好存在者和真存在者都是由作为主体的存在者与作为属性的善好、真等的结合体。相反，无限存在者并没有这种结合，因为无限性与有限性都是存在的内在样态，换句话说，无限存在者是一个单纯概念，因为无限表示着存在的最高、最强量度。这并不是一个偶性的概念，而是植根于上帝的在其自身的概念。

因此，司各脱认为我们关于上帝最完满和最合适的描述并不是类似于善好或真这样的具体属性，而是一种量度和存在的内在样态，它可以将受造物与上帝相异地、无限地区分开来。

司各脱的无限性学说使得受造物与上帝的关系变得比传统柏拉图主义的分有关系和亚里士多德主义的类比关系更为遥远，上帝变得更为超越，因为无限存在者所受到的形而上学中心化的制约与局限更少。无限性作为最高的量度表现了建立在存在的内在样态基础上的受造物与上帝的绝对相异性。在神圣分有论和存在类比论之中，受造物与上帝仍然在受造物与上帝的模仿和相似基础上具有形式关系，但在司各脱这里，有限存在者与无限存在者却并不具有这样紧密的等级相似性。神圣无限性完全超越了并且更为远离了有限者。

司各脱的神圣无限性学说与形而上学的去中心化紧密相关。他拒绝了阿奎那建立在形式—质料关系上的无限性定义。司各脱的无限性

---

〔62〕 *Ord.*, Ⅰ, d. 3, p. 1, q. 12, n. 58, Vatican Ⅲ, p. 40.

只不过是量度和存在的内在样态。无限性变得比神圣首要性和属性更为重要和根本。因此，形而上学的去中心化允许无限存在者被设置为我们关于上帝最合适的概念，并与有限存在者作为两个遥远的存在者共存于形而上学之中。

第四节　神圣无限性对有限性的超越

我们该如何恰切地理解建立在无限性基础之上的上帝超越性呢？本书认为司各脱所理解的神圣无限性具有两个相互联系的方面：

第一，无限存在者是一个肯定性概念，它预设了某种与有限者的共同性，并且不是对有限者的否定。

第二，建立在肯定性概念之上，无限存在者的存在具有了最高的强度，它由此超越了所有受造物的尺度，建立起了受造物与上帝之间的无限距离，并最终揭示出上帝的不可理解性。

在第一个方面中神圣无限性被定义为是一个肯定性的事物，而上帝对受造物的超越性就建立在形而上学之中的内在区分。而在第二个方面中，无限性与优先性没有比例性和交互性，无限性完全超越了人类的理解，上帝的超越性因此可以在一定意义上被理解为对有限存在者的否定。

1. 对神圣无限性的肯定性理解

正如导言所引用的那样，司各脱认为存在在其源初状态中对于上帝和受造物是无分别的：

> 存在在被划分进入十范畴之前，首先被划分为有限的和无限的，因为其中一者，也即"有限的"，对于这十个属相是共同的……任何这类与上帝和受造物共同的事物都与存在对于有限

者和无限者的无分别是一致的；当它与上帝一致时，它是无限的，当它与受造物一致时，它是有限的；因此在存在被划分进入十个属相之前，它与存在一致，而因此任何这种事物都是超越的。[63]

按照这段陈述，存在可先划分为无限的和有限的，再被划分入十范畴。而存在对于无限的和有限的是无分别的。当它与上帝一致它是无限的，而当它与受造物一致它又是有限的。因此它可以无分别地用来谓述上帝和受造物。由于像这样的上帝与受造物共同的事物都超越了属种和范畴，这类事物就是超越的。

如前所述，在形而上学中使得无限性和有限性变得相异的是建立在量度基础上的存在的内在样态。存在概念是我们对无限存在者进行自然认识的基础。我们对于上帝的自然知识首先是从受造物那里获得的，并且在理智之中对上帝和受造物是单义的。[64] 在这个意义上，我们对于神圣无限性的知识建立在作为一个存在者的神圣本性的肯定理解基础上。因此，神圣无限性在形式上肯定性地是一个存在者。

在卡塔尼亚对于司各脱无限存在者概念的细致分析之中，他提醒我们注意大马士革的约翰的"实体的无限海洋"概念（*pelagus infinitum substantiae*）与司各脱的"无限实体的海洋"概念（*pelagus infinitae substantiae*）之间的细微差别。当司各脱从大马士革的约翰那里引用这一术语的时候，他将前者转换成为后者[65]：

〔63〕 *Ord.*, I, d. 8, p. 1, q. 3, n. 113, Vatican IV, p. 205-206.
〔64〕 参见 Jean-Michel Counet, "L'univocité de l'étant et la problématique de l'infini chez Jean Duns Scot;" Franz Lackner, "Dass du unendlich bist und unbegreifbar von einem Endlichen?"。
〔65〕 卡塔尼亚指出司各脱更改了大马士革的约翰那里的原文的最初形式，而司各脱批判版著作的编辑者们按照大马士革的约翰的原文又改正回来了。参见 Francis J. Catania, "John Duns Scotus on Ens Infinitum," p. 48。

当大马士革的约翰说本质是实体的无限而没有边界的海洋时，他肯定了这一必然结果。而实体就其首先包含着神圣者的所有根据（ratio）而言，被他称为海洋，而这样的实体是无限而没有边界的。但是在这个意义上的实体并没有（形式地）包含真、善好或者其他可归属的属性。因此，这样的无限性就是比任何它所具有的其他属性更为内在的本质样态。[66]

大马士革的约翰对无限的理解落脚点在海洋（"无限海洋"），而不在实体。司各脱将其改用，将无限的落脚点放在实体而非海洋上（"无限实体"）。而且司各脱对无限的理解并不依赖于存在的属性，而是依赖于存在的内在样态。因此，在大马士革的约翰的术语和司各脱的术语之间是有不同的。对于前者，神圣无限性是一个没有边界和限制的无限海洋；对于后者，海洋是从无限实体而来的。在这一基础上，卡塔尼亚声称："在司各脱那里，无限性的含义发生了从一个否定性强调（'无边界性'）向肯定性理解（'强度'）的转变。"[67]

因此对司各脱来说，神圣无限性的超越性就建立在了对上帝的肯定理解之上，也即他是一个存在者或者实体，而由此无限性就通过存在的强度而与有限性区分开来了。

2. 神圣无限性对有限性的超越

建立在对上帝无限性的肯定性理解基础上，我们认为司各脱由此发展出四种方式来捍卫无限性对于有限性的超越性。值得注意的是，其中第四种方式相关于上帝的不可理解性，这一点在一定程度上将肯定性的无限性转变为否定性的无限性。

---

[66] QQ, 5. 11, Wadding XII, p. 119.
[67] Francis J. Catania, "John Duns Scotus on Ens Infinitum," p. 52.

（1）存在的强度

这一点已经在之前解释过。对司各脱来说，神圣无限性建立在存在的内在样态和量度基础上。作为量度的神圣无限性并不是一个偶性概念；相反，他将它转变为一个在其自身的本质性概念，而这一概念植根于存在的强度。无限存在者与有限存在者在肯定性的意义上都是存在者，但是无限存在者的存在强度是无限的，这使得无限存在者超越了有限存在者。

（2）神圣无限性对有限量度的超越：无限与有限的无公度性、无比例性

在对神圣无限性的肯定性理解之中，无限性和有限性分离开来，但是它们在理智之中仍然通过存在的单义性而具有了无分别且共同的开端。基于这一点，司各脱通过将无限性定义为超越了与任何有限量度的关系而建立起了无限性的超越性：

> 我以如下一种流行的方式[68]来解释"无限"：无限者是绝对超越于有限者的，而（这种超越）不是根据任何有限的测度（*mensura*），而是超越了任何能够归给有限者的测度。[69]

这一陈述包含两点：第一，无限者超越了有限者，因为无限者超过了所有能够归给有限者的测度；第二，它还超越了所有与有限者的关系。因此，上帝不能够被任何与受造物有关的测度及其与上帝的关系所衡量。

在这个意义上，我们能够肯定性地拥有关于受造物测度的自然知识，但是当我们的有限知识上升到无限者时，受造物的测度以及它们

---

〔68〕 参见亚里士多德，《物理学》，Ⅵ. 2, 33ª24-34。

〔69〕 *DPP*, 4. 64, Ed. Wolter, p. 121. 在别处，我们也可以发现同样的表述，参见 *Ord.*, Ⅰ, d. 2, p. 1, qq. 1-2, n. 132, Vatican Ⅱ, p. 207。

与上帝的关系都变得无效了。在无限性和有限性之间不存在任何交互关系，因为它们不能被同样的尺度所衡量。无限性和有限性没有任何比例关系，这也就是说，无限者并不拥有任何与有限者的比较关系。

（3）上帝与受造物作为两个极点之间具有无限距离

对阿奎那来说，虽然在无限存在者和有限存在者之间具有无限距离，但是有限存在者仍然能够在无限距离之中拥有与无限存在者的比例关系：

> （第四个）反驳：在认识者与被认识者之间存在着某种比例，因为被认识者是认识者的完满性。但是在受造理智和上帝之间并不存在任何比例，因为上帝是无限遥远的。因此，没有受造理智能够看见上帝的本质。
>
> （对第四个反驳的）回答："比例"是在两种意义上来理解。第一种意义上它意味着一个量对另一个量的确定关系；在这个意义上，两倍、三倍以及相等都是比例的种类。在另一个意义上，"比例"意味着一个事物与另一个事物的任何关系。在这个意义上，一个受造物与上帝可以存在一个比例，因为受造物与上帝关联是结果与原因关联，以及潜能性与现实性关联。在这种方式中，一个受造理智能够比例性地认识上帝。[70]

阿奎那提到了两种比例。第一种是一个事物与另一个事物的量的关系。而第二种则不受量的关系的限制。比如受造物作为结果关联于作为原因的上帝。

第一种关系不适合于受造物与上帝的关系，因为它依赖于作为偶性的量。第二种比例则建立在原因与结果、潜能性与现实性之间的关

---

[70] *ST*, I , q. 12, a. 1, ad. 4, Leonina IV, pp. 114-115.

系上。它很好地解释了一个有限存在者如何认识无限存在者，即使它们的距离无限遥远。如前所述，阿奎那使用形式与质料以用于理解无限与有限。无限者始终在现实性之中而无质料，而有限者则由形式和质料结合而成，所以它具有潜能性。阿奎那对于无限和有限的理解给予了受造物与上帝以比例性关系。

司各脱同样也认为受造物和上帝的距离无限遥远，但是他并不认为在受造物和上帝之间有任何意义上的比例关系，如前所述："任何强化性无限者的内在样态其自身就是无限的，它内在性地表达了存在，（这种存在）不缺乏任何东西，并且以超越任何可确定的比例的方式超过了任何有限者。"司各脱的上帝超越了所有有限者的尺度与关系，上帝超越了受造物与上帝之间的任何比例性与类比性关系。无限性与有限性在实在中是完全分别开来的，因为它们是两个极点，受造物作为一个极点被无限地从上帝那里移开去："他（上帝）拥有无限的力量，因为他创造了，而在创造中的两个极点（也即创造者与受造物这两个极点）之间拥有无限遥远的距离。"[71] 上帝与受造物是创造者和受造物关系中的两个极点，这两个极点无限遥远："上帝与受造物是无限遥远的，即使是与可能的最高受造物（也是这样），这并不是因为在两个极点之间的任何距离，而是因为一个极点的无限性（造成的）。"[72]

即使是可能的最高受造物也与上帝无限遥远。这一无限的距离并不是上帝与受造物之间的关系基础之上的距离，而是取决于无限性自身。是上帝的无限性而不是受造物与他的关系才是形成这一无限遥远距离的原因："例如，我们谈论一个受造物无限遥远于上帝。这只是

---

〔71〕 *Ord.*, Ⅰ, d. 2, p. 1, qq. 1-2, n. 121, Vatican Ⅱ, p. 198.
〔72〕 *Ord.*, Ⅰ, d. 2, p. 1, qq. 1-2, n. 121, Vatican Ⅱ, p. 200.

因为其中一个极点是无限的。"[73]

司各脱进一步解释了这一点：

在这一方式之中，矛盾者并不是通过任何中介而隔开距离的，因为矛盾者双方是直接的——以至于就算从一个极点退了微小的一点，它也会立刻处于另一个极点之下——但是它们由于在它们之中的极点而仍然是隔开距离的。因此这个距离与那更完满的极点一样大；另一个极点则是有限的了。[74]

这一陈述清楚地指出两个矛盾者之间的距离并不是建立在中介基础上而是直接的。因此，它们两者的距离是在它们两个极点自身之内的。距离的无限性取决于作为更完满极点的无限者那里，因此另一个极点就是有限的了。而且，上帝和受造物之间的无限距离如果是取决于中介，那么这将暗示上帝的超越性并不是依赖于神圣无限性而是这一中介了。作为两个矛盾者，无限存在者是最完满的存在者，而有限存在者则是不完满的。因此，通过这一来自无限者的无限距离，上帝无限地、直接地超越了受造物。

（4）上帝的不可理解性：对上帝的否定性理解

对阿奎那来说，上帝是不可理解的，但是我们仍然能够拥有对于上帝的不完满的、部分的理解：

上帝被说成是不可理解的，并不是因为在上帝之中有什么东西不能被看见，而是因为上帝并不是像某些可视的东西那样完满地被看见。这就像是当一些可证明的命题是通过可能的理

---

[73] *Lec.*, I , d. 2, p. 1, qq. 1-2, n. 77, Vatican XVI, pp. 138-139.
[74] *Ord.*, I , d. 2, p. 1, qq. 1-2, n. 122, Vatican II , p. 200.

由而被认识一样。并不是由于其中有什么东西不认识——或者是主词，或者是谓词，或者是它们的结合——而是因为其整体不是如它可被认识的那样完满地被认识。[75]

按照阿奎那，上帝的不可理解性仍然给予了人类不完满地认识他的可能性。我们能够看到上帝，但我们关于他的知识并不如他自身所具有的那样完满。因此，上帝并不是完全对我们隐藏的；相反，人类对于不可理解的上帝仍然具有不完满的认识。

在司各脱这里，上帝变得更为不可理解。在当前状态下，我们可以使用"无限性""存在"来理解上帝，但是上帝在其自身之中（in se）对当前的我们是完全不可理解的。在当前状态下我们对于上帝的知识和上帝的自身知识是完全分开的。

上帝的不可理解性与上帝的无限性紧密相关。在无限性这样的肯定性概念的包裹之下，上帝的不可理解性在某种意义上揭示了对上帝的否定性描述。尽管这一否定性进路并不如肯定性进路明显，但它仍然具有一定的位置。[76]

对司各脱来说，无限存在者是我们在当前状态下所给予上帝最完满的概念，但这一概念仍然是不完满的，并且不能引导我们去理解在上帝自身之中的神圣本质。上帝超越了受造物的尺度，超越了它们与上帝的关系，由此我们根本不可能在当前状态下自然地理解他一如他自己的自身理解：

---

〔75〕 *ST*, I , q. 12, a. 7, ad. 2, Leonina IV, p. 128.

〔76〕 关于司各脱的否定神学，参见 Rolf Schönberger, "*Negationes non summe amamus.* Duns Scotus' Auseinandersetzung mit der negativen Theologie," in *John Duns Scotus: Metaphysics and Ethics*, ed. Ludger Honnefelder, Rega Wood, and Mechthild Dreyer, Studien und Texte zur Geistesgeschichte des Mittelalters 53, Leiden, New York, and Cologne: Brill, 1996, pp. 475-496.

......上帝不能在特定以及相合的方式中被旅人自然地认识。也就是说，（他不能）通过其本质的根据就像在他自身中一样（被自然地认识）。[77]

在当前状态下，我们没办法自然地认识神圣本质，一如其本质在他自身之中那样去认识他，在其自身之中的神圣本质对我们是不可理解的。因此，上帝不仅是无限的，而且还是不可理解的：

你是不可理解的，无限的，因为没有全知是有限的，没有无限的力量是有限的，所有存在者中最高等的存在也不是有限的。[78]

这一陈述揭示了神圣无限性与上帝的不可理解性之间的关系。上帝的全知、全能与最高本性都超越了受造物。因此上帝是不可理解而无限的。

为了进一步澄清上帝的无限性与不可理解性，司各脱提出了两个问题。为简洁起见，概括如下：

第一个问题：上帝作为第一因是否通过其结果是可理解的？对此有两个相反意见：

肯定性回答：我们能够对上帝拥有知识，因为上帝是第一因。[79]

否定性回答：上帝不能被认识为无限存在者，因为我们只能通过他的结果认识到他是第一因，但是任何结果都不能适当地与他作为无限原因而相配，因此没有什么能够表现他的无限性。[80]

在回应这一否定性回答时，司各脱承认我们的确能够通过结果而

---

〔77〕 *Ord.*, I , d. 3, p. 1, qq. 1-2, n. 56, Vatican III, p. 38.

〔78〕 *DPP*, 4. 84, Ed. Wolter, p. 145.

〔79〕 *QM*, b. 2, qq. 4-6, n. 12.

〔80〕 *QM*, b. 2, qq. 4-6, n. 134.

认识上帝。我们总是能够将"最完满的存在者"这一概念构想为最终目的，而且如果它能够存在于实在中就会更好。而且即使一个结果与第一因不相配，它仍然与第二因是相配的。结果依赖于第二因，而我们就能因此更多认识到结果依赖于第一因。[81]

对这两种相反的意见，司各脱当然会同意说上帝能够通过其结果而被认识到，这正是他用来建构起自然神学的前提之一，也即我们能够拥有对于无限性的肯定性理解。但是，他也并没有否认否定性回答的有效性：

> 对这两种（相反的）意见，必须得说它们都包含一些真的东西。因此，大马士革的约翰在他的《正统信仰阐释》第四章中说："关于上帝，我们只知道他是无限和不可理解的。"而这一点奥古斯丁在《八十三个问题》中的第三十二个问题中也说过。但是从这一点并不能得出上帝被理解了，因为要这样理解上帝，就必须拥有一个和在这个对象中一样大（完满）的理智，以使得上帝是无限的，并且认识者也这样无限才可以被认识。[82]

按照这一点，我们肯定性地认识到上帝是无限而不可理解的事实并不意味着我们能够理解上帝，因为我们的理智并不是如此强大且完满以至于可以适当地理解无限性本身。这就意味着只有一个无限而完满的理智才能够真正理解上帝的无限性。我们的理智显然不可能达到这一点。因此，上帝对我们是完全不可理解的，我们只能理解到我们不能理解无限存在者。

---

[81] *QM*, b. 2, qq. 4-6, nn. 144-145.
[82] *QM*, b. 2, qq. 4-6, n. 154, Bonaventure Ⅲ, p. 282.

第二个问题：既然"无限性"概念被给予上帝了，他能够通过这个名称而被理解吗？

肯定性回答：我们定义无限性，并且甚至给出了这个名称。一个名称就包含着可理解性，因为它能够意味着对应的实在。[83]

否定性回答：给予名称并不意味着它是可理解的。比如我们给予无以"无"这个名称，但是无仍然是不可理解的。只有那与本质和实质相关的名称才能够被无条件地当成真的和可理解的定义。[84]

在对否定性回答的回应之中，司各脱承认我们仍然能够拥有关于无的知识。"无"作为一个名称是我们心灵之中观念的象征。由于我们知道"某物"和"无"是矛盾者，我们就肯定拥有对于无的肯定性知识。因此，"我知道我理解了无，因此我理解了某物"。[85]

对这两个相反的答案，司各脱的立场与肯定性回答类似，但同时他仍然站在肯定性回答与否定性回答之间：[86]

> 无限者的概念是可以被证明的。但是那落入这样主体的东西不可能有证明……
>
> 这是无效的："我知道我不理解无限者；因此，我理解无限者。"应该说："因此，我理解某物。"[87]

因此，我们只能证明上帝是无限的，但是我们不能证明那包含在这一概念下面的东西，因为我们不能理解神圣无限性。结果，即使我们认识到我们不认识无限者，也并不意味着我们就认识无限者；相反，除了"无限性"这一概念的具体含义和要素之外，我们对之不能

---

[83] *QM*, b. 2, qq. 4-6, n. 13, Bonaventure Ⅲ, p. 242.

[84] *QM*, b. 2, qq. 4-6, n. 135, Bonaventure Ⅲ, p. 274.

[85] *QM*, b. 2, qq. 4-6, n. 147, Bonaventure Ⅲ, p. 278.

[86] *QM*, b. 2, qq. 4-6, n. 135.

[87] *QM*, b. 2, qq. 4-6, nn. 156-157, Bonaventure Ⅲ, p. 282.

再说出进一步的东西了。我们将"无限性"这一概念给予上帝，但是他仍然是不可理解的。正如詹妮弗·阿什沃兹（E. Jennifer Ashworth）所指出的非常关键的一点，与阿奎那不同的是，司各脱与奥卡姆都认为我们可以使用我们所理解的词语来指称神圣本质，尽管神圣本质对我们来说完全不可理解。[88] 正如司各脱所言：

> 活动和对象并不必然就会拥有相同的实在模式，因为一个活动其本性是有限的，是能够关联于一个本性是无限的对象的，除非这是一个可理解的活动。我承认，我们既不拥有，也不能拥有对于一个无限对象知识的可理解活动。[89]

按照这一段陈述，理解一个对象的活动并不必然需要与这个对象本身拥有相同的实在模式。所以，我们能够拥有理解上帝这样的理解行为，但是这一活动与上帝自身并不具有相同的实在模式，尽管我们的理解活动可以关联于这个对象。我们能够理解的只是上帝的不可理解性。神圣无限性是不可理解的，因此它是对于我们在当前状态下理解上帝的否定。我们的自然理性所获得的知识在面对上帝的无限性和不可理解性时是无力且无效的。

神圣不可理解性主要是从神圣无限性而来的。在人类当前状态下的理解基础上，司各脱提供了发展自然神学的可能性，但这并不意味着上帝可以完全被纳入本体论神学的组成部分。无限性给予上帝以超越性，甚至使得上帝得以超越形而上学以及人类的理解力，因此在当前状态下上帝自身是完全不可理解的。

---

〔88〕 参见 E. Jennifer Ashworth, "Can I Speak More Clearly Than I Understand?: A Problem of Religious Language in Henry of Ghent, Duns Scotus and Ockham," *Historiographia Linguistica*, Volume 7, Numbers 1-2, 1980(10): 29-38.
〔89〕 *Ord.*, Ⅰ, d. 3, p. 1, qq. 1-2, n. 65, Vatican Ⅲ, pp. 46-47.

在这个意义上，尽管无限性和有限性都能在形而上学之中建立起来，无限性仍然通过不可理解性这个维度而超越了形而上学的限制。

形而上学和存在概念作为可理解的东西相关于人类理智的范围。无疑，我们不能理解的东西并不属于形而上学与人类理性的范围。可理解的有限性和不可理解的无限性在实在性之中毫无共同之处。因此，上帝作为无限的和不可理解的存在者能够停留于形而上学之中，因为上帝并不是无而是一个存在者。但同时，无限性超越了形而上学，因为上帝自身对于处在当前状态下的我们是不可能被理解和把握的。

无限性在很大程度上满足了司各脱在去中心化的形而上学之中捍卫上帝超越性的需要。

相比于依赖神圣分有学说和类比学说，司各脱的无限上帝变得更为超越，这正是所谓存在破裂的表现：第一，它并没有提供任何无限者与有限者的形式联系。第二，在司各脱这里，受造物与上帝在它们的无限距离之中，没有任何比例和比较关系。第三，上帝在其自身之中的知识对我们而言完全不可理解。建立在神圣无限性所提供的更大超越性基础上，这一进路通过上帝的不可理解性而更多克服了本体论神学的限制并超越了形而上学维度。在无限存在者这一肯定性的概念背后，隐藏着否定性的不可理解性。我们对于上帝的理解与上帝的自身理解被完全隔离开来。结果，无限者与有限者在实在之中没有任何共同之处，从而始终保持着相异。

第七章　动力与爱　上帝与受造物的因果关系

在亚里士多德的原因学说之中，形式因与质料因存在于一个事物自身之中，因此它们是一个事物的内在因，而动力因和目的因则存在于一个事物自身之外，因此是它的外在因。在这四种原因之中，形式因占据着非常重要的位置，它关乎一个事物的本质、定义及其是什么，并且解释了为什么一个事物是这个事物。[1]

在亚里士多德的形而上学与物理学被引入中世纪经院哲学传统之后，他的原因学说被发展和改造以用于解释受造物与上帝的因果关系。阿奎那、波纳文图拉、根特的亨利等人都认为，受造物的形式与在神圣心灵之中的范式因紧密相关。范式因果关系在分有与类比的基础上建立起了受造物与这些范式因的形式相似性，由此，受造物与上帝就具有了形而上学的因果关联。[2]

---

[1]　比如 *Metaphysics*, Ⅶ. 16, 1040^b28-1041^a5; Ⅶ. 17, 1041^a6-1041^b10 等处。

[2]　参见 Étienne Gilson, *Le Thomisme: introduction à la philosophie de Saint Thomas d'Aquin*, Paris: Vrin, 1986, 6th edition, pp. 82-87; Jan Aertsen, *Nature and Creature: Thomas Aquinas's Way of Thought*, Leiden: Brill, 1988, pp. 112-126, 170-181; John F. Wippel, *Thomas Aquinas on the divine ideas*, Pontifical Institute of Mediaeval Studies, 1993; *The Metaphysical Thought of Thomas Aquinas: From Finite Being to Uncreated Being*. Washington, D. C.: Catholic University of America Press, 2000, pp. 94-131; *Metaphysical Themes in Thomas Aquinas Ⅱ*, ch. 9: "Platonism and Aristotelianism in Aquinas," Studies in Philosophy & the History of Philosophy 47, Washington, D. C.: Catholic University of America Press; Revised edition, 2007, pp. 272-290; Vivian Boland, *Ideas in God According to Saint Thomas Aquinas: Sources and Synthesis*, Studies in the History of Christian Thought Book 69, Leiden: Brill, 1996; Gregory T. Doolan, *Aquinas on the Divine Ideas as Exemplar Causes*, Washington, D. C.: Catholic University of America Press, 2008。

然而，伴随着上帝超越性的提升和对方济各传统的持守，司各脱在这种潮流的引导下发展出了对受造物与上帝因果秩序的新处理。[3]

　　深入理解司各脱在这一问题上的贡献不仅有助于我们理解经院哲学在这一问题上的发展脉络，同样也有助于追索早期现代哲学家们如笛卡尔、霍布斯、斯宾诺莎等人利用动力关系对现代世界进行全新规划的思想史根源。结合这一思路，我们认为司各脱对这一学说的贡献

---

〔3〕　司各脱在这方面的工作主要集中在对上帝作为第一动力因和第一目的因的研究，因为它们正是上帝存在证明的重要基础。绝大部分在这一问题上的研究也主要集中在这两个外在因之上，在此列举一些相关文献：Michael J. Loux, "A Scotistic Argument for the Existence of a First Cause," *American Philosophical Quarterly* 21 (1984): 157-165; François-Xavier Putallaz, "Efficience et finalité dans le Traité du premier principe de Jean Duns Scot (1308)," *Revue de théologie et de philosophie Lausanne* 116 (1984): 131-146; Timothy O' Connor, "Scotus on the Existence of a First Efficient Cause," *International Journal for Philosophy of Religion* 33 (1993): 17-32; "From First Efficient Cause to God: Scotus on the Identification Stage of the Cosmological Argument," in *John Duns Scotus: Metaphysics and Ethics*, ed. Ludger Honnefelder, Rega Wood, and Mechthild Dreyer, Studien und Texte zur Geistesgeschichte des Mittelalters 53, Leiden, New York, and Cologne: Brill, 1996, pp. 435-473; Marilyn McCord Adams, "Final causality and explanation of Scotus's 'De Primo Principio,' " in *Nature in Medieval Thought: Some Approaches East and West*, ed. Chūmaru Koyama, Studien und Texte zur Geistesgeschichte des Mittelalters 73, Leiden, Boston, and Cologne: Brill, 2000, pp. 153-184; Richard Cross, *Duns Scotus on God*, Aldershot: Ashgate, 2004, chapter 2, pp. 29-48；关于司各脱因果关系理论的简明导论，参见 Richard Cross, *Duns Scotus on God*, chapter 1, pp. 17-28; Peter King, "Scotus on Metaphysics," in *Cambridge Companion to Duns Scotus*, ed. Thomas Williams, Cambridge: Cambridge University Press, 2003, pp. 15-68；关于司各脱对于本质性因果关系和偶性因果关系的讨论，参见 Juan Carlos Flores, "Accidental and Essential Causality in John Duns Scotus' Treatise 'On the First Principle,' " *Recherches de Théologie et Philosophie médiévales* 67 (2000): 96-113；Eike-Henner W. Kluge, "Scotus on Accidental and Essential Causes," *Franciscan Studies* 66 (2008): 233-246；关于亚里士多德的因果关系理论与司各脱思想的关系，参见 André De Muralt, "La causalité aristotélicienne et la structure de pensée scotiste," *Dialectica: International Review of Philosophy of Knowledge* 47 (1993): 121-141；关于司各脱因果关系理论在其超越者理论与形而上学之中的位置，参见 Paul Natterer, "Scotische Begriffsmetaphysik am Beispiel der transzendentalen Kausaltheorie (ordo dependentiae) im Tractatus de Primo Principio," *Archiv für Begriffsgeschichte* 52 (2010): 53-72；关于司各脱思想中偶然因果理论的系统阐释，参见 Michael Sylwanowicz, *Contingent Causality and the Foundations of Duns Scotus' Metaphysics*, Studien und Texte zur Geistesgeschichte des Mittelalters 51, Leiden: Brill, 1996；关于司各脱因果关系与归纳理论的关系，参见 "Induktion und Kausalität bei Duns Scotus," in *Johannes Duns Scotus 1308-2008: Die philosophischen Perspektiven seines Werkes/Investigations into His Philosophy. Proceedings of "The Quadruple Congress" on John Duns Scotus, part 3*, ed. Ludger Honnefelder, etc., St. Bonaventure, N. Y.: Franciscan Institute Publications; Münster: Aschendorff, 2010, pp. 307-325。

中最值得关注的有如下几点：

首先，范式因不再像阿奎那所主张的那样与形式因具有紧密关系，相反它完全被吸纳入了动力因并被其取代。结果受造物与上帝之间的形式相似性被动力关系所取代，而受造物对上帝的形式性模仿被削弱。对此，一个比较好的例子是司各脱对于神圣理念的处理。他切断了神圣理念与分有之间的关系，并且将其与可能性联系起来。他并不认为受造物的可理解性需要任何与上帝之间的理性关系，一如传统的神圣分有理论那样。[4] 然而遗憾的是，这一非常重要的革新却并没有引起足够多的重视。[5]

其次，在第一个特点的基础上，司各脱建立起了外在因（动力因与目的因）相对于内在因（形式因与质料因）的优先性，并且没有在两类原因之间建立起类似于阿奎那式的范式因一般的中介。上帝作为第一动力因与第一目的因在受造物与上帝的因果秩序之中具有最大的优先性。不但如此，上帝与受造物的因果性与受造物之间的因果性是多义关系。

最后，四因的秩序最终导向了作为目的因的圣爱，从而为这一原因系统赋予了意志性的目的。这一处理具有很强的神学与实践意义。

围绕着这三个特征，本章不准备集中在上帝是第一动力因和第一目的因的证明上，这方面已经有太多详尽的分析和解释。[6] 我们会重点分析上述三个特点，正是它们才更好地揭示了司各脱原因学说的特点及其思想史意义。因此，本文将主要集中分析司各脱如何建构起

---

〔4〕　参见 Tobias Hoffman, *Creatura intellecta: Die Ideen und Possibilien bei Duns Scotus mit Ausblick auf Franz von Mayronis, Poncius und Mastrius*, Beiträge zur Geschichte der Philosophie und Theologie des Mittelalters, 2002, chapters 2-4.

〔5〕　例如在克罗斯关于司各脱上帝理论的重要研究之中，就没有详细讨论司各脱对形式因的处理，而是主要集中在优越性的秩序与上帝作为第一动力因和目的因的功能上。参见 *Duns Scotus on God*, Ashgate, 2005, pp. 17-54。

〔6〕　其中的一些可以参见本章脚注〔3〕。

四因之间的相互关系，以及这种因果秩序如何保存上帝的超越性。虽然司各脱对于形式因／范式因的讨论并没有像他对动力因和目的因的讨论那样丰富，[7] 然而，通过对有限文本的讨论，我们仍然能够最终勾勒出司各脱四因学说的大概面貌。

第一节　动力因吸纳范式因

对阿奎那来说，上帝是受造物的第一范式因、动力因和目的因。一个受造物的形式及是什么在其与上帝的形式相似性以及比例关系中与上帝相联系：

> 上帝是所有事物的第一范式因。为弄清这一点，必须要考虑为什么某个事物的制作必然需要一个范式，是为了让结果收到一个确定的形式……
>
> 而清楚的是存在着的事物自然地接收了确定的形式。而形式的确定必须溯源至在神圣智慧之中的第一原理，它设计了宇宙的秩序，而宇宙的秩序就在于诸事物中的区分。因此须指出，在神圣智慧中就有所有事物的根据（ratio），而这就是前面称之为理念（idea）的东西，也即存在于神圣心灵中的范式性形式。虽然这些理念在它们与事物的关系中是多样化的，然而就上帝本质的相似性能够被相异的事物以相异的方式而分有来说，它们在实在中正是上帝的本质。因此，上帝自身是所有事物的第一范式因。
>
> 在被创造的事物之中，一个事物能够被称作另一些事物的

---

〔7〕　关于司各脱对于诸原因之间秩序的处理，彼得·金给予了简要的分析，参见 "Scotus on Metaphysics," in *Cambridge Companion to Duns Scotus*, ed. Thomas Williams, Cambridge: Cambridge University Press, 2003, pp. 38-44。

范式，是因为它具有与另外一些事物的相似性，这种相似性或者按照同样的种相，或者是按照另外一些事物的模仿的类比。[8]

　　按照这段论述，上帝是所有事物的第一范式因，制作任何事物都需要一个范式因，因为范式因给了所有事物以确定的形式，而所有成为结果的事物都按照它们的范式因收到了其形式。所有事物的形式都是从作为第一原理的上帝智慧而来的，而上帝智慧区分了不同的事物，设计了组成宇宙的所有事物的秩序。神圣智慧包含着所有事物的根据，也就是被称为理念或者范式的东西。这些理念或者范式存在于神圣心灵和神圣本质之中，并且能够被不同的事物多样化地分有。但这些事物并不与神圣本质脱离，事实上它们总是与神圣本质具有关系，因为所有的事物都与神圣本质具有形式相似性。

　　建立在所有事物与神圣本质相似性的基础上，上帝成为所有事物的第一范式因。这一相似性能够存在于被造的事物之中。在被造的事物之中，一个事物能够以两种方式与其他事物相似：第一，这一事物与其他事物存在于同样的种相之中；第二，这一相似性建立在类比性的模仿之上。受造物与上帝的相似关系也可以以此作为参照。显然这种相似性不是第一种，因为上帝不可能与受造物同属于同一个种相，因此受造物与上帝的相似性属于第二种情况。

　　上帝按照他心灵中的神圣范式制造了所有事物，而受造物的形式也就具有了与上帝的形式相似性。这一形式相似性建立在所有事物的确定形式对上帝所具有的范式因的模仿和分有基础上，而这一模仿又是基于两者的类比关系。由此，阿奎那的范式因和形式因理论与他建立在存在类比学说基础上的中心化形而上学是融贯的。

　　正如上文提到的，阿奎那认为事物的形式与其范式因相关。而范

---

〔8〕　*ST*, I , q. 44, a. 3, Leonina Ⅳ, p. 460.

式因与形式因的区别就在于范式因外在于所有事物，所以它是外在因，而形式因内在于所有事物，所以它是内在因。形式以不完满和类比的方式模仿着上帝中的第一范式因，而受造物与上帝之间的关系就建立在受造物与上帝的类比性的形式相似性基础之上。事物的范式因也可以说是其外在的形式因。

不但如此，上帝所具有的范式因也与事物的制作有关：

> 某个事物的形式意味着这个事物是按照它而形成的。这一形式是所造的事物对它模仿中的范式性形式。理念的名称通常是在这个意义上被使用的。理念同样就是一个事物所模仿的形式。[9]

这一陈述表明一个事物的制作是建立在这一事物对其范式性形式的模仿及相似基础上的。而这一范式性形式就存在于神圣心灵之中：

> 形式必须是任何生成的目的。但是一个施动者并不是出于形式而作用的，除非形式的相似性存在于施动者之中……在神圣心灵中必须存在形式，世界按照对这个形式的相似性而被制作。[10]

神圣心灵包含着所有事物的范式因，而按照这些范式因，所有的事物在它们与上帝中的范式所拥有的形式相似性基础上被创造出来。因此，上帝具有作为所有事物形式的形而上学来源的神圣范式。所有事物都存在于它们与神圣范式的形式相似性之中，并且在类比基础上

---

[9] *De Veritate*, q. 3, a. 1, Leonina XXII, p. 99.
[10] *ST*, 1, q. 15, a. 1, Leonina IV, p. 199.

与上帝具有成比例的关系。

不但如此，由于作为外在形式因的范式因与所有事物的制作与创造相关，它也同样与动力因在某种意义上相关。按照杜兰的分析，有时阿奎那提到过"动力范式因"（*causa efficiens exemplaris*）或者"有效力的范式原理"（*principium effectivum exemplare*）。[11] 而且阿奎那也认为范式性形式能够像目的一样运作：

> 因为一个范式性形式或者理念在某种方式上具有目的的本性（*ratio*），而且一个匠人从其中接收到他借以行动的形式——如果它外在于他的话。[12]

按照这一论述，一个范式性形式与理念同样也具有目的的本性与功能，也就是说，一个范式性形式与理念也同样可以扮演类似目的的角色。比如，一个匠人通过其范式性形式与理念而接收到其决定性形式，而匠人是按照外在于他的范式因与理念而行动的。在这个意义上，一个范式性形式与理念可以产生目的的作用。因此，虽然在阿奎那那里范式性因果关系主要与作为内在因的形式因相关，它也同样与作为外在因的动力因和目的因有一定关系。由此，范式因也沟通着外在因与内在因。

为了进一步比较阿奎那与司各脱在这个问题上的不同，我们可以概括出阿奎那在处理范式因上的两个特点：

1. 范式因与一个事物的形式因紧密相连，而所有的事物的形式都处于与其范式因的相似之中。作为外在的形式因，范式因与处于事物内部的形式因、处于事物外部的动力因和目的因都有关系。在这一

---

[11] 参见 "Aquinas on the Divine Ideas as Exemplar Causes," p. 34。

[12] *De Veritate*, q. 3, a. 1, Leonina XXII, p. 100.

关系中，范式因在因果系统中占据着非常重要的位置。事物的形式相似于它，而它又在制造事物的过程中指导着动力因，并最终能够发挥像目的一样的作用。

2. 所有事物的形式与作为理念的神圣范式因也紧密相关。正如前面提到的，由于形式因能够揭示一个事物为什么是这个事物，而实体作为存在的中心点与核心意义又与形式具有紧密的关系，所以阿奎那的范式因理论与中心化的形而上学是相容的。

与亚里士多德的形而上学赋予形式因重要功能以及阿奎那通过范式因建构出受造物对上帝的形式性相似关系不同，在其《早期牛津〈箴言书〉评注》（*Lectura*）中，司各脱声称形式因或者范式因只不过是动力因的伴随性因素而已：

> 就受造物而言，上帝具有两个性质：一个是善好之中的优越性，另一个是因果性。优越性不能再被进一步划分，但是因果性可以。按照一些人的看法，它划分为范式因、动力因和目的因。他们说范式因给了一个事物本质性存在。但是我在这里要说，并且在下面更广泛地说，范式因在数量上并不能够算作动力因之外的一个，因为在工匠心灵之中的范式因并不能使事物存在，除非它伴随着动力因。由此如果有形式因的话，那么它将被更多说成是优越性而不是形式因，因为更为优越的存在实质上包含着其他事物的形式，并且统一地包含着它们。因此在上帝里面存在着这三种东西：优越性、动力性与目的性。[13]

在这里，司各脱使用了两个不同的论证用以弱化范式因与形式因的独立作用：

---

[13] *Lec.*, I, d. 2, p. 1, q. 2, n. 39, Vatican XVI, pp. 124-125.

首先，范式因是一种原因。通常，就受造物而言，上帝的因果性有三种：范式的、动力的和目的的，范式因给予受造物本质性存在。然而，司各脱认为范式因并不具有独立性的位置，相反它只不过是动力因的伴随性因素。比如，建造一所房子的工匠正是这所房子的动力因，而这所房子的动力因正存在于工匠的心灵之中。工匠建造房子的活动是按照工匠心灵之中的范式而进行的。因此，这一房子的范式因只能在建造这所房子的动力因中起作用。

　　其次，如果范式因能够被看作与形式因有关的话，那么范式因将不再属于因果性，而是属于优越性。在优越性中并没有进一步的划分，因为优越性不能够细分为不同的种类。上帝是最优越的存在，而受造物是不完满的、不如上帝优越的。最优越的存在者包含着不完满存在的形式，上帝的优越性统一地包含着受造物的形式。因此，形式因在一个事物的生成中确实具有一定作用，正像是上帝心灵中的范式一样，但是作为范式因的形式因更多属于优越性而非因果性。

　　在第一点中，范式因并不具有独立功能而只不过是动力因的伴随性因素，而在第二点中，形式因被吸纳入优越性之中。

　　在《牛津〈箴言书〉评注》中，司各脱声称动力因可以具有像范式因一样的功能：

　　　　关于范式因所能补充的是，它并不是动力因之外的原因的属相，因为如果这样的话就会有五个原因的属相：因此范式因是一种动力因，因为它是通过理智而施动的，与那通过本性所施动的东西区分开来。[14]

---

〔14〕　*Ord.*, I, d. 2, p. 1, qq. 1-2, n. 40, Vatican II, p. 149.

在这段论述中，司各脱坚持了亚里士多德的四种原因的划分学说。如果范式因具有独立的功能的话，那么将会有五种不同的原因。因此，范式因就被吸纳入了另外一个原因，而在司各脱看来这个原因就是动力因。范式因是通过理智而运作的，因此理智在因果系统中所起的作用也被吸纳进入了动力因。

在《巴黎〈箴言书〉评注》中，司各脱给予了更细节的解释：

> 我认为第一动力能够是所有可被作用的东西的第一范式，是因为正如之前所述，第一动力为了在其自身的目的而行动，因为每一个在其自身的施动者都是为了一个目的而行动的。即使一个通过本性而行动的东西是为了某个目的而行动，而其（目的）不那么明显——按照《物理学》第二卷。因此或者第一施动者为了其所认识到的目的而行动，或者它通过那认识到它的东西而指向其目的。但是第二种方式是不行的，因为第一动力并不能够被另外的东西所指导和安排。因此它是为了某种它所认识的目的而行动。但是施动者是通过其认识而将结果安排在它所认识的目的里，但是这正是范式因产生的结果。而这个施动者并不把事物安排入某个其所知道的第二阶的、与自身所区别的目的，因为这样它就不会是所谓的那个第一目的。因此，通过范式化，它直接将这个事物安排入作为最终目的的自身那里去。因此就可以得出它正是第一范式。[15]

在这里，司各脱将范式因吸纳入动力因。那可作用的东西是按照在其自身中的目的而被作用、被制作的，也就是说，它朝向那为着其自身内在本性的目的。结果，对这一事物的制作就应该被一个意识到

---

〔15〕 *Rep.*, IA, d. 2, p. 1, qq. 1-3, n. 32, Ed. Wolter & Bychkov Ⅰ, pp. 123-124.

这一目的的心灵有意地作用。这一目的或者在这个施动者的心灵中，或者在指导它的另一个施动者中。既然上帝是第一动力因，他按照在他心灵之中的目的而制造了所有结果，所以这一目的就正是上帝自身。

这一论述的要点并不在于它显示出范式因如何在一个结果的制作中发生作用，而是显示出范式因是如何被动力因和目的因所取代的。范式因在这里原则上是包含在动力因之中的，并且被指向目的因。在这里，司各脱所争辩的是上帝与受造物的因果性仅只建立在动力和目的因果关系上而不是范式因果关系的基础上。在下面的部分，我们将会看到司各脱认为外在因优先于内在因，因为外在因把形式给予了质料，并且把它们在受造物中结合起来。在阿奎那那里范式因在受造物与上帝因果关系中所扮演的重要角色在司各脱这里被动力因果关系取代。

司各脱始终坚持认为只有三种主要的神圣首要性：优越性，动力性和目的性，而他也一直认为范式因应该被动力因所取代。

对司各脱来说，形而上学的主题包含着超越了范畴与属相的超越者。在超越者之中，我们可以看到"原因"与"被作用的"作为一对存在的分离属性是被纳入形而上学主题的。因此，形而上学的主题并没有特别集中在原因之上，相反它同样研究"原因"和"被原因作用的东西"。而且司各脱那里的受造物与上帝的关系也不是主要建基于受造物与神圣范式因的形式相似性之上，而是建基于动力和目的因果关系上。对于他们在这一问题上的区别，我们认为有两点理由：

首先，对阿奎那来说，受造物与上帝的形而上学关系很大程度上依赖于受造物对神圣心灵中神圣范式的分有关系与形式相似关系。阿奎那将亚里士多德把实体作为存在的中心点与核心意义的类比理论转化为受造物与上帝类比关系的结构。相反，在司各脱那里，受造物与上帝的等级因果关系并不主要建基于形式相似性上。

其次，由于被纳入形而上学主题的超越者并不能够包含在属相与范畴之中，而原因和被原因所作用的东西共同被纳入形而上学主题，那么司各脱的形而上学就超越了作为范畴的实体，也超越了与实体相关的形式因。因此，我们不能仅仅把原因当作形而上学主题的内容。

按照司各脱对于形而上学的新构想，诸如一尊雕塑的白的、高的、重的等偶性获得了与作为这一雕塑的实体更为平等的对待——形而上学不再只是研究存在的某个中心点或核心意义。原因与被原因所作用的东西，实体性存在与偶性存在，所有这些东西都获得了更为平衡的关系。

因此，范式因在受造物与上帝的因果关系中并没有重要作用，相反它被吸纳入并且臣服于动力因。也就是说，范式因并不具有独立的位置与功能，因为动力因可以完全取代它。上帝也并不首要地就是所有事物的范式因，相反他首要地是所有事物的第一动力因与第一目的因。而外在因优先于内在因，上帝是受造物的外在因，并且受造物与上帝的形式相似性也变得不那么重要了。司各脱所建构的原因秩序与形而上学的去中心化是融贯的，并且能够保存上帝的超越性与受造物对上帝的依赖。

第二节　外在因对内在因的优先性

对阿奎那来说，上帝是受造物的第一范式因、动力因和目的因，这几个原因是外在因，并且优先于受造物的内在因。然而，范式因并没有被吸纳入其他两个外在因，相反它更属于形式因。一方面，它相关于其他两个外在因；另一方面，它又相关于受造物的形式与是什么。虽然司各脱也坚持认为外在因优先于受造物的内在因，然而与阿奎那不同，他认为外在因主要是动力因和目的因，而不是范式因，也由此范式因作为受造物与上帝的形式相似性基础的功能受到很大削弱。因此，相比阿奎那，在司各脱这里受造物与上帝具有了相对弱的形式关系，两者的因果关系主要体现在动力关系和目的关系上。

为了论证上帝作为第一动力因和第一目的因对受造物的形式因与质料因的优先性，司各脱声称只有动力因才能结合形式因与质料因于一体；否则，形式与质料则分离开来，并永远无法结合[16]：

> 因为质料自身具有与形式相矛盾的潜能，它自身并没有通过形式而在现实之中，因此（它需要）别的东西来实现它的潜能。而这（别的东西）正是（质料与形式的）结合物的动力，因为它制作这个结合体，并且使得质料通过形式而在现实之中。
>
> 第一个结果是清楚的，因为被动的和具有矛盾的潜能不会转入现实。并且如果你说是形式实现了这个潜能，那么这在形式上是对的，但是质料和形式并不是预先就被理解为是结合的，而那结合它们的东西拥有动力因的本性，此后这种结合才有形式上的实现。[17]

> 第一因既不是质料也不是形式，因为它们每一个都要少于整体的实体。因此（它们的统一体）必须来源于某个外在因。[18]

司各脱承认形式因能够实现质料，但是这并不意味着形式因能够将自己同质料结合起来。相反，必须要有一个外在的动力因来结合形式与质料。否则，形式因将会与质料分离开来并且无法有所行动。正是作为外在施动者的动力因结合了形式与质料。因此，质料与形式结合成一个完整的事物只能由一个外在的动力因来完成。

---

[16] 关于在司各脱那里形式因与质料因的关系，参见 Peter King, "Scotus on Metaphysics," pp. 41-42。在这一章中，我们将不准备详细讨论这两个原因之间的关系，因为它们与原因秩序之中的上帝超越性关系并不紧密。

[17] *DPP*, 2. 20, Ed. Wolter, pp. 21, 23.

[18] *DPP*, 2. 22, Ed. Wolter, p. 23.

司各脱进一步论证道，形式因与质料因作为外在因只能通过另一个作为外在因的施动者才能有所行动：

> 那不被外在因所作用的东西不能被内在因所作用。
>
> ……对此有一些特别的证明。第一个是：因为外在因所执行的因果性表达了一种完满性，这种完满性并不会必然附加不完满性。而必然性的内在因则拥有附加的不完满性。结果，外在因要优先于内在因，正如完满的东西优先于不完满的东西。
>
> 第二个是：因为内在因自身能够被外在因所作用，因此就外在因来说，内在因在因果作用之中要后于外在因。在形式中这一前件是明确的。而就质料是一个部分而言，在质料的部分中这一点也是清楚的。[19]

在这里，司各脱提出两个论证以强化外在因的优先性。虽然这里的外在因还没有特指上帝，但可以成为论证上帝作为外在因优先于受造物的内在因的根据。首先，外在因并没有不完满性，而内在因则是不完满的。在这段引文中，司各脱并没有给出进一步的解释，但是他的意思很清楚，外在因要比事物内部的内在因更为完满。如果我们将上帝考虑为受造物的外在因的话，那么这个论证也就会包含如下含义：既然上帝是最优越和完满的存在，并且还包含着所有无条件的完满性，那么内在因就不可能比外在因更完满，否则这将导致受造物比上帝更为完满。因此这个论证可以用来证明上帝是受造物的外在因，并且是最完满的存在者。由此司各脱将外在因定义为完满的，而将内在因定义为不完满的。

其次，司各脱论证道，内在因并不仅只是原因，而且还可以是外

---

[19] *DPP*, 2. 26-28, Ed. Wolter, p. 25.

在因的结果，因此内在因也就后于外在因。由此司各脱建立起了外在因与内在因之间的因果关系。前者是后者的原因。在这个意义上，一个事物的统一性也就是其外在因的结果。没有外在因，一个事物将不可能被现实化，并也不能成为这个事物。

在《牛津〈箴言书〉评注》中，司各脱重新表述了这两个理由：

> 而另外两个结果，也即如果一个东西是不可被作用的，那么它不会被质料化或者形式化，（这两个结果）是可以被同时证明的，因为没有外在因的东西也不会拥有内在因，这是因为外在因的因果关系意味着完满而没有任何不完满性，而内在因的因果关系则必然意味着附加的不完满性，因为内在因是被因果作用的事物的部分；因此，外在因的本性就自然地优先于内在因的本性。因此一旦在先的被否定了，则在后的也就被否定了。同样的结果也可以被证明，因为内在因是由外在因所作用的，或者在其存在之中所作用，或者外在因作用了（形式与质料的）结合体，或者以两种方式所作用，因为内在因并不是没有施动者而只靠其自己来建构这一结合体的。[20]

在这一论证之中，司各脱坚持着他在《论第一原理》中相同的两个理由：第一，内在因不如外在因完满，因为内在因属于一个事物的本性。如果将这一理由放置在受造物与上帝的因果关系中，那么这一理由将意味着与上帝相比，受造物的本性是不完满的，因此其内在因也是不完满的。而上帝是受造物的外在因，所以外在因要比关涉受造物本性的内在因更完满。第二，跟随第一个理由，外在因正是内在因的原因，正如上帝是受造物的原因一样。

---

[20] *Ord.*, I , d. 2, p. 1, qq. 1-2, n. 57, Vatican II , p. 163.

在《巴黎〈箴言书〉评注》中，我们可以读到如下论述：

> 诸原因的各个属相在完满性上并不相等，因为内在因包含着限制与不完满性，而外在因，也就是动力因与目的因，只意味着完满。因此，既然每一个不完满的事物都得溯源至某种完满的事物并且反之不行，那么内在因的因果关系，也即质料与形式的因果关系，就必须要溯源至外在因的因果关系的最完满的完满性那里去。而最完满的外在因果关系并不要求另外一个与之配合的原因，如完满的事物必然不需要不完满的事物以使其行动。

> 因此作为所有其他原因都溯源上去的第一动力因并不需要别的与之配合的原因，在创造中这点很清楚，如前所述，在创造中整体是没有变化地被制作出来的。[21]

在这一论述中，除了上述两个理由（1. 外在因完满，内在因不完满；2. 外在因是内在因的原因），司各脱还强调说在上帝的创造之中内在因是没有重要位置的，因为外在因已足以进行创造，而且上帝也不需要受造物内在因的配合与联结。

我们可以立即看出司各脱与阿奎那的不同之处。如前所述，在阿奎那那里范式因与受造物的形式因相关，并且也与另外两个外在因相关。范式因因此在上帝的创造及其与受造物的因果关系中占据重要位置。相反，司各脱将外在因与内在因彻底分离开来，并且没有给予它们之间任何类似于范式因这样的连接者。范式因彻底被吸纳入动力因之中去，并且在这个基础上，司各脱进一步建立起了外在因对于内在因的优先性。

---

[21] *Rep.*, IA, d. 5, p. 2, q. 1, nn. 81-82, Ed. Wolter & Bychkov I, p. 282.

第三节　两种外在因的关系

在分析完外在因和内在因的关系之后，让我们来进一步看看两个外在因之间的关系。就此司各脱给出了如下阐释：

> 因此，动力在动力因的本性（*ratio*）中就是目的的原因，而目的就其可欲求而言是动力的原因。[22]

在这个简单的陈述中，一方面，动力因使得结果朝向目的并且为着目的，在这个意义上动力因是目的因的原因。另一方面，正是目的因使得动力因通过目的因的可欲求性而开始行动。目的因是四种原因中唯一一个可欲求的原因，它带着施动者进行作用活动。在这个意义上，目的因是动力因的原因。

这一点显示出这两个外在因构成了紧密的相互关系：它们甚至可以成为彼此的原因。这似乎意味着某种循环论证：动力因（原因 a）和目的因（原因 b）都是原因。如果它们是彼此的原因，那么原因 a 将会是原因 b 的原因，或者原因 b 会是原因 a 的原因。结果原因 b（或者原因 a）就应该被称作结果，而不是原因。

司各脱对于这一困难的处理借用了原因的多义性（*aequivocum*），也就是说，在命题"动力因是目的因的原因"或者命题"目的因是动力因的原因"中，"原因"一词是在不同的含义上使用的。如果这些含义并不是单义而是多义的话，那么在这两个命题之中就没有什么循环论证了。

司各脱还引用亚里士多德用以支持这一点：

---

[22]　*QM*, b. 5, q. 1, n. 32, Bonaventure Ⅲ, p. 402.

哲学家在他的文本中如是说："诸原因并不是按照同样的原因的属相而成为彼此的原因的。"[23]

这就意味着如果两个原因是彼此的原因的话，那么这一相互的因果关系并不依赖于相同类型的原因。司各脱推进了这一观点并且还给出如下论证：

由此同样的事物则会是在同样的方面上并在单义的意义上在先并且在后。相似的是，同样的事物会在其自身方面并在同样的方面上在先并且在后。相似的是，这个证明就会按照同样的（意义）而成为循环的了。[24]

一个事物是由四种原因所造成的，而因果关系的建立则依赖于两个事物的区别：作为在先的原因和作为在后的原因/结果。然而，如果所有的原因都是在同样意义上而被使用，那么在目的因和动力因之间的关系中，它们中的每一个都会同时在先并且在后。比如，目的因是在先的，因为它是动力因的原因；而它同样也是在后的，因为它是动力因的结果。这显然是一个悖论，并且只能通过把原因理解为多义的才能解决。如果是这样的话，那么在先的原因和在后的原因就不是在同样的意义上被理解的了，并且也就不会有什么循环论证。也因此，动力因和目的因作为两个外在因也就形成了一个相互而紧密的关系，在这一关系中它们多义性地是彼此的原因，并且作为整体行动着。

---

[23] *QM*, b. 5, q. 1, n. 38, Bonaventure Ⅲ, p. 404. 原文参见 *Metaphysics*, V, 2, 1013^{b}9-11。
[24] *QM*, b. 5, q. 1, n. 38, Bonaventure Ⅲ, p. 404.

第四节　目的因的优先性与诸因秩序

那么具体而言，在司各脱那里究竟什么是动力因和目的因呢？如果我们把上帝当作受造物的外在因的话，那么这两个原因在它们与受造物的关系之中是如何工作的呢？在两个外在因乃至四因之中存在着怎样的秩序呢？

跟随着奥古斯丁与方济各传统，司各脱特别强调了在受造物与上帝关系中爱的功能：

> 在因果作用之中，目的是第一因……因为就目的是被爱着的而言，它隐喻性地进行着推动，因此动力在质料中制造了形式。[25]

目的在作用过程之中占据着首要的位置。因为目的是被爱着的东西，所以它由此推动着一些实体。但是这里的推动不是在物理学意义上的推动，比如神圣力量推动一块石头，而是在隐喻的意义上通过爱与被爱的关系进行推动。由于神圣的爱作为一种意愿可以决定动力因的行动并且要求动力因去推动别的东西，所以动力因被神圣的爱所推动着。在这一基础上，动力因被神圣的爱所推动，将形式给予质料，并且把形式和质料结合起来。

最终，司各脱得出这样的结论：上帝，作为第一动力因和目的因，是不可能像结果一样被作用的，他是整个原因秩序的目的：

> 因果关系和目的因的因果作用是无条件意义上第一位的……因此，第一目的的因果关系及其因果作用按照在任何原

---

[25]　*DPP*, 2. 11, Ed. Wolter, p. 17.

因的属相中的任何因果关系而完全不能被作用。而第一目的的因果关系正是这样：通过被爱者，它（目的因）推动着第一动力；对它同样是这样：第一动力爱着第一目的。对象不会通过意志而被爱，除非意志爱对象。因此，第一动力爱第一目的的爱正是完全不能被作用的。[26]

按照这一论述，目的因在无条件的意义上在诸原因之中居于首位。它不可能像是结果一样被作用，因为它是整个因果关系系统的最终目的。目的因作为最终目的是被爱着的原因，并且通过被爱，目的因在隐喻意义上推动着第一动力因。由于第一动力因爱着作为其目的的目的因，它也就被它对目的因的爱所推动，并且进而推动其他东西。动力因通过意志爱着其目的因，而目的因又同样被动力因的意志所爱着，因此这两个原因在基于意志的爱与被爱的关系中构成了紧密的相互关系，并且不能被其他外在的东西所作用。在第十章第二节我们会看到，对司各脱来说，意志是一种自由而自我决定的施动者，并且没有其他施动者的决定与指导。因此，作为动力因和目的因基础的意志是自由而自我决定的，并且不能被其他东西所作用。

然而，如果第一动力因和目的因具有这种关系，那么司各脱如何建立起目的因的优先性呢？因为上帝作为所有受造物的目的是所有受造物所最终朝向和渴望的东西。

事实上，这两个外在因虽然具有紧密的内在关系，但是目的因仍然具有相对于动力因的优先性。而且目的因还在四种原因中占据了最重要和最高的位置。

跟随着阿维森纳，司各脱提到了两种被作用的东西，并且还证明出在这两种东西之中目的因都要比别的原因更优先：

---

[26] *DPP*, 4. 28, Ed. Wolter, p. 93.

关于这一问题，我们必须做出阿维森纳在《形而上学》第六卷第五章中的区分："有时事物是在它的因果关系中被作用，而有时是在它的存在中被作用。"第一种方式中，"目的因在其因果关系中先于接受施动者的原因"，（第二种方式中，）按照它的存在而在灵魂中："因为灵魂首先设计了它，并且接着在其自身之中预想了行动，以及对接受者（物质性事物）的寻找，还有形式的性质。考虑到其在灵魂之中的因果关系和其存在，因此没有什么原因比目的因更优先。后者的确是其余原因的存在的原因。而在结果中的其他原因的存在则是在结果之中的目的因存在的原因。"并且他对此还说了很多。在这一章的结尾处他还说："如果有关于任何这些原因之一的科学，关于目的的知识将会是更高贵的，并且它就是智慧，而它也将会比这门科学（形而上学）的其他部分都更高贵，因为它是考虑事物的目的因的科学。"[27]

按照阿维森纳，被作用的事物或者在一个事物的因果关系之中，或者在一个事物的实存之中，而在这两种情况下，目的因都要优先于其他原因。

在第一种情况下，目的因先于其他三个原因。在灵魂中的目的因首先决定去创造并且制作某物，所以它先于作为制作的施动者的动力因，因为它在其自身中预想了行动。而且它还先于作为"接受性施动者的原因"的质料与形式，因为目的因寻找质料并且决定与质料相应的形式。由此，目的因是其他三个原因的原因。

第二种情况具有两个相反的方面：第一，目的因在实存中先于其他原因。当四种原因开始行动时，其他三个原因都预设了目的因的实

---

〔27〕 *QM*, b. 5, q. 1, n. 51, Bonaventure Ⅲ, p. 407.

存。没有一个目的，其他三个原因将不可能行动，也就是说，目的因的实存是其他三个原因实存的原因。在这个意义上，目的因要先于其他三个原因。第二，在四个原因的现实性之中，其他三个原因在现实性之中是目的因的原因，因为如果其他三个原因没有完成一个事物的创造与制作，那么在创造和制作某物的目的因之中的意图和目的将仍然只停留在潜能性之中。

总而言之，目的因要先于其他三个原因，因为作为智慧的目的因要比其他三个原因更高贵。结果，关于目的因的科学就是整个形而上学之中最高贵的部分。对于这一观点，司各脱还做出如下证明：

> 因此，如果我们谈论在因果作用之中的优先性，我说外在因首先开始作用。因为如果它们作用，则内在因才开始作用，而不是相反。而外在事物的目的首先作用，因为它在被爱的根据（ratio）上推动着动力，因此施动者施动，而不是相反。[28]

在原因的秩序之中，因为一个制作者，比如上帝，作为外在因最终创造了所有东西，而内在因依赖于外在因，外在因要先于内在因。在目的因和动力因的关系之中，目的因作为被爱的东西决定着动力因的行动并且还推动着它，但是动力因不能决定并且推动目的因。因此，目的因要优先于动力因。上帝是所有受造物的第一动力因和目的因。目的因是最高的原因，而第一动力因则只具有第二位的重要性。在司各脱的上帝存在证明之中，他这样说道：

> （第七个结论）在存在者之中，某个事物具有成为目的的本性。证明：某些事物是可以有目的的。证明：因为有些事物是

---

〔28〕　*QM*, b. 5, q. 1, n. 54, Bonaventure Ⅲ, p. 408.

可制作的……因此它们可以有目的……在这里本质性秩序要比
制作 / 动力秩序更为明显。[29]

在这一表述中，有些可制作和可被作用的事物是被一个动力因
所制作和作用的，但是一个动力因制作和作用它是以将其安排为朝
向目的的方式进行的。在一个事物的制作和其目的因之间的本质性
秩序要比这种制作和其动力因之间的关系更为明显。因此，有两个
理由可以说明目的因比动力因更优先：第一，制作某物和其目的因
之间的关系要比制作某物和其动力因的关系明显；第二，目的因指
导并且规定着动力因去制作结果。由此，目的因在原因秩序中要比
动力因更为优先。

建立在这样的因果系统之上，为了维护上帝在受造物与其关系之
中的优先性和超越性，司各脱首先论证了上帝在所有的动力因之中是
第一动力因，并且在所有的目的因之中是第一目的因。

第一，上帝是所有动力施动者之中的第一施动者：

> 我是通过这个首要性和从动力性的首要性的方式来证明上
> 帝在万物中是第一位的。有些存在者是结果，因为它是被制作
> 的。因此或者它制作它自己，或者没有事物制作它，或者它被
> 别的事物所制作。它不是被无所制作的，因为无不可能成为无
> 的原因。它也不是自己制作自己，因为无不可能生出或者制作
> 出它自己——按照奥古斯丁《论三位一体》第一卷第九章。因
> 此它是被另外的事物制作的。如果是被别的事物制作，那么这
> 个事物或是被无，或是被自己或被另外一个事物所制作，由此
> 将会无限进行下去。因此就必须停止在某个不被制作的事物那

---

[29] *DPP*, 3. 27-28, Ed. Wolter, p. 59.

里，而通过自己的能力制作而不借助任何别的事物的，我就称为是第一事物。[30]

这一论证拒绝了在制作之中的无限回溯，制作必须停止在一个不被作用的原因上面。一个结果必然是被某个事物而非无所制作，而这个事物或者是这个结果自身或者是另外一个。而一物不能产生自己，所以它又必须被另外的事物所制作。最终我们将把一个第一动力因确立为所有事物制作的根源和开端。在这个意义上，上帝正是所有动力因之中的第一动力因。

第二，在所有事物的所有目的因之中，上帝是第一目的因，因为在所有事物的目的之中必须存在着一个不被作用的原因作为目的：

如果某个事物是第一动力，那么也就存在着作为目的的第一事物，它不被安排为朝向别的目的也不被别的力量所局限，因为每一个在其自身的施动者或者动力都是为了某个目的而行动的，我们从《物理学》第二卷可以找到这一点。现在一个有限的动力施动者为了优先的目的而行动，因此第一动力也是为了最终目的而行动。但是这样的施动者从不主要地或者最终地为了别的事物而行动。因此，它是为了作为目的的它自身而行动的。因此就可以得出第一动力将也会是最终或者第一目的。因为如果一个施动者是为了别的某个目的而在其自身行动，那么这个别的目的就会比第一动力更高贵，因为从意图目的的施动者那里所移开去的目的，要比这个施动者更高贵。[31]

---

〔30〕 *Rep*., IA, d. 2, p. 1, qq. 1-3, n. 12, Ed. Wolter & Bychkov Ⅰ, p. 118.
〔31〕 *Rep*., IA, d. 2, p. 1, qq. 1-3, n. 31, Ed. Wolter & Bychkov Ⅰ, p. 123.

在这个论证中，第一目的因的证明建立在第一动力因基础上。司各脱论证说一个事物的制作必然为了一个目的，因为任何作为在其自身的施动者的动力施动者（也就是说，动力施动者仅仅为了其自己的目的而行动）都必然被安排为朝向其目的，而没有这一目的动力因将不可能制作。这就是说，目的因激活并且引导着动力因去制作与创造。而且这一动力因必须是第一目的因；否则这个第一动力因将不如第一目的因高贵，并且它会为了另外一个不是它自己的目的而行动。然而，作为最高贵和最高事物的第一动力因只为它自己而行动，因此第一动力因必须是第一目的因。

最终，司各脱将上帝设置为处于最高位置的万物的目的因和直接目的：

> ……任何本质上被安排为朝向某个别的更高贵的事物并作为其目的或目标的事物（都安排为朝向着这个更高贵的事物），而不是作为被推动的事物（在被推动的字面意思上，而不只是隐喻上的），也不是（被安排为朝向这个更高贵的事物就像朝向）这样的施行，而是作为似乎是施行的界限；不是在它通过这个施行或它的对象而成为可施行的意义上，而是作为它（这一更高贵的事物）是这一（施动者）通过施行而被同化其中的意义上。因此，上帝能够被设置为任何事物的直接目的。他作为在其自身里面存在而言正是目的并且是被爱着的。任何别的事物，无论它是施行或者对象，都不能在无条件的意义上是一个目的，而仅仅与他的自由性有关系。[32]

这一论证揭示出所有的事物、施行或者制作都拥有同样一个目

---

〔32〕 *QM*, b. 5, q. 1, nn. 67-68, Bonaventure Ⅲ, pp. 409-410.

的：上帝。所有的事物都是被创造出来朝向作为更高贵目的的上帝。但是这并不意味着所有对象或者事物是按照这一完满目的而被创造，也不意味着所有施行是按照这一完满目的而被执行。如果是这样的话，不同的对象和施行将会按照它们不同的本性而拥有不同的完满目的，上帝也就不会是所有事物的唯一目的。上帝应该在所有对象和施行被安排为朝向并且被同化入作为被爱着的上帝的意义上而成为所有事物的目的。

由此，所有施行和对象都不能在无条件的意义上是目的，相反只有上帝才能在无条件的意义上成为所有事物的目的。上帝的自由性包括所有的施行与对象，并且使得它们通过万物爱上帝的途径而吸纳入作为第一目的因的上帝。

跟随以上的分析，我们可以对司各脱如何安排诸原因的秩序看得更为清楚了：

> 如果目的是被意欲的，那么目的就是一个原因，因为（施动者，也即动力因）是因为它（目的）而行动的，并且（目的）是施动者的动机性原则。
>
> 然而动力因已在行动中或被目的所推动，在质料中制作了形式。而这就是形式的因果关系，（也就是）赋予形式。而质料的因果关系就是用于支撑形式。所有这些因果关系都来自目的。[33]

目的正是那推动动力因去行动的事物。因此，目的是动力因的原因和动机性原则，也就是说，目的是目的因和推动性原则。在目的因的推动之后，动力因通过在质料中制作形式并使得质料支撑形式而创造了万有。因此，正是目的因推动并且引导着动力因，并且接着作用

---

[33] *QM*, b. 5, q. 1, n. 16, Bonaventure Ⅲ, p. 399.

于形式因和质料因。

现在我们可以看出四种原因在司各脱这里是如何安排的，而且它们是如何在因果关系的系统中发挥其各自的功能：

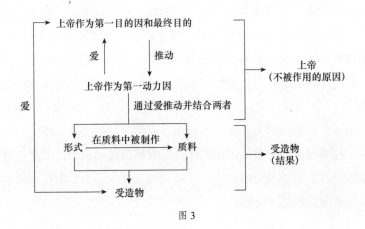

图 3

通过这张图，我们可以看到上帝是受造物的不能被作用的原因。上帝爱受造物，而受造物也爱着上帝。神圣的爱作为目的因和最终目的推动着第一动力因去行动。因为第一动力因也爱着最终目的，因此它在质料中制作了形式，使质料支撑形式，并将两者结合为整体。当形式和质料接收了来自第一动力因的推动，它们结合为一个事物，而受造物的制作也就此完成。因为神圣的爱是受造物的最终目的，受造物是朝向着作为最终目的的神圣的爱而被制作的。

由此我们可以看出，在司各脱的因果关系理论里面有两种值得注意的秩序：第一，在四个原因之中，外在因要先于内在因；第二，在两个外在因之间，目的因要先于动力因。另外彼得·金指出，在受造物的形式因和质料因关系中，质料在制作中先于形式，因为形式是在质料中被制作出来的。[34] 不过这一关系并不如以上这两种原因秩序

---

〔34〕 参见 "Scotus on Metaphysics"。

根本。

通过如此建立四个原因的秩序，司各脱发展出将受造物和上帝建立因果关系的新系统：受造物主要通过外在的动力因和目的因而与上帝相连，受造物的内在本性与上帝之间的范式性因果关系相比阿奎那已变得不再重要，外在因果关系相比于内在因果关系具有了优先性，并且这种外在因果关系首先并不体现在范式/形式关系，而是神圣的爱。因此，在受造物与上帝的关系之中，范式因不再具有重要位置和功能。

最后需要指出的是，上帝在原因秩序中的超越性，体现了存在的破裂。这不仅是由于范式因所代表的形式相似性被动力因取代，更体现在上帝作为第一动力因和第一优越因与其他有动力的本性与原因之间并不是单义而是多义的：

> ……第一动力是第一优越因。证明：因为第一动力与其他有动力的本性（*natura*）的关系并不是单义的，而是多义的；因此，它比它们更为优越和高贵。因此第一动力因是最优越的。[35]

在这一论述中，司各脱强调虽然所有的动力因都拥有共同的名称，然而第一动力因与其他第二阶的动力因是多义关系。在这个意义上，单义性并不能够建立起神圣原因相对于被造原因的超越性，而必须诉诸多义性。由此上帝作为第一动力因克服了单义性所带来的共同性。因此，司各脱在这一问题上对于多义性的强调表明了他保存上帝超越性的意图：

> ……我认为所有的原因都能够通过目的而得到证明。因此

---

[35] *Ord.*, I , d. 2, p. 1, qq. 1-2, n. 69, Vatican II , p. 169.

通过目的的证明是最有力和最确定的。因此，"如同原则是在思辨事物之中，目的则在实践事物之中"。[36] 因此，正如（理论事物是）通过原则而被知道得最确定的，所以（实践事物是通过它们的）目的（而被知道得最确定的）。[37]

上帝在受造物与他的因果关系之中占据着最高和最决定性的位置。其他三个原因只能通过它们对目的因的依赖而得到证明。司各脱的目的因因此在理论科学与实践科学之中都具有相应的功能。在思辨科学之中，上帝作为目的因开启了上帝自身作为第一动力因的创造能力，它在质料中创造形式并使质料支撑形式，统一两者为整体。而在实践科学之中，第一目的因是建立在神圣意志之上的爱。上帝爱万有，而万有爱作为他们共同目的的上帝。作为爱的第一目的因是最高原因，这显示出神学实践具有对于包括形而上学在内的思辨科学的优先性，而所有的实践事物通过作为它们目的的神圣的爱而获得了最大的可理解性与确定性。

司各脱的形而上学与他的因果关系理论紧密相连：它们两者都与形而上学的中心点不再紧密相关，并且形式／范式因在形而上学与因果关系之中的重要功能得到削弱。如果范式／形式因仍然占据着重要位置，就会导致两个可能结果：第一，上帝相对于受造物的超越性会与形式性的关系联系起来；第二，受造物自身的内在因优先于其自身的外在因，它们对上帝的依赖性会削弱。

对于第一个结果，为了给予上帝更多的自由与超越性，形而上学的去中心化不再集中于形式／范式相关的中心点以及由此建立的受造

---

〔36〕 Aristotle, *Physics*, Ⅱ. 9, 200a 15-16.
〔37〕 *QM*, b. 5, q. 1, n. 43, Bonaventure Ⅲ, p. 405.

物与上帝的形式相似性上。这使得作为神圣原因的上帝更少地受到这一限制。

对于第二个结果，为了建立起在原因秩序之中的受造物对上帝的依赖性，司各脱削弱了受造物的内在因的功能，并且同时极大增强了受造物与上帝关系之中的动力和目的因果关系的地位。结果，建立在范式因果关系之上的受造物与上帝的形式相似性臣服于动力关系和目的关系，并且被其取代。受造物与上帝具有更少的形式相似性，而上帝也因此变得更为超越。

司各脱通过单义性理论建立起了某种受造物与上帝敉平化的起点，并同时在与神圣的爱和神学实践密切关联的外在进路基础上给予了上帝在其与受造物的因果关系中以超越性和优先性。因此，受造物与上帝之间的相异性是通过围绕神圣的爱而建立的外在因果关系所保存的。而且神圣的爱作为最高原因与原因秩序的目的还能够保存因果关系所蕴含的神学与实践意义。另外上帝作为第一动力因和最优越的原因与其他所有有动力的本性和原因并非单义而是多义的，这就显示在因果系统之中受造物与上帝之间并不具有实在的共同性与单义性。原因与结果的单义性起点，最终走向了多义性的破裂。

在第八章中我们将看到，因果关系作为第二条形而上学进路和必然性/偶然性作为第三条进路彼此关联。在因果系统之中的上帝超越性不仅仅通过受造物与上帝的外在动力和目的（通过目的神圣的爱引导着受造物）的因果关系得到保存，而且还依赖于受造物与上帝之间的偶然因果关系。上帝从不会被因果关系系统所限制，上帝甚至可以自由地终结他创造和制作原因的功能，这是因为神圣意志和自由是完全自由而偶然地创造万有的。

第八章　上帝与世界偶然性的深化

　　亚里士多德在《解释篇》中认为存在着这样的一对相反命题，如"明天会有一场海战"与"明天不会有一场海战"，明天或许前者发生或许后者发生这一点是必然的，但前者和后者单独而论都不是必然，因为它还没有在现实之中发生。而对于正在发生和已经发生的，则是必然的。[1]

　　亚里士多德提出的这一问题在基督教思想家那里迅速演化成关于必然性和偶然性以及上帝对未来偶然事件的预知和人的自由意志等问题的讨论。对于不少基督教思想家来说，他们接受了上帝从虚无中创造万有的教义，而上帝的创世行为被看作是自由的。整个被造世界的根基来自上帝的自由创造，上帝超越了他的所有受造物而不受任何自身之外东西的限制。这使得很多基督教思想家认为世界是偶然存在，从而没有上帝之外的根基。相应于此，上帝的存在则是必然的，并且是唯一的必然存在者。

　　与之相关的则是世界的永恒性问题。对于亚里士多德来说，世界是永恒存在的，尽管月下世界充满了生成与毁灭的运动，但世界并没有开端，也没有终结。这显然与基督教有始有终的创世学说相矛盾。如果我们接受了世界无始无终而永恒存在，那么其存在在整体上就不可能是偶然而不确定的。而如果我们接受了上帝自由创世的学说，那

---

[1]　Aristotle, *On Interpretation* 9.

么被造世界整体上就不可能拥有来自其自身的必然性。在基督教思想吸纳亚里士多德学说的同时，究竟该如何整合这两种不同的学说呢？

事实上，这一整合从来都是充满张力的。在教父哲学时期，以奥古斯丁和波埃修等为代表的思想家认为上帝是永恒的、无限的、必然的存在，并且不会经历过去、现在与未来的流变，而受造物则在时间之中存在，并且始终经历着过去、现在与未来的时间变化，由此是有限而偶然的。经院哲学时期，亚里士多德主义的流行使得上帝的超越性受到损害。随着上帝超越性的提高，受造物的偶然性得到了强化。其中最为突出的就是司各脱的偶然性学说，他的"共时的偶然性"学说突破了传统的基督教思想框架，大大强化了受造物的偶然性，从而为上帝的自由与超越留下了更多的空间。

司各脱偶然性学说的影响通过各种不同的方式表现出来。他强调受造物偶然性的方面可以在笛卡尔思想关于上帝创造了世界及其时间并且本可以创造别样世界的学说中体现出来。[2] 有学者甚至认为司各脱的偶然性学说成为莱布尼茨可能世界理论的先驱。[3] 而他通过偶然性学说所展现出的上帝对于受造物的绝对控制力和决定权则又在加尔文这样的新教神学家那里通过否定存在着偶然事物的既定论而以变形的方式表现出来。

因此，司各脱的偶然性学说的重要性一方面体现在他站在基督教的立场上，在继承受造物的偶然性和上帝的必然性的同时，深化了受造物的偶然性；另一方面，他的偶然性学说进一步抽离了受造物存在的根基，使得受造物臣服于神圣意志的创造，这又为我们理解早期现代哲学与新教神学的兴起提供了一些有益的参考。

---

〔2〕 AT I:152, CSMK 25. "（上帝）可以自由地让圆的半径相等变成不真的——就像他自由地可以不创造这个世界。"

〔3〕 Langston, Douglas C. *God's Willing Knowledge: The Influence of Scotus' Analysis of Omniscience*, University Park, Penn.: Pennsylvania State University Press, 1986.

对司各脱来说，只存在一个必然存在者：上帝。所有其他的存在者都只是偶然和可能的，并且全部都依赖于上帝。上帝是必然存在而独立的，受造物则是偶然而依赖性的。必然存在者与偶然存在者在实在之中是相异的。这一关系可以保证上帝相对于受造物的超越性。不但如此，在一些学者看来，司各脱关于必然性和偶然性的理论甚至在某种意义上渗透进了他整体的思想之中。[4]

司各脱的偶然性理论非常新颖，影响也很深远。为了超越和克服亚里士多德主义对基督教正统神学的挑战，他提出了著名的"共时的偶然性"学说。这一学说不但改变了亚里士多德—阿奎那路向对于偶然性的历时性理解，深化了世界的偶然性，并同时将这一偶然性的根源完全归因于神圣意志的创造与决定。这使得上帝与受造世界的关系变得既紧密又疏远，同时也扩展了受造世界的潜能性。紧密是因为世界的深度偶然性使得受造物对于上帝，尤其是上帝意志的依赖性得以加强，疏远是因为上帝更为遥远地超越了他所创造的世界，神圣理念与偶然性之间不具有实质关系，从而造成了两者破裂关系的加深。

司各脱关于偶然性的讨论在《早期牛津〈箴言书〉评注》第一卷第三十九个问题（下面简称《第三十九个问题》）里集中得到了表达。学者们普遍认为《牛津〈箴言书〉评注》的批评版包含了一份很有价值的"誊抄本"，而这份誊抄本实际上是由司各脱的学生们所写的。[5]沃尔特已经对司各脱在《巴黎〈箴言书〉评注》中的偶然性理

---

〔4〕 参见 Antonie Vos, "Scotian Notion of the Natural Law", *Vivarium* 38 (2):197-221 (2000), pp. 197-221, 在这篇文章中作者认为这一理论是司各脱逻辑学与本体论思想的转折点，参见该文 pp. 200-201; "The theoretical centre and structure of Scotus' *Lectura*: Philosophy in a new key", in: *Via Scoti methodologica ad mentem Joannis Duns Scoti I*, Rome: Edizioni Antonianum, 1995, pp. 455-473; Michael Sylwanowicz, *Contingent Causality and the Foundations of Duns Scotus' Metaphysics*, Leiden: Brill, 1996。

〔5〕 Stephen D. Dumont, "The Origin of Scotus's Theory of Synchronic Contingency," *The Modern Schoolman*, Volume 72, Issue 2/3, January/March 1995:149-167.

论做了出色的研究，如今也有一份粗略的翻译可供使用。[6]除了这两个地方之外，司各脱在他对上帝存在的四次证明中都触及了必然性和偶然性问题。事实上，关于偶然性理论的几种论述，只有《第三十九个问题》是原作，并且还有批判版供使用。由于在司各脱的三个《箴言书》评注中偶然性理论并没有太多本质性的差异，[7]因此我们将把《第三十九个问题》作为讨论的基础，并同时补充其他著作的相关论述。[8]

由于关于《第三十九个问题》的研究文献很多，其基本观点已经被反复挖掘过，因此本章将不会再详尽总结相关论证步骤，[9]而是更集中于展现它与上帝超越性的关系。我们将不再详细讨论逻辑学与语义学意义上的偶然性，[10]而将主要强调并且集中在偶然性与神圣意志以及神圣理智的关系上，也就是说，这一章并不是对司各脱偶然性理论的全面研究，而是对上帝如何通过这一进路超越偶然世界的研究。

---

[6] *Rep.,* IA, dd. 38-40, Ed. Wolter & Bychkov, II, pp. 448-491.
[7] 参见 "The Origin of Scotus's Theory of Synchronic Contingency," p. 150, 脚注 [7]。
[8] 大多数关于司各脱偶然性理论的研究都集中在《第三十九个问题》和所谓"誊抄本"上。关于司各脱其他著作中所包含的偶然性理论，参见 Martin Anton Schmit, "Zufall, Glück und göttliche Vorsehung nach dem *Quodlibet* (a. 21) des Johannes Duns Scotus," in *Regnum hominis et regnum Dei. Acta Quarti Congressus Scotistici Internationalis*, ed. Camille Bérubé, Vol. 1, Studia Scholastico-Scotistica 6, Rome: Societas Internationalis Scotistica, 1978, pp. 177-185; Joachim R. Söder, "La doctrine scotiste de la contingence dans la *Reportatio* I A," in *Duns Scot à Paris, 1302-2002, Actes du colloque de Paris, 2-4 septembre 2002*, ed. Olivier Boulnois, Elizabeth Karger, Jean-Luc Solère, and Gérard Sondag, Textes et études du Moyen Âge 26, Turnhout: Brepols, 2004, pp. 375-386。
[9] 关于司各脱在《第三十九个问题》之中论证的详细分析，参见 *John Duns Scotus: Contingency and Freedom: Lectura I 39*, ed. Anthonie Vos Jaczn., Henri Veldhuis, etc. Synthese Historical Library 42, Dordrecht, Boston, and London: Kluwer academic publishers, 1994。
[10] 按照西蒙·努提拉（Simo Knuuttila）的分析，司各脱甚至认为可思考性与逻辑上的可能性都是独立于上帝心灵的。然而，这种观点招致了司科特·麦克唐纳（Scott MacDonald）和加尔文·诺莫（Calvin Normore）的批评，他们认为逻辑上的可能性与实在性以及作为创造者的上帝不能分离开来。参见 Knuuttila, *Modalities in Medieval Philosophy*, pp. 139-149; Scott MacDonald, "Synchronic Contingency, Instants of Nature, and Libertarian Freedom: Comments on 'The Background of Scotus's Theory of Will,'" in *The Modern Schoolman* 72 (1994/1995): 169-174; Calvin Normore, "Duns Scotus's Modal Theory," pp. 162-169。

第一节　上帝与必然性

奥古斯丁认为"上帝用永恒而不变的知识与意志"创造万物。[11]
在上帝的创世意愿与他对于万物的知识之中，没有任何变化，也没有
过去、现在与未来的区别与流动：

> 他（上帝）对这件那件事物的认识并不变化，而是用不变
> 的智慧看一切；因此，对于在时间中存在的，未来的（即尚不
> 存在的）、现在的（即正存在的）、过去的（即已不存在的），他
> 都会以自己稳固的、永恒的现在来把握……他的意图不会从一
> 种认知过渡到另外的认知。在他超物质的视界中，他知道的一
> 切都同时存在。[12]

在这一段论述之中，奥古斯丁表达了类似《忏悔录》第十一卷的
观点，即上帝并不经历过去、现在与未来的流动，而是在永恒的现在
之中意愿和认识万有。也因此上帝是永恒的、不变的并且全知全能
的。而只有被造的偶然事物才会有时间流动的历程，也因此会经历变
化、生成与消逝。所以上帝虽然创造了可变的、有限的世界，但是上
帝本身的创造意志是单一的、不变的：

> 但是在上帝那里，不会有先前到后来的变化，也不会取消意
> 志。他用永远同等、不变的意志创造万物。受造物不存在的时候，
> 他不让它们存在；受造物开始存在的时候，他让它们存在。[13]

---

[11]　奥古斯丁：《上帝之城》，中册，第十一卷，第二十一章，吴飞译，上海：上海三联书店，
　　　 2008 年，第 98 页。拉丁文参见 http://www. augustinus. it/latino/index. htm。
[12]　《上帝之城》，中册，第十一卷，第二十一章，第 99 页。
[13]　《上帝之城》，中册，第十二卷，第十七章，第 139 页。

在这段话之中，奥古斯丁强调上帝的创造意志是同等而不变的，而不是拥有很多不同的意志并且不能随意取消。需要注意的是，受造物会经历从不存在到存在的被造过程，但是上帝并不经历这个过程。

奥古斯丁的这一观点大致被波埃修所接受。在波埃修看来，上帝同样也是无时间地永恒在场，[14]并且不会经历过去、现在与未来的变动。[15]

然而这一学说仍然隐含了一个问题：如果受造物被造成是偶然的，那么上帝可不可以将受造物造成别的样子呢？如果上帝不能这样做，是否意味着受造物成为目前这个样子具有其内在必然性？换句话说，受造物的潜能是否已经在目前的世界中耗尽了呢？如果上帝能够这样做，也就是说，上帝本可以制造别样的世界，甚至对目前这个世界的运行进行随时改变，那么这与上帝在其永恒性之中知道一切并早已经意愿了一切如何协调？

在讨论司各脱对这一问题的处理之前，我们可以先简要看一下阿伯拉尔与阿奎那的观点，这将有助于我们理解司各脱在处理这一问题上的新颖之处。

对阿伯拉尔来说，上帝的意志和全能限定在他实际所做的范围之内：

> 看起来通过以上推论，上帝只能做他这样做了的事情，并且只能取消那些他这样取消了的事情，因为事实上在每一个某

---

[14] 关于波埃修在这里所论述的上帝与受造物的同在究竟是形而上学意义上的还是认识论意义上的，参看 John Marenbon, "Divine prescience and contingency in Boethius's Consolation of philosophy", *Rivista di Storia Della Filosofia* 1:9-21 (2013)。对这一问题做进一步的精细区分是必要的，因为正如马仁邦所指出的，波埃修的文本里的确谈到了上帝与受造物同时 (simultaneous) 存在，而这似乎与上帝的无时间性相矛盾，解决的办法在于将波埃修在这里所谈到的同时理解为认识论而非形而上学的。

[15] *Consolatio philosophiae*, V. 6, 25-32.

事被做或者被取消的情况中，他都具有为什么做或者取消它的有效理由；……（上帝）不能做任何反过来反对理性要求做的事情。[16]

在这段话中，阿伯拉尔很明确地表明了上帝不能做他所做的事情之外别样的事情，无论是做某事还是取消某事，都遵循着至善上帝所认为的有效理由。在这里，理性秩序引导着上帝意志去做某事或者取消某事。所以在阿伯拉尔这里，上帝不可能做别样的事情，我们也可以因此推论说，在阿伯拉尔这里有且只有我们目前这一个世界。值得指出的是，这并不意味着上帝意志是被理性所强迫的，因为上帝意志是最善好的，所以上帝意志在做这种事情的时候不是被迫屈服于理性，而是自发的、自愿的。[17]

虽然与阿伯拉尔在具体表述上有所不同，阿奎那也表达过类似的看法：

> 无论上帝能怎样，他就能怎样，因为他的权力和本质都没有缩减。但是他不能在现在不去意愿已经设置为他已经意愿的东西，因为他的意志不能改变。因此，任何时候他都只会意愿他已意愿的。基于此，他必然会已意愿任何他已意愿的，以及他在意愿的东西。[18]

在这里，阿奎那明确表明上帝的权力和本质不会缩减，但这并不意味着他的全能可以没有任何边界。由于他的意志是不变的，因此他

---

〔16〕 Abelard, *Theologia "Scolarium"*, Ⅲ, in *Basic Issues in Medieval Philosophy*, ed. Richard N. Bosley, Martin M. Tweedale, Calgary: Broadview Press, 1997, p. 19.

〔17〕 Abelard, *Theologia "Scolarium"*, Ⅲ, *Basic Issues in Medieval Philosophy*, p. 21.

〔18〕 Thomas Aquinas, *SCG*（《反异教大全》，*Summa Contra Gentiles*）, Ⅰ, ch. 83.

不能任意取消和改变他所意愿过的以及在意愿的东西。在这个意义上，他和阿伯拉尔都坚持认为上帝意志不会改变。

但是问题在于，这种观点是否对上帝的全能与自由选择构成限制呢？以阿奎那为例，正如伊莉奥诺·斯汤普（Eleonore Stump）所指出的，上帝的单纯性和不变性与上帝从永恒出发的选择可以是别样的这两者如何协调？这一单纯性和不变性又与受造物的意志行为可以是上帝所知之外别样的如何协调？[19]

1277 禁令要求神学家们增强上帝的全能与超越性，因此这些先驱们的观点都不再能迎合新时代的神学与哲学需求。而司各脱的偶然性理论正是在这个方面做出了卓越的突破。我们将看到，司各脱从不认为上帝意志在意愿某事的同时，其相反者不可能。相反他的"共时的偶然性"理论认为在某物被上帝所意愿时，其相反者在同时同样是可能的。这就大大增强了受造物的偶然性，并且也扩宽了上帝意志与全能的范围。当然其代价就是神圣理智不再像阿伯拉尔和阿奎那那样成为善好秩序的建立者，以及神圣意志的指引者。作为偶然性的最主要原因，神圣意志的地位与功能得到增强，上帝的超越性与对受造物的直接控制力也得到增强。

对司各脱来说，只有上帝是必然存在者，其余事物都是偶然的。神圣必然性超越了所有偶然事物。在这一节，我将首先阐释必然性的含义，接着分析司各脱对哲学家们关于神圣必然性理解的批评。

1. 神圣必然性的含义

按照玛丽·贝思·英厄姆（Mary Beth Ingham）和麦科特希尔德·德莱尔（Mechthild Dreyer）的分析，方济各神学家通过两种方

---

[19] Eleonore Stump, *Aquinas*, London: Routledge, 2003, pp. 100-127.

式来理解上帝的必然性：第一种是不变性，第二种是不可避免性。[20]
在不同地方我们会发现司各脱部分接受了第一种方式，但拒绝了第二种方式。

（1）神圣必然性与不变性

在《形而上学》第五卷中，亚里士多德讨论了五种不同的必然性：[21]

A. 如果没有它作为条件，一个事物就不能生存，比如呼吸和食物对一个动物来说是必然的。

B. 如果没有这种条件，善好就不能存在或者生成，或者如果没有它我们就不能摆脱或者免于恶，比如喝药对于健康是必然/必需的。

C. 强制的和强制，也就是说，妨碍或者阻止冲动与选择/意图。

D. 不可能是别样的事物就是必然如此的。

E. 证明为是必然的东西，因为结论不可能是别样的。

在亚里士多德所给出的上述五种必然性之中，司各脱选择了第四种作为上帝必然性的含义：

> 我们须认为，如《形而上学》第五卷所示，它（不变性）是必然性的一种模式："它不会变成别样。"然而，不变性并不是必然性的原因，因为在不变性之中，只是缺乏相继序列（*successio*）。因此，在所有《形而上学》第五卷所提出的（必然性的）模式之中，在上帝之中只有不变性这种必然性。[22]

司各脱跟随亚里士多德所举出的第四种含义，将其用来定义上帝

---

〔20〕 Mary Beth Ingham and Mechthild Dreyer, *The Philosophical Vision of John Duns Scotus*, Washington, D. C.: The Catholic University of America Press, 2004, pp. 89-90.

〔21〕 *Metaphysics*, V. 5, 1015^{a}20-1015^{b}9.

〔22〕 *Lec.*, Ⅰ, d. 39, n. 77, Vatican XⅦ, p. 505.

的必然性。不变性是一种必然性，因为不变性意味着某个东西不会变成别的东西，这就可以用来解释上帝的必然性。因此，司各脱认为在必然性的五种含义里面，只有第四种含义所包含的不变性适合于描述上帝的必然性。然而，司各脱指出不变性不能成为必然性的原因，因为不变性只是意味着不存在相继序列。这究竟是什么意思呢？在别的地方，司各脱针对必然性与不变性的区别给出了更详尽的解释：

> 我认为，如果在上帝之中只有不变性这种必然性（也就是说，不是哲学家所提出的那些必然性的模式，除了第四种，按照这一定义，必然性"是不能变成别样"，——因为别的必然性模式要求不完满性，就像是强迫的必然性一样，等等），然而并不是只有不变性一种必然性以至于不变性本身就是必然的，因为不变性只是丧失了在一个相继序列之中从一方变成其相反者的可能性，但无条件的必然性则绝对地丧失了这种相反者的可能性，从而并不只是丧失了在相继序列中的相反者（的可能性）而已，因此不能得出"相反者并不能变成其相反者，因此相反者就不能存在"。[23]

在这一陈述之中，司各脱首先肯定了不变性作为必然性的第四种含义是相宜于上帝的，而其他几种必然性的含义都包含有不完满性。然而，这并不意味着不变性就等同于必然性了。不变性只是意味着在上帝之中并不存在着从一方变成其相反者序列的可能性，但其相反者仍然可以存在。而相反，必然性则是一种更为严格的概念，它彻底排除了任何相反者以各种形式在场的可能性，所以在必然性之中绝不存在相反者。虽然不变性能够揭示必然性的含义，但是我们却不能从不

---

[23] *Ord.*, I, Appendix A, n. 31, Vatican, p. 438.

变性的含义简单推出必然性的含义。因为没有变成相反者并不意味着相反者不能在场。

为了更好地解释这一对概念的区别，我们可以使用安东尼·沃斯（Anthonie Vos）团队对司各脱《第三十九个问题》中不变性的图示来表明上帝不变性的含义[24]：

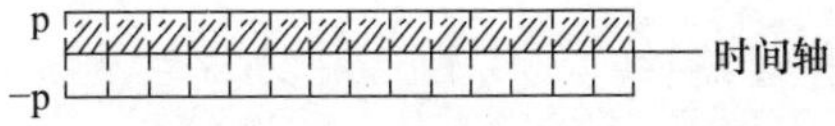

p ▨▨▨▨▨▨▨▨▨▨▨▨▨▨▨ —— 时间轴
-p └┴┴┴┴┴┴┴┴┴┴┴┴┘

图 4

事实上这幅图并不精确，因为它还包含着一个时间轴，然而上帝却是超时间的。不过即便这样，这幅图仍然有助于我们理解所谓"没有变成相反者的序列"的含义：虽然在时间轴上有很多的连续时刻序列，但 p 绝不会变成其相反者 -p，在上帝的不变性之中不存在 -p 的序列。

然而，不变性仍然显示出其相反者 -p 还是在场的，只不过 p 始终不会变成其相反者 -p 而已。为了解释必然性的含义，我们用以下这张图来说明必然性与不变性的区别：

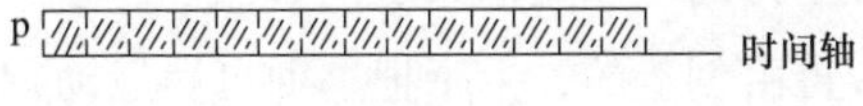

p ▨▨▨▨▨▨▨▨▨▨▨▨▨▨ —— 时间轴

图 5

在这一图表之中，与不变性相似的是，p 不存在变成相反者的可能性。然而不同之处在于，在必然性中根本没有相反者 -p 在场，而只有 p 出现于必然性之中。因此，必然性是一种合宜于上帝的更为严格的概念，因为不变性仍然包含着作为不变性的相反者 -p 于其中在场。上帝的不变性是因为他的必然性，但我们不能说上帝的必然性是

---

[24] *John Duns Scotus: Contingency and Freedom: Lectura I* 39, p. 26.

因为他的不变性。

（2）神圣必然性与不可避免性

司各脱拒绝使用不可避免性来理解上帝的必然性。他承认一些未来事件的确被创造成不可避免的，但不可避免性绝不是必然性：

> 必然性有两重：第一重是不变性这种必然性，另一重是不可避免性这种必然性。不变性这种必然性是指某物不可能变成别样，上帝在这个意义上是必然存在者。而不可避免性这种必然性是指某个未来事物的事件被说成是不可避免，虽然这个事件在其自身之中并不是不可变且必然的，比如太阳明日将会升起是通过不可避免性的必然性而必然的，而其他的自然运动也是如此而必然的，然而它们还是能够变成别样，因此自然运动既不是无条件必然的，也不是不可变的。[25]

在这一陈述之中，司各脱定义了两种必然性：第一种体现为不变性，这种不变性绝不可能变成别样，并且没有任何限定条件，从而只能被上帝所拥有；第二种则是不可避免性，它只是类似于太阳明天将会升起这样的有条件的、限定意义上的必然性。这是因为太阳和它的运动都是由上帝自由创造的，上帝把这种自然运动创造为不可避免地每天发生，但对上帝来说这仍然不是无条件的必然性。

因此严格来说，不变性和不可避免性都不能完满定义上帝的必然性。在不变性之中，虽然没有相反者序列的出现，但是相反者仍然在场。而在不可避免性之中，相反者也同样在场，因为受造物的不可避免性对于上帝是偶然的。不同于受造物，上帝的必然性完全排除了任何相反者在场的可能性。

---

[25] *Rep.*, IA, dd. 39-40, qq. 1-3, n. 25, Ed. Wolter & Bychkov, Ⅱ, pp. 471-472.

由此，受造物是被创造成偶然的，这就意味着在偶然存在的受造物之中，永远都会有成为别的东西或变成别的样子的可能性，也因此偶然性也就总是与可变性相关。换句话说，成为别的东西或变成别的样子的可能性可以发生在偶然事物之中，但在唯一的必然存在者上帝那里则不会有这种可能性与相反者存在。因此，上帝作为必然存在者超越了受造的偶然世界。

2. 司各脱对哲学家们的神圣必然性观点的批评

除此之外，司各脱还强烈反对一些哲学家关于神圣必然性的观点。这突出表现了司各脱为了保证上帝的绝对超越性，从而叛离了希腊哲学传统，尤其是亚里士多德主义传统。按照他的归纳，哲学家们把神圣必然性理解为三种模式[26]：

（1）它自身在形式上是必然存在的，但却是通过因果关系而从别的事物那里来的。

（2）它自身在形式上是必然存在的，并且也依赖于别的事物，而由于本质性秩序（ordo essentialis），如果第二个事物不能没有第一个存在者而存在，但并不是反之亦然，那么第三个事物和第二个事物的关系也是如此。这一秩序只能存在于更完满的事物和更少完满的事物之间，但却并不存在于原因与被作用的结果之间。

（3）某物在自身之中具有形式上的可能存在，并且还从另一个必然存在那里拥有了必然性，也即是因为别的事物把它作用为必然的。

对于这三类哲学家们所理解的必然性，没有任何一个可以用来适宜地描述神圣必然性。很显然，第二种理解肯定不是对上帝的正确理解，因为上帝本身不可能是不太完满的存在者，他始终占据着所有事物的秩序的最高点。

---

〔26〕 *Ord.*, I , d. 8, p. 2, n. 232, Vatican IV, p. 283.

而对于第一种和第三种必然性，司各脱认为它们都是从亚里士多德的形而上学衍生出来的，并且都无法用来理解上帝必然性。对于第一种，司各脱引用了一段亚里士多德的论述以说明永存事物的必然性依赖于其原理的观点：

> 从《形而上学》第二卷亚里士多德的意图可以看出："关于永存的事物的原理必然是最真的。"因为它们对别的事物来说是真理的原因，"而每一个事物都与存在有关正如与真理有关"。现在按照亚里士多德的《论天体》第一卷和《形而上学》第九卷第八章，这一点就很清楚了：每一个永存的事物都是必然的。[27]

在这里，司各脱把亚里士多德所理解的永存事物，也即神与其原理分离开来。在他的解读里，如果按照亚里士多德的观点来理解上帝的必然性，那么也就意味着上帝这样的永存事物之所以永存和必然，是因为他的原理是最真的。不但如此，在所有永存和必然的事物之中，它们的原理也都是最真和最稳固的，只有依赖于这些原理，在不同事物之中的真理才会是真的，也由此这些原理是其他真理的原因。如果这样的话，上帝的必然性将不会来自上帝本身而是来自其原理，结果那些原理要比上帝更为必然。司各脱的解读有曲解亚里士多德的倾向，他的目的在于杜绝以形而上学乃至哲学的方式为上帝的必然性提供根据。

第三种必然性肯定也不属于上帝，因为它的存在只是可能而非必然，并且只能通过别的事物才能成为必然的。阿维森纳曾给出一个例子用以阐释这一点：运动自身是可能的但并非必然的，但是由于另一

---

[27] *Ord.*, I , d. 8, p. 2, n. 239, Vatican IV, pp. 288-289.

个必然的存在者，运动能够被做成是与天体一样永存的。[28]

因此，这三种必然性都不足以定义神圣必然性。

在司各脱看来，阿维森纳和阿威罗伊都在很大程度上继承了亚里士多德对于必然性的理解，他们削弱了上帝的自由与独立性，因为他们都想要为上帝的必然性提供另外一个必然基础并且给出一些其他理由与原理。结果，这一基础和别的理由、原理就和上帝一样必然了。[29]

最后可以补充的是，在司各脱看来，哲学家们不但为上帝的必然性赋予了上帝之外的根据，而且还在上帝与其他事物的关系中建立了必然性：

> 我答复：亚里士多德（阿维森纳也类似）认为上帝是必然与外在于他的事物相关联，而由此就得出别的事物也必然与上帝有所关联（而这就像是别的事物可以直接与他相配），或者不是通过一个中介的运动而相关联。[30]

按照这一点，亚里士多德和阿维森纳在上帝与其他事物之间建立起了一个必然的交互关系，而这一关系可以不建立在作为中介的运动之上而直接相关联。由此，上帝创造的自由性与偶然性就被否定了。

因此，哲学家们对于神圣必然性的理解不能满足司各脱的神学目的。上帝的必然性绝不依赖于别的事物。上帝是唯一无条件的必然存在者。因此，是必然性将上帝与受造物区分开来，并使上帝超越于、独立于他所有的受造物。

在《牛津〈箴言书〉评注》之中，司各脱概括了根特的亨利对哲

---

[28] *Ord.*, I , d. 8, p. 2, n. 243, Vatican IV, pp. 290-291.

[29] *Ord.*, I , d. 8, p. 2, nn. 232-249.

[30] *Ord.*, I , d. 8, p. 2, n. 251, Vatican IV, p. 294.

学家们观点的批评，[31] 而且司各脱还给出了另外两个他自己的理由。

第一个理由是上帝之所以是必然的，并不是因为别的外在于他的理由，而是由于他自己的必然性；即使所有其他事物都不存在，上帝也不能够不存在：

> 一个绝对而至高的必然存在者——高到某个事物能被看成必然存在者——不能够不存在，即使任何别的他之外的事物都不存在……因此，当别的他之外的事物不存在时，并不会因为这个原因就导致他不存在。但是如果他与第一个被作用的结果具有必然关系，那么当那个被作用的事物不存在时，他就不存在。因此他与这个结果并不具有必然关系。[32]

上帝必然存在并不是因为其他事物。相反，即使别的事物并不存在，上帝也依旧存在。结果，上帝与其他由他所作用、所产生的事物之间没有必然关系，因为这种必然关系将会使得上帝与其他事物必然关联，而由此如果别的事物不存在时上帝也就会不存在了。因此，上帝的必然性并不依赖于任何别的事物，与别的事物也绝无必然关系。

而对于第二个理由，司各脱是如此论证的：

> 某事物在诸存在者之中偶然存在，因此第一因就是偶然地进行作用的。[33]

对于为何第一因是偶然进行作用的，司各脱给出了三个理由[34]：

---

[31] *Ord.*, I , d. 8, p. 2, nn. 263-274.
[32] *Ord.*, I , d. 8, p. 2, n. 275, Vatican IV, p. 310.
[33] *Ord.*, I , d. 8, p. 2, n. 281, Vatican IV, p. 313.
[34] *Ord.*, I , d. 8, p. 2, nn. 282-286.

第一，如果第一因与第二个因是必然相关的，那么第二因也就会与第三因有必然因果关系，结果，在整个因果秩序之中就不存在偶然性了。[35] 这一观点将在本文第二和第三节予以进一步讨论。

第二个理由与道德有关。宇宙之中恶的事物的存在可以显示出上帝并不是必然作用其他事物的。[36] 这就意味着如果上帝作为最完满并拥有最伟大善好的存在者必然地进行因果作用，那么整个宇宙之中就不会有恶的存在了。这也就说明偶然性是恶的起源。[37]

第三，如果一个施动者是通过其最伟大的能力而必然行动的话，那么它就无法选择强烈的或者轻微的行动，无法选择去行动或者不去行动，这是因为它的行动是包含必然性的，这使得他的行动无法具有别的可能性。结果，作为第一因的上帝将必然作用于任何他所能作用的东西，并且既然他能够作用任何可作用的事物，那么就不会有进行作用的第二因。[38] 这一论证显示上帝的存在是必然的，这一点并不意味着上帝的行动也是必然的。相反，上帝对受造物的作用是自由并且偶然的。第一因作用的偶然性为其他原因的活动留下了充足的空间。否则，上帝的必然性将会占据每一个可能与可作用的东西，如此一来就只会有上帝这一个原因，而所有其他事物都只不过是第一因的结果而已，也不可能有第二阶的原因存在。

---

[35] *Ord.*, I, d. 8, p. 2, n. 282, Vatican IV, pp. 313-314.

[36] *Ord.*, I, d. 8, p. 2, n. 283, Vatican IV, p. 314.

[37] 关于司各脱偶然性理论在道德学说之中的应用，参见 Wilhelm Alfred Müller, "Die Diastase von Theorie und Praxis und die Kontingenz der Welt nach Johannes Duns Scotus," *Zeitschrift für Evangelische Ethik* 26 (1982): 100-110; Hannes Möhle, "Das Verhältnis praktischer Wahrheit und kontingenter Wirklichkeit bei Johannes Duns Scotus," in *Friedensethik im Spätmittelalter. Theologie im Ringen um die gottgegebene Ordnung*, ed. G. Beestermöller and H. -G. Justenhoven, Beiträge zur Friedensethik 30, Stuttgart, 1999, pp. 49-63; Michael-Thomas Liske, "Muß man, um einen Indeterminismus zu rechtfertigen, mit Duns Scotus eine gleichzeitige Möglichkeit zum Gegenteil fordern?" *Theologie und Philosophie* 78 (2003): 339-367; Joachim R Söder, "Notwendigkeit-Kontingenz-Freiheit," in *Zwischen Weisheit und Wissenschaft: Johannes Duns Scotus im Gespräch*, ed. Franz Lackner, Franziskanische Forschungen 45, Kevelaer: Edition T. Coelde, 2003, pp. 170-178。

[38] *Ord.*, I, d. 8, p. 2, n. 286, Vatican IV, p. 315.

必然性与因果性、意愿、爱等神圣属性以及无限性具有密切关系：上帝是唯一的无限而必然的存在；他是不可被作用的第一因。由于没有任何别的可以作用于他并改变他的原因，上帝就是必然的。神圣必然性没有不完满性，也没有依赖性。而且，上帝只会必然地爱他自己：

> 没有任何东西是可以被必然地意愿的，除非它是为了目的而被意愿的东西的必然条件。上帝爱作为目的的他自己，而任何把自己作为目的来爱的东西都将持续存在，即使除了上帝无物存在，因为在其自身中必然的东西并不依赖于别的东西。因此，从其意愿出发，他不会必然意愿别的东西。也因此他不会必然进行因果作用。[39]

在这一论述之中，上帝作为目的是必然被所有事物所爱的，也就是说，必然性渗透进入了所有存在者对于上帝的爱之中。而上帝却只是必然地意愿并且爱他自己，他也从不必然地作用其他事物。

必然性将上帝与受造物区分开来，使得上帝超越并且独立于他所有的受造物。

第二节　可能性、偶然性与"共时的偶然性"

1. 偶然性的确定

事物之中存在着偶然性吗？司各脱的回答是肯定的。[40] 他直接

---

〔39〕 *DPP*, 4. 25, Ed. Wolter, p. 93.

〔40〕 事实上，司各脱所说的偶然性既可以理解为物理学现象也可以理解为形而上学现象。关于这两种理解偶然性的不同进路之间的关系，参见 Joachim R. Söder, "Von der Ontokosmologie zur Ontologik," *Philosophisches Jahrbuch* 108 (2001): 33-40。

将事物之中偶然性的存在当成是自明的事实。在司各脱的一些文本中，"可能的"与"偶然的"可以互换。司各脱有时说"必然的"与"可能的"是存在的分离性属性，而有时他又说"必然的"与"偶然的"是存在的分离性属性。所以，他并不是经常在严格区分的意义上使用"可能的"与"偶然的"这一对术语。司各脱使用了"必然的"与"可能的"这对概念的区分来肯定偶然性的存在：

> 关于第一个论题，即在事物之中存在着偶然性，我认为既不是通过某种更为明见的东西而证明，也不是先天（*a priori*）证明，因为存在被划分为"必然的"和"可能的"。正如一个可以直接存在于一个主体之中的属性与这一主体之间可以互换，并且这并不能被任何更为明见的东西所证明，所以一个分离性的属性也不能被其（直接所属的）主体通过更为明见的东西所证明。[41]

对司各脱来说，"事物之中的偶然性是明见和显然的"。[42] 在这段引文之中，我们看不到任何关于事物之中的可能性或者偶然性存在的更为明见和先天的证明，也看不到为什么存在可以被划分为"必然的"和"可能的"/"偶然的"的证明。[43] 这一预先就决定好的划分

---

[41] *Lec.,* I , d. 39, n. 39, Vatican XVII, pp. 490-491.

[42] Vatican VI, Appendx A, p. 414.

[43] 关于司各脱的可能性理论，参见 Steven P. Marrone, "Duns Scotus on Metaphysical Potency and Possibility," *Franciscan Studies* 56 (1998): 265-289; Peter King, "Duns Scotus on Possibilities, Powers, and the Possible," in *Potentialität und Possibilität: Modalaussagen in der Geschichte der Metaphysik*, ed. Thomas Buchheim, Corneille H. Kneepkens, and Kuno Lorenz, Stuttgart and Bad-Cannstatt: Frommann-Holzboog, 2001, pp. 175-199; Allan B. Wolter, "Scotus on the Origin of Possibility," in *Scotus and Ockham: Selected Essays*, St. Bonaventure, N. Y.: Franciscan Institute, 2003, pp. 129-141; Fabrizio Mondadori, "The Independence of the Possible According to Scotus," in *Duns Scot à Paris, 1302-2002. Actes du colloque de Paris, 2-4 septembre 2002*, ed. Olivier Boulnois, Elizabeth Karger, Jean-Luc Solère, and Gérard Sondag, Textes et études du Moyen Âge 26. Turnhout: Brepols, 2004, pp. 313-374; Antonie Vos, etc., "Duns in Potency: The Dating of Scotus' *Quaestiones super libros Metaphysicorum Aristotelis*, IX, 1-2 and its Concept of Possibility," *Medioevo* 30 (2005): 41-68.

正是偶然性存在证明的开端与基础。这种划分与作为它们两者主体的存在可以互换，这就意味着所有的存在者可以被划分为这两类，这一划分以及它们与存在的可互换性是明见而无须证明的。我们不可能拥有通过必然性而来的关于偶然性存在的先天证明，因为这意味着必然性的概念在本身之中就包含着偶然性，而且上帝与必然存在者都不会以先天的方式包含偶然存在者。因此，司各脱直接承认我们不可能拥有证明某个存在者是可能的或是偶然的先天证明，或者更为明见的论证。〔44〕通过将存在划分为必然的与可能的／偶然的，偶然性显示为自明而无须证明的。

在别的地方，司各脱再也没有给出更为明见和详尽的论证以证明偶然性的存在。实际上司各脱的论证更多地带有神学目的，因为这一划分预示了司各脱将必然性给予上帝而将偶然性给予受造物的神学考虑。因此，司各脱甚至引用了阿维森纳的论证以保护偶然性的存在并惩罚那些否认这一点的人：

> ……必须要将在存在者之中存在着偶然性作为自明的东西接受下来。那些否认这一点的人需要感觉到并且应该被惩罚。因此阿维森纳在他的《形而上学》之中教导说，那些否认对于感觉来说是显然的东西的人应该放在火里，因为对于这样的人来说被烧掉和没有被烧掉是一样的。〔45〕

对司各脱来说，那些否认偶然性存在的人没有感官，并且应该被惩罚直到他们承认存在偶然性为止。并不存在对于偶然性的哲学证

---

〔44〕 在《巴黎〈箴言书〉评注》里面，司各脱否认关于偶然性的存在可以有先天（*a priori*）的证明，我们只能有后天（*a posterior*）的证明，而这种后天的证明与这里提到的直接承认比较相似，也即我们应该直接承认在受造物之中存在着偶然性。参见 *Rep.*, 1A, dd. 39-40, q. 3, a. 1, nn. 28-30。

〔45〕 *Lec.,* I, d. 39, n. 40, Vatican XVII, p. 491.

明，因为这一点是自明的。如果某人否认这一点，那么也不可能给他证明出来。

2. 共时的偶然性

正如本章开始所述，亚里士多德在《解释篇》中著名的"明日海战"例子在基督教思想的语境之中逐渐成为对世界偶然性讨论的重要理论来源，其重点有二：第一，偶然性更多展现为历时性的，比如立足于此刻而言，明天这一尚未到来的时刻可能发生的事件具有偶然性。第二，偶然性更多指涉未来事件。在这两点上面，阿奎那都比司各脱继承得更多。大体而言，阿奎那对偶然性的理解仍然主要是历时性的。在《反异教大全》中他也明确说过，之所以偶然性与知识的确定性相对立，是因为它关涉未来，而非现在。从中可见"明日海战"的潜在影响。[46]

司各脱的偶然性理论在这两方面都实现了突破。偶然性不仅意味着必然性在一个实体之中的缺席，而且也意味着偶然事物的相反者在同时也是可能的，也即偶然性可以是共时的：

> 我并没有把所有既不必然也不永恒的东西都叫作偶然的，（偶然的事物）是指那些其相反者能够在这一事物实际发生的同时也可以发生。[47]

在这一论证之中，司各脱对偶然性给予了一个精确而严格的定义：偶然性不仅只是某种不必然或者不总是存在的事物。偶然性意味着当事件 p 在时间点 t 实际发生时，$-p$ 也有在时间点 t 发生的可能性。

---

[46] 参见 *SCG* I . 67。
[47] *DPP*, 4. 18, Ed. Wolter, p. 85.

这一时间点可以是现在。

这种总是在同一时刻还包含着别的相反可能性的偶然性被称为"共时的"偶然性。这意味着当 p 在时间点 t 上发生时, p 的相反者在时间点 t 上也同时是可能的。偶然性不只是存在于相继序列的不同瞬间,同时也存在于同一个时刻同一个瞬间。

那么"同一时刻"意味着什么呢?对此有两种不同的研究观点。对西蒙·努提拉来说,同样的时刻意味着没有过去、现在和未来的区分,也就是说,共时的偶然性可以存在于所有时间中的任何时刻之中。[48] 而对于加尔文·诺莫, [49] 司各脱对于同一时刻的讨论是建立在现在时态的基础之上的,这一意见也具有文本基础,因为司各脱声称过去发生的是必然的。[50]

不管这两种解释有何不同,它们在现在时刻共时的偶然性有效这一观点上一致。当 p 在现在时刻发生时, p 就具有了事实性。然而, p 的非事实性同样能够在现在时刻发生。当我在现在时刻意愿 p 时,我的意愿行为处于事实性之中,但我能够不在现在时刻意愿 p,也就是说在现在时刻的我的意志行为的非事实性同样在现在时刻也是可能的,我也可以在现在时刻意愿 $-p$,而 $-p$ 作为 p 的非事实性在现在时刻同样也有可能。

作为中世纪模态理论的重要发展环节,司各脱的"共时的偶然性"理论已拥有数量众多的研究。[51] 值得指出的是,当我在当前时

---

[48] Simo Knuuttila, *Modalities in Medieval Philosophy*. Chapter 4, section 1: "Duns Scotus' Theory of Modality," London and New York: Routledge, 1993, pp. 139-149.

[49] Calvin Normore, "Duns Scotus's Modal Theory," in *The Cambridge Companion to Duns Scotus*, ed. Thomas Williams, Cambridge: Cambridge University Press, 2003, p. 157.

[50] "过去所发生的是必然的。"*Lec.*, 1, d. 40, q. 1, n. 9, Vatican, XVII, pp. 512-513. "...quod transit in praeteritum est necessarium." 虽然司各脱并没有对这里的"必然的"给予详细说明,但由于只有上帝才是唯一的必然存在者,这里的"必然的"应该被理解为"不可避免的"。

[51] Simo Knuuttila, "Interpreting Scotus's Theory of Modality: Three Critical Remarks," in *Via Scoti: Methodologia ad Mentem Joannis Duns Scoti, Volume 1*, pp. 295-303; *Modalities in Medieval Philosophy*, pp. 139-149; "Duns Scotus and the Foundations of Logical（转下页）

刻意愿 p 时，我也能够在同一时刻不意愿 p。这并不意味着我可以在目前时刻同时意愿和不意愿同一个对象，因为我在目前时刻只能实现这两种意愿中的一个。这只是意味着我意愿或者不意愿 p 的能力相对于它们两者之中一个的实现在"本性的瞬间"（instants of nature）中具有优先性。这种瞬间不仅只是在逻辑的意义上给予没有实现的可能性以本体论上的位置，更重要的是赋予意愿能力相对于对象的优先性，这种优先性是本性意义上而非时间意义上的，也就是说，这里面的诸瞬间的顺序是按照事物的本性或者实体排列，而非时间上的顺序。

对于时间上的瞬间，当火焰在时间上的瞬间 $t1$ 上接近棉花，而棉花在时间上的瞬间 $t2$ 上变黑时，这后一个瞬间在时间上要迟于前一个瞬间。在这一事件之中，原因（火焰的接近）和结果（棉花变黑）相继处于时间的不同瞬间。

相反，当司各脱讨论共时的偶然性时，并不涉及时间上的相继顺序与不同瞬间。意愿 p 与不意愿 p 的能力，以及 p 的实现都处于同一时刻。在它们之间并不存在时间上的前后相继。然而这并不意味着意愿 p 与不意愿 p 的能力与 p 的实现之间没有任何优先性的秩序，因为它们发生在不同的本性瞬间里。意愿与不意愿的能力处于

（接上页）Modalities," In *John Duns Scotus: Metaphysics and Ethics*, ed. Ludger Honnefelder, Rega Wood, and Mechthild Dreyer, Studien und Texte zur Geistesgeschichte des Mittelalters 53, Leiden, New York, and Cologne: Brill, 1996, pp. 127-143; S. MacDonald, "Synchronic Contingency, Instants of Nature, and Libertarian Freedom: Comments on 'The Background of Scotus's Theory of Will,' " *The Modern Schoolman* 72 (1994/1995): 169-174; Henri Veldhuis, "Duns Scotus' Theory of Synchronic Contingency in *Lectura* I 39 and its Theological Implications," in *Via Scoti: Methodologia ad mentem Joannis Duns Scoti. Atti del Congresso Scotistico Internazionale Roma 9-11 marzo 1993*, Vol. 2, ed. Leonardo Sileo. Rome: Edizioni Antonianum, 1995, pp. 571-576; Stephen D. Dumont, "The Origin of Scotus's Theory of Synchronic Contingency"; Calvin Normore, "Duns Scotus's Modal Theory;" in *The Cambridge Companion to Duns Scotus*, pp. 129-160; Cruz González Ayesta, "Duns Scotus on Synchronic Contingency and Free Will: The Originality and Importance of His Contribution," in *John Duns Scotus, Philosopher: Proceedings of "The Quadruple Congress" on John Duns Scotus*, Vol. 1, ed. Mary Beth Ingham and Bychkov V. Bychkov, Archa Verbi, Subsidia 3, Münster: Aschendorff; St. Bonaventure, N. Y.: Franciscan Institute Publications, 2010, pp. 157-174.

本性的瞬间 *t1* 里，而对 *p* 的实现处在本性的瞬间 *t2* 里。本性的瞬间 *t1* 与 *t2* 在时间上发生在同一时刻，但是它们仍然可以在原因及其结果的本性之中被划分为两个不同的瞬间。在共时的偶然性之中，作为原因的意愿 *p* 与不意愿 *p* 的能力要先于作为结果的 *p* 的实现，这种优先性并不是时间上而是本性上的。诺莫对本性的瞬间给予了充分的分析，他认为这一概念并不涉及任何种类的相继序列。但是司科特·麦克唐纳认为在这一概念之中仍然存在着相继续列，尽管这并不是时间和年代先后意义上的相继序列。克鲁兹·冈萨雷兹·阿耶斯塔（Cruz González Ayesta）批评麦克唐纳的观点并认为在本性的瞬间的确没有任何前后相继。[52] 虽然围绕着本性的瞬间在司各脱那里究竟是否还在非时间性的意义上具有前后相继的序列产生了一些争论，但可以确定的是，本性的瞬间与时间上的顺序毫无关系。本性的不同瞬间按照本性的秩序而被安排为在先者与在后者，原因与结果以及独立者与依赖者。

对司各脱关于神圣意志创造偶然性的学说而言，本性的瞬间这一概念是非常重要的。在上帝对偶然性的创造之中，并不存在时间上的相继序列。上帝所具有的创造偶然性的能力处于本性的瞬间 *t1* 里，而被创造的偶然性则处于本性的瞬间 *t2* 里。在创造者与被创造者之间并不存在任何时间上的不同瞬间，而只有本性上的不同瞬间。

在司各脱这里，可能性与偶然性这一对概念紧密相关。司各脱经常将两者作为可互换的概念使用。然而在共时的偶然性之中，这一对

---

[52] 参见 Calvin G. Normore, "Scotus, Modality, Instants of Nature and the Contingency of the Present." In *John Duns Scotus: Metaphysics and Ethics*, ed. Ludger Honnefelder, Rega Wood, and Mechthild Dreyer, Studien und Texte zur Geistesgeschichte des Mittelalters 53. Leiden, New York, and Cologne: Brill, 1996, pp. 161-174; "Duns Scotus's Modal Theory;" Stephen D. Dumont, "The Origin of Scotus's Theory of Synchronic Contingency;" MacDonald, "Synchronic Contingency, Instants of Nature, and Libertarian Freedom: Comments on 'The Background of Scotus's Theory of Will,'" p. 173; Cruz González Ayesta, "Duns Scotus on Synchronic Contingency and Free Will: The Originality and Importance of His Contribution," p. 174。

概念仍然具有非常微妙的区别。可能性相比共时的偶然性是一个更广的概念，因为它包含了所有并不必然以及并不总是在实存之中的事物；相反，共时的偶然性只包括那些 $-p$ 能够在 p 实际发生的时刻也发生的情况。除了共时的偶然性，司各脱也提到过历时的偶然性：

> 因为有些东西是偶然的。因此它在不存在之后而存在是可能的。[53]

不存在是存在的相反者，而一个偶然的存在者能够在它不存在之后生成，因此不存在与生成可以前后相继地、历时性地发生。一个偶然的事物能够具有在它不存在之后生成的可能性。

共时的偶然性与历时的偶然性包括了所有并不必然也并不总在存在之中的事物，在这个意义上，偶然性与可能性紧密相关，因为这两者都不具有必然性。然而这一对概念仍然在一个非常细微的方面具有区别。按照尼科·丹·伯克（Nico Den Bok）的分析，[54]司各脱认为"某个事物当它是事实上然而仍然能够成为不是事实上的时候是偶然的"。[55]相反，可能性永远不可能处于事实性之中。我们来总结一下这些概念的相互关系：

对于历时的偶然性来说，事件 p 在时间 t 上是现实的，但是它可以在时间 $t1$（另一个迟于 t 的时刻）上变成非现实的。而 p 在时间 t 上的事实性能够在时间 $t1$ 上变成非事实性的情况就体现了 p 的历时的偶然性。

对于历时的可能性来说，当 p 在时间 t 上是事实性的，而 p 在时

---

[53] *DPP*, 3. 5, Ed. Wolter, p. 43.

[54] Nico Den Bok, "Freedom in Regard to Opposite Acts and Objects in Scotus' *Lectura* I 39, §§ 45-54," Vivarium 38 (2000): 243-254.

[55] Nico Den Bok, "Freedom in Regard to Opposite Acts and Objects in Scotus' *Lectura* I 39, §§ 45-54," p. 247.

间 t 上的事实性并不是真正的可能性，相反在时间 $t1$ 上的 p 的非事实性则是可能性。

对于共时的偶然性来说，p 在时间 t 上是现实的，但是它能够在时间 t 上是非现实的。而 p 在时间 t 上的事实性能够在时间 t 上是非事实性的情况体现了 p 的共时的偶然性。

对于共时的可能性来说，当 p 在时间 t 上是事实性的，而 p 在时间 t 上的事实性并不是真正的可能性，相反在时间 t 上的 p 的非事实性则是可能性。

因此，当某个事物的相反者在同一时刻或者之后的时刻是可能的时候，这个事物是偶然的，这一点能够证明偶然性与可能性的紧密关系。然而，偶然性意味着 p 的事实性在同一时刻或者之后的时刻能够是非事实性的；相反，可能性与事实性毫无关系，并且仅仅只属于 p 的非事实性。我们能够说一个事实是偶然的，但我们不能说这个事实是可能的。

由此，偶然性就比可能性更为严格地刻画了受造世界的偶然特点。当一个事件在现在发生时，我们无法说它是可能的，因为它具有事实性，它正在发生。然而我们却依然可以认为它是偶然的，因为共时的偶然性允许一个事件在发生时，其相反者的可能性同时存在。这就极大地加深了世界的偶然性，它使得偶然性不再只是亚里士多德主义式的历时性和未来性的。

第三节　神圣意志　偶然性的唯一根源

在第一、二节的论述之后，我们看到司各脱所理解的上帝必然性与受造世界的偶然性相距悬殊。尽管这样的做法保证了上帝的超越性，但又如何将上帝与受造世界连接在一起，从而建立起后者对前者的绝对依赖呢？为了解决这个问题，司各脱论证了偶然性存在的唯一根源是上帝，而绝非其他的第二阶的原因：

而如果那分离性属性的一方被说成是属于一个相适的主体，而这一方又是这属性里较不高贵的一方，那么由于它属于这个主体就可以得出结论：这属性里较高贵的一方也在其所相适的主体之中，尽管反之并不亦然。[56]

按照沃斯小组的解释，在这一论证之中，存在是"必然的"与"可能的"/"偶然的"这一对分离性属性的主体。[57]必然的是较高贵的一方，而偶然的则是较不高贵的一方。司各脱给予了较高贵者以优先性，因为较不高贵者预设了较高贵者的存在，但是较高贵者却并不必然预设着较不高贵者的存在。对于必然的与偶然的来说，偶然的必然预设了必然的，但是必然的却不会必然地预设偶然的。这一关系显示出必然作为较高贵者优先于作为较不高贵者的偶然。

通过建立起必然对于偶然的优先性，司各脱也建立起了上帝作为必然者相对于偶然世界的优先性。上帝的存在并不必然预设受造物的存在，这就给予了上帝以超越性和自由。但如果世界是偶然的，而上帝是必然的，那么即使受造物必然预设上帝的存在，这也并不能必然证明受造物的偶然性与上帝之间有任何必然的因果关系。

为了建立起受造物对于上帝的依赖性，司各脱进一步追踪了偶然性的根源，并把偶然性的原因归给上帝而非别的第二阶原因：[58]

---

〔56〕 *Lec.,* Ⅰ, d. 39, n. 39, Vatican ⅩⅦ, p. 491.

〔57〕 *John Duns Scotus: Contingency and Freedom: Lectura Ⅰ 39*, pp. 96-99.

〔58〕 关于上帝与偶然性的关系，参见 Klaus Bannach, "Gott und das Mögliche: Erläuterungen zu Scotus," *Zeitschrift für Theologie und Kirche* 95 (1998): 197-216; Rogerio Da Costa Santos and Jean-Luc Marion, *L' Ontologie du contingent selon Jean Duns Scot: étude sur les origines du possible et la représentation en Dieu*, Villeneuve d' Ascq: Presses universitaires du Septentrion, 2001; Vos, Antonie. "Gottes Dreieinigkeit und die Kontingenz," in *Fons Salutis Trinitas - Quell des Heils Dreifaltigkeit*, ed. Herbert Schneider, Veröffentlichungen der Johannes-Duns-Skotus-Akademie für franziskanische Geistesgeschichte und Spiritualität Mönchengladbach 14, Kevelaer: Butzon & Bercker, 2002, pp. 59-78.

必须把偶然性的原因归给上帝的因果性，因为只有第一因在这一秩序（因果秩序）之中偶然地推动它（第二因），一个结果才偶然地从一个第二因生成……因此，在存在者之中的偶然性归因于第一因偶然地而非必然地推动着。[59]

偶然性的原因必须是第一因，因为第二因只有在第一因偶然地作用时，才能偶然地作用。换句话说，如果第一因必然地作用，那么它就不会给予第二阶的因果性任何偶然性。而由此这一必然的因果性就会继续传递给接下来较低阶的因果性，最终所有的东西都会是必然的，也就不存在偶然性了。因此，偶然性的根源应该被归给作为第一因的上帝："其他原因与它们结果的关系依赖于第一关系。"[60]由此，是上帝作为偶然性的根源将偶然性给予了受造物。

对司各脱来说，神圣理解与受造物的偶然性相关，然而是神圣意志而非神圣理智才是受造物偶然性的原因：

但是神圣理智不能成为偶然性的第一根据（*ratio*），因为当理智和其行动先于意志和其行动时，是纯粹自然的，而一个偶然的结果也不能追索至一个纯粹自然的原因，正如相反的（结果）不会发生。因此神圣意志是偶然性的第一根据。[61]

在这一陈述之中，司各脱通过区分自然与意志而将神圣意志与神圣理智区分开来。对他来说，当神圣理智及其行动可以在神圣意志及其行动之前存在时，它不可选择一个结果。而当偶然的结果产生后，神圣理智也只是纯粹自然的原因而非意志性的原因，所以不能容纳相

---

[59] *Lec.*, I, n. 39, n. 41, Vatican XVII, p. 492.
[60] *Lec.*, I, n. 39, n. 91, Vatican XVII, p. 509.
[61] *Rep.*, IA, dd. 39-40, n. 35, Ed. Wolter & Bychkov, II, p. 474.

反结果的发生。而偶然性则是由于相反的结果都可能发生而产生的。因此神圣理智无论在神圣意志之前还是在结果发生之后都不能自由地在相反者之间选择一个结果，并在结果产生后还容纳相反结果的可能性。这一点只有神圣意志可以做到。因此，神圣意志才是偶然性的第一根据。

那么为什么司各脱声称只有作为自然施动者的神圣理智不能作用相反者的产生呢？因为司各脱在作为理性与自由能力的意志和与自然、必然性相关的理智之间做出了清晰的区分。在这里我们简要解释这一区分：

> 而它（意志）与相反者（或者就其合宜的自身行动来说，或者就其控制之下的行动来说）有关。而它与相反者相关，不是以自然的方式，像理智的行动那样，理智不能以别的方式来决定它自己，但意志则是自由地决定自己的。因此它是潜能，因为它能做一些事情，它能决定它自己。恰切地来说，理智并不是与外在事物相关的潜能，因为如果它与相反者相关，则它不能自己决定自己。除非它是被决定的，否则它不能做任何超出它自己的事情。[62]

在这段论述之中，司各脱在相关于相反者的意志与相关于自然的理智之间做出区分。而区分的根据就在于意志是自我决定并且自由的，理智则无法自我决定从而是被决定的。因此，意志可以拥有相反者。由于意志是自由的能力，并且不被相反者之中的一方所决定，所以意志可以通过自我决定而决定相反者之中的一方，而理智则是被决定的能力，它不能在外在的相反者之间做出决定。

---

〔62〕 *QM*, b. 9, q. 15, n. 41, Bonaventure Ⅳ, p. 686.

因此，神圣理智不能成为偶然性的原因，因为它对外在的相反者不能拥有自由的态度，也因此不能在它们之间做出决定和选择，它是被决定的。而相反，神圣意志能够自由面对相反者，并且通过自我决定而决定其中的一方。在这个意义上，神圣意志是中立并且无分别的，因为它能够在同一时刻拥有相反的可能对象：

> 而正如在我们的意志里面，在同一时刻、为着同一瞬间并且相关于同一事物，具有相关于意志行动的可能性——逻辑的与实在的——所以神圣意志——它成为施行性的（*operativa*）先于它成为制造性的（*productiva*）——能够在永恒中的同一瞬间并且为着永恒的同一瞬间意愿或者不意愿某事物。而由此它能制造或者不制造某事物。[63]

在这里我们可以看到神圣意志能够始终拥有相反的对象，并且始终拥有意愿或者不意愿、制造或者不制造的能力。对意志来说，两种相反的方向与对象之间并不存在何者优先的问题，否则神圣意志将会拥有朝向其中一方的倾向。在这个意义上，神圣意志在相反者之间是中立的，而这些相反的可能性在神圣意志之中具有相等的位置，并且任何神圣意志之外的东西都不能决定其方向，否则这将会使神圣意志不是自我决定而是由别的东西所迫使的。神圣意志始终是自由而中立的。另外，神圣意志能够在永恒性的同一时刻中并且为着永恒性的同一时刻意愿或者不意愿，这是因为上帝超越了时间和前后相继的时刻划分，在上帝之中只有永恒的同一时刻。

建立在意志与自然的区分基础上，司各脱进一步声称是神圣意志，而不是神圣理智在事物之中制造了偶然性：

---

〔63〕 *Lec.*, I, d. 39, n. 54, Vatican XVII, p. 497.

而偶然性就它给意志显示一些东西来说，它并不是来自神圣理智；因为它（神圣理智）在意志的行动之前所知的任何东西，都是必然地和自然地知道的，所以在它与相反者的关系之中并没有偶然性。因此在上帝之中并不存在实践知识（*scientia practica*），因为如果理智在意志的行动之前将某事理解为该施行或者将某事物理解为该制造，那么意志是必然地还是不必然地意愿着呢？如果是必然地，那么它就被迫必须去制造这个事物；如果它不必然地意愿，那么它违反理智的指令而意愿，则意愿就是恶的，因为只有这个指令才是正确的。而在思辨知识（*scientia speculativa*）的情况里则不同，因为意志必然地意愿其理智而进行思辨。[64]

司各脱认为，意志对于相反的可能性是无分别的，但是理智则追随着必然性。正如以上所述，理智是自然的，而意志是自由的。这一陈述清楚地揭示出在实践知识和思辨知识之中的神圣理智与神圣意志的不同。

司各脱否认在上帝之中存在着关于是否做或者不做某事的实践知识。制造的原因是神圣意志而不是神圣理智，因为神圣理智必然地并且自然地知道任何给定的事物。如果在神圣理智之中存在着决定在神圣意志之前什么该做的实践知识，那么将会出现两种荒谬的结果：第一，如果神圣意志必然追随着在神圣理智之中的实践知识，那么神圣意志将会被这个知识所迫，而因此也就不存在偶然性；第二，如果神圣意志制造某种与神圣理智之中的实践知识相反的东西，那么神圣意志的制造行为就会是恶的，因为只有在神圣理智之中的实践知识才是正确的。

相反，在思辨知识之中，神圣意志必然跟随神圣理智。因此，神圣意志在没有神圣理智指导的前提下是制造偶然性的原因。

---

[64] *Lec.*, I, d. 39, n. 43, Vatican XVII, p. 492.

神圣理智与知识的确定性和必然性相关。如果神圣理智必然地知道某个知识并将其当作真的，那么它就不能拥有相反的可能性和自由的态度，所以神圣理智不能成为偶然性的原因。

当上帝创造某物时，他确实是在同时理解着。但是司各脱争辩说当在做某事时，神圣意志要比神圣理智更为主动和决定性：

> 因此，当神圣理智在意志的行动之前理解"这应该做"时，它把它理解为中立的，正如当它理解"星星是偶数的"。然而当它通过意志的行动被制造而生成时，它就被神圣理智按照一对矛盾者之中的一方或者另一方而理解为是真的对象。因此必须把在事物之中的偶然性的原因归给神圣意志。[65]

在这段重要的论述之中，司各脱提出了两个论点：

第一，如果没有神圣意志的指导，神圣理智就不能将某对象理解为是真的，而只是停留在无分别和中立的状态。这一点将在下一节进一步分析。

第二，当一对矛盾者（这应该做和这不应该做）被当作神圣理智的对象时，神圣理智不能实现其中的一方，只有神圣意志才能实现其中一方。而也只有神圣意志决定实现其中一方时神圣理智才能将其理解为是真的。正如上文所述，理智并不能够做出决定，而是被决定的。

因此，当上帝创造偶然性时，神圣意志和神圣理智是同时行动的。但是神圣意志比神圣理智具有更为主动和决定性的作用。没有神圣理智，上帝将会失去他对于受造物的理解，然而没有神圣意志，神圣理智将不能产生真假的判断。作为一个自由的能力，神圣意志并不

---

[65] *Lec.*, I , d. 39, n. 44, Vatican XVII, p. 493.

被神圣理智所指导。[66]因此，只有神圣意志才是偶然性的原因。

司各脱对于神圣自由、神圣意志以及它们与偶然性根源关系的处理为世界的偶然性奠定了意志性的基础。一个事件始终拥有相反可能性的潜能，而最终由神圣意志无分别地决定实现其中一方。司各脱的偶然性理论也始终预设在同一时刻存在着相反的可能性。[67]

总而言之，只有神圣意志才能决定神圣意志自身要做什么。上帝也因此从不被他之外的东西所强迫，而是永远保持自由和无分别的状态。他是唯一必然的存在者。因此，神圣意志是偶然性的原因，这一点可以保存神圣意志对于受造物的超越性，并且使得神圣意志从不被受造物所迫、所限制。

第四节　神圣意志对人类意志的超越

在第三节中，我们看到了上帝意志如何成为偶然性的真正根源。由此，上帝意志绝对地超越了这个偶然的受造世界。然而我们人类的意志是不是也可以成为偶然的原因呢？在这个问题上，神圣意志如何超越产生偶然性的其他原因呢？

1. 神圣意志在产生偶然事物上优先于其他第二阶原因

对司各脱来说，神圣意志是世界偶然性的根本原因。然而，人类意志也可以在一定意义上是其原因。[68]在司各脱对于偶然性原因的分析之中，他说"而为了考察神圣意志如何成为偶然性的原因，首先要考察

---

[66] 参见本书第十章第四节。
[67] 司各脱提到了在受造物之中具有两种偶然性，一种是事实性的，另一种是逻辑性的。虽然它们是不同的偶然性，但上帝对于它们都持有无分别和自由的态度。参见 *Lec.,* I, d. 39, nn. 48-52。
[68] 在偶然性的原因上面，司各脱主要讨论的是上帝意志与人类意志。天使意志不在本章讨论之列。

我们的意志如何是某些偶然事物的原因"。[69]司各脱是这样解释的：

> 因为（第一，）我们的意志对于相反的行动是自由的（如在其意愿或不意愿、爱或者恨中）；第二，通过相反行动的中介，它（我们的意志）对于相反的对象是自由地指向它们的；第三，它（我们的意志）对于结果来说也是自由的，这些结果是它或者直接地或者通过实现其他执行性潜能而进行制造的。[70]

在这一段话里面，我们的意志也同样是自由的能力。首先，它是自由地施行相反行动的，也即它能够意愿或者不意愿 p；其次，它是自由地施行由相反行动所中介的相反对象，也就是说我们的意志不能直接自由地去意愿相反的对象，但是能够自由地通过相反行动的中介而意愿它们。比如，我们不能自由地在同一时刻意愿 p 和 $-p$，但是我们可以通过意愿 p 和不意愿 $-p$ 而自由地意愿它们。再次，作为偶然性的原因，我们的意志对于其结果来说是自由的。我们的意志能够直接作用结果，或者通过作用其他执行性的潜能而作用它们。因此，人类意志也能够成为偶然性的原因。然而这并不意味着人类意志可以成为偶然性的全部原因，因为人类意志始终与神圣意志处于共因果性之中[71]：

---

〔69〕 *Lec.*, I, d. 39, n. 45, Vatican, XVII, p. 493.

〔70〕 *Lec.*, I, d. 39, n. 45, Vatican XVII, p. 493.

〔71〕 人类意志和神圣意志之间的关系同样也关涉人类自由和道德责任性的问题。在这一点上，道格拉斯·朗斯顿（Douglas C. Langston），玛丽莲·亚当斯（Marilyn McCord Adams）和伊夫·戴克（Eef Dekker）都倾向于神圣意志的决定论解释，也即神圣意志在其与人类意志的共同因果性之中始终具有决定性和主导的功能，并且始终决定着人类意志。相反，威廉·弗朗克（William A. Frank）提醒我们注意司各脱仍然为人类意志的自治的自由留下了一些空间，尽管人类意志始终与神圣意志处于共同因果性之中。由于这一部分讨论主题的局限，我们将不讨论这一主题所包含的道德意义及其在上帝意志与人类意志的关系之中的应用。参见 Langston, Douglas C. *God's Willing Knowledge: The Influence of Scotus' Analysis of Omniscience*, University Park, Penn.: Pennsylvania State University Press, 1986; *William Ockham: Predestination, God's Foreknowledge, and Future Contingents,* with Norman Kretzmann, New York: Appleton, Century, Crofts, 1969, pp. 1-33; *William*（转下页）

除非上帝知道他自己意志的确定，否则他不能预知这件事会发生，正如在第一卷里说过的。但如果被造意志是他自己意志和偶然的人类行动的总体因，并达到上帝知道他自己意志的确定的程度，被造意志也不会知道这件事会发生。证明：因为除非通过作为总体因的被造意志，否则这件事不会发生，被造意志既不会被上帝的知识也不会被他自己的意志所决定去进行意愿。因此，如果上帝知道一些（被造）意志的意愿活动，（被造意志）是会犯错的，因为意志能够拥有相反者，并且上帝不会推动（被造）意志。[72]

由于这里的讨论主要涉及上帝意志与人类意志的对比，所以被造意志主要是指人类意志。司各脱论证说被造意志不能成为偶然行动的总体因。如果被造意志是其总体因，则神圣意志或者神圣理智将不会参与，从而它们将不能决定被造意志的行动。如果这样，当神圣理智知道人类意志的意愿活动时，它就有可能犯错，因为被造意志能够拥有相反者，而神圣意志又不能推动被造意志，神圣理智则不能知道人类做出了怎样的决定。因此，为了保证人类意志在作用偶然事物之中对于神圣意志的依赖性，并且保证神圣理智的有效性与确定性，司各脱不认为人类意志能够作为偶然性的总体与独立因，相反它只能与神圣意志一道成为这种原因。而且，神圣意志在作用偶然事物之中时优

（接上页）*Ockham,* Vol. 1, Notre Dame, Ind.:University of Notre Dame Press, 1987, pp. 1715-1750; William A. Frank, "Duns Scotus on Autonomous Freedom and Divine Co-Causality," *Medieval Philosophy and Theology* 2 (1992): 142-164; Eef Dekker, "Does Scotus Need Molina? On Divine Foreknowledge and Cocausality," in *John Duns Scotus, Renewal of Philosophy. Acts of the Third Symposium Organized by the Dutch Society for Medieval Philosophy Medium Aevum (May 23 and 24, 1996)*, ed. E. P. Bos, Elementa: Schriften zur Philosophie und ihrer Problemgeschichte 72. Amsterdam and Atlanta: Rodopi, 1998, pp. 101-111。关于上帝的预知及其与被创造意志的关系，参见 Allan B. Wolter, "Scotus' Paris Lectures on God's knowledge of Future Events"。

[72] *Lec.,* Ⅱ, dd. 34-37, n. 129, Vatican ⅩⅨ, p. 359.

先于人类意志。在作用偶然事物的过程中，司各脱给予人类意志一个比神圣意志更为狭窄的领域：

> 但是某个确定的事物能够由于它的原因而以两种方式被说成是偶然的，正如我的意志的行动具有其偶然性的双重原因：一种原因来自作为第一因的神圣意志，而第二种原因来自作为第二因的我自己的意志。某个事物在只与第一因相关的意义上是偶然的。[73]

这段话里提到两种作用偶然性的原因：

第一，对于人类意志的行动，神圣意志是第一因，而人类意志是第二因。

第二，对于其他事物，只有神圣意志才是偶然性的原因。

因此，人类意志成为与人类意志的行动相关的偶然事物的原因，这表明人类意志在产生偶然事物方面拥有比神圣意志狭窄得多的领域。

而关于第一因在作用偶然事物方面与第二因或者近因的关系上，阿奎那的观点并不能使司各脱满意。对阿奎那来说，近因在制造偶然性之中扮演着重要角色：

> 虽然最高因是必然的，然而结果也能够由于偶然的近因而成为偶然的，正如一株植物的发芽由于偶然的近因而是偶然的，尽管太阳的运动作为第一因是必然的。相似地，被上帝所知的事物由于近因而是偶然的，尽管上帝的知识作为第一因是必然的。[74]

---

[73] *Rep.*, IA, dd. 39-40, n. 36, Ed. Wolter & Bychkov, Ⅱ, p. 473.
[74] *ST*, Ⅰ, q. 14, a. 13, ad. 1, Leonina Ⅳ, p. 186.

按照这段话，作为第一因的上帝是必然的，而第一因制造的结果是偶然的。然而，司各脱认为阿奎那将偶然性的原因归给了一个近因，正如一株植物的偶然发芽是由于其近因，而不是作为第一因的太阳运动。因此，上帝是由于事物的近因而不是由于第一因而将事物理解为偶然的。[75]

相反，司各脱在作为作用偶然事物第一因的神圣意志和第二因之间建立起了秩序。如果神圣意志必然作用所有事物，则在作用偶然事物之中就不会有第二因了：

> 因为第一因自然地先于第二因而推动着并且作用着，因此如果在（在先的瞬间）里它必然地和完满地作用着，它就不能没有制造结果，而因此在第二个瞬间里面，第二因没有什么可以作用的，除非同样的结果被作用两次——这是不可理解的。[76]

按照这一段，一个第二因能够存在是由于第一因的偶然因果作用。[77]上帝作为第一因自然地优先于所有其他原因（包括第二因）。如果第一因必然地作用着，则不会给第二因留下任何作用的余地，因为所有的事物都会必然地依赖于第一因。否则，同样的结果将会被第一因必然地作用，而接着必然地被第二因所作用，这是一个不可理解的荒谬结果。因此，上帝作为第一因是偶然地作用的，这给予了第二

---

〔75〕 参见 *Rep.*, IA, dd. 39-40, n. 10。

〔76〕 *Rep.*, IA, dd. 39-40, n. 34, Ed. Wolter & Bychkov, II, p. 473.

〔77〕 关于上帝与偶然性的关系，参见 Klaus Bannach, "Gott und das Mögliche: Erläuterungen zu Scotus," *Zeitschrift für Theologie und Kirche* 95 (1998): 197-216; Rogerio Da Costa Santos and Jean-Luc Marion, *L' Ontologie du contingent selon Jean Duns Scot: étude sur les origines du possible et la représentation en Dieu*, Villeneuve d' Ascq: Presses universitaires du Septentrion, 2001; Vos, Antonie. "Gottes Dreieinigkeit und die Kontingenz," in *Fons Salutis Trinitas-Quell des Heils Dreifaltigkeit*, ed. Herbert Schneider, Veröffentlichungen der Johannes-Duns-Skotus-Akademie für franziskanische Geistesgeschichte und Spiritualität Mönchengladbach 14, Kevelaer: Butzon & Bercker, 2002, pp. 59-78。

因自由。在这个意义上，上帝，或者精确地来说，神圣意志作为第一因在作用和制造偶然事物方面拥有相比其他所有原因而言的优先性。

为了证明第一因在作用偶然事物方面的超越性和优先性，司各脱对此提供了三个论证。

第一，是第一因给予了整个原因秩序以偶然性：

> 如果第一因必然地作用并且推动着近因，而且还与它有必然的关系，那么由此，第二因会必然推动着它所推动和作用的东西，因为第二因不会推动，除非它被第一因推动着。而因此，它就被第一因必然地推动和作用着，从而它就必然地推动着其他东西，由此而降到所制造的结果，因此（如果）原因的整个秩序在推动之中是必然的，则原因都不能偶然地制造结果了。因此这一点是肯定的：如果在事物之中存在着偶然性，则第一因或者偶然地推动着第二因或者偶然地推动着结果，由此偶然性就是从第一因的行动而来的。因此，如果所有的事物在它们与第一因的联系中都是必然的，就没有什么是偶然发生的了。[78]

如果第一因必然地推动着，那么它就必然地推动着第二因或者近因，也就是说，在第一因和第二因之间的因果性就是必然的。如果这样的话，就不可能在第二因之中放置偶然性，因为在第二因之中就没有偶然性的根源了。第二因所接受的就只是必然性。结果，在整个原因秩序之中就没有偶然性。因此，即使一个像是人类意志一样的第二因能够成为偶然性的原因，也是第一因给予了第二因偶然性。

第二，第一因与其结果的关系优先于第二因与其结果的关系：

---

[78] *Lec.*, I , n. 39, n. 35, Vatican XⅧ, p. 489.

而且，与第二因相比，第一因与结果的联系是优先的，由《论原因》的第一个命题来看这一点是清楚的。因此，如果出于这种优先性，一个原因给予结果必然存在，那么第二因也就不会偶然地给予结果任何存在，因为在那种情况里，结果将会以相反的方式拥有存在（必然地和偶然地）。但若说第一因和近因在同一时间给予结果存在，则如果第一因必然地给予结果存在，第二因仍然不能偶然地给予结果存在。因为按照结果的存在，同样的结果不可能拥有与完满原因的必然联系和不完满原因的偶然联系（因为如果结果与其完满原因具有必然联系，如果没有偶然原因的话，那么它仍然具有存在；因此它并不是通过一个偶然原因而获得存在的）。[79]

　　如果偶然性来自于第二因，而第一因是必然地作用的，那么第二因就会以相反的方式而同时是必然的和偶然的，因为第一因必然地作用着，这给予第二因必然性，而同时第二因又制造了偶然性。然而，对于同样的事物同时具有这两种相反的方式是荒谬的。而且即便必然的第一因和偶然的第二因共同行动，它们也不能给予更低级的因果性以偶然性，因为"同样的结果不可能拥有与完满原因的必然联系和不完满原因的偶然联系"。在导出一个偶然的结果时，完满原因（第一因）的确具有相对于不完满原因（近因）的优先性。

　　第三，第一因在创造灵魂上面要先于近因："而且，灵魂是由上帝直接地而不是由某个近因创造的；但是它们并不是必然地被创造的。因此不能说结果在其与第一因的联系之中是必然的。"[80]灵魂被创造是没有中介的，并且它们只能被上帝而不是一个近因所创造。而正

---

[79] *Lec.,* I , n. 39, n. 36, Vatican XVII, pp. 489-490.
[80] *Lec.,* I , n. 39, n. 37, Vatican XVII, p. 490.

是第一因将偶然性给予了灵魂，也就是说是偶然地创造它们。因此，在创造灵魂之中没有近因。

通过这三个论证，司各脱最终建立起了在制造偶然事物之中作为第一因的神圣意志相对于第二因的超越性和优先性。因此，司各脱很愿意强调上帝是没有借助任何中介而创造所有的：

> 上帝能够直接作用和造成某事物，因此他能够从虚无之中创造并且制造某事物。前件是显然的，因为按照第一卷第二个问题，上帝是第一动力因；而如果他不能直接制造任何事物，则他也就不能间接地制造任何事物（因为他是第一动力因），并且由此他就不会制造任何事物。我如此证明这一结论：因为如果他能够造成某事物，而这个事物在其自身里面并没有在形式上拥有必然存在，则它就是从一个原因而拥有存在的；因此按照对它的理解，它是在非存在之后而拥有存在的。而且他是直接、没有别的预设而进行制造的——因为如果有什么预设的话，这个预设将会是被上帝所造成的（由第一卷第八个问题而知），而因此，那个事物就将不会是上帝的直接结果。因此，从第一个前件到这个结论，我们认为上帝在本性的秩序之中从非存在到存在进行制造，而且没有任何预设；因此他是按照这种理解而创造的。[81]

按照这一陈述，上帝从无中创造万有建立在上帝作为万有的第一动力因的直接创造之上。这就是说，上帝没有借助任何间接的原因或者预设而创造并且作用于受造物。如果上帝不能够直接作用，那么它也就不能间接作用。这里司各脱的意思是，即便上帝是间接地进行作用，上帝也要先直接创造间接原因。如果一个间接原因没有上帝作为

---

[81] *Ord.*, II, d. 1, q. 2, nn. 66-68.

直接原因而进行作用，那么在受造物和上帝的创造之间就没有因果关系了。因此，当上帝从无，也就是非存在之中创造某物时，也就不存在其他间接原因或者预设，上帝作为唯一的存在者是所有事物的直接原因。因此，在所有的偶然事物之中，神圣意志是第一因，而在人类意志的行动之中，人类意志扮演着第二因的角色。不过人类意志只能与神圣意志共同进行作用，而不能独立地作用任何东西。在制造偶然事物时，神圣意志作为第一因先于并且超越所有第二因和近因。

2. 神圣意志在意愿偶然事物中的自由、无限性与完满性

神圣意志除了在制造偶然事物中优先于人类意志，还在自由、无限性和完满性上超越了人类意志。[82]

对人类理智来说：

第一，它可以共时性地或者历时性地意愿或者不意愿 p；

第二，它可以共时性地或者历时性地意愿 p 或者意愿 $-p$。

这两点显示了人类意志的自由。

第三，它可以在同一时间通过一个意愿行动而意愿 p 或者意愿 $-p$；

第四，它可以通过相异的意愿行动而相继意愿 p 或者意愿 $-p$。

这两点显示出人类意志不能在同时拥有两个相反的意愿对象。它在同一时间只能通过一个意愿行动而意愿一个对象，或者通过相异的意愿行动而意愿相反的对象。

相反，对于神圣意志来说：

第一，它可以共时性地意愿或者不意愿 p；

第二，它可以共时性地意愿 p 或者意愿 $-p$。

---

[82] 参见 Nico Den Bok, "Freedom in Regard to Opposite Acts and Objects in Scotus' *Lectura* I 39, §§ 45-54"。

在这两点中，只有共时性的偶然性在神圣意志之中，因为神圣意志是无时间相继的。

第三，神圣意志可以在同一瞬间意愿 p 或者意愿 $-p$ 甚至意愿更多的对象，它在同一瞬间可以拥有相反的对象；

第四，神圣意志是不变的，所以它绝不会相继地或者通过相异的意愿行动而意愿相反的对象。神圣意志通过单一的意愿行动意愿相反的对象。

这两点可以证明神圣意志的自由、无限性、完满性和不变性。

因此，当意愿偶然事物的时候，神圣意志出于两个原因而超越了人类意志：

第一，由于其自由、无限性和完满性，神圣意志可以在同一瞬间拥有相反的对象，而有限和不完满的人类意志不能这样拥有它们，而只能同时拥有相反的行动（意愿 p 并且不意愿 $-p$）；

第二，因为其不变性，在神圣意志之中只有一个意愿行动。神圣意志通过一个不变的意愿行动而意愿相反的对象，而可变的人类意志具有相异的意愿行动，所以人类意志是通过相异的意愿行动而意愿相反对象的。

对人类意志来说：

> 因为在我们的意志之中没有这样的自由以至于它可以同时意愿相反的对象，因为它们并不是同时来自同一个潜能的终点。而通过这一点，（人类意志）就具有拥有相反行动的自由，相关于相反对象就有双重可能性与偶然性。[83]

按照这一段论述，人类意志只能拥有关于同一个对象的相反行动，这显示了人类意志的自由。然而，人类意志并不如神圣意志那样

---

〔83〕 *Lec.*, I, d. 39, qq. 1-5, n. 47, Vatican XVII, p. 494.

完满，因为人类意志不能同时拥有意愿相反对象的自由，相反它只能在相反行动的中介之后才能拥有相反的对象。我们不能同时意愿 p 与 $-p$。而只有通过相继的相反行动的中介，我们的意志才能拥有相反的对象，我们不能通过单个的意愿行动而同时意愿 p 与 $-p$。当我们意愿 p 时，如果我们想要意愿 $-p$，那么我们就得使用另外一个意愿行动以意愿它。我们的意志不能在同一个意愿行动之中拥有相反的潜能。因此，由于关系着人类意志的双重可能性，我们拥有自由，但我们只拥有有限而不完满的自由，因为我们对于同一对象只能相继拥有相反的行为，并且不能在同时拥有相反的对象。

相反，上帝同时拥有意愿不同乃至相反对象的自由：

> 现在在意志的整个自由里面有一些不完满的也有一些完满的东西：拥有相关于相反行动的自由是在一些不完满的东西里面，因为按照这一点，它（意志）必然是接受性的，因此它是可变的（因为它在同时并不拥有相反的行动）。然而，相关于相反对象的自由是完满的，因为可以对相反的对象进行施行的意志就不是不完满的而是完满的了，正如能够知道相反对象的理智是完满的。[84]

在这一陈述之中，司各脱提到了两种意志。第一种是不完满的意志，也即人类意志，而第二种是完满的意志，也即神圣意志。人类意志是不完满和接受性的。我们不能同时意愿 p 与 $-p$，而只能相继意愿相反的对象，这就证明我们的意志是可变和不完满的。相反，神圣意志可以同时拥有相反的对象，这显示出其拥有完满的自由。神圣意志是不可变的，并且不会是接受性的或者被对象所限制。相反的对象永

---

[84] *Lec.*, I , d. 39, qq. 1-5, n. 46, Vatican ⅩⅦ, pp. 493-494.

远同时对神圣意志敞开着，这就像是神圣意志在做出决定之前以中立的方式理解相反的对象。因此，同时意愿和知道相反对象的神圣自由是完满的。

而且，司各脱还揭示出神圣意志与人类意志之间另外一个不同：

> 神圣意志是自由制造相反结果的。然而，这种自由并不是首要的自由，而是需要另外一个在先的自由。而神圣自由不能拥有在我们之中（也即相关于相反行动的自由）的首要自由，因为这种自由具有不完满性并且还招致可变性。而神圣意志只能拥有单个的意愿行动，并且它能够通过单个的意愿行动而意愿相反的对象。因为这个单个的意愿行动在相关于相异的（对象）方面胜于所有被造的意愿行动，正如他的单个的理解行动胜于所有受造物的理解行动。因此，他单个的意愿行动胜于所有倾向于相异对象的意愿行动，因为我们的任何意愿行动都受制于其对象。因此，如果认定有一个不受限制的意愿行动，也即神圣的意愿行动，那么它就能够相关于相反的对象。因此，神圣意志的自由能够通过一个意愿行动而相关于相反的对象，并且相比于我们相异的意愿行动而言它有无限的自由。[85]

按照这一论述，人类意志通过在不同时刻拥有不同意愿行动而具有的自由包含了不完满性和可变性。相反，神圣意志是完满而不可变的。神圣意志由于其不可变性而始终拥有单个的意愿行动。这可以避免上帝通过不同意愿行动而可变的危险。上帝的单个意愿行动从不可变。而且对于神圣意志来说，相反的对象始终同时都可能，因为神圣意志没有限制并且无限。结果，神圣意志具有无限的自由，因为神圣

---

〔85〕 *Lec.*, I , d. 39, n. 53, Vatican XVII, pp. 496-497.

意志作为没有限制和无限的东西能够同时通过单个的意愿行动而拥有相反的对象。因此，当意愿偶然事物时，人类意志只具有不完满而有限的自由，并且它还可变。相反，神圣意志具有完满和无限的自由，它是无限而不可变的。

第五节　神圣理智与神圣意志的相容

在第三节和第四节我们看到司各脱如何在偶然性的根源分析中，捍卫了神圣意志的绝对支配性和超越性。神圣理智尽管不是偶然性产生的原因，但同样也在理解偶然事物中具有超越性。

概括而言，为了保存上帝在偶然事物中的超越性，司各脱试图同时满足两个要求：

第一，神圣意志是偶然性的原因。神圣意志是偶然地意愿着偶然性。如果它必然地意愿它们，那么这将限制神圣意志的自由与超越性。而且神圣意志在它与第二阶原因的共因果性之中也具有决定性的作用。神圣意志在创造偶然事物时是最自由、完满、无限和不可变的，而人类意志则是不太自由、不完满、有限和可变的。

第二，神圣理智不是必然地，而是明确地、确定地和不可错地知道偶然事物的。上帝必然地知道有两种意思，一种是指上帝一定会知道它们，另一种是指未来偶然事物在神圣理智那里具有必然性，而第二种显然是错误的。为避免这种错误的含义，我们就不能说神圣理智是必然地知道偶然事物的。但如果神圣理智不明确地、不确定地和可错地知道它们，则上帝将不能拥有关于偶然事物的确定知识，而上帝也就变得无知而且有限制了。而且作为最完满的存在者，上帝不可能犯错。因此，司各脱认为神圣理智是明确地、分明地、确定地和不可错地而不是必然地理解所有已实现和未实现的偶然事物，而他还进一步论证说这一点与神圣意志的自由创造是融贯的。

另外，既然上帝是无时间的，则神圣意志与神圣理智相对于世界偶然性的超越性就不是建立在时间秩序的基础上，而是建立在上帝与世界的本性的基础上。这种超越性给予神圣意志和神圣理智优先性，而正如前文所述，这种优先性建立在不同的本性瞬间而非时间瞬间上。

问题在于，如果神圣意志偶然地并且自由地创造所有东西，上帝如何才能拥有关于它们的确定知识？司各脱如何维护神圣意志在自由创造偶然事物时的超越性和神圣理智在明确地理解偶然事物时的超越性相互融贯呢？在这一节之中，我们将看到司各脱如何保持两者的协同关系。

1. 神圣理智的理解范围及对过去、现在与未来的全知

首先需要澄清一点：神圣理解所涉及的范围究竟是什么？对司各脱来说，神圣理智作为第一个事物是知道所有可理解的事物的：

> ……第一事物能够知道任何可理解的事物；因为能够分明地、现实地知道任何可理解的事物是理智中的完满性……从刚才所说的可以得出，第一个事物的理智只能拥有与它相同的理解；因此它对于任何可理解的事物都具有现实的和分明的理解，而这（理解）因此与它自身总是必然相同。[86]

上帝能够分明地、现实地知道所有可理解的事物，这正是神圣理智完满性的表现。神圣理智包括在它自身的理解之中，也就是说，神圣理智是一种自身理解。因此，对于任何可理解事物的理解与神圣理智本身是相同的。这种理解是现实的并且分明的。在这段结尾司各脱

---

〔86〕 *Ord.*, I , d. 2, p. 1, q. 2, n. 106, Vatican II , pp. 187-188.

提到了"必然"，但这里的必然并不意味着神圣理智将所有可理解的事物理解为必然的，而只是意味着神圣理智必然地拥有理解的行动，而这种理解也必然与其自身相同。

　　值得注意的是，司各脱声称神圣理智分明地且现实地知道所有可理解的事物而并没有提及其是否实现。按照詹姆斯·罗斯（James F. Ross）和托德·贝茨（Todd Bates）的分析，对司各脱来说，"可能性的整个领域都是由神圣的自身理解所决定，包括不依赖于神圣意志的可能性，并且包括所有未实现的可能性与未拣选的选择，以及未被创造的本性与在其全部特性之中的个体"。[87] 他们还进一步声称相比阿奎那，司各脱给予了神圣理智更为庞大的明确知识的领域。对司各脱来说，"可能性，特别是自然类型的（可能性），本性的规则性，以及事物的个体化都不是由神圣的自身理解所彻底明确下来的，而是随着事物以及个体被创造出来的，并不存在空的本性与仅仅可能的个体，即使是在神圣的构想之中"。[88] 因此对司各脱来说，神圣理智所包含和理解的并不只是没有实现的未来偶然事物，还有那些过去所未实现以及实现了的可理解事物。神圣理智是分明地且现实地理解它们的。因此，当神圣意志意愿 p，并且没有意愿 $-p$ 时，神圣理智分明地且现实地理解了 p 与 $-p$。换句话说，神圣理智分明地且现实地理解了共时偶然事物之中的相反者。因此，无论神圣意志正在创造还是已经创造的是什么偶然事物，神圣理智总是对它们具有明确的、分明的和现实的理解。神圣理智是完满且没有限制的。这一点保证了神圣理智是超越于人类理智的。

　　虽然神圣理智理解一切可理解的事物而无关其是否实现，也无关其是在过去、未来还是现在，但是司各脱仍然认为上帝对过去与现在

---

〔87〕　James F. Ross and Todd Bates, "Duns Scotus on Natural Theology," in *The Cambridge Companion to Duns Scotus*, pp. 193-237, p. 214.

〔88〕　James F. Ross and Todd Bates, "Duns Scotus on Natural Theology," p. 214.

偶然事物的理解与对未来偶然事物的理解并不相同。而这一点他是通过未来事物的两种"明确真理"进行阐述的[89]:

> 我说在未来事物中"真理确定了"(*determinata*)与在过去和现在事物中"真理确定了"并不是一种方式，因为过去和现在的如此"确定了"意味着，其原因的力量不能在"那个时刻"制造相反的结果了，即使（这个）原因不是必然地产生这个结果，除非在那个时刻这个结果是存在的或者曾存在过。而对于未来却不是这样，因为在未来所处的那个瞬间，可以有这个（未来事物）的相反者，因为未来偶然事物相反者的任何一方都不是必然地被某个原因安排为结果的。但并不能就此而认为，如果未来偶然事物的真理不能被确定为存在，那么对于未来偶然事物就没有明确的认识。相反，对（未来偶然事物的）了解是明确的，因为它并不相关于已经存在的事物，而是一些有待于存在的事物。上帝不会将某个没有被当作已知对象的事物当作（他的理智的）未来对象。[90]

上帝始终具有关于过去、现在和未来的明确认识。然而，上帝关于过去和现在的知识与关于未来的知识不同。就前者来说，这种明确知识意味着并不存在着制造了一个相反结果或事件的可能性，因为这个结果或事件已经发生或正在发生，也就是说，关于同一个过去和现

---

[89] 关于司各脱的神圣预知与未来偶然性的理论，参见 William Lane Craig, "John Duns Scotus on God's Foreknowledge and Future Contingents," *Franciscan Studies* 47 (1987): 98-122; Joachim R. Söder, *Kontingenz und Wissen: Die Lehre von den* futura contingentia *bei Johannes Duns Scotus*, Beiträge zur Geschichte der Philosophie und Theologie des Mittelalters (Neue Folge) 49, Münster: Aschendorff, 1999; Gloria Frost, "John Duns Scotus on God's Knowledge of Sins: A Test-Case for God's Knowledge of Contingents," *Journal of the History of Philosophy* 48 (2010): 15-34。

[90] *Rep.*, I, d. 38, qq. 1-2, n. 46, Ed. Wolter & Bychkov, pp. 460-461.

在的结果与事件，不可能有制造相反结果或事件的可能性。而与之不同，未来结果或者事件共存着相反结果或事件的可能性。不过无论未来发生了什么，上帝都对其具有明确知识。因此，这两种明确真理并不相同。第一种意味着只存在一个已经确定的结果与事件，而第二种意味着虽然存在着相反可能性，但无论发生什么上帝都具有关于它的明确知识。

然而问题在于，司各脱究竟如何论证上帝通过意志创造偶然事物与上帝对所有可理解事物具有明确知识之间没有不一致呢？上帝理智始终具有对于偶然事物的明确知识，是否意味着上帝意志并不是完全自由地创造偶然事物？而上帝意志完全自由地创造偶然事物，是否会导致上帝对偶然事物的知识具有偶然性？

司各脱对于这一问题的解决集中体现在他论述上帝理智如何理解未来偶然事物上。在他看来，神圣意愿和神圣理解之间并没有什么不融贯的地方。为了仔细分析它们两者之间的关系，我们可以把上帝对于偶然事物的理解分为两个步骤：在神圣意志创造之前的神圣理解，以及在其之后的神圣理解。这种区分并不是基于时间的划分，而是基于理解与意愿的本性的划分。

依据此，本节的第二部分将揭示神圣理智如何明确地、确定地、不可错地但并非必然地知道未来偶然事物。如前所述，如果神圣理智是必然地知道它们的，则这有可能暗示未来偶然事物具有必然性从而使得上帝不得不必须知道它们；如果神圣理智是不明确地、不确定地并且可错地知道它们的，则偶然事物将不会对神圣理智有依赖性。因此，为了保存神圣理智的自由与超越性，以及未来偶然事物对于神圣理智的依赖性，司各脱证明神圣理智是明确地、确定地、不可错地但并非必然地知道它们的。

在本节第三部分中，我们将看到神圣意志的偶然创造与在对偶然事物神圣理解之中的决定知识是相融贯的。司各脱在这两者之间保持了精妙的平衡，这不但可以同时保证神圣意志与神圣理智的超越性，并同时可以保存偶然事物对于上帝意愿和理解的依赖性。

2. 在神圣意志的创造行为之前对未来偶然事物的神圣理解

对司各脱来说，虽然上帝偶然地意愿着未来偶然事物，他是明确地、确定地和不可错地知道它们的。在他的著作之中，他通过两个问题来调和这两个看似矛盾的说法：第一，上帝关于未来偶然事件具有明确知识吗？第二，上帝具有关于未来偶然事物的知识吗？司各脱对于这两个问题的回答都是肯定的。

关于上帝是否以及如何确定地、不可错地知道未来偶然事物，司各脱指出了神圣理智关于它们的知识具有两个方面。第一方面是这样的：

> 但是有两种理解理智如何明确地并且不可错地知道这一真理的方式。第一种是理智在看到其意志明确选择了相反者中的一方，并进一步看到意志由于其全能而是不可错并且不能被强迫的，就明确地认识到这一未来偶然事物命题的真理，也即它会明确地并且不可错地发生。[91]

在这一方面，神圣理智在理解未来偶然事物时更多像是神圣意志的追随者，因为它需要神圣意志的确定并将其理解为真的。然而这个方面并不意味着神圣理智是曲折地理解一个命题或者未来偶然事物。为了使得理智获得关于未来偶然事物的直接知识，他提出了如下第二个方面：

---

[91] *Rep.*, I, d. 38, qq. 1-2, n. 39, Ed. Wolter & Bychkov, p. 458.

一旦意志明确地接受了相对者中的一方，则这些呈现给意志的偶然词项的结合在它们处于（上帝的）意愿行动中的存在中就形成了，而真的命题（从这个结合而来）是明确的，并且通过这种方式，神圣本质就变成通过理智而把这个命题理解为真的根据（*ratio*）。[92]

　　就这两个方面都认为一对相反者中的任何一方都是由神圣意志所形成和制造并由神圣意愿行动而拥有来说，这两个方面是相同的。就第一方面来说，神圣理智是神圣意志的追随者；就第二个方面来说，神圣本质是理解命题为真的根据。

　　在这两个方面之间并不存在着不融贯。事实上，司各脱同时坚持这两个方面。第一个方面能够保存神圣意志的自由，而第二个方面能够保证上帝对未来偶然事物的理解的独立性，这就可以避免神圣理智只能曲折地进行理解。因此，这两个方面都可以保存上帝的超越性。

　　神圣理智如此不可错地知道未来偶然事物：

　　　　但它（未来偶然性）如何被不可错地知道的呢？——我认为这要看是第一种方式还是另一种方式，不可错性的理由如下：第一，因为上帝的意志通过其全能这一根据（*ratio*）是不可变并且不能被强迫的，由此正如（未来偶然性）如此决定，它就不能不是这样。或者按照另一种方式：第二，上帝之中的神圣知识由于其第一对象也即神圣本质这一根据从而是不可错的，因此它关于偶然事物和第一对象都同样不可能出错。[93]

---

〔92〕　*Rep.*, I , d. 38, qq. 1-2, n. 40, Ed. Wolter & Bychkov, p. 459.
〔93〕　*Rep.*, I , d. 38, qq. 1-2, n. 45, Ed. Wolter & Bychkov, p. 460.

在第一个理由里面，神圣意志不可变是由于神圣全能与不可变性，因此它的决定和选择不可能是错的或者是其他的；而在第二个理由里面，神圣本质保证了神圣预知的不可错性。结果，神圣意志偶然地意愿着未来偶然事物，而神圣理智则是明确地、确切地、确定地并且不可错地知道它们。神圣理智跟随着神圣意志所做的决定，并且同时还关联于决定的真理，而这一决定与作为神圣理解原理的神圣本质也有关系。

司各脱非常小心地保存着与未来偶然事物相关的神圣意志和神圣本质的独立性与超越性。一方面，神圣意志自由地制造未来偶然事物而没有神圣理智的指导；另一方面，神圣理智通过作为神圣理解原理的神圣本质而明确地、确定地、不可错地知道未来偶然事物。

3. 在神圣意志的创造行为之后对未来偶然事物的神圣理解

司各脱并不认为神圣意志创造偶然事物的时候以及之后在神圣意志与神圣理智之间有什么不融贯。神圣知识明确地包括所有已经实现和没有实现的偶然事物，而且神圣理智中立地、没有优先性与倾向性地理解所有偶然事物，这为神圣意志的创造行动给予了自由。而在神圣意志的行动之后，神圣理智将已实现的事物肯定为真的。

如前所述，对司各脱来说，神圣理智直接地并且现实地理解所有可能性，而司各脱从没有说一个可理解的事物在神圣理智之中具有相对于其他可理解事物的优先性。神圣理智是平等地知道所有事物的，即使其中有一些是没有实现的。因此，神圣理智的理解从没有指导神圣意志的创造。神圣意志自由地创造万有，且没有神圣理智的指导。[94]

---

〔94〕 在这一点上，我们同意托比亚斯·霍夫曼（Tobias Hoffmann）的观点，即偶然性是上帝造成的，而并不是受造物的内在本性造成的。司各脱对于因果性秩序的处理可以被当作霍夫曼讨论的很好补充。沃尔特认为，上帝只是首要地制造了偶然性，而偶然性只是来源于受造物的内在本性，这个观点是站不住脚的。例如，司各脱很清楚地说道"……我并不是说某个事物是偶然的，而是说某个事物是被偶然地作用的"。("Ideo dixi: 'Aliquid contingenter（转下页）

比如正如诺莫指出，神圣理念在创造偶然事物之中并不扮演什么角色，因为如果是这样的话，偶然事物将会被"筑造入"神圣理念之中并且由此就不再是偶然的了。[95]事实上，司各脱给予了详尽的论证以证明神圣理念不可能是偶然性的原因。[96]建基于此，提莫太·努恩（Timothy Noone）观察到，在司各脱的神圣理念理论之中神圣意志相比阿奎那来说具有更为根本性的作用，[97]也就是说，司各脱削弱了神圣理念在受造物与上帝关系之中的理智性作用，[98]并且他还给予了这一关系更多的意志论因素。而且司各脱对于在创造偶然事物之中的神圣意志和神圣理智的讨论实际上构成了对波纳文图拉与阿奎那的神圣理念理论的批评。[99]

对阿奎那来说，神圣意志追随着神圣理智：

在上帝之中有一个意志，正如在他之中有一个理智，因为

（接上页）causatur,' non: 'Aliquid est contingens. '" *DPP*, 4. 18, Ed. Wolter, p. 85. ）这就意味着偶然性并不是来源于受造物本身，而是由一个外在于它们的施动者所作用的。沃尔特的观点与他对于司各脱神圣意志理论的意志论解释的批评是相一致的。对于他来说，司各脱的上帝并不是意志论而专断的。而事物之中的偶然性的起源就应该归给事物自身的形式本性，而并不是上帝。参见 A. B. Wolter, "Ockham and the Textbooks: On the Origin of Possibility," in *Inquiries Into Medieval Philosophy*, ed. by John F. Ross, Westport, Connecticus: Greenwood Press, 1971, pp. 243-274。不过与霍夫曼不同，我们认为神圣意志在偶然性的起源之中扮演了比神圣理智更为本质性的角色。参见 *Creatura intellecta: Die Ideen und Possibilien bei Duns Scotus mit Ausblick auf Franz von Mayronis, Poncius und Mastrius*, pp. 205-214; Tobias Hoffmann, "Duns Scotus on the Origin of the Possibles in the Divine Intellect," in *Philosophical Debates at Paris in the Early Fourteenth Century*, ed. Stephen F. Brown, Thomas Dewender, and Theo Kobusch, Studien und Texte zur Geistesgeschichte des Mittelalters 102, Leiden: Brill, 2009, pp. 359-379。

[95] 参见 Calvin Normore, "Duns Scotus's Modal Theory," p. 155。

[96] 参见 *Ord.*, Ⅰ, dd. 35-36。

[97] Timothy B. Noone, "Aquinas on divine ideas: Scotus's Evaluation," *Franciscan Studies* 56 (1), 1998:307-324。

[98] 对司各脱关于神圣理念的处理，参见 *Creatura intellecta: Die Ideen und Possibilien bei Duns Scotus mit Ausblick auf Franz von Mayronis, Poncius und Mastrius*, chapters 2-4。

[99] 参见 *John Duns Scotus: Contingency and Freedom: Lectura I 39*, p. 73。同时可参见 M. J. F. M. Hoenen, "A propos de Lectura I D 39: un passage dissimulé de Thomas d' Aquin chez Duns Scot?" *Archives d' histoire doctrinale et littéraire du moyenâge* 52 (1985): 231-236。

意志跟随着理智。[100]

> 由此这一点很清楚：上帝按照他的智慧而制造了他的结果。因为通过某种领会（*apprehensio*），意志被推动到一个施动者上：被领会的善好是意志的对象。而正如已经显示的，上帝是一个意志性的施动者。因此在他之中只存在着理智性的领会，他只在理解自己之中进行理解，而理解就是具有智慧，这就得出上帝按照他的智慧制造了所有事物。[101]

在这两段引文之中，我们可以看到对阿奎那来说，神圣理智在神圣意志进行制造时扮演了更为决定性的作用：首先，神圣意志追随着神圣理智；其次，神圣意志是按照神圣智慧而制造结果，而神圣意志的行动具有对其所制造事物的领会。这种领会是理智性的，而上帝对于别的事物的理解正是上帝的自我理解，因此神圣意志是按照上帝在其智慧中的理智性领会与理解而制造万物的。

对司各脱来说，他削弱了在神圣意志制造时神圣理智所扮演的角色。神圣理智与神圣意志是同样中立的，并且在神圣意志的行动之前神圣理智不具有任何指导性与倾向性。在神圣意志的行动之后，神圣理智通过追随神圣意志的决定而将一个已实现的命题理解为真的：

> 因此，当神圣理智在意志的行动之前理解"这应该做"时，它将其理解为中立的，正如当它理解"星星在数目上是偶数的"一样。[102]

---

[100] *ST*, I, q. 19, a. 1, Leonina IV, p. 231.

[101] *SCG*, b. 2, ch. 24, nn. 1-2, Leonina XIII, p. 327.

[102] *Lec.*, I, d. 39, n. 44, Vatican XVII, p. 493.

我说神圣理智是将一个命题作为中立的东西而呈现给他的意志，而不是将其理解为真或者假的。（正如这种理解："星星在数目上是偶数的。"）假定我能够通过我的意志证实一个命题（比如"我坐"），那么首先它就是被我在中立的意义上所理解的，但只是作为思辨性的东西；而当它被意志决定为（相反者）中的一方从而被生成并且成为结果时，它就被理解为是真的，而之前它只是向意志呈现为是中立的。[103]

神圣理智将任何命题理解为中立的，也就是说在神圣意志的决定之前，一个命题既不是真的也不是假的。司各脱使用了两个例子来解释"这应该做""星星在数目上是偶数的"以及"我坐"。有些事情应该做，但这个事情也可能不应该做。星星在数目上有可能是偶然的，但是也有可能是奇数的。我坐着，但我也能够站着。虽然神圣理智是明确地理解它们所有的，但是在神圣意志的行动之前并没有将它们理解为真的。神圣理智只在神圣意志的行动之后才将已实现的理解为真的。

司各脱对于神圣理智的处理使得神圣理智变得如神圣意志一样无分别而中立，并且甚至在某种意义上削弱了神圣理智在判断真理与错误方面的独立功能。神圣理智将一个命题理解为真的，只是在命题已经被作为指导者的神圣意志所决定之后才可以。

神圣意志与神圣理智在面对真理与错误时都是无分别而中立的。在神圣意志决定某事物为真之前，神圣理智不能决定这个事物是真的还是错的。即使神圣意志和神圣理智决定某事物为真，这个事物在同时也始终具有成为错误的潜能。

神圣理解具有两个不同的阶段：

---

〔103〕 *Lec.*, I , d. 39, n. 62, Vatican XVII, p. 500.

在神圣意志行动之前：神圣理智明确地、分明地、现实地、确定地、不可错地，但并不是必然地理解未来偶然事物，并且也不把它们理解为真的。

在神圣意志行动之后：神圣理智明确地、分明地、现实地、确定地、不可错地，但并不是必然地理解未来偶然事物，并把已实现的事物理解为真的。

因此，在神圣理智之中对于偶然事物的明确知识和神圣意志的自由创造之间并没有不融贯。

对司各脱来说，虽然神圣理念和神圣理解在创造偶然事物之中具有功能，但它们并不是偶然性的根源，正如法布里齐奥·蒙达多利（Fabrizio Mondadori）指出的，偶然性/可能性作为本质的形式状态是独立于神圣理智的。[104] 偶然性是单独地被神圣意志所作用和制造的。而神圣理念从不指导神圣意志去选择一对相反者之中的一方。[105]

对司各脱的上帝来说，制造或者不制造对于神圣意志都是可能的："所以神圣意志就其内在地是施行性的，并由此先于结果来说，它能制造和不制造一个对象。"[106] 神圣意志在其施行之中产生了结果，所以神圣意志先于其结果。在这种优先性基础上，神圣意志能够制造或者不制造一个对象，而其施行则并不被其对象或者神圣理智所指导。

因为神圣意志是自由而无分别的，并且没有任何限制，所以在制造一个对象或者不制造之间并没有优先性。司各脱通过拒绝受造物与上帝之间有任何实在关系并通过将受造物确立为完全偶然的事物，从而捍卫了从虚无中创造万有的学说。上帝在其制造某事物之前并不具

---

〔104〕Fabrizio Mondadori, "The Independence of the Possible According to Scotus."

〔105〕参见 Allan Wolter, "Native Freedom of the Will as a Key to the Ethics of Scotus", in *The Philosophical Theology of John Duns Scotus*, ed. Marilyn McCord Adams, Ithaca, 1991, pp. 148-162。

〔106〕*Lec.*, I, d. 39, n. 54, Vatican XVII, p. 497.

有必然预知。他偶然地而不是必然地制造着偶然事物。[107]然而这并不意味着神圣意志与神圣理智一样。如前所述，神圣意志和神圣理智对于相反者可同时是中立而无分别的。神圣意志并不具有来自别的力量的限制。是神圣意志而非神圣理智决定着神圣理智之中中立的相反者两方该如何被选择。如果神圣理智能够在神圣意志的行动之前就判断真理与错误是什么，那么它就会指导并且限制神圣意志的自由行动了。

正如我们看到的，司各脱试图既保存神圣意志与神圣理智的超越性，又在偶然事物的神圣创造之中保持两者的平衡：

一方面，神圣理智拥有对所有可能性与偶然事物（不管它们是否实现了）的明确理解。因此，无论神圣意志是否创造了它们，神圣理智之中的明确知识都与神圣意志的自由创造相融贯。这也可以同时保存神圣理智相对于世界的超越性，因为无论这个世界如何被造，神圣理智始终拥有关于它的明确知识。

另一方面，神圣理智只有在神圣意志的行动之后才把所有已实现的事件与偶然事物理解为是真的，这能够保证神圣意志的超越性、独立性与自由。上帝在没有理智性指导的前提下创造了所有偶然事物，因为理智性指导会削弱神圣意志的自由与独立性。上帝没有任何先在的限制与指导而创造了万有。事物之中偶然性的状态表明上帝甚至能够在同一时刻无分别地意愿或者不意愿同一个对象，这使得上帝免于任何类似于"p应该做"或者"p不应该做"的指导。这并不意味着司各脱的上帝是完全没有任何正确秩序的纯粹意志性的，在第十章第四节我们会看到，神圣意志能够遵从正确理由与正确秩序，但是这一遵从完全出自神圣意志的自由与自我决定性。

司各脱的偶然性理论具有创新意义并且影响了他的继承者们。对

---

[107] *Rep.*, IA, dd. 39-40, qq. 1-3.

于这一理论有很多不同的研究角度，本研究集中于上帝如何通过必然性与偶然性的区分超越于受造物之上，这一理论鲜明地表现出他对希腊传统的拒绝和对中世纪晚期神学的呼应。这突出表现在四个方面：第一，上帝的必然性不是亚里士多德所理解的不变性，也不是如天体运动一般的不可避免性，而且绝不能像哲学家所理解的那样可以通过别的根据和原理加以说明。只有上帝才具有必然性。第二，偶然性不仅仅只是如亚里士多德著名的"明日海战"一般历时地发生，而更是共时地存在。这极大加深了世界的偶然性，使得相反的共时偶然性之间没有优先等级，从而使得上帝与其所创造的世界变得更为疏远，更为无分别。第三，世界的偶然性完全根源于上帝自由意志的自我决定，这又突破了亚里士多德对于神基于沉思的理智性进路。神圣意志在创造偶然性方面相对于神圣理智的优先性，又加深了偶然受造物对于上帝意志的绝对依赖性。上帝对于偶然受造世界的超越及神圣意志对这一世界的绝对控制相辅相成。第四，通过削弱神圣理念／范式与偶然性之间的理智关系，相反的偶然性之间完全没有必然的方向性和决定性。上帝虽然理解他所创造的偶然性，但这种理解更多只是呈现关系，并且只有在神圣理智的创造中才能将之理解为真。这也就意味着，偶然性所包含的真在神圣意志的创造中被敉平化了。在这种敉平化的共时偶然性之上，只有不可理解而自由的神圣意志。因此，共时的偶然性因为其与神圣理念关系的弱化从而被去中心化、被敉平化，同时必然存在者与偶然存在者由此而保留了其相异性与破裂性，两者之间除了神圣意志的自由创造之外别无其他实质关系。

正因为这个世界在超越的上帝面前变得更为脆弱和偶然，它才更为彻底地依赖于这个不能被理智所理解的自由上帝。共时偶然性以及神圣意志的绝对控制力，都表现出上帝与受造物的破裂关系，这一关系并没有通过受造物对上帝的绝对依赖性而得到缓解，相反却更加显示出两者的疏离化与相异化。

第九章　无条件的完满性　从敉平走向破裂

第四条捍卫上帝超越性的进路是无条件的完满性。它们作为超越者都被涵盖于形而上学的研究主题之中。[1]然而，这条道路与其他三条不同，它并不总是直接用于保证上帝超越性的目的。一方面，无条件的完满性是去中心化和单义化的，并能够敉平化地普遍存在于包括上帝和受造物在内的所有与之相容的东西之中，[2]而所有的超越者都是无条件的完满性。另一方面，无条件的完满性就其本性来说则是

---

[1]　参见 Allan B. Wolter, *The Transcendentals and Their Function in the Metaphysics of Duns Scotus*, pp. 11, 162-175. 对于司各脱思想中无条件完满性的概论，参见 Allan B. Wolter, *The Transcendentals and Their Function in the Metaphysics of Duns Scotus*, St. Bonaventure, N. Y.: The Franciscan Institute, 1946, pp. 110-118; Richard Cross, *Duns Scotus on God*, Aldershot: Ashgate, 2004, chapter 3, pp. 49-54；关于存在与无条件完满性之间的关系，参见 Allan B. Wolter, "Is Existence for Scotus a Perfection, Predicate or What?" in *De doctrina Ioannis Duns Scoti. Acta Congressus Scotistici Internationalis Oxonii et Edimburgi 11-17 sept. 1966 celebrati*. Vol. 2, Studia Scholastico-Scotistica 2, Rome: Societas Internationalis Scotistica, 1968, pp. 175-182, reprinted in: *The Philosophical Theology of John Duns Scotus*, ed. Marilyn McCord Adams, Ithaca, N. Y. and London: Cornell University Press, 1990, pp. 278-284；关于意志与无条件完满性，参见 Walter Hoeres, *Der Wille als reine Vollkommenheit nach Duns Scotus*, Salzburger Studien zur Philosophie 1, München: Verlag Anton Pustet, 1962；关于无条件完满性与宗教哲学，参见 Josef Seifert, "Scotus' Analyse der 'reinen Vollkommenheiten' und zeitgenössische Religionsphilosophie," in *New Essays on Metaphysics as* Scientia Transcendens: *Proceedings of the Second International Conference of Medieval Philosophy, held at the Pontifical Catholic University of Rio Grande do Sul (PUCRS), Porto Alegre/Brazil, 15-18 August 2006*, ed. Roberto Hofmeister Pich, 249-282, Louvain-la-Neuve: F. I. D. E. M., 2007；关于无条件完满性和神圣理智与意志的证明，参见 Robert P. Prentice, "Scotus' Rejection of Pure Perfections as Means for Proving the Divine Intelligence and Volition According to the '*De primo principio*,' Chapter 4, Conclusion 4, Proof 6," *Antonianum* 49 (1974): 47-71。

[2]　*Ord.*, I , d. 28, qq. 1-2, n. 27, Vatican VI, p. 120.

无限的，并且在形式上只能被上帝所拥有，从而使这一普遍性发生破裂。第一方面不能自始至终保证上帝超越性，但第二方面却能够做到这一点。

无条件完满性所具有的这两种含义是同时并存的。而且无条件的完满性甚至还包括了一些具有非形而上学与实践维度的概念，例如爱、自由等。因此，无条件的完满性在司各脱这里包含了不同的功能与含义。

第一节 无条件完满性的定义

对阿奎那来说，神圣完满性紧密相关于现实性：

> 但是上帝被确立为第一原理并不是以质料因的方式，而是以作为动力因的方式，并且因此肯定就是最完满的。因为正如质料是如此在潜能性之中，所以一个施动者是如此在现实性之中。因此，第一主动原理必须处于最高的现实性之中，并由此就处于最高的完满性之中，因为某个事物就其处于现实性之中而被说成是完满的，而当一个事物在其完满性的方式方面什么也不缺乏时就叫作完满的。[3]

作为最完满的存在者以及动力因果关系之中的第一原理，上帝是没有质料和潜能性的纯粹现实性。因此，神圣完满性建立在纯粹现实性基础上。在第六章中，我们已经看到对阿奎那来说，神圣无限性意味着没有从质料所来的限制与局限，上帝就其是自身持存者而言是无限的。因此，上帝作为纯形式和现实性是其完满性和无限性的基础。

---

〔3〕 *ST*, I, q. 4, a. 1, Leonina Ⅳ, p. 50.

与之相符的是，阿奎那将神圣完满性设立为受造物完满性的形而上学根源：

> 所有事物的完满性都在上帝之中。因此，上帝被说成在普遍意义上是完满的，因为正如评注家在《形而上学》第五卷（的评注）中所言，"上帝并不缺乏任何在属相中发现的高贵性"。这可以从两点上看出来。第一……因为上帝是事物的第一动力因，所以所有事物的完满性就肯定以更优越的方式预先存在于上帝之中……第二，以上已显示，上帝是自身持存的、在其自身的存在自身（*ipsum esse*）。由此，上帝在其自身之中就须包含存在的全部完满性……因此，既然上帝是持存的存在自身，上帝不会缺乏存在的完满性。但是所有事物的完满性都属于存在的完满性，因为就以某种方式拥有存在而言，所有事物都是完满的。因此，上帝并不缺乏任何事物的完满性。[4]

按照这一论述，完满性能够存在于上帝和受造物之中。然而，受造物最终通过受造完满性对于神圣完满性的依赖而集中于神圣完满性上。阿奎那对这一依赖性给出了两个理由：第一，上帝是第一动力因，他创造了所有受造物，而受造完满性应该更为优越地预先存在于神圣完满性之中；第二，由于上帝是存在自身，他包含了存在的全部完满性。因此，所有存在者都依赖于作为存在自身的上帝，而所有受造完满性都依赖于神圣完满性。只有神圣完满性不缺乏任何完满性。

在《神学大全》关于上帝完满性的问题中，当阿奎那讨论神圣存在者的完满性与受造物完满性的关系时，他指出这一完满性的关系基

---

[4]　*ST*, I, q. 4, a. 2, Leonina IV, p. 51.

于受造物对神圣存在者的相似性，而这种相似性是类比性的。[5] 对阿奎那来说，受造存在者通过存在的类比而分有了神圣存在者，上帝是存在自身（*ipsum esse*）。他在讨论上帝完满性时强调了这一分有关系，因为虽然完满性普遍存在于所有存在者之中，但受造物不能完满地拥有完满性，而受造物的存在与完满性最终都通过类比学说和神圣分有而集中于作为中心点的神圣存在与完满性。因此，在作为存在于一切之中的完满性与特别谓述上帝的完满性之间没有不融贯。

与此相反，司各脱认为神圣完满性是一种特别种类的完满性，它没有任何限定和条件。对于无条件的完满性，司各脱给予了如下定义：

> 无条件的完满性被说成在任何东西之中都要比不是它的东西更好。[6]

这一定义揭示了无条件的完满性的两个重要特点：

第一，它能够存在于任何东西（*quolibet*）之中，看起来它并非特别地专属于上帝。

第二，它本身也比不是这种完满性的东西更好，也比那些与无条件完满性不相容的东西更好。我们可以将这种"更好"以两种方式理解：第一，它要比虚无更好，因为虚无没有无条件完满性，并且与无条件完满性不相容；第二，一个拥有无条件完满性的事物要比那些具有其他属性但却没有无条件完满性的事物更好。

对于"不是它"（*non ipsum*）的含义，司各脱给予了如下解释：

> "要比不是它的东西更好"，这里的"不是它"是指在其中

---

[5]　*ST*, I , q. 4, a. 3, ad. 3, Leonina IV, p. 54.
[6]　*DPP*, 4. 10, Ed. Wolter, p. 79.

任何肯定不相容的东西。即在任何东西之中——而非为了任何东西，而是在任何东西之中都更好——就其自身来说。因为它要比它的不相容更好，由此它就不能存在。简单来说，无条件完满性就是那种要比任何与之不相容的东西都无条件且绝对地更好的东西。"在所有东西中比那不是它的（更好）"这句话应该如此来理解，也即任何不是它的东西。[7]

在司各脱的这段解释中，无条件的完满性首先不是依赖于对其他事物的否定或者自身否定，而且它与那些不是无条件完满性的东西不能相容。它存在于任何东西之中（ *in quolibet* ），但并不是为了任何东西（ *cuilibet* ），也即无条件的完满性是存在于任何东西之中的，而不是只是为着它们而存在或者被加到它们那里去。这一区分非常重要，因为"在任何东西之中"意味着在无条件完满性和任何东西之间的更为紧密的内在关系。而且司各脱还强调无条件完满性要比任何不允许无条件完满性存在的东西更好，也即它绝对地、无条件地比任何与之不相容的东西更好。

安瑟尔谟使用"比不是它的更好"来定义完满性：

> 因此这个存在者（也即最高存在者上帝）必然是活的，智慧的，有权力的以及全能的，真的，正义的，有福的，永恒的，以及任何以相似方式来说是它要比不是它更好的东西。[8]

司各脱继承了安瑟尔谟对"比不是它的更好"的使用。与安瑟尔谟不同的是，司各脱将相容性引介入无条件完满性。任何与无条件完

---

[7]　*DPP*, 4. 10, Ed. Wolter, p. 79.
[8]　Anselm, *Monologion*, ch. 15, *Opera Omnia*, Vol. 1, ed. F. S. Schmitt, Edinburgh, 1946, p. 29.

满性不相容的东西都肯定不如具有它的东西完满。在这里司各脱通过相容性而澄清了他对"不是它"（non ipsum）的理解，这意味着一种与安瑟尔谟相比而言更具体的关系。当我们说 A 不是 B，这并不必然意味着 A 与 B 不相容，但如果我们说 A 与 B 不相容，A 就必然不是 B。因此，不相容性就包含着"不是它"的含义。

在《牛津〈箴言书〉评注》里面，司各脱给予了更详细的解释[9]：

> ……这一（从安瑟尔谟的《独语录》而来的描述）因此应该这样来理解，即无条件完满性不仅比其矛盾者更好（因此任何肯定性的东西以及更为无条件的完满性都比其否定要好，确实在形式上没有哪个否定是一种完满性），而这就是如何去理解这个说法"它比不是它要更好"——也即，比"任何与之不相容的东西"（更好）——而"在任何东西中它都更好"这个说法应该通过准确地考虑"任何东西"而得到理解，而这个"任何东西"处于一基体（suppositum）之中，并且还没有确定在什么本性之中这个基体自存着。因为通过考虑某个就其自存于一个本性中而言的东西，某个无条件完满性会变得并没有对自己来说更好，因为当它在这样的本性中时，它与自己并不相容，它与这样的本性是相悖的；而就其是精确地自存着来说，它与之并不相悖；相反，如果它以这种方式被看作拥有它，而不是它拥有任何与自身不相容的东西的话，它就会是一个无条件的更完满的存在者。[10]

事实上在这一引文中，司各脱给出了两个理由用以说明为什么无条件完满性比任何与之不相容的东西更好。

---

[9]　关于司各脱的其他类似讨论，参见 *QQ*, 1. 20-30, 5. 30-35, Wadding XII, pp. 10-11, 125-126; *Rep.*, IA, prol., q. 1, a. 3, nn. 92-93。

[10]　*Ord.*, I , d. 8, p. 1, q. 1, n. 23, Vatican IV, pp. 162-163.

第一，无条件完满性是肯定性的事物，而一个肯定性的事物就要比对这一肯定性事物的否定更好。

第二，更重要的是，在这里"任何东西"并不指涉在一个事物中有条件的特定本性，相反，它只是没有任何自存于其中的本性的基体。如果这一基体自存于一个本性之中，那么无条件完满性就将必然不可能比任何无条件的东西更好，因为这意味着无条件完满性就是比那个本性更好，却并不意味着它比那个无条件的基体更好。结果，无条件完满性就算比这一本性更好，也并不意味着无条件完满性就比任何无条件的东西更好。因此，无条件完满性要比与之不相容的东西都更好。

到这里，我们可以进一步澄清"无条件"的准确含义。它具有如下两个与目前的讨论相关的特征：[11]

第一，它是绝对的完满性：

> ……因为无条件完满性与那在后东西的关联而成为绝对者，因此那属于与成为一个原理所相关的更大绝对性的原理，就比那属于与成为一个原理所相关的更大决定性的原理更为无条件地完满……因为在与一个平等地完满而在后的事物的关系之中，绝对的存在者更为完满。[12]

在这一陈述中，我们发现无条件完满性是一种相关于在后的存在者的绝对存在者，司各脱使用了"原理"这个例子来解释这一点。当某个东西成为一个原理时，如果这一原理属于一个更大的绝对性时，它就要比如果这一原理属于更大的决定性更好。绝对性先于决定性且比之更为完满。在这个意义上，无条件完满性作为绝对的东西要先于

---

〔11〕 关于无条件完满性的其他属性与特征，参见 Allan Wolter, *The Transcendentals and their Function in the Metaphysics of Duns Scotus*, pp. 166-171。

〔12〕 *Ord.*, I , d. 13, n. 50, Vatican V, p. 92.

那些具有决定性的东西，且比之更为完满。

第二，无条件完满性无疑是一种完满性，然而完满性不一定是无条件完满性。这两者之间的主要区别在于一个完满性是否具有局限以及先决条件，而无条件完满性没有：

> ……当一个完满性并不必然拥有一个伴随性的不完满性时，某物按照无条件完满性就是不完满的，因为它在其自身中并不包含局限……但是当完满性在其本性中包含局限时，则一个事物按照并非无条件的完满性而言就是不完满的。[13]

按照这一陈述，无条件完满性并不拥有一个伴随性的不完满性，而不完满性正是伴随性的局限。相反，有条件的完满性则必然包含了伴随性的不完满性。我们可以使用"人"这个例子来解释这一点："人"是一个完满性与不完满性这一对相反者混合在一块的概念。相反，无条件完满性并不具有这样的相反者。与其他有条件的完满性不同，无条件完满性并没有决定性或局限。因此，所有的无条件完满性都彼此相容，因为它们缺乏更进一步的决定性。[14]而这就是为什么无条件完满性比那与之不相容的东西更完满的原因，因为那些具有不相容性的东西肯定不是无条件完满性，它们具有决定性和限制，从而不如无条件完满性完满。

第二节 两种无条件完满性

按照沃尔特的分析，有两种类型的无条件完满性：

---

[13] *Ord.*, Ⅰ, d. 2, p. 1, q. 3, n. 187.
[14] "没有无条件完满性会与其他无条件完满性不相容。" *QQ*, Wadding Ⅻ, p. 125.

A．既谓述上帝也谓述一些特定受造物的，诸如智慧，知识，自由意志等。

B．只谓述上帝的完满性，诸如全能，全知等。[15]

事实上，还有许多其他的无条件完满性，不可能将它们都列举出来。例如，我们还可以加上爱[16]、自由[17]、现实性[18]以及单纯性[19]等。除了这些，所有的超越者都是无条件完满性，[20]包括存在、善好等。[21]

正如一些无条件完满性对上帝和受造物是共同的，而有一些只属于上帝，超越者也是有一些具有共同性，有些则只谓述上帝。例如，司各脱对作为无条件完满性的智慧做出如下陈述：

> 因此，智慧能够是超越的，而任何别的与上帝和受造物共同的东西，尽管有些这样的东西只述说上帝，而其他一些则述说上帝和一些受造物。但一个超越者作为超越者并不必然述说任何存在者，除非它与第一个超越者即存在可以互换。[22]

---

[15] *The Transcendentals and their Function in the Metaphysics of Duns Scotus*, p. 11. 对于阿兰·沃尔特，第一种完满性只用来谓述上帝，而第二种共同地谓述上帝和受造物。因为在这一章之中我首先讨论这第二种情况，所以我改变了阿兰·沃尔特讨论这两种情况所排列的前后顺序，以与这一章的结构保持一致。

[16] "但他（上帝）在灵魂中产生圣爱（*caritas*）以及爱（*dilectio*）这样的无条件完满性。" *Ord.*, I, d. 17, p. 1, qq. 1-2, n. 173, Vatican V, p. 222.

[17] "自由是绝对的条件，因为它是无条件完满性。" *Ord.*, I, d. 13, n. 49, Vatican V, p. 91.

[18] "'现实性'是无条件完满性，而'单纯性'也是无条件完满性。" *Ord.*, I, d. 8, p. 1, q. 1, n. 21, Vatican IV, p. 162.

[19] "单纯性是无条件完满性，因为它从现实性与潜能性或完满性与不完满性中排除了可组合性与组合。" *Ord.*, I, d. 8, p. 1, q. 1, nn. 20, Vatican IV, pp. 161-162.

[20] "所有的超越者都表达着'无条件完满性'，并且都在最高程度上与上帝一致。" *Ord.*, I, d. 3, q. 3, n. 135, Vatican III, p. 84. "所有指示了无条件完满性的东西都是超越的。" *Ord.*, I, d. 8, p. 1, q. 3, n. 156, Vatican II, p. 229.

[21] "某事物按照无条件完满性是不完满的……如'这个善好''这个真''这个存在'；而这类不完满性被化约回具有同样本性的完满性，即'善好''存在'与'真'，它们指示着无条件完满性。" *Ord.*, I, d. 2, p. 1, q. 3, n. 187, Vatican II, p. 241.

[22] *Ord.*, I, d. 8, q. 3, n. 115, Vatican IV, p. 207.

这一重要陈述揭示了两点。第一，超越者，像是无条件完满性，能够分为两种：对上帝和一些受造物共同的；只属于上帝的。第二，只有与存在可互换的时候，超越者才可以用来述说存在者。

按照这一分类，我们应该看一看这两种无条件完满性是否具有任何局限或者不完满。

就第一种无条件完满性来说，它们普遍存在于上帝和一些受造物之中，并且没有限定性。如果在其中存在着限定性或者伴随性的不完满性，那么它们就无法共同存在于上帝和受造物之中。因此，这种无条件完满性对于上帝和一些受造物是共同且无分别的。所有的无条件完满性都是超越者，而所有超越者都是无条件完满性，因此它们都全部超越了属相与范畴。由于司各脱并没有把受造物之中的无条件完满性归给作为完满性中心点的神圣完满性，具有共同性和普遍性的无条件完满性同样是去中心化的。

对于第二种，也即那些只谓述上帝的无条件完满性，它们并不具有任何局限和伴随的不完满性。例如，"全能"和"全知"都是无条件的完满概念，以至于它们只能被上帝所拥有，且必然没有任何局限和不完满性。

然而，这第二种无条件完满性似乎仍与受造物具有某种共同的东西。例如，全能依赖于能力，而能力是能够被受造物所分享的，正如第一类无条件完满性中的智慧一样。但这种意见是错误的。全能是一种达到了无限程度的能力，而人类只能拥有有限的能力，因此我们不能拥有全能本身，换句话说，全能的特定含义即无限，是只能谓述上帝的。人类和上帝都具有能力，但上帝却具有无限能力，这使得神圣能力完全超越了人类能力。因此，上帝的超越性及其与受造物的相异性能够在第二种无条件完满性中得到保存。

那么上帝超越性能否在第一种无条件完满性中得到捍卫呢？事实上，司各脱给予了这一种无条件完满性两个解释。第一，它们对上帝和受造物是共同的；第二，所有完满性，无论第一还是第二种，在其本性中都是无限的。上帝超越性可以在第二个解释中获得捍卫。在第三、四节中，我们将进一步详细分析这两种含义，在这里先简要说明一下。

1. 无条件完满性的普遍性与敉平化

从以上分析中我们可以发现，无条件完满性不是被某种特定的存在者所具有；相反，它们能够存在于任何东西之中：

> 无条件完满性，它普遍地存在于任何东西之中。[23]

这就是说，无条件完满性能够普遍地谓述且存在于任何东西之中。而且，所有指示无条件完满性的东西都是超越者。司各脱使用了"智慧"这个例子来解释这一点：

> ……在我们之中的智慧只是超越性智慧的一个个体，或只是质的属相的一个个体——似乎第二种说法不可接受，因为这样无条件的完满性就不曾存在于我们之中了，这似乎与奥古斯丁在《论三位一体》第十五卷第三章的讲法矛盾——"每个我们周边的受造物都在哭喊"等等。而如果认可其中的第一种说法，那么并不是每一个惯习在形式上都在质的属相之中，而是所有指示无条件完满性的东西都是超越者。[24]

司各脱清楚地指出，我们所拥有的作为无条件完满性的智慧是一

---

[23] *Ord.*, I, d. 28, qq. 1-2, n. 27, Vatican VI, p. 120.
[24] *Ord.*, I, d. 8, p. 1, q. 3, n. 156, Vatican IV, p. 229.

个超越者，但并不是质的属相的一个个体。[25] 建立在这样的理解基础上，司各脱声称所有像智慧这样的无条件完满性的事物都是超越者。这就说明：第一，无条件完满性并不只属于上帝，而是也存在于我们之中；第二，它并没有落入范畴之中，而是超越了属相和范畴的区分。无条件完满性并不是所有完满性的核心含义与中心点，而是去中心化、敉平且单义的。

2. 无条件完满性的无限性

除了无条件完满性的普遍性之外，司各脱还给出了另外一个讲法：

> 任何无条件完满性出自本性都是无限的。[26]

无条件完满性本来都具有共同性和普遍性。然而，在这一讲法中的无条件完满性却在本性上被确立为无限，从而只属于上帝。而存在作为一种无条件完满性，也从普遍性走向了无限性。在无限存在者和有限存在者之间，它们的共同性被无限存在者的优先性所取代。敉平化的关系走向了破裂。

在《论第一原理》中的这个讲法可以显示无条件完满性是如何属于神圣本性的：

> 每一个无条件的完满性都必然属于最高本性，并处于最高。[27]

在这一陈述之中，无条件完满性具有如下三个重要特征：

---

[25] 对于智慧是一种无条件完满性的细节讨论，参见 *Ord.*, I , d. 8, q. 8, nn. 153-156.

[26] *Ord.*, I , d. 8, p. 1, q. 2, n. 37, Vatican IV, p. 168.

[27] *DPP*, 4. 9, Ed. Wolter, p. 79.

第一，它属于最高本性。司各脱在其《论第一原理》中定义了无条件完满性，而这一定义正是为证明上帝是最优越的存在者而做的准备。既然只有上帝拥有最高本性，无条件完满性就只属于上帝。

第二，无条件完满性必然地属于最高本性，即上帝。

第三，只属于上帝的无条件完满性具有最高的，也即无限的完满性程度。作为有限存在者，受造物不能在最高和无限程度上拥有完满性。

结果，司各脱对无条件完满性的定义就包含了两重不同的含义：它或者属于一切事物，并普遍地存在于一切事物中，或者其本性必然是无限且只属于上帝。前一种建立在无条件完满性的共同性和去中心化的衺平基础上，而后者则给予了上帝优先性，只有他才拥有这些完满性。

正如导论中提到的，按照艾尔森的分析，司各脱给予了超越者两种含义：第一，超越者是共同的；第二，超越者指涉某种超越其他事物的东西。[28] 艾尔森甚至论证说在司各脱那里，作为超越者的无条件完满性能够同时包含这两种相反的含义在中世纪思想中是非常有创新性的。[29]

作为第四条通向上帝超越性的道路，我们需要仔细检查无条件完满性的共同性及其与特定神学意图的关系。如果我们坚持认为无条件完满性在任何事物中普遍存在，那么这与司各脱的去中心化的形而上

---

〔28〕 Jan Aertsen, "The Concept of 'Transcendental' in the Middle Ages: What is Beyond and What is Common," in *Platonic Ideas and Concept Formation in Ancient and Medieval Thought*, ed. Gerd van Riel, Caroline Macé, Leen van Campe, Leuven: Leuven University Press, 2004, pp. 133-154; *Medieval Philosophy as Transcendental Thought: From Philip the Chancellor (ca. 1225) to Francisco Suárez*, pp. 13-34.

〔29〕 Jan Aertsen, "Scotus's Conception of Transcendentality: Tradition and Innovation," in *Johannes Duns Scotus 1308-2008: Die philosophischen Perspektiven seines Werkes/Investigations into His Philosophy. Proceedings of "The Quadruple Congress" on John Duns Scotus, part 3*, ed. Ludger Honnefelder, etc., St. Bonaventure, N. Y.: Franciscan Institute Publications; Münster: Aschendorff, 2010, pp. 107-123.

学观念相容，因为它普遍存在于任何事物之中，而没有将所有事物中的无条件完满性都归给一个中心点或来源。然而这将不能为神圣完满性的超越性提供足够的支持；如果我们坚持认为无条件完满性只属于上帝，那么这就能够捍卫上帝的超越性，因为它只属于上帝的最高本性，并且必然地属于他，还在无限的程度上谓述上帝。"最高的""必然的"和"无限的"都能证明上帝超越了其他存在者。然而，这就会排除掉无条件完满性的共同性。

我们应该进一步追问：究竟无条件完满性的这两种含义是什么关系？司各脱如何能够在它们之间建构出和谐的解释？这两种含义又如何捍卫上帝的超越性？

为了回答这些问题，我们将首先在第三节分析无条件完满性是如何成为共同且去中心化的，接着在第四节中分析它又是如何专属于上帝，并在第五节中论述这两者的关系。这能够揭示出司各脱如何融合了这两种相反的含义，并且在此基础上如何捍卫了上帝的超越性。

第三节　敉平的无条件完满性

对司各脱来说，无条件完满性对上帝和受造物来说并不是一个类比的而是共同且单义的概念：

> 或者某些无条件完满性在应用于上帝和受造物（我们坚持这一点）时具有共同的含义（*ratio*），或者只适合于受造物。如果不是，那么或者是因为它的含义并不是形式地应用于上帝（这是不能采纳的），或者它具有一个本性（*ratio*），即完全适合于上帝，在这种情况下，没什么需要被归给上帝，因为它是无条件的完满性。而这样就等于是说这种如此与上帝相合的完满

性的含义就正是无条件完满性，而且因此就被安置在上帝这里。但这就使得安瑟尔谟在《独语录》中所教授的变得无意义，即"关于除了关系性的事物，在所有（上帝之外的）其他事物中，任何无条件地比那不是它的东西更好的东西，都必须归给上帝，即所有不是这类的东西都必须从他那里移除"。按照安瑟尔谟，我们首先知道某物是无条件完满性，接着我们将这一完满性归给上帝。因此，准确地说，就其在上帝之中，它并不是一种无条件完满性。这一点通过这样的事实也得到确认，即如果不这样，那么在受造物之中就不存在无条件完满性了。结果是明确的，因为在这样的假设中，只有类比地表达这样的无条件完满性的概念才能够与受造物相合——但这样的概念按其自身来说（是不完满的），因为类比是不完满的——而没有任何事物，在其中这一概念的含义相比起没有它（类比的完满性）会更好，因为否则的话，这样的完满性就会按照类比的本性而被安置于上帝之中。[30]

在这一陈述之中，司各脱实际上提到了三种关于无条件完满性的可能情况：

第一，它对上帝和受造物是共同的："或者某些无条件完满性在应用于上帝和受造物时具有共同的含义。"如果不是这样，那么就有另外两种可能性——

第二，它并不相关于上帝："它的含义并不是形式地应用于上帝。"

第三，它只属于上帝："或者它具有一个本性，即完全适合于上帝。"

而第二种含义是荒谬的，因为上帝是最优越的存在。司各脱同时也出于两点理由拒绝了第三种可能性：

---

[30] *Ord.*, I , d. 3, p. 1, q. 1,2, n. 38.

首先，它违反了安瑟尔谟对无条件完满性的定义。这一定义能够应用于所有其本性并非与之不相容的事物。我们首先知道无条件完满性，然后才将其归给上帝。

其次，这将意味着只有上帝才具有无条件完满性。然而既然上帝与受造物都拥有无条件完满性，那么上帝与受造物就只能类比地拥有它。不过这一类比的方式是不完满的，因为它只是类比于无条件完满性的本性。因此，无条件完满性是单义的概念，并且普遍地存在于任何事物之中。

结果，司各脱只接受了无条件完满性对于上帝和受造物是共同且单义的观点。由于无条件完满性出于其共同性而不能对任何事物是多义的，同时由于它没有不完满性（这只在受造物中存在）而不可能是类比的，因此它只能是单义的。

单义的无条件完满性能够在单义性基础上捍卫上帝的超越性：

> 每一个对上帝的形而上学追问都以这种方式进行：考虑某物的形式概念；在受造物中移除与这一概念相关联的不完满性，接着保持这一形式概念，我们将之归到最高的完满性，并接着将之归给上帝。例如"智慧"或"理智"或"意志"的形式概念。这样一个概念在其自身之中并按照自身而得到考虑。因为这一概念并不形式地包含不完满性或局限，在受造物中与之相关联的不完满性都被移除。坚持"智慧""意志"这些同样的概念，我们将它们归给上帝——但要在最完满的程度上。结果，每一个关于上帝的追问都依赖于这样的设定，即理智具有从受造物那里所获得的相同的单义概念。[31]

---

〔31〕 *Ord.*, I , d. 3, p. 1, q. 1,2, n. 39.

作为单义概念，当无条件完满性应用于上帝和受造物时，是形式上相同的概念，在这一概念之中并没有不完满性和局限。然而它自身可以按照完满性的高低而做出进一步的区分，在上帝之中的无条件完满性像是其他应用于上帝和受造物的单义概念一样，达到了最终和最完满的程度。

如上所述，一些无条件完满性是普遍且共同的，并且存在于一切事物之中。事实上，这些对上帝和受造物共同的完满性与形而上学的去中心化具有配合关系。接下来的这段引文很好地说明了这一配合关系：

> 我认为大前提并不是首要的，而是化约（*reducitur*）到（这一命题上，即）"每一个不完满的事物都化约到完满的事物"；而因为每一个存在者通过分有都是不完满的，只有那通过本质就是存在者的存在者才是完满的，因此才有此命题。但这一关于"不完满"的前提必须如此得到区分：第一，当完满性并不必然拥有伴随的不完满性时，一个事物按照无条件完满性是不完满的，因为它（无条件完满性）在其自身中并不包含局限，类似"这个善好""这个真""这个存在者"；而且这一类的不完满者被化约到了具有相同本性的完满者，也即"善好""存在者""真"那里去，它们显示出无条件完满性。第二，但是当完满性在其本性中包含局限，那么一个事物按照并非无条件的完满性就是不完满的了，所以它就必然具有附加的不完满性，如"这个人""这头驴"；而这种不完满性并没有在本质中被化约到具有像是这种特定本性的绝对同样本性的完满性那里去，因为它们（不完满的事物）仍然包含不完满性，因为它们包含着局限，但它们被化约到那以超级优越而且多义的方式包含它们的第一完满者那里去。因此，那不完满的事物在第一种方式中就

按照同样本性的完满性而被化约到无条件完满性那里去，因为某个事物能够按照这一本性而变得无条件地完满。但是在第二种方式中的不完满者则不能按照同样本性的完满性被化约到某个完满的事物那里去；因为那一本性包含着不完满性，因此它不能由于其局限而成为无条件的完满事物，而是被化约到某个多义的无条件完满者那里去，而这一无条件完满者优越地包含着那一完满性。由于这个原因，不完满的善好被化约至完满的善好，而一块不完满的石头，并没有被化约到无条件的完满石头那里去，而是化约到潜在地包含着那一完满性的最高存在与最高善好那里去。[32]

在这一较长的论证之中，司各脱在两种不完满性和完满性的关系（第一种方式和第二种方式）之间做出了区分。第一种方式依赖于无条件完满性，而第二种方式则依赖于有条件完满性。在第一种方式中，那些更少完满性的事物与那些更多完满性的事物单义地分享着同样的含义。例如，这一存在者或那一存在者都被单义地贴上了"存在"这个概念标签。在这种情况之中，即使这个或那个存在者是不完满的，存在自身作为单义概念基础则绝对地是无条件完满的，没有不完满和局限。因此，我们可以说这个存在者或那个存在者能够化约回作为无条件完满性的存在自身。由此，上帝与受造物只能通过相同的完满性而被样态地区分开来：

> "有限的"和"无限的"指示了一个本体完满性的样态，就像"更多"与"更少"在白性中一样。[33]

---

[32] *Ord.*, I, d. 2, p. 1, q. 3, n. 187, Vatican II, pp. 240-242.
[33] *DPP*, 4. 57, Ed. Wolter, p. 117.

这就说明，即使无限存在者获得了最大的完满性，它仍然能够与有限存在者分享同样的完满性，正如不同程度的白分享了同样的白性。

相反，在第二种方式里，正如"人"和"驴子"，所有人与所有驴子并没有同样的本质。一个特定的人的完满性并不是无条件的，因为它包含了不完满性和局限。一个特定的人所具有的不完满且有局限的完满性是不能化约回无条件的人的完满性的。换句话说，在特定的人中有条件的完满性与人所具有的绝对无条件的完满性既不是单义，也不是类比，而是多义关系。因此，一个特定的人与石头只能是以多义和潜在的方式而绝非单义的方式最终化约回最高存在者或最高善好。与第一种方式不同，在第二种方式中，特定的人与最高存在者以及最高善好是多义的。

存在、真、善好与无条件完满性的紧密关系显示出上帝与受造物在无条件完满性基础之上的某种共同性。然而，在有条件的完满性之中，所有存在者的可比较性并不是建立在完满性的共同性、单义性和去中心化基础上的。相反，它只能谓述那些有条件的特定种类的存在者。然而，无条件完满性的可比较性则建立在完满性的共同性、单义性与去中心化基础上，它对上帝和受造物是单义且普遍地共同的。

第四节　走向破裂的无条件完满性

无条件完满性并不只是单义地拥有共同性，还拥有深厚的神学目的。司各脱试图以下面两种方式来捍卫通过无条件完满性所保证的上帝超越性：

1. 将所有无条件完满性都定义为就其本性来说无限且属于上帝的。

2. 一些无条件完满性只谓述上帝。

第一种方式排除了无条件完满性的共同性，因为所有无条件完满性在本性上无限且属于上帝。因此，这种方式中的无条件完满性从一个单义且去中心化的概念转变成为一个无限的概念。司各脱这样说道：

> ……在第一存在者之中，只有无条件完满性……每一个这样的完满性都与其本质等同；否则它自身就不会是最好的，或者好几个事物就会无条件地都是最好的。[34]

按照这一点，无条件完满性与第一存在者的神圣本质相等同。否则，无条件完满性就不会是最好的，或者除了第一存在者，会有好几个事物都可以无条件地成为最好的。

而第二种方式则能够直接保证上帝的超越性，因为那些诸如全能或全知的完满性，并不能被受造物所分享。例如：

> 全能作为一个神圣属性并且还显示为一个无条件完满性，并没有显示任何与受造物的关联……因为没有任何神圣的无条件完满性会依赖于受造物。[35]

司各脱明确承认全能作为无条件完满性只能属于上帝，而没有任何与受造物的关联。因此，这种无条件完满性并不依赖于受造物的完满性，神圣无条件完满性独立于且超越于受造物的完满性。

在这两种方式中，无条件完满性的敉平化共同性发生破裂，由此就能够维护形而上学中上帝的超越性和优先性。

在第六至八章中我们指出，司各脱使用无限性／有限性，因果性与必然性／偶然性来捍卫上帝的超越性。事实上，这三种道路都紧密相关

---

[34] *DPP*, 4. 82, Ed. Wolter, p. 141.
[35] *Ord.*, Ⅰ, d. 43, n. 13, Vatican Ⅵ, p. 357.

于无条件完满性。所有的神圣完满性都是无条件完满性，而且在绝对意义上，神圣完满性没有局限与不完满性。因此，在接下来的讨论和引文中，当司各脱讨论上帝的完满性时，这些完满性都是无条件的。

在第二节所讨论的无条件完满性的第二种含义中，只有上帝作为第一存在者才能拥有无条件完满性：

> 只有你是无条件地完满的，不是完满的天使或者完满的物体，而是完满的存在者，毫不缺乏某物所可能具有的实体。[36]

无论是天使还是物体都是具有限定性的存在者，即便它们在各自的限度之内是完满的，但它们仍然是有限的，因此不是无条件地完满的。相反，上帝并不具有任何有限性和限定性，因此只有上帝才能是无条件地完满。司各脱清楚地陈述道，上帝拥有所有无条件完满性，因此与受造物没有共同之处：

> 他（上帝）是一种具有所有无条件完满性的完满事物，无论是他自己还是他的本性（都是如此），并且不是通过与受造物的联系而（如此的）。[37]

这句话说明上帝并不是通过他与受造物的关联而获得所有的无条件完满性。因此，不像是在共同性意义上的无条件完满性，司各脱试图在无条件完满性的基础上建立起上帝与受造物的等级秩序：

> ……在受造物之中的任何无条件完满性，都更为首要地并

---

[36] *DPP*, 4. 84, Ed. Wolter, p. 143.
[37] *Ord.*, I , d. 43, n. 13.

且出于其自身而在上帝之中，并且与另外的东西无关。[38]

即使受造物能够拥有无条件完满性，但它们所拥有的无条件完满性最终都首要地归给了上帝。

结合前几章的讨论主题，一共有三个方面可以显示上帝如何首要地拥有所有的无条件完满性，而这三个方面与前几章的主题也都分别具有关联。需要指出的是，在下面的论述中，尽管司各脱只是提到了完满性，但由于上帝所拥有的完满性都是无条件完满性，因此下文中这几个方面的完满性都是指无条件完满性。

第一个方面是无条件完满性的无限性。如前所述，所有的无条件完满性就其本性都是无限的。司各脱进一步给出了关于无限性与无条件完满性关系的论证：

> ……最优越的存在者与某个更完满的存在者是不相容的……无限与一个实体并非不相悖，但是无限要比任何有限存在者更伟大。而另一个相同的论证则是：与无限性并非强化地矛盾的事物并不是最高完满的，除非它是无限的，因为如果它是有限的，那么它就能被超越，因为无限性与之并不矛盾。但是无限性并不与存在矛盾，因此最完满的存在者是无限的。[39]

在这段论证的开始，司各脱承认最优越的存在者与更为优越的存在者是不相容的。最优越的存在者达到了完满性的最高程度。而且无限性与存在是相容的，也就是说，无限能够存在于一个存在者之中，而无限者超越了有限者。如果一个存在者是无限的，那么这个与无限

---

[38] *Ord.*, I , d. 8, p. 1, q. 4, n. 167, Vatican IV, p. 239.
[39] *DPP*, 4. 63, Ed. Wolter, p. 121.

性相容的存在者就能够最完满。因为无限性与存在者相容并能存在于其中，那么最完满的存在者就肯定是无限的了。因此，一个无限存在者拥有最大的完满性，而一个无限存在者的完满性超越了有限存在者的完满性。有限存在者及其完满性都能够被无限存在者所超越。一个无限存在者的完满性并不能被超越，因为它已经达到了最高的程度："无限性与任何不是无条件完满性的东西矛盾。"[40]这一陈述指示出了无限性与无条件完满性的本质关系：上帝作为无限存在者并不拥有任何与无条件完满性所矛盾的东西，这意味着上帝作为无限存在者与那些不拥有无条件完满性的事物所矛盾。只有上帝才能无限地拥有无条件完满性。

第二个方面是因果性与无条件完满性。对此司各脱这样论证：

> ……外在因的因果性表示了并非出于必然性而相伴的完满性，而关于必然性的内在因则具有相伴的不完满性。结果，在因果活动之中，外在因优先于内在因，正如完满者优先于不完满者。[41]

正如第七章所提到的，一个事物的外在因优先于其内在因，也就是说，动力因与目的因优先于形式因与质料因。上帝是所有事物的第一动力因与第一目的因，而受造物的形式因与质料因则内在于受造物之中。因此，上帝优先于受造物且比受造物更为完满，而完满性则优先于不完满性：

> ……更高的原因在其因果作用中是更为完满的……因此那

---

〔40〕 *Ord*., d. 8, p. 1, q. 4, n. 185, Vatican Ⅳ, p. 253.
〔41〕 *DPP*, 2. 27, Ed. Wolter, p. 25.

无限地更高的事物是无限地更完满的，因此在其因果活动中就具有无限完满性……就其能够制作某物而言，它必然没有设置不完满性——这一点从第二章的第八个结论来看是明确的。因此，它就能够没有完满性而存在于某个本性之中。但如果每一个原因都依赖于某个优先的原因，那么动力性就从不会没有不完满性。因此，一个制作某事物的独立能力就能够在某个本性中存在，而它无条件地就是第一的。[42]

上帝无疑是所有事物的最高原因，因此他是最完满的。而能够制作某物的能力本身并不导致不完满性，因此一个本性能够拥有这种能力而同时没有不完满性。由于因果性应该具有目的，所有可被作用的事物都最终化归于不可被作用的原因。[43]通过树立外在因的完满性，上帝作为受造物的第一外在因就拥有了最大的完满性。第一因及其完满性没有局限，也没有不完满性。因此，上帝作为第一外在因是无条件地完满的。

第三个方面是必然性与无条件完满性。司各脱这样理解这一关系："而没有什么比出于其自身而具有必然存在的存在者更为完满的东西。"[44]必然存在者比任何别的存在者都更为完满。由于司各脱证明了上帝是唯一的必然存在者，而由此上帝就比所有其他偶然存在者都更为完满：

> 因为每一个与必然性不矛盾的完满性，必然地拥有它，要比偶然地拥有它更为完满。而必然性并不矛盾于无条件完满性，

---

[42] *DPP*, 3. 13, Ed. Wolter, p. 49.

[43] "你是第一动力因，最终目的，在完满性中至高，超越了所有事物。你完全不被作用，并因此不会生成与毁灭。" *DPP*, 4. 84, Ed. Wolter, p. 143.

[44] *DPP*, 3. 25, Ed. Wolter, p. 57. 另外，司各脱还证明了只有一个必然且最完满的存在者，参见 *DPP*, 3. 26, Ed. Wolter, p. 57.

因为这样的话某种与之不相容的东西将会超越它，比如那必然的或者能够必然的东西。但是没有什么东西能够比第一本性更为完满地拥有无条件完满性。[45]

必然性与每一个完满性并不矛盾，并且甚至能够比偶然性更为完满地拥有它们。必然性与无条件完满性是相容的，也就是说它能够在其本性中毫无不相容性或矛盾地拥有无条件完满性。只有上帝才是必然存在者，因此上帝的本性，也即第一本性要比受造物更为完满地拥有所有无条件完满性。

通过这三个方面及它们与无条件完满性的本质关联，司各脱建立起了受造物对上帝的依赖性，并且显示出上帝作为最完满的存在者超越了作为不完满者的所有受造物，只有上帝没有条件、局限和不完满地拥有所有完满性：

> ……最完满的东西总是独立于不完满的东西，正如不完满的东西依赖于完满的东西；而一个可归属的完满性是完满地在上帝中的，并且不完满地在受造物之中的。——相似的，它不会具有无限的无条件完满性，除非它在没有与其他别的东西的关联的前提下包含所有无条件完满性。[46]

上帝就其无条件地完满而言，是永远独立的，而不完满的受造物则总是依赖于上帝。作为无限存在者的上帝能够包含所有无条件完满性而没有与其他事物的关系。结果无条件完满性就独立于受造物：

---

[45]　*DPP*, 4. 11, Ed. Wolter, p. 81.
[46]　*Ord.*, I, d. 8, p. 1, q. 4, n. 167, Vatican IV, pp. 239-240.

……在上帝之中没有"无条件完满性"依赖于受造物，它也没有必然而无条件地排除受造物。[47]

不像是作为共同性的无条件完满性，无条件完满性只要求上帝，而绝不必然地依赖于受造物。上帝能够完满地拥有所有无条件完满性而没有与作为不完满存在者的受造物有任何共同性：

　　……某些东西对于受造物中的完满性来说是必然的，它们并没有表述出无条件完满性；而这是因为受造物——它们自身不完满——不能没有这些东西而拥有完满的完满性（即它们可能拥有的程度和类型），而因此这些事物在某种方式中就组成了受造物的不完满性，正如第七个问题那里所说，任何东西的特定差异是一种无条件完满性，这种说法需要被否定。因此我认为有局限的完满性不能在一个有局限的本性中像是它在几个有秩序的本性中那样伟大。而因此本性就拥有秩序，是不平等的完满性的秩序，这一秩序对于它们所能拥有的最伟大的完满性是必需的——但对于最伟大的无条件完满性则是不必需的，因为它能够存在于最完满而无局限的本性之中，而没有不完满性的秩序。[48]

　　按照这段陈述，受造物不仅拥有无条件完满性，而且还拥有其他必然存在于受造物之中的不完满东西。这些其他的不完满东西不能与受造物分离。受造物具有各种特定的差异，而这些特定的差异不是无条件完满性，因此受造物的完满性是有限且不完满的。不同受造物拥

---

〔47〕　Ed. Vatican Ⅵ, Appendix A, p. 439.
〔48〕　*Ord.*, Ⅰ, d. 19, q. 1, n. 26, Vatican Ⅴ, p. 278.

有不同的不平等且有局限的不完满性，通过它们，受造物的不平等且有局限的完满性就构成了一个秩序。在这一秩序的最高层级，受造物拥有它们所能拥有的最大完满性。相反，最伟大的无条件完满性却并不必然需要这一秩序，因为无条件完满性作为最伟大的完满性没有不完满性，所以它不需要不完满性的秩序。

这说明受造物作为不完满的存在者按照它们所具有的不平等且有局限的完满性组成了一个秩序，而这个秩序对于受造物所拥有的最伟大完满性来说是必需的。相反，无条件完满性则没有这样的秩序，因为它们缺乏不完满性，换句话说，无条件完满性独立于由受造物不平等且有局限的完满性所组成的秩序。

而且，存在着许多不同的无条件完满性，但是它们都最终在上帝之中统一起来。即使上帝在不同方面以不同方式包含所有完满性，他总是单纯且统一的，并比复合受造物更为完满：

> ……特定的差异在神性之中不会比特定的同一性更为完满。但是在受造物之中，它则更完满。——因为一旦在受造物中放置了局限性，那么受造物之中就不能存在没有特定区分的总体完满性，但如果在某一个本性中存在着无限完满性，特定区分对于无条件完满性就不再需要了。因此在受造物之中，特定的差异是提供了不完满的完满性，但是在神性中——在那里本性无条件地完满——不需要提出诸如"提供了不完满性的完满性"，因为那里不存在它可以提供的不完满性。[49]

与之前的引文相关，这段引文中司各脱声称特定差异存在于受造物的本性之中。即使它标志着局限性和不完满性，它对于受造物来说

---

〔49〕 *Ord.*, I, d. 7, q. 1, n. 64, Vatican IV, p. 134.

仍然是一种完满性，没有它受造物将不能被区分开来，也不能获得同一性。然而，这种完满性肯定不是没有限定的，无条件完满性在绝对意义上只能在神圣实在中存在。由于上帝没有不完满性，他就能够无限且完满地拥有这些没有限定与局限的完满性。

无条件完满性首要地存在于形而上学领域之中。它们是从属于形而上学研究主体的超越者。在第三节中，我们看到那些形而上学概念，诸如存在、真与善好，都属于具有形而上学共同性的无条件完满性。而这一节则揭示了无条件完满性与作为无限存在者、不被作用的原因以及作为必然存在者的上帝的关系。无条件完满性（作为上帝的超越性与优先性）与之前的三条形而上学进路具有密切关系：所有无条件完满性在本性上都是处于最高从而是无限的，并且比有限者更为完满；不被作用的原因作为外在因比任何内在因都优先，都更为完满；必然存在者比偶然存在者更为完满。总之，"每一个无条件的完满性都必然属于最高本性，并处于最高"。无条件完满性与其他三条形而上学进路具有关联，而这些进路也一同构成了司各脱自然神学的基础。

第五节　上帝对无条件完满性的掠夺

现在我们已经看到了无条件完满性的双重含义：一方面，它为上帝与受造物提供了共同性；另一方面，它就其本性而言是无限的，而且在形式上只属于上帝。第一节提到有两种无条件完满性，第一种单义地谓述上帝与受造物，而第二种（例如全能）则只谓述上帝。然而在第三节中我们已经看到，不光是第二种无条件完满性，而是所有无条件完满性在本性上都是无限的，并且在此意义上只属于上帝。这正是上帝对受造物的无条件完满性的掠夺，而这一掠夺主要依赖于上帝的无限性。

事实上，为什么无条件完满性具有这两种含义部分地是由于这样的事实，即这种完满性没有限定和条件。第一，由于它不具有进一步的神学限定与规定性，因此就能够普遍地对任何事物保持单义；第二，因为没有局限，所以它就可以是无限的。结果，那些单义且共同的概念，比如存在、真或者善好作为无条件完满性就能够以两种方式得到理解：

第一，形而上学的去中心化给予了存在及其可互换的属性共同性。

第二，在存在、真与善等超越者之中没有局限和不完满性，只有无限存在者能够形式地、无限地和完满地拥有这些无条件完满性。

在第一种意义中，无条件完满性是共同概念，对所有存在者保持单义。在第二种含义中，无限性成为无条件完满性的核心。去中心化且单义的无条件完满性被转变为只谓述上帝。在这种情况下，我们就应该追问：无条件完满性如何在一方面是去中心化且单义的，但在另一方面却只属于上帝？在这两者之间是否有不融贯？

司各脱当然意识到了这个问题，并且给予了如下论证以调和这两种无条件完满性的含义：

我认为自由绝对是一种无条件完满性。因此按照同样的无条件完满性，它被形式地放置于上帝之中。在我们之中的自由是有限制的，但是能够按照其形式的本性（*ratio*）从而没有局限地考量它，由此它就不是有局限的完满性，而是无条件完满性。（例如，智慧是无条件完满性，按照它的"本性"来绝对地考量它，它也在我们之中。但它不光在我们之中，而且还带着局限性，因此我们的智慧就包括两个东西，其中一个是无条件完满性；另一个，也即作为有局限和有限的完满性并不如此，而是包含着无条件完满性。）因此我认为，尽管在我们之中的意志的种相包含那作为无条件完满性的自由，但它不仅包含这种自由，同时也还伴随着局限性，而"局限性"本身并不是无条件完满性。犯罪并不属于第一本性（ratio）（无条件完满性），而这一秩序的最接近的根基也不是现实地有缺陷的。相反，它是第二本性（作为有局限或者有限的完满性）。[50]

在这段重要论述之中，司各脱使用了"自由"和"智慧"的例子来阐释无条件完满性如何存在于上帝和受造物之中。如上所述，没有无条件完满性会绝对地包含局限性或者不完满性。按照无条件完满性的第一种含义，它普遍地存在于任何事物之中。然而，受造物的完满性是不完满且有限的，并且只有上帝才能没有局限地且完满地拥有这些完满性，这一点在无条件完满性的第二种含义中得到体现。

为了调和这两种不同的含义，司各脱在这一引文中论证说在受造物之中具有两种完满性：第一种是无条件完满性，而第二种则是不完满的完满性。受造物的确拥有无条件完满性，但是受造物不能形式地拥有它们，因为在一切事物之中的无条件完满性在形式上不具有不完满性。例如在受造物之中的自由和智慧是不完满的，但是就自由与智慧自身来说，它们在形式上是没有限定、没有不完满的，因此它们只能被上帝在这种意义上所拥有。

在这段引文中，"形式的"依赖于一个事物在肯定意义上的内在本性。也就是说，它相关于一个事物的形式性内容，这种形式性的内容在本质上构成了这个事物是什么。因此，不完满的受造物不能在形式上拥有无条件完满性，因为无条件完满性就其本性来说在形式的意义上是无限的，而我们的本性和形式则是有限且不完满的。只有上帝才能精确地、形式地、本质地拥有它们。

---

〔50〕 *Ord.*, II, d. 44, n. 8, Vatican VIII, p. 493.

司各脱通过人类意志的例子来解释这一点:"然而我们的意志是制造的不完满原理,因为它并没有无条件完满性。"[51]意志是一种无条件完满性,然而人类意志并不是无条件完满性,因为我们的意志是不完满的。意志与人类意志并不相同,因为意志是无条件完满性,而人类意志则是不完满的完满性。因此,所有在受造物中的无条件完满性只能形式地存在于上帝之中。它们以不完满的方式现实地存在于受造物之中,但受造物却不能在形式的意义上拥有它们,因此受造物所拥有的完满性并不是形式意义上的无条件完满性。

值得注意的是,在这方面司各脱并没有诉诸柏拉图式的分有模式、新柏拉图的流溢模式或者阿奎那的范式主义与类比模式来处理受造物的完满性与神圣完满性的关系。在这三种模式之中,完满性的所有构成要素都集中于一个中心点上,在其中,不完满的东西集中于且依赖于作为最高点和中心点的完满性。司各脱的形而上学去中心化并没有使得受造物所拥有的不完满的完满性在形式上分有或者依赖于上帝之中的无条件完满性;相反,这两种完满性并存于受造物之中,两者之间并没有形式、范式或者分有上的关联。[52]

在第三节,司各脱论证说在上帝中的完满的完满性与我们之中不完满的完满性在理智中拥有共同的单义概念。然而通过第四至第五节的分析,我们可以发现,神圣完满性与受造物完满性的单义性在形式意义上并非实在的,因为只有上帝能够形式地拥有无条件完满性。

---

[51] *Lec.*, Ⅰ., d. 10, n. 6, Vatican ⅩⅦ, p. 116.

[52] 司各脱对于善好的处理与无条件完满性相似。正如威廉姆斯所指出的:"在司各脱之中我们看到了一种奇怪的碎裂——还不至于作为一种故意的拆解而成为对托马斯综合进路的暴露。创造进路仍然保留,但是与之关联的善好,司各脱称之为'本质性善好',已经清楚地丧失了柏拉图主义的气息,并且不再被严格强调。"参见 Thomas Williams, "From Metaethics to Action Theory" in *The Cambridge Companion to Duns Scotus*, ed. Thomas Williams, Cambridge: Cambridge University Press, 2003, pp. 332-351, at pp. 334-335。

受造物的完满性与神圣完满性具有两种关系：

第一，我们的不完满的完满性与上帝之中的无条件完满性的关系。上帝并不具有不完满性，我们不能形式地拥有无条件完满性，因此在它们两者之间不具有任何实在的单义性。

第二，我们之中的无条件完满性与上帝之中的无条件完满性。在这一关系之中，无条件完满性始终是没有限定、局限与不完满的，它对上帝和受造物是单义的。然而，这一单义性并不是实在的，因为只有上帝才能形式地拥有无条件完满性，这能够保证上帝的超越性。

在这两种情况中，受造物的完满性与神圣完满性都没有实在的共同性与单义性。它们之间的相异性得到了捍卫和保存。

因此，司各脱对于所谓无限存在者"形式地"包含完满性，与阿奎那的理解有所区别。正如第六章指出的，阿奎那所理解的无限存在者，是因为其没有质料的限制从而只具有形式，因此是无限的。然而司各脱这里所理解的形式地包含，并不意味着没有质料的限制，而是指无限完满的量度与程度。换句话说，最大程度也就意味着这种完满性到达了其本质的、形式的意涵，也就意味着没有限定和条件的约束。一个完满性在形式意义上的存在，并不意味着它脱离了质料，而意味着它到达了无限。无限性保障了一个完满性的形式含义。

在这个意义上，司各脱显然突破了传统的亚里士多德主义学说。他之所以能够把两种无条件完满性的含义（一个具有普遍性，另一个专属上帝）统一起来，并成为具有创新性的做法，关键就在于把无条件完满性的形式含义吸纳入无限性之中。只有无限性才能绝对地、无条件地保障这一完满性即便可以普遍存在于不完满的事物之中，但依然不包含任何不完满性。如果不在形式上考虑它，它就具有普遍性，如果考虑到它的形式含义，它只能属于上帝这一无限存在者。所以，无条件完满性就以这种方式保障了其单义性与上帝超越性的统一。

由此，不但所有的无条件完满性，而且上帝的三重首要性和诸神圣属性，本来是通过其单义性而首先从受造物相应的属性之中被发现的，却在形式上存在于无限的上帝之中。在这些首要性、属性和完满性之中，神圣无限性扮演了最为重要的角色，它在这条形而上学进路中帮助无条件完满性起到了维持上帝超越性的作用。

因此，无限的上帝尽管和受造物分享了单义的无条件完满性，却实际上将它们都掠夺了过来。相比司各脱，阿奎那仍然认为受造物可以在形式上拥有这些完满性，并进一步通过分有、范式/形式相似性而建立起受造物完满性对神圣完满性的依赖关系。然而在司各脱这里，受造物根本不可能在形式上、在其自身地拥有这些完满性。因此，表面上无条件完满性具有单义性，但在形式上却并没有赋予上帝与受造物真正的共同性，上帝才是真正从根本上占有了无条件完满性。

作为形而上学的主题，无条件完满性包含着各种构成要素和功能。一方面，它是形而上学的重要构成部分，因为无条件完满性作为超越者也从属于形而上学的研究主体，而所有的超越者也都是无条件完满性。而且无条件完满性与其他三条通向上帝超越性的道路都具有紧密关系，因为无条件完满性在本性上是无限的，而上帝作为受造物的外在因必然存在者在最大和最完满的程度上拥有完满性。另一方面，无条件完满性包含着超越形而上学的维度，例如，爱作为实践和神学概念也是无条件完满性。因此，无条件完满性的概念能够将我们导向司各脱的神学目的，并聚集于上帝相对于形而上学的超越性。

无条件完满性在司各脱的思想中具有三种功能：

第一，它提供了共同性给上帝与受造物，虽然这一共同性并不是实在的。在受造物的无条件完满性与上帝的无条件完满性之间并没有类比或多义的关系。

第二，它以两种方式保证了形而上学中上帝的超越性：第一种方式，某些类似全能的无条件完满性只谓述上帝；第二种方式，所有无条件完满性在本性上都是无限的，因此只有作为无限存在者的上帝才能够形式地拥有所有无条件完满性。受造物本性所包含的不完满性与上帝的完满性之间是多义关系。

第三，它提供了以非形而上学方式保证上帝超越性的道路，这一道路依赖于爱，而这一点将在第十章得到讨论。

因此，无条件完满性是司各脱形而上学与上帝的形而上学及非形而上学超越性的某种综合。这也同时揭示出无条件完满性能够成为从上帝的形而上学超越性到非形而上学超越性的过渡。

第十章 实践与神圣意志 上帝超越性的非形而上学进路

在这一章中，我们将前行至上帝的非形而上学超越性。形而上学是一门思辨的理论科学。尽管前几章的一些进路已经包含了一定的非形而上学维度，然而它们仍然主要建立于形而上学的结构之中，并事关人类的思辨与理解活动。那些进路的主题如无限的／有限的，原因／结果，必然的／偶然的，以及无条件的偶然性，都被涵盖于形而上学的研究主题之下。这一章开始研究司各脱如何使用一些非形而上学的方式来捍卫上帝的超越性。概括来说，这条进路包含两个方面，第一个是实践，另一个则是神圣意志。[1]

无论是实践还是神圣意志，都能够在一个非形而上学的语境下建立起上帝的超越性。上帝是实践科学的主题与目的，而实践科学比形而上学这样的思辨科学更为高贵，神圣意志甚至能够超越实践科学的秩序。实践与神圣意志的超越性能够保证受造物与上帝的相异性，而同时这两个方面是紧密相关的。实践是从意志活动而来的，而神圣意志又与神圣之爱以及实践／道德秩序紧密相关。因此，这一章将实践与神圣意志放在一起进行讨论。

对于司各脱的意志理论，普遍认为在其伦理以及道德学说之中存在着比理智主义更多的意志主义要素，这赋予了意志相对于理智的优

---

[1] 对于司各脱实践理论和意志理论的研究文献，参见书末的"参考文献"。本章主题的研究文献数量较多，限于篇幅，大多在脚注中略去。

先性甚至决定性。然而，学者们的分歧在于这样的意志论究竟在司各脱的思想中是怎样运作的，其范围和效用究竟有多大。概括而言，我们认为与这一章相关的争论主要有两个不同的意见：

第一，自由至上的并且专断的极端意志主义，如威廉姆斯的解释。[2]

第二，理性化而节制的意志主义，如沃尔特与英厄姆的解释。[3]

第一种解释认为司各脱式的上帝是自由至上并且专断的创造者，而神圣意志丝毫不节制，所有道德善好的基础与原理完全来自上帝的意志。因此，上帝的自由超越了任何实践秩序，上帝对于人类实践所遵从的正道（rectitudo）与正确理智（recta ratio）是无分别的，因此上帝不会必然遵从他所创造的秩序。而第二种解释则强调认为意志，包括神圣意志和人类意志都是节制的；这是一种理性化的能力，神圣意志不会与其所创造的实践秩序相矛盾，总是通过自我控制遵从这一秩序。此外，关于这一主题还有不少其他方面的研究。[4]

事实上，就司各脱在其意志理论之中的位置来说，我们应该首先

---

[2]　Thomas Williams, "How Scotus Separates Morality from Happiness," *American Catholic Philosophical Quarterly* 69 (3), 1995:425-445; "Reason, Morality, and Voluntarism in Duns Scotus: A Pseudo-Problem Dissolved," in *The Modern Schoolman* 74: 73-94; "The Unmitigated Scotus," in *Archiv für Geschichte der Philosophie* 80: 162-181; "Reason, Morality, and Voluntarism in Duns Scotus: A Pseudo-Problem Dissolved," *The Modern Schoolman* 74 (1996/97): 73-94; "The Libertarian Foundations of Scotus's Moral Philosophy," *The Thomist* 62 (1998): 193-215.

[3]　Allan Wolter, "The Unshredded Scotus: A Reply to Thomas Williams," in *American Catholic Philosophical Quarterly* 77: 315-356; *Duns Scotus on the Will and Morality*, Washington, D. C.: The Catholic University of America Press, 1986, pp. 39-45; Mary Beth Ingham, "Letting Scotus Speak for Himself", *Medieval Philosophy and Theology*/Volume 10/Issue 02/March 2001, pp. 173-216; "Duns Scotus, Morality and Happiness: A Reply to Thomas Williams," American *Catholic Philosophical Quarterly* 74 (2000): 173-195; Mary Beth Ingham and Mechthild Dreyer, *The Philosophical Vision of John Duns Scotus*, Washington, D. C.: The Catholic University of America Press, 2004, pp. 146-172.

[4]　存在着针对司各脱式的上帝是否是纯粹自由至上式的争辩。对于肯定性的观点，参见 Thomas Williams, "The Libertarian Foundations of Scotus's Moral Philosophy," *The Thomist* 62 (1998): 193-215；对于否定性的观点，参见 Douglas C. Langston, "*God's Willing Knowledge*, Redux. " *Recherches de Théologie et Philosophie médiévales* 77 (2010): 235-282。

区分两种不同的情况：人类意志和神圣意志。司各脱对这两种意志给予了不同的处理：

对于人类意志，司各脱似乎给出了两种不够融贯的解释。一方面，作为自由而理性的能力，意志并不是被理智所指导的。意志对于相反的对象是自由而无分别的，并能够通过自我决定和自我控制而生发道德行动。另一方面，由意志所发动的行动在实践知识之中则是由理智所指导和管制的（参见第二、三节）。

对于上帝意志，并没有出现像人类意志领域内那样的不融贯。司各脱从来没有说过神圣意志是被神圣理智所指导和引领的。尽管神圣意志可以遵从其所创造的正道与正确理性，但这种遵从是发自神圣自由的自我决定，换句话说，神圣意志是自由、主动、独立并且自我决定地遵从它们的。克罗斯指出没有任何文本证据证明神圣意志是由正道所强迫和指导的，相反神圣意志永远自由而没有其他力量的限制与局限。[5] 因此，神圣意志超越了实践秩序并决定了道德善好的原则，它从来没有被任何别的东西所束缚、局限或指导（参见第二、四节）。

这一章并不主要集中在神圣意志是极端意志论的还是节制的争辩之中，因为这一章的主题是司各脱如何捍卫神圣意志相对于实践秩序的超越性，而这两种解释大体上都可以做到这一点——尽管程度不同。专断而极端意志主义的解释当然可以捍卫神圣意志的超越性，因为神圣意志成为实践秩序原理的唯一创造者和决定者，由此完全超越了实践秩序的指导与引领。而对于第二种解释，尽管它论证说神圣意志总是通过自我控制而遵从实践秩序，然而这种遵从并不是通过实践秩序的引领而被迫进行的；相反，神圣意志是通过其至上的自由与自

---

[5]　克罗斯批评了对于司各脱道德理论的理智主义解释，并认为上帝从来不会必然遵从正道与正确理性。本文同意这一观点，因为司各脱尽管没有说上帝会违反正确理性，但上帝绝不受任何正道与正确理性的限制与指导。参见 Richard Cross, "Duns Scotus on Goodness, Justice, and What God Can Do," *Journal of Theological Studies* 48 (1997): 48-76。

我决定性而遵从它的。因此，在这两种不同的解释之中，神圣意志从来没有被实践秩序所指导和引领从而丧失其自主性，神圣意志的自由与自我决定始终是得到保证的。

本书的导论部分曾指出，上帝的超越性要求上帝从不被任何别的东西所束缚和局限。在本章第三节我们将看到，司各脱从不认为上帝具有实践知识，因为神圣意志的活动没有其他指导者和引领者；它始终决定着它自己。相反，人类具有实践知识，这指导着人类的实践活动朝向正确的方向。因此，神圣意志从未被实践知识所束缚和局限，上帝自由、独立而自我决定地超越了实践秩序，无论神圣意志是否节制地遵从这一上帝所创造的秩序。

在这一章的所有小节中，第五节较为特殊。从第六章到第十章的第四节，主要集中讨论如何捍卫上帝的超越性，并由此削弱受造物与上帝在神学与道德意义上的交互性。而在这一节中我们将看到，司各脱如何通过爱而在意志基础上建立起了受造物与上帝的交互性，从而使这一爱的秩序中心化于上帝，并由此超越了两者之间的破裂关系。然而需要指出的是，爱作为受造物与上帝的交互性预设了神圣之爱对人类之爱的超越性，从而并未给予受造物和上帝共同性和平等性。

第一节　实践对思辨的超越

对阿奎那来说，实践和思辨被平等地安置于同一个理智之中：

> 实践理智和思辨理智并不是相异的（*diversa*）能力。正如已经解释过的那样，这是因为一个与某能力的对象的本性偶性相关的事物，并没有使能力多样化。对人的本质来说，颜色是偶性的，或大或小也是。因此，所有这类事情都是由同一个视觉能力所理解的。那由理智所理解的东西，或者指派或者不指

派行动，也是偶性的。正是由于这点，思辨理智与实践理智是不同的。思辨理智并不是按照它所理解的东西去指派行动，而是仅为了思考真理，而实践理智则将其所理解的东西付诸行动。这正是亚里士多德在《论灵魂》第三卷所说的：思辨理智不同于实践理智。因此，两者也就从其目的获得了名称，一个是思辨的，另一个则是实践的，即行动的。[6]

实践理智与思辨理智同属于同一个理智的能力。尽管它们对象的本性是不同的（一个是行动，而另一个则是思辨），但这些不同对象的本性对于这同一个能力来说则是偶性的。思辨理智指导着对真理的理解，而实践理智则指导着对行动的理解。因此，实践与思辨只是目的不同，而不是两种能力，更不是两种理智。对阿奎那来说，实践与思辨的目的尽管分属不同领域，却属于同一个理智能力。因此，真理和善好才会彼此包含：

> 真与善好彼此包含，因为真是一种善好，否则它就不会是可欲求的。而善好也是一种真，否则它不会是可理解的。因此，真具有善好的本性（ratio），从而能够成为欲求的对象，正如某人欲求认识真理时就是这样。同样，实践理智的对象在真的本性之下，能够导向行动的善好。因此实践理智像思辨理智一样认识实践真理，但却把它所认识的真理导向行动。[7]

阿奎那在实践和思辨之间并没有做出绝对的划分，因为善好作为实践对象和真作为思辨对象在实践中都是可欲求的，并在思辨中都是真的。实践包含着思辨所理解的真，而思辨又包含着实践中的欲求。

---

[6]　*ST*, Ⅰ, q. 79, a. 11, Leonina Ⅴ, p. 278.
[7]　*ST*, Ⅰ, q. 79, a. 11, ad. 2, Leonina Ⅴ, p. 279.

实践与思辨分享着同一个的理智，尽管它们朝向不同的目的，它们两者彼此平等地包含对方。

相反，司各脱在实践和思辨之间建立起了等级秩序，并进一步加强了实践相对于理智的自主性。实践不仅比思辨更为高贵，而且还超越了思辨的限度。正是基于这样的观点，司各脱才能更好地辩护上帝相对于形而上学思辨的超越性。我们首先来看一下司各脱如何论证实践要比思辨更为优先。

对司各脱来说，神学是关于上帝的实践科学，而"关于上帝的科学超越了所有哲学科学"。[8]对此司各脱提出三个论证，揭示了亚里士多德思想的不足之处，[9]并论证说实践科学超越了作为思辨科学的形而上学，因为前者并不能够被后者所局限和指导。实践只是非思辨的，而并不是反思辨的。同时，实践科学与思辨科学具有不同的对象和承担者，并具有等级秩序。

在我们分析实践科学的超越性之前，应该首先弄清楚司各脱所说的实践究竟是什么：

> ……实践知识所延伸其上的实践是指某种不同于理智的能力的行动，它自然地后于理智，并引发出这样的本性，即通过遵从正确理智而因此正确。[10]

> 所有的实践都是意志所引发和命令的行动。[11]

---

〔8〕　*Rep.*, prol., q. 1, n. 30, Ed. Wolter & Bychkov, Ⅰ, p. 9.
〔9〕　亚里士多德自己实际上如何理解意志并非此处的关键。为了理解司各脱的意志理论，我们需要首先理解他如何解释亚里士多德的意志理论。因此，在接下来关于亚里士多德意志理论解释的讨论之中，我们将跟从司各脱对亚里士多德的解释。关于亚里士多德是否具有一种意志理论不在此处的讨论范围。
〔10〕　*Ord.*, prol., p. 5, n. 228, Vatican Ⅰ, p. 155.
〔11〕　*Ord.*, prol., p. 5, n. 232, Vatican Ⅰ, p. 158.

因此，意志的行动被平等地设置为运动原理，它确实是实践，因为它总是跟随着理智的行动。[12]

第一段引文指出理智并不是引发实践行动的能力，实践由此后于理智。为了正确地行动，实践遵从着正确理智。而在第二、三段引文之中，我们看到实践的行动是由意志引发出来的。意志是实践的运动原理，当引发实践时，意志的行动跟随着理智。因此，实践是意志的行动，它遵从着理智与实践知识。

1. 实践科学的目的要比思辨科学更高贵

对司各脱来说，实践科学之所以比思辨科学更高贵是因为实践科学具有更高贵的目的：

> ……按照哲学家《政治学》第七卷，低级事物达到高级事物就是高贵性。因此，人的感觉能力要比野兽的更高贵，因为在人之中，感觉能力服从理智能力。因此在科学中，服从更高贵能力的行动具有高贵性。但是哲学家并没有将任何科学设定为遵从关于目的的意志的实践，因为他并没有将意志设定为拥有关于目的的实践，而是设定为像是一种单纯的自然运动，因此他并不觉得通过对目的的遵从而能有任何更高贵的科学；可是如果他按照目的而设定了某种实践，那他看起来不会拒绝认为实践科学就其实践而言要比关于同样事物的思辨科学更高贵，例如，如果存在着某种相关于道德科学相关事物的思辨科学，他就不会说思辨科学比道德科学更高贵了。但我们确实设定了相关于目的的真的实践，而也有一种认知，在本性上就遵

---

[12] *Ord.*, prol., p. 5, n. 235, Vatican I, p. 160.

从于这个目的，因此关于目的的实践知识要比任何思辨知识更高贵。因此这个论证的第一个命题，看起来像是从《形而上学》第一卷中摘出来的，尽管哲学家没有明确这样说，也是要被否定的。[13]

在这一论证的开始，司各脱引用了亚里士多德的观点来证明某个朝向高级事物的低级事物是高贵的，也就是说，它将高级事物当成了目的。例如，人类和野兽都具有感觉性能力，但是人类的感觉性能力是高贵的，因为它导向理智性能力。然而，亚里士多德并不认为实践科学比思辨科学更为高贵，因为亚里士多德将意志理解为仅是一个没有任何高贵目的的简单而自然的运动，也就是说，意志臣服于对其对象的欲求，而不能自由且自主地行动，意志与实践的目的毫无关系。因此，亚里士多德认为最高贵的科学是思辨科学，因为其目的是最高贵的。

司各脱试图强调，在意志的行动之中同样有高贵的目的。他甚至假定，如果思辨科学具有了与实践和道德科学一样的目的，它就不会是最高贵的了。对司各脱来说，上帝正是人类行动、实践和道德最合适与最终极的目的，而实践能够遵从这一目的。因此，朝向上帝的实践科学要比思辨科学更为高贵。

事实上，司各脱在实践与思辨的关系问题上并不同意亚里士多德认为实践并不比思辨更高贵的观点。他认为在亚里士多德的《形而上学》之中有两个证据可以证明他自己的观点：

> 而且，比任何实践科学更高贵的是一些思辨科学；但是没有科学比这个科学（神学）更高贵的了……关于第一个命题的

---

[13] *Ord.*, prol., p. 5, q. 1-2, n. 353, Vatican I , pp. 228-229.

证明是：思辨科学为了其本身，而实践科学是为了有用，而且因为思辨科学更为确定，参见《形而上学》第一卷。[14]

第一个证据是"思辨科学是为了其本身，而实践科学是为了有用"，第二个证据是"思辨科学更为确定"。

第一个证据相关于实践与思辨的不同目的。按照亚里士多德，实践以有用的东西为目的，而且没有像思辨一样导向一个更高贵的目的。然而，既然司各脱将上帝设定为最高贵的目的以及实践目的，那么实践科学就变成最高贵的科学了：

> 关于这第一个证据，我认为那为了其本身的东西要比那为了某个更低级行动的事物更高贵；但是不管他（亚里士多德）把什么东西设定成实践，它都是为着比思辨的考量更低级的东西，因为它至少相关于比他设定的思辨对象更低级的某种对象；而因此不管他把什么设定为实践，都要比思辨的事物更少高贵。而现在，某个为着别的比自身行动更高贵的行动的事物，不会由于这样的秩序而更少高贵。[15]

按照司各脱的理解，如果一门科学的对象是为了其自身，那么这门科学就要比那种为了某种更低级行动的科学更高贵。对亚里士多德来说，实践对象要比思辨对象更低级，因此实践是为着比思辨更低级的事物的，结果实践就要比思辨更低级。然而，在最后一句之中司各脱提到了另一种情况，即如果某事物是为着另一个比其自身行动更高贵的行动的话，那么这个事物不会因为高贵性的秩序而变得更少高

---

[14] *Ord.*, prol., p. 5, qq. 1-2, n. 220, Vatican Ⅰ, p. 152.
[15] *Ord.*, prol., p. 5, qq. 1-2, n. 354, Vatican Ⅰ, pp. 229-230.

贵。这一点可以用来证明实践的高贵性。司各脱在这一点上不同意亚里士多德的意见，因为司各脱认为实践科学拥有更高贵的对象，也就是说实践不会比思辨更少高贵。实践的对象并不只是为了用处或者获得什么好处。他著名的意志的两种意动理论可以解释这一点。为了好处的意动（*affectio commodi*）实际上正是司各脱认为亚里士多德所持有的关于意志的看法，也即意志只是一种简单的运动并且朝向用处和好处。[16] 相反，为了正义的意动（*affectio justitiae*）则相关于建立在自由基础之上的道德，并最终导向了作为目的的上帝，这种意动正是为什么实践科学比思辨科学更高贵的基础，因为这种意动超越了朝向作为用处和好处的自身善好的自然倾向。[17] 通过为实践科学设置一个更高贵的目的，司各脱认为实践科学要比思辨科学更为高贵。

第二个证据是思辨科学要比实践科学更为确定。司各脱对亚里士多德的反驳很好地在下面这第二个论证中表达了出来。

2. 实践科学的可知性与确定性超越了思辨科学

司各脱进一步论证说实践科学要比思辨科学拥有更多的可知性与确定性：

> 对关于确定性的讨论，我认为任何关于其对象的科学知识都是按照比例而平等地确定的，因为任何科学都在其直接原则中做出了解决；但是它在量上并不是平等地确定的，因为这些可知的东西要比那些可知的东西更确定。因此哲学家所设定的实践科学所相关的东西都要比他所设定的思辨科学所相关的东西在自身中更少确定而完满的可知性；因此按照他，某种思辨

---

[16] *Ord.*, Ⅱ, d. 6, q. 2, n. 40, Vatican Ⅷ, p. 43.
[17] *Ord.*, Ⅱ, d. 6, q. 2, n. 49, Vatican Ⅷ, p. 49.

科学被设定为在量上比任何实践科学都更为确定。但是我们将施行性的知识，也就是通过施行而可获得的知识（它确实是实践）设定为在其自身之中最可知的，因此关于它的科学就在量上或者确定性的比例上都没有被任何其他科学所超过。[18]

这一论证包含两点：

第一，每一种科学知识都比例性地、平等地确定。这一"平等"并不意味着它们在量上是同样确定的。不同种类的科学知识并不是同等确定的，而一些科学知识要比别的知识更为确定。"平等地"只是意味着所有种类的科学知识在它们各自相异的对象上面都具有同样的确定性。一些科学知识具有低级一些的对象，而其确定性就比别的科学知识更低；一些则有一个更高贵的对象，则其确定性就比别的科学知识更高。然而，所有种类的科学知识都具有它们自己的确定对象。在这个意义上，不同对象相对于不同种类的科学知识而言是同等的、比例性的确定对象，即使它们确定性的程度和量有所区别。

第二，按照司各脱的理解，亚里士多德并不认为实践能够与思辨一样确定，因此，实践要比思辨更少可知性。然而，司各脱认为在施行性的事物之中，我们也能够拥有确定性和可知性。实践知识是最可知、最确定的。实践科学的确定性和可知性在量上和比例上不能被其他科学所超过。

3. 实践科学的必然性超越了思辨科学

最后，司各脱还证明实践科学要比思辨科学拥有更大的必然性：

关于必然存在者，还有另一个理由。我认为这一科学发明

---

[18] *Ord.*, prol., p. 5, qq. 1-2, n. 354, Vatican Ⅰ, p. 230.

出来并不是为了外在的必然性而是为了内在的必然性，也即为了激情和施行的秩序与节制，正如道德科学，如果它是在拥有了所有外在必然性之后才被发明出来，那么它也就不再是实践的了。而现在这一科学并不是发明出来"为了避免无知"，因为比起其所已经传递的可知的东西，在数量庞大的学说中更多可知的东西将会被传递进来；但是同样的事物总是被频繁重复，所以听众可以被更有效地引导入这里所证明的事物的施行之中。[19]

司各脱在此提到了两种必然性：外在必然性和内在必然性。为了反驳一种可能的怀疑，即思辨相关于必然存在者，而实践则相关于偶然对象，司各脱争辩说实践科学也同样处理必然事物，但是它在必然性的类别上与思辨不同。思辨科学必然地指向作为存在的存在、实体、思着思的思或者神圣理念等外在必然性。这些研究主题和对象都不是内在于而是外在于思辨的。相反，实践科学之中的激情、施行、行动的秩序和节制都是内在而非外在的。每次当意志引发一个行动时，它都能遵从其节制和秩序，而不像理智那样，其必然性外在于自身且与自身分离。如果实践科学被给予外在必然性，那么这一科学就会是思辨的，因为它会缺少内在必然性，并终止在那些外在必然性上面。

不但如此，我们还能在此基础之上推论出司各脱并未明言的思辨与实践的另一种不同。在司各脱看来，亚里士多德认为思辨与形而上学处理那些外在必然性，因此它们的对象和目的是不变并且不可更改的，否则这就不会是必然性。相反，实践处理那些在可变环境中的可变对象，因此在每一刻它都是可变的，并且与必然性无关。

---

[19]　*Ord.*, prol., p. 5, qq. 1-2, n. 355, Vatican Ⅰ, pp. 230-231.

针对这种看法，司各脱认为虽然实践科学的对象是可变的，但实践科学仍然具有必然性，甚至比思辨科学更为必然。因为实践科学的开端并不是无知，相反它总是具有许多可知事物，并且不断地接收到越来越多的可知事物，而思辨科学的对象则从不减少或增加。因此，实践科学（它包含着神学目的）在量上就比思辨科学具有更多的必然性、可知性和确定性。

通过确定实践相对于思辨的高贵性，司各脱捍卫了实践相对于思辨的超越性。实践既不像是亚里士多德所认为的那样不如思辨高贵，同时也不像阿奎那那样被当作思辨的平行者。司各脱由此建立起了实践与思辨的等级秩序，在其中与道德和上帝相关的实践科学超越了思辨科学。

第二节　意志作为理性和自由的能力

对司各脱来说，意志是理性能力，而理智却相反并不是理性的。[20] 为了理解司各脱思想中神圣意志的超越性，我们必须首先澄清意志与理性的关系。

那么"理性能力"中的"理性"究竟是什么意思呢？司各脱如此解释在意志和理智之中的理性与非理性：

> （理智）由其自身而被决定到它所指向的东西上。因此，不但按照其自身的行动来说它不是理性的，而且即使按照其所指向的外在行动来说也不是完全理性的。事实上准确来说，即使按照其外在行动来说，它也是非理性的。它只在限定意义上是

---

[20] 完整的论证参见 *QM*, 9, q. 15。关于意志作为理性能力，参见 M. McCord Adams, "Dun Scotus on Will as Rational Power," in *Via Scoti, Methodologica ad mentem Joannis Duns Scoti*, ed., L. Siloo, Rome, 1995, pp. 839-854.

理性的，即它是理性潜能行动的先决条件。[21]

如果"理性的"被理解为"伴随理性"，那么意志恰当来说是理性的，它与相反者相关，无论按照其自身行动还是处于它之下的行动都是如此。[22]

第一段引文解释了为什么理智是非理性的。理智并不是自身决定自身，而是被决定的。换句话说，理智在其自身之中具有被决定的方向。在这个意义上，那种包含着被决定方向的状态被理解为非理性的。对于外在行动，它只在限定意义上是理性的，因为它只是理性潜能行动的先决条件，也就是说对它的行动以及所指向的东西它只具有未被决定的潜能。

在第二段引文，我们看到了对理性的定义：某物被称为理性，是因为它在其自身之中具有相反者，而没有像理智一样被决定到一个方向上去。在这个意义上，意志是理性能力，并且在其自身之中具有理性；它在其自身的行动中以及其之下的行动之中总是理性的。

司各脱所理解的理性是这样一种状态：它在其自身之中或在外在对象中具有相反者。当某物相关于相反者而成为理性的时，就可以说这个事物具有理性。相反，非理性是这样一种状态，即它被决定到一个方向上而在其自身中没有相反者。因此，意志具有理性并且无条件地就是理性能力，而理智就没有理性并由此是非理性能力，从而只能在限定意义上是理性的。

事实上，对司各脱来说，神圣意志的理性化预设了理性与理智是分离的，而理智只相关于必然性和被决定性。换句话说，理性本来是集中在必然性与被决定的方向上的，经司各脱之手却被转换成了一种

---

[21] *QM*, b. 9, q. 15, n. 41, Bonaventure Ⅳ, p. 685.
[22] *QM*, b. 9, q. 15, n. 41, Bonaventure Ⅳ, p. 686.

自由和无分别的状态，它相关于相反者，结果理智就不是理性能力了。理智与理性之所以不同，是因为理智被决定到一个方向上去，并且无法像理性一样容许同时相关于相反对象。而相反，意志则是自由的，因为作为理性能力的意志总是能够自由地拥有相反者：

> 而且它（意志）与相反者相关，并不是自然的方式，像理智一样没有能力以别的方式决定自己，而是以自由的方式自我决定。因此它是能力，因为它能做一些事，能够决定自己。恰当来说，理智并不是相关于外在事物的能力，因为如果它与相反者相关的话，它就不能决定自己。除非它被决定，它不能做任何超出它自己的事情。[23]

司各脱将理智看作与理性相关而不是与理智相关的东西。按照司各脱的理解，理性并没有被限定到一个方向上，而总是相关于相反者，也就是说，它像是意志一样是自由而无分别的。在这个意义上，意志因为它能够允许相反对象的自由而是理性的，它无须任何外在限制或中心点而自己决定着自己。相反，理智总是被外在方向所决定，并因此不是理性能力。理智从来不能自由地将相反者当作其对象。

司各脱由此在意志和自然之间做出明确区分，前者是理性的、去中心化的、自由面对相反者的，而后者则是被自然的必然性所限制的，因为自然总是具有一个被决定的方向。[24]因此，正如英厄姆所

---

[23] *QM*, b. 9, q. 15, n. 41, Bonaventure Ⅳ, p. 686.

[24] 关于在司各脱那里意志与自然的区分，参见 *QM*, b. 9, q. 15, nn. 20-34。这一区分紧密相关于前述意志的两种意动：为了好处的意动（*affectio commodi*）与为了正义的意动（*affectio justitiae*）理论。前者是指意志的意动必然被指引入自然基础上的对自身有益的东西；而后者则被定义为自由的并且针对道德事物，它超越了前者的限制。参见 John Boler, "Transcending the Natural: Duns Scotus on the Two Affections of the Will," in *American Catholic Philosophical Quarterly* 1993 (67): 109-122。

指出的，理性的意志是自我控制的。[25]

然而这并不意味着意志完全与理性等同。事实上，理性需要意志在相反可能性之间做出选择：

> 什么是通过选择的确定的来源呢？它只能来自与理性不同的、能够选择的能力。因为理性并不是决定性的，它只与相反者相关，而对于它们，理性不能决定自己，除了它自身，它能决定的东西更少。或者如果它决定自身，它将会同时相关于相反者。[26]

在这段陈述之中，我们发现理性与意志并不相同。因为理性与必然性、决定性分离开来，它总是对相反者保持无分别和自由，并且不能决定应该做什么选择。它只能提供相反对象给意志，但不能给予它们其中一方优先性。在这个意义上，意志要优先于理性，因为意志是决定性因素，并且能够在理性所提供的相反者基础上做出选择。理性从不能决定任何东西，但是意志则是自我决定的。结果，意志通过自由地做出选择而命令理性。

不但如此，司各脱还声称意志命令着理智：

> 理智，通过展示和指引；意志，通过倾向和命令……理智落到了"自然"中，因为它自身就被决定为要理解，并且它没有能力又理解又不理解；或者相关于复合知识，而其中相反的行动都可能时，它自身并没有能力又同意又不同意……它（理智）会出于必然性而引发出理解活动，正如它会相关于那只涉

---

〔25〕 参见 Mary Beth Ingham "Scotus's Franciscan Identity and Ethics: Self-Mastery and the Rational Will"。

〔26〕 *QM*, b. 9, q. 15, n. 46, Bonaventure Ⅳ, p. 689.

及一个东西的知识。而意志具有以相反方式而引发出适合于自身的行动的能力，如前所述。[27]

从这一段陈述我们可以清楚地看到意志与理智的区分，在其中意志总是命令着理智。[28]当理智理解某物（比如 A）时，面对相反者（比如 A 和非 A），理智做不到对"理解"和"不理解"保持无分别，它必须去理解；而对于那些必然事物，理智自然地、必然地被迫同意，并且不能不同意。结果，理智被必然性所限制，而理智的行动也总是相关于一个事物。相反，在意愿一个对象时，意志总是具有意愿和不意愿的自由；它能够对相反者或同意或不同意。意志总是无分别地相关于相反事物。因此，意志和理性都优先于理智，因为理智总是被外在的方向所决定，而意志和理性则总是无分别的，并且没有外在决定性。因此，是意志而非理智才是理性能力，因为它具有无分别和无外在决定性的自由。

理智因此就由于其不自由的特点而相关于必然性，但是意志和理性则总是包含着没有必然倾向的相反者。按照这样一种对理性能力的定义，司各脱就建立起偶然性相对于必然性的优先性。

与第八章不同，在第八章中上帝作为必然存在者超越了作为偶然存在者的受造物。这里司各脱所谈及的必然性并不是神圣必然性，而是理智之中的方向与决定性。对司各脱来说，偶然性总是包含着相反的潜能，但是必然性总是局限在一个特定的方向上：

---

[27] *QM*, b. 9, q. 15, n. 36, Bonaventure Ⅳ, pp. 684-685.

[28] 关于意志和理智的关系，参见 Patrick Lee, "The Relationship between Intellect and Will in Free Choice according to Aquinas and Scotus," *The Thomist* 49 (1985): 321-342; Alexander Broadie, "Duns Scotus on Intellect and Will," in *The European Sun: Proceedings of the Seventh International Conference on Medieval and Renaissance Scottish Language and Literature*, University of Strathclyde, ed. Graham D. Caie, Roderick J. Lyall, and K. Simpson, East Linton: Tuckwell Press, 2001, pp. 12-23。

……它（意志）并不只是被决定到一个结果或一个行动上，而是在其能力中总是具有许多不同事物，并且没有被决定到任何充分落入其能力里的诸事物中的一个事物上去。因为谁会否定一个施动者越完满，则其在它的行动或结果中就越少被决定、越少依赖性、越少限制性？……因为按照《〈形而上学〉问题集》第五卷中指出的，这种偶然性要比必然性更高贵。〔29〕

　　司各脱强调了意志相关于许多事物，它不是被任何其中一个所决定，并因此它就获得了比作为被决定的理智更多的完满性。比如在第八章第四节中我们看到，当理智面对相反可能性时，它就不能在意志的行动之前做出决定，也不能将其中一个方向理解为是真的。因此，意志要优先于理智，而偶然性则优先于必然性。结果，是偶然性而不是必然性才是理性能力的基础。理性紧密相关于偶然性，并且与必然性相分离：

　　……当意志在某个意愿中，它偶然地处于其中，而且其现有的意愿偶然地发源于它……并不是它可以同时就像它意愿这个事物一样意愿这个事物的相反者，（而是）它能够在一个特定瞬间通过不意愿其他事物从而在那个瞬间意愿相反者。〔30〕

　　这一相关于共时偶然性的陈述清楚指出意志总是处于偶然的状态。这并不意味着意志能够同时意愿 p 以及 p 的相反者；而是说意志能够同时具有意愿和不意愿的能力，而意志对于意愿 p 或者不意愿 p、对于意愿 p 或者意愿 p 的相反者都是无分别的。

---

〔29〕　*QM*, b. 9, q. 15, n. 44, Bonaventure IV, pp. 687-688.
〔30〕　*QM*, b. 9, q. 15, n. 65, Bonaventure IV, p. 696.

不但如此，司各脱还否定了偶然性对必然性的依赖性：

> ……偶然事物并不是从必然事物那里来的。这一点很清楚，即如果你考虑某个偶然（命题），如果它（偶然命题）是直接的，那么就有了（偶然）命题；如果不是，那么就还有中介（命题）；但这一命题的另外前提也是偶然的；否则一个偶然命题就可以从必然前提推断出来（这一点在逻辑上是不可能的）。[31]

这一点显示出偶然性并不是从必然性而来的，也就是说，偶然性并不依赖于必然性。司各脱使用了命题的例子来解释这一点。如果一个直接命题，也就是说一个不需要其他前提的命题是偶然的，那么它就与必然性毫无关系。如果这个命题是中介的，也就是一个依赖于其他前提的命题是偶然的，那么它就依赖于另外的偶然前提，而这一前提也不是从必然性中得出的。因此，偶然性是独立于必然性的。

之所以意志是理性能力，是因为理性被规定为相对于相反者保持无分别和自由的状态。意志作为理性能力是偶然性的根源，这就说明理性与偶然性的发生具有内在关联。理性与偶然性都能够对相反者始终保持无分别与自由。理性变得就像意志一样自由而非被决定，由此理智就相关于必然性并因此不是理性的。因此，司各脱的意志作为理性能力的学说就使得理性摆脱了必然性和理智的规定。

意志、理性和理智在自由基础上构成了一个等级秩序：理智处于最低等级，因为它被必然性所束缚从而没有自由；理性具有自由，因为它对相反者可以保持无分别；意志作为理性能力要优先于它们两

---

〔31〕 *QM*, b. 9, q. 15, n. 28, Bonaventure Ⅳ, p. 682.

者，因为意志并不光是对相反者保持自由，并且还能够通过其自我决定的能力而在相反者之间做出选择。

意志与理性的关系因此具有两个相反的方面：

一方面，意志是理性能力，因为理性跟意志一样，无条件地对相反对象保持自由。

另一方面，意志还能自由超越理性的状态。理性无力做出选择，而这一点只有意志才能做到。意志从理性所接收过来的只是相反对象，而理性不能够指导意志什么选择该做。正如上文所引："它能够在一个特定时刻通过不意愿其他事物从而在那个时刻意愿相反者。"意志与理性不同，因为意志能够在两个相反者之间做出选择。相反，理性能够在同一时刻拥有相反者，但并不能在其之间做出选择。因此，尽管意志和理性都能够对相反者保持无分别，而理性并不与意志发生冲突，从而意志是一种理性能力，但意志仍然是超越并且优先于理性的，更不用说理智。意志能够意愿一个方向并在同时不意愿其他事物，但是理性和理智做不到这一点，因为理性只能保持在无分别的状态里，而理智则受制于它所理解事物包含的必然性。

第三节　人类意志对实践秩序的遵从

在第二节，我们已经看到意志因为其无分别、中立和非决定性从而是理性的，而且意志还决定并命令着理智的方向。然而，司各脱对于人类意志和人类理智的讨论并不总是融贯的。在这一节中我们将看到人类意志与人类理智关系的另一方面，这一方面涉及人类意志与实践中的正道。事实上，司各脱在这一问题上给出了两种相反的观点：

第一，正如我们在第二节看到的，人类意志总是具有面对相反者采取无分别态度的自由；它超越了人类理智被决定的状态。[32]

第二，人类理智在实践中成为人类意志的指导者与规定者，它要求实践遵从正道的方向与要求。

我们并不认为司各脱针对人类意志的情况，给出了对这两个相反观点的融贯解决。相反，在第四节我们会看到，司各脱对于神圣意志与实践正道关系的讨论则要融贯一些，神圣意志始终保持为自由而自我决定的，并且从不被理智指导。

如前所述，司各脱认为"所有的实践都是意志引发或命令的行动"。所有的实践活动都是由意志行动所决定的。司各脱还声称，意志从来不需要服从于别的能力和方向：

> ……在大多数情况下（意志）具有意愿行动，但是它并不必然有什么行动。因此，当至福向它展现时，它能够悬置所有行动。对任何对象，意志都能不意愿或者意愿，并且能够悬置引发任何具体关于这个或那个的行动。在被提供了某种善好东西时，任何人都能在其自身之中经验到这样的事情。即使这种东西展现为某种要被考量或被意愿的东西，人还是能转移开去，并且对之不引发任何行动。[33]

对司各脱来说，幸福并不属于道德，而是属于朝向有用之物的自然且不自由的倾向。[34]当面对着幸福的倾向时，意志具有意愿或者

---

〔32〕 关于为什么人类意志和自由不是被决定的，参见 Lawrence D. Roberts, "Indeterminism in Duns Scotus' Doctrine of Human Freedom," *The Modern Schoolman* 51 (1973/1974): 1-16。关于人类意志的自我决定，参见 Ludger Honnefelder, "Willkür oder ursprüngliche Selbstbestimmung? Johannes Duns Scotus und das neue Verständnis des menschlichen Willens," *Wissenschaft und Weisheit* 70 (2007): 197-211。

〔33〕 *Ord.*, Ⅳ, d. 49, qq. 9-10, codex A, f. 282va.

〔34〕 参见 Thomas Williams, "How Scotus Separates Morality from Happiness," *American Catholic Philosophical Quarterly* 69 (1995): 425-445。

不意愿的自由，换句话说，意志可以悬置其行动，并且不为这个或那个而行动。司各脱诉诸人的共同日常经验来证明这一点：当某个好东西展现给我们时，我们的意志能够意愿或者不意愿这个东西。我们有能力去悬置自己的意愿行动，即使这个好的东西是我们所欲求的。正如英厄姆和德莱尔指出的："人类意志能够意愿或者操持所有可能的行动。意志在其自身之中并不是一种预先决定行动的能力，像是理智一样总是处于与认知行动的关联之中并且不能在具有充足条件的情况下从认知中转移开去。人类意志对于相反行动是无分别的，并且对于它们是非决定性的。对于可能的对象和行动的结果它也同样是无分别且非决定性的。"[35]

至此，司各脱的立场与第二节的观点仍然一致。然而，当司各脱讨论人类意志与实践知识以及道德的关系时，他却给出了一种不同的观点，即意志后于理智。在分析这一观点之前，我们应该注意到对司各脱来说上帝是没有实践知识的，并且神圣理智从来不指挥神圣意志的行动：

> ……在上帝之中没有实践知识。因为如果理智在意志的行动之前就将某件事情理解为要去施行或制作，那么意志是必然地做还是不做？如果必然地去做，那么意志就被迫去做了；如果不是必然地去做它，那么这就违反了理智的指令并因此就成为恶了，因为这个指令只可能是正确的。然而在理论知识方面情况则不同，因为意志必然地意愿其理智去拥有思辨知识。[36]

按照这一陈述，上帝没有实践知识。如果神圣理智在神圣意志行

---

〔35〕 Mary Beth Ingham and Mechthild Dreyer, *Philosophical Vision of John Duns Scotus*, Washington, D. C.: Catholic University of America Press, 2004, p. 97.

〔36〕 *Lec.*, Ⅰ, d. 39, n. 43, Vatican ⅩⅦ, p. 492.

动之前就具有了什么要做什么不要做的实践知识，就会产生两种结果：

第一，如果神圣意志被神圣理智所指挥和引导，并且在神圣理智中的实践知识的指导下必然地做某事，那么神圣意志的行动（比如创造）就不会是自由的，而是被迫的了。

第二，神圣意志如果出于自由而没有按照神圣理智的指导甚至是违反它而做了某事，那么由于神圣理智的指令和实践知识只可能是正确的，神圣意志的行动从而就违反了神圣理智的正确方向并变成恶的行动，产生恶的结果。

因此，神圣意志自由地、独立地创造和制作了所有事物，但并不是按照神圣理智的指挥和引导。结果，上帝就没有实践知识，而神圣意志对于实践知识的超越也就被保证了。

相反，人类理智具有实践知识。托比亚斯·霍夫曼声称司各脱对于实践知识的解释是理智主义的。[37]正如前述，实践知识能够延伸到人类理智之外的其他能力上："……实践知识所延伸其上的实践是指某种不同于理智能力的行动，它自然地后于理智，并引发出这样的本性，即通过遵从正确理智而因此变得正确。"上帝没有实践知识，所以这一引文实际上从另一方面讨论了人类理智与人类实践的关系。理智引发出实践知识，它还能够通过与理智不同的能力而延伸至实践之上。由于意志是实践的施动者，这一陈述就说明在实践中意志的能力是后于理智的。意志跟随着理智以使正确地行动。

在此，我们看到了关于人类意志和人类理智关系的不同表述：理智中心化于正道和正确理性之上，意志按照它们而行动并引发行动。理智优先于意志，并且指导着意志。司各脱将这一点概括如下：

……普遍认为，实践知识延伸到实践之上就像是指导者与

〔37〕 Tobias Hoffmann, "Duns Scotus's Intellectualist Account of Practical Knowledge".

被指导者，规定者与被规定者。但是知识自然地先于实践并遵从实践并不是说它遵从实践就像遵从某个先于它的东西一样，而是说它使得实践像是后于它的东西一样而遵从它，或者它成为实践所要遵从的东西一样，这就是知识在实践中所要指导和规定的。[38]

这一段很清楚地说明，人类理智所具有的实践知识是实践的指导者和规定者，而实践则因此成了被指导者和被规定者。实践知识要先于实践，它使得实践遵从于它，正如在后的遵从在先的。因此，意志并不是实践的指导者和规定者，相反理智之中的实践知识而不是意志的自由在指导和规定着实践。

为什么司各脱在实践中人类理智与人类意志的关系问题上面持有这样的观点呢？因为司各脱将神学定义为实践科学，而神学的对象是上帝。[39] 如果在实践中没有正道，那么这就会摧毁神学的秩序。因此，与第二节所显示的意志与自然的关系不同，当司各脱处理人类理智与人类意志在实践知识中的关系时，他引入了亚里士多德主义的正确理性和正道概念来指导和规定人类意志与人类实践的方向。

什么是实践中的正确理性和正道呢？对于正确理性，司各脱给予了如下解释：

> 技艺是"一种与真实理性相生的惯习"（《尼各马可伦理学》第六卷）；而且正如被完整理解的技艺定义一样，"正确理性"被理解为这样一种理性，即它指导着或校准着其能力，使其依照技艺而施行。[40]

---

〔38〕 *Ord*., prol., p. 5, n. 237, Vatican I , p. 162.
〔39〕 参见 *Ord*., prol., *Rep*., prol。
〔40〕 *Ord*., I , d. 38, n. 11, Vatican VI, p. 307.

正道或者善好以及对正确理性的遵从（按照审慎的诫命或者信仰的诫命从而是正确的）。[41]

第一个引文遵照着亚里士多德并指出，正确理性或者正确的逻各斯指导着实践的施行。第二个引文则解释了正道的特性。正道遵从着正确理性，并且跟随着审慎或者信仰的诫命。正确理性指导下的实践活动会按照真实理性伴生的惯习而正确地施行，而正道则是一种为着正确地行动而存在于实践中的正确性、尺度和方向。正确理性与正道是彼此相关的。

在司各脱对于意志和自然关系的处理之中，他所关心的是如何保证意志相对于理智的自由与超越性，从而不给意志强加任何必然的限制。他将意志理解为中立和无分别的，正如理性一样，并进而给予意志相对于理智的优先性，因为意志无须理智的指导就能做出选择。

然而，当他将哲学定义为思辨科学，而将神学定义为实践科学时，他就需要建立起实践科学的神学与道德方向。由此，他使用了亚里士多德主义的正确理性与正道，以及基督教的诫命以指导实践，使行动能正确而合宜，也就是说，他将正道与正确理性确立为实践活动中人类意志与人类行动的指导者与规定者，这与第二节中所讨论的意志与理智的关系并不相同。

为了证明这一点，他给予了两个论证来论述理智与意志的关系：

第一个论证是来自哲学家在《尼各马可伦理学》第六卷中的观点，即正确选择必然需要正确理性。这一观点并不仅只在严格意义上事关选择从而是真的，并且在理性以及任何正确意愿上面也是真的，因为正确选择需要正确理性以遵从引发它

---

[41]　*Ord.*, I , d. 17, p. 1, qq. 1-2, n. 129, Vatican V , p. 202.

的正确理性；但根据之前的推论，所有的实践或者是意愿，或者跟从意愿；因此所有的实践为着正确这一目的，而都出自本性地通过遵从正确理性被引发出来。第二个论证是从奥古斯丁《论三位一体》第十五章的观点而来，理智为了其自身并为了其他能力而进行理解。因此，正如它能够在它自己的行动方面进行判断，所以它能够对其他能力的行动也进行判断；因此，在一个自然后于其自身行动的行动上，它能够自然地在那个在后的行动被引发之前就进行判断。而结果，如果理智判断正确的话，那个行动要想正确，就必须遵从着那个判断而引发出来。[42]

与第二节中意志并不跟随理智方向不同，在这里司各脱使用了亚里士多德和奥古斯丁的观点用以支持自己，即意愿和行动都出自本性，跟随正确理性和理智的判断。对亚里士多德来说，正确实践和意愿必然地需要正确理性作为它们的规定者。因此，意愿和实践不能是无分别、自由而没有理智的指导，并且它们总是需要正确理性。由意志所引发的实践遵从着正确理性。奥古斯丁提到了两种理智与行动的关系：第一种是理智和与理智自身相关的理解行动；第二种是理智和意志所引发的行动。第一种优先于第二种。理智引发了理解的行动并且在此理解基础上做出了判断，接着意志遵从这一正确判断。因此，理智优先于意志。

这一理智与意志的关系与第二节并不相同。我们认为司各脱在人类理智与人类意志关系上的讨论实际包含两个观点：

第一，人类理智被自然本性的方向所决定。相反，人类意志是自由而无分别的，因此人类意志是理性的，因为它面对相反者是无分别的。

---

[42] *Ord.*, prol., p. 5, qq. 1-2, n. 233, Vatican I , p. 158.

第二，人类理智包含着相关于正道和正确理性的实践知识。人类理智按照正道和正确理性指导和引领着人类实践与人类意志。在实践中，人类理智优先于人类意志。

这两个方面的观点并不总是非常融贯。而在接下来的第四节中我们将看到，在神圣意志与人类实践秩序方面却没有这一不融贯。上述第一个观点能够运用于上帝，但是第二个观点却从未出现在司各脱对于神圣意志与神圣理智的讨论中。

第四节　神圣意志对实践秩序的超越

与人类意志不同，第二、三节所揭示的不融贯在神圣意志这里并不存在。

第二节对意志的讨论能够运用于神圣意志，也就是说，神圣意志是理性和自由的能力，并且从未被别的能力所指导和规定。但是与第三节的讨论不同，神圣意志从未被任何实践知识或者神圣理智所指导和规定。上帝没有实践知识。神圣意志始终是独立的、自我决定的、主动的、自由的并且无分别的，这就保证了神圣意志对实践科学的超越性。

正如开始时提到的，对于司各脱在神圣意志问题上的立场具有不同的解释。一些人认为神圣意志并不节制，而是极端意志并且专断的，也就是说当神圣意志引发行动并且创造善好秩序时，神圣意志并不必然就是自我节制的，因为善好秩序完全依赖于自由的神圣意志。另一些人则认为神圣意志是理性化且节制的，也就是说神圣意志在其所创造的实践秩序中引发行动时总会自我节制，并由此保证实践秩序的稳定性。

在不同的解释之间做出选择或者提出新的解释并不是本章的主题，因为无论哪一种解释都足够用来捍卫上帝的超越性。这两种解释都承认神圣意志从不被实践知识之中的正道或者实践理性所强迫和指导，从极端的观点来说，这甚至说明人类实践的一切根基与原则都依赖于上帝的意志。

有很多文本证据支持神圣意志对于实践秩序的超越，[43]而理解这一点的关键在于如何理解神圣意志与正道/正确理性的关系。当司各脱讨论在神学实践中神圣意志与正道/正确理性的关系时，他的立场与他在讨论人类意志与人类理智关系时并不相同，因为神圣意志从不会被任何别的东西所指导。司各脱进一步区分了两种类型的神学：必然神学与偶然神学。[44]必然神学与那些在任何情况下都必然正确的行动相关，比如"爱上帝"，而偶然神学与那些并不总是正确的行动相关，比如"在祭坛的献祭中敬拜上帝"。

1. 必然神学中的神圣意志、正道与正确实践

司各脱解释了必然神学是什么，并且指出正道和理智要先于受造物所具有的实践和意志：

"爱上帝"这一实践的正道是必然的，并且也就潜在地被包括在上帝的根据（ratio）之中；这一实践不仅天生就在每个人

---

〔43〕 最有代表性的文本证据见 Ord., Ⅲ, d. 19, n. 7, Wadding Ⅶ, p. 420. "……所有上帝之外的东西是善好的，是因为它是被上帝这样意愿的，而非相反。"（…sicut omne aliud a Deo ideo est bonum quia a Deo volitum, et non e converso.）然而，尽管这句话经常被广泛引用，它却并没有作为司各脱的真作而出现在批判版之中。因此，我们认为可以选择别的合适文本来表达这一意思，如"一些被正确给予方向的普遍律法，是由神圣意志预先建立的，而不是由先于神圣意志行为的神圣理智所建立的……而当理智将这样的律法呈现给神圣意志时，也即'每一个将被荣耀的人必须首先被给予恩典'，这一条律法，如果它使上帝的意志喜悦——其意志是自由的——那么它就是正确的，其他律法也是一样。" Ord., Ⅰ, d. 44, n. 6, ed. Vatican, 6, p. 365.

〔44〕 事实上，关于意志和实践的讨论紧密相关于司各脱的道德理论。我们同意安东尼·沃斯的意见，即按照这一区分，司各脱的伦理学也能够分为必然的和偶然的两种。参见 "Scotian Notion of the Natural Law", Vivarium 38 (2):197-221 (2000), pp. 197-221. 神圣意志/正确理性与这两种神学的关系和它们与两种伦理学的关系相似。因此，对于神圣意志以及正道/正确理性在必然/偶然神学之中的讨论能够被用来理解司各脱的伦理学以及自然法理论。

的理解中在先，而且也在每个人对理解的遵从中在先，也即那种实践必须遵从，从而才能正确地理解；因此从对象来说，对象自身首先就决定了理智去认识实践的确定正道，这是从理智和意志在施行中的秩序出发的，这种知识的获得要先于实践及其遵从，而且在任何其他实践的情况中，确定的正道都必然与其一致。[45]

在这段陈述之中，司各脱使用了"爱上帝"的例子来解释正道与理智的关系。爱上帝的实践属于受造物，而这一行动的正道包含在神圣根据（ratio）之中。爱上帝的实践先于所有人的理解。而且，为了形成正确的实践，实践必须遵从这一理解。因此，"爱上帝"的正道先于理智，并预先决定了理智在实践中会知道这一点，而且还进一步指导着在行动中的受造理智。类似这种情况的正道知识先于受造物的实践，因为它先于并且决定了理智必须知道什么，再接着指导实践中受造物的理智与意志。

相反，在必然神学中，神圣意志和神圣理智之间没有任何一方具有优先性，而且正道从不会在必然神学中先于神圣意志：

……神圣理智中的必然神学不是实践的，因为在理智对意志的关系中，并不存在像是引导者与遵从者之间，或者指导者与被指导者之间的那种自然优先性：因为一旦任何实践正道的知识被设定下来后，尽管它自己能遵从那从自身来的引导性力量或者别处的矫正性力量，在它是神圣意志的第一对象的意义上，它却并不遵从神圣意志，因为在那个对象中，意志只是通过自身来矫正自己，这是因为它或者自然地倾向于它，如果它

---

〔45〕 *Ord.*, prol., p. 5, qq. 1-2, n. 269, Vatican I , p. 182.

自由地倾向于它，那它自己无论如何都不会对正道无分别；或者无论如何都不会像是从某处拥有了正道，因此，正道的确定知识并不是必然先于意志的，就仿佛意志需要它以被正确地引发出来。所有预先需要的是对象的展示，而就那从自身来说的指导性知识而言，它并不预先就要求成为指导性的，而只是展示性的，因此如果它只是通过展示对象而能先于意志，而且实践所必需的正道知识与之伴随（正如关于偶然事物的实践我们将要论述的那样），意志就会平等地在这个或那个情况中被正确地引发出来。因此，理智并不在先，也不是引导性或者规定性的。[46]

在人类理智之中，具有两种不同的知识：思辨理智和实践理智。前者与形而上学、物理学等相关，后者则是实践中人类意志的指导者。神圣理智则不具有这种实践知识，因为神圣理智不能成为神圣意志的指导者。没有什么能够指导神圣意志去遵从并且跟随别的东西，因为它是"自己矫正自己"的。它自由地倾向于正道，但却并不是被强迫的。神圣理智所能提供的只有展示对象，但并不能决定和指导神圣意志应该如何选择，神圣意志总是自由而自我决定的。由神圣理智所提供的对象并不是指导性的而只是展示性的。因此，每一个对象都是中立地呈现给了神圣意志，而神圣意志则通过其自身而对这些对象平等地引发行动。神圣意志能够遵从正道以便能够引发合宜而正确的行动，但它如此做并不是出于任何别的指导性或者遵从性的力量。

因此，神圣意志总是自由而独立地行动：

因此对这个论证，也即证明正道知识优先于正确实践的论

---

〔46〕 *Ord.*, prol., p. 5, qq. 1-2, n. 330, Vatican I, pp. 215-216.

证，可以如此回答：虽然理智对于意志有一定优先性，但是这种优先性并不要求正确的认识优先于实践，因为这种优先性是规定者对被规定者而言的，意志并不是这种情况，意志在每一方面上都是在施动中自我规定的。[47]

这里的意志正是神圣意志。正道的知识先于正确实践，因为正确实践是伴随着正道而行动的。这就给予神圣理智某种相对于神圣意志的优先性。然而，这并不意味着神圣意志是按照正道的知识和指导而引发正确实践，这将损害神圣意志的自由、独立和超越性。神圣理智和神圣意志的关系绝不是规定者与被规定者的关系；神圣意志从来不会被自身之外的东西所规定。神圣理智在神圣意志行动之前就认识了正道，这说明对正道的正确认识先于神圣意志的行动。然而，当神圣意志伴随着正道而引发行动时，正道并不是神圣意志的指导者和规定者，也就是说对正道的正确认识绝不会指导神圣意志的行动，因为神圣意志是自己规定自己的。

当神圣意志在与正道保持一致而引发行动时，除了神圣意志自己决定自己之外并没有任何别的指导和规定性力量。因此，无论我们接受的是极端意志主义还是节制主义的解释，神圣意志的独立性和自由是始终被保持的。神圣意志并不是神圣理智的跟随者，相反它总是在上帝自由和超越性的基础上自我决定、自我控制。

2. 偶然神学中的神圣意志、正道与正确实践

在偶然神学之中，一个具体的行动并不必然正确：

> 这一实践的正道，"在祭坛的献祭中敬拜上帝"是偶然的；

---

〔47〕 *Ord.*, prol., p. 5, qq. 1-2, n. 331, Vatican I, p. 216.

因为有时这一行动是正确的，正如目前这样，而有时则不是，正如在旧约中那样；因此在意志的每一个行动之前，理智对于这一正道的知识并没有确定的对象，因此知识并没有像遵从性知识那样先于意志的每一个行动。但是它先于某个意志的行动，也即单单意志并没有首先决定这一实践的正道，这就是人类意志。因为这一正道是被神圣意志所决定的，它现在接受了这样的仪式或行动，而在别的时候又接受别的。[48]

在这一陈述之中，我们清楚看到神圣意志和人类意志的不同。在偶然实践之中，神圣意志仍然是自由的，并在引发人类实践时没有限制，因为是神圣意志决定了某个实践正确与否。相反，人类意志需要来自神圣意志所决定的关于正道的正确知识以能够正确行动。在祭坛的献祭中敬拜上帝在旧约时代并不正确，因为神圣意志并没有将此决定为在那个时候的正确实践；而现在它又是正确的，因为神圣意志将之决定为目前正确的。因此，神圣意志总是自由地决定着偶然实践的正道。

司各脱进一步阐释了神圣意志和人类意志在偶然实践中的区别：

……关于偶然事物的神学只有在这种情况下才是实践的：那能够对实践正道具有确定知识的理智优先于具有理智者的所有意愿，或者优先于所引出的实践本身，因为只有关于偶然事物的神学能够遵从或者就是在遵从实践并且优先于实践。每一个受造理智都属于这种类型，因为如果没有受造理智如此的话，意志首先就决定了与实践相契的偶然正道。

但是在神圣理智之中，偶然神学的确不可能是实践的，假

---

〔48〕 *Ord*., prol., p. 5, qq. 1-2, n. 269, Vatican I , pp. 182-183.

如人们持有这两种观点的话，即实践知识和那实践所延伸其上的东西必然应属于同样的基体，而在上帝作为施行者那里却并没有实践而只有意愿（如果不为上帝再设置除了理智和意志之外的第三种能力），因为没有什么遵从实践或者正确的偶然意志的认识，会在神圣理智中先于其正确的实践或上帝的意志，因为这样的正道为了那个实践而被意志首先决定下来了。[49]

这里司各脱阐明了偶然神学的两种情况。

第一种，对于受造的人类意志和理智来说，当存在着优先的实践正道在指导和规定着实践中的人类意志时，偶然神学就只能是实践的。由人类理智所引发的在偶然神学中对于正道的正确理解与认识先于且决定着人类意志的行动。

第二种，对于神圣意志和理智来说，并不存在先于它们的实践知识。由于实践知识并没有先于神圣理智和神圣意志，而关于偶然神学实践知识的正道是由神圣意志所决定的，接着从神圣意志所引发的实践知识和神圣行动并不必然属于上帝中的同样基体。上帝所拥有的唯一行动就是他的意愿。遵从实践和正确的偶然意志的知识都不能先于神圣理智和神圣意志，因为是神圣意志决定着实践所应遵从的知识的正道。因此，神圣意志和神圣理智并没有违反偶然神学的正道，相反，这一正道是由神圣意志所决定，并且无法先于神圣意志。

虽然这些论证主要集中在神学问题上，但是在道德问题上同样如此。这并不仅因为道德与神学紧密相关，而且也因为这两个领域与神圣意志具有相同关系。神圣意志总是决定着并且遵从着正道，而且无论是在必然还是偶然的情况下都引发出正确行动。神圣意志总是能将自身保持为自由、独立和自我决定的。司各脱试图在神圣意志和实践

---

〔49〕 *Ord.*, prol., p. 5, qq. 1-2, nn. 332-333, Vatican I, pp. 217-218.

中的正道之间保持一个平衡。而这一平衡的基础就依赖于神圣意志能够始终保持自由且自我决定的超越性。它能够超越实践秩序，并且也能够遵从这一秩序。当神圣意志能够在与正道的遵从中行动时，没有什么可以强迫和指导神圣意志。它总是自我控制、纠正和决定的。因此，神圣意志对于实践秩序的超越总是被捍卫着。当神圣意志遵从着正道时，它的遵从性建立在神圣意志的自由和自我决定基础上。

总体来说，意志和正道的关系具有两种不同的情况：

第一，在人类意志那里，意志与正道在某种意义上并不完全融贯。正如第二、三节所显示的，意志是一个自由而未被决定的施动者。然而，司各脱有时承认人类意志具有意愿以及不意愿同一对象的能力，但是有时他又认为人类意志和人类实践是由正道所指导的。

第二，在神圣意志那里则并不存在这样的不融贯。当神圣意志引发一个活动时，上帝遵循着正道，但是从不会被其所指导，相反他自由而主动地遵从这一正道。神圣意志由于其自由、无分别和中立而是理性的，并且还能通过自我决定地做出选择而超越这一理性状态。神圣自由能够自由地保持在中立和理性的状态中，但同时自由地超越这一状态。相似地，神圣意志能够遵从实践秩序，但同时保持为自由而超越的。

司各脱道德理论中的这些不同情况与不同陈述使学者们对司各脱在道德问题上的立场给予了不同解释。然而，我们很难否认神圣意志的至高自由与自我决定性。

现在我们来看司各脱如何建立起上帝、实践科学与思辨科学的秩序。

第一，实践科学要比思辨科学更为高贵，实践具有更高贵的目的，并在必然性、可知性和确定性上超越了思辨。因此，实践科学超越了形而上学这样的思辨科学的限制。实践科学指向上帝，并将其作为自己的主题和最终目的；形而上学是思辨科学，是对于作为存在的存在及其超越者的研究。威廉姆斯甚至据此认为司各脱的伦理学是解本体论的，也就是说，司各脱的伦理以及实践理论并不能被放置入本体论体系，相反它们具有超越并克服本体论的维度。[50]

第二，神圣意志通过其至高自由而超越了实践秩序，它始终是超越、自由、主动、独立而自我决定的。

因此，实践超越了思辨，而上帝超越了两者。在司各脱这里，这几者之间存在着这样的等级秩序：上帝超越了实践科学，实践科学又最终指向上帝，并优先于思辨科学。

尽管在司各脱这里，思辨与实践具有一定关系，[51]它们却并没有被平等对待，而是按照实践对思辨的优先性而拥有秩序。这也就意味着形而上学与道德科学并不是紧密地、平等地结合在一起，相反，它们具有高低不同的位置。正如英厄姆所说："司各脱首先是一名基督徒，是一名肯定爱对知识的优越性的哲学家—神学家。"[52]

司各脱对于神圣意志及其与正道／正确理性关系的处理以两种方式成功地满足了上帝超越性的要求：第一，神学作为实践科学朝向上帝，优先于甚至是超越了形而上学及其他思辨科学的限制；第二，从实践的优先性出发，上帝甚至拥有了超越实践秩序的自由，因为上帝是独立而自由的，神圣意志的活动从未被任何别的东西所束缚、限制和指导。

第五节　弥合破裂　神圣之爱与人类之爱

我们已经讨论了通向上帝超越性的五种路径，其中四条是形而上

---

〔50〕　参见 "How Scotus Separates Morality from Happiness"。
〔51〕　例如，与阿奎那相同，司各脱声称"'思辨的'与'实践的'是理智的不同偶性，即便它们对惯习与行动是本质的"。Ord., prol., p. 5, n. 359, Vatican I, p. 233.
〔52〕　Mary Beth Ingham, "Letting Scotus Speak for Himself," p. 216.

学的，而第五条则是非形而上学的。尽管这五条进路并不相同，它们却具有共同的功能：给予上帝超越性，保持上帝与受造物在实在中的相异性，并确保上帝绝不被任何别的东西所束缚、限制和指导。通过这五条进路，上帝的超越性得以保证，这使得上帝的独立性、自由及其与受造物的相异性获得捍卫，并能够超越和克服由于存在概念的单义性所带来的与受造物的共同性。存在的敉平由此走向存在的破裂。针对这一破裂关系，司各脱特别指出受造物与上帝的关系并不是相互的：

> 受造物与上帝的关系属于关系的第三种模式，[53] 它处理测度与被测度者的关系。按照这一模式，测度终结于它纯粹地作为某种绝对者而与被测度者的关系之中。因为按照哲学家的《形而上学》第五卷，这一模式与其他两种模式的区别是：在其他两个模式之中，在两个端点之间具有交互的关系，但是在第三种模式之中，一个端点被说成是关联于另一个端点，仅只是因为另一个端点与它相关。[54]

对司各脱来说，受造物与上帝的关系相似于被测度者与测度者的关系。测度者能够绝对地终结在被测度者与测度者的关系中，是因为它们两者不具有交互的关系。被测度者依赖于测度者，但是测度者却并不依赖被测度者。相似地，受造物依赖于上帝，但上帝却不依赖于受造物。因此，在受造物与上帝之间并没有交互关系，这能够保证上帝的独立性，并突出反映了两者关系的破裂性。

然而如果上帝只拥有超越性，那么如何保证上帝不远离受造物并

---

〔53〕 *Metaphysics*, V. 15, 1020^{b}26-1020^{b}31.
〔54〕 *Rep.*, IA, d. 30, q. 1, a. 3, n. 23, Ed. Wolter & Bychkov, Ⅱ, p. 252.

且维护上帝的仁慈就是一个问题。因此，作为一名天主教神学家，司各脱仍然通过爱而建立起上帝与人类某种意义上的交互性，换句话说，爱正可以弥合存在的破裂关系。爱是基督教以及方济各传统中的核心美德之一。在司各脱看来，爱首先是一个神学的、意志性的概念而非思辨性的概念。[55] 爱与形而上学并不矛盾，但可以超越以存在为核心问题的形而上学思辨领域。正是在对破裂关系的弥合中，去中心化的形而上学结构被中心化于上帝的实践科学与道德秩序所超越。

在对于司各脱神圣之爱的评注与研究之中，沃斯团队特别强调了爱沟通上帝与受造物的功能："司各脱神学的主要关切是对于基督教核心信念的概念性辩护：上帝与人类的关系是爱的关系——爱召唤爱。"[56] 结果，爱就可以克服上帝与受造物在上帝的超越性中所形成的无限距离与陌生性。

那么，在对破裂关系的弥合中，上帝与人类交互的爱会削弱上帝的超越性和独立性吗？这一交互关系如何才能维护上帝的超越性呢？

我们认为，司各脱所理解的爱的确具有沟通上帝与受造物的功能，也确实超越了去中心化的破裂关系。但是，这一交互性和沟通性同样能够维护上帝的超越性和独立性。作为上帝与受造物之间的交互关系，爱预设了神圣之爱对于人类的爱的超越性。换句话说，司各脱关于神圣之爱的学说更多聚焦于人对于上帝的顺从和朝向，而神圣之爱的超越性也因此能够建立在神圣之爱与人类之爱的交互关系基础上。

为了证明这一点，我们首先要分析上帝是如何爱一切的，接着分析人类之爱如何朝向上帝。接下来我们将看到，为着一切的神圣之爱与为着上帝的人类之爱有何不同，这不仅能够揭示爱如何连接了人类

---

[55] 关于意志和爱的紧密关系，司各脱给予了详尽分析。参见 *Lec.*, Ⅰ., d. 17, nn. 69-103。另参见沃斯研究团队的精彩评论：*Divine Scotus on Divine Love*, pp. 108-130。

[56] *Divine Scotus on Divine Love*, p. 2.

与上帝，而且还显示出神圣之爱如何超越人类之爱。爱关联于实践和神圣意志，这两者都与上帝超越性相关，上帝超越性因此能够在人类之爱与神圣之爱的关系中建立。

1. 上帝对受造物的爱

对司各脱来说，上帝爱万有，但是这种爱并不总是建立在平等基础上：

> 只有神圣本质能够成为神圣理智或者神圣意志的施动第一原理，因为如果有别的东西能够成为这个第一原理，其力量将会被贬低。
>
> 从这一点来看，与行动和施动者的关系相比，上帝在爱万有中不存在不平等就清楚了。
>
> 但是行动与其所意指的东西或者其所涉及的东西相比来说则存在着不平等，不仅因为所意愿的事物是不平等的，或者不平等的善好被意愿给了诸事物，而且还因为行动是按照一定的秩序而推进到诸事物上去的。因为每个在意愿的人都是理性地意愿着这些事物：第一，他意愿目的；第二，那直接达到目的的事物；第三，那些为了达到目的而被安排得更遥远的东西。[57]

对司各脱来说，只有神圣本质才是神圣理智或神圣意志活动的第一原理。在此基础之上，神圣之爱本身具有平等性，因为神圣之爱是从作为独一施动者而非多个施动者的神圣本质引发出来的。但是，神圣之爱对神圣之爱所意指的对象并非平等待之。司各脱对此给出三个理由：第一，被意愿的事物在其自身之中就是不平等的；第二，上帝

---

〔57〕 *Ord*., Ⅲ, d. 32, nn. 19-21, Vatican X, pp. 135-136.

意愿给它们的善好本身也有不平等；第三，上帝是按照所有事物的秩序而不平等地爱它们。结果，对于每一个理性地意愿着的人来说，在每个人的意愿中同样也具有高低秩序：他们首先意愿目的，接着意愿那些直接达到目的的事物，最后意愿那些为达到目的而被安排为更遥远的东西。

对于所有被爱事物的秩序，司各脱给出了四个层次：

> 因此，因为上帝最理性地意愿着，尽管不是通过相异的行动，而是只通过一个行动，因为他依照相异的多种方式来指向有秩序的诸对象，他首先意愿目的，在其意愿中，他的行动是完满的，他的理智也是完满的，而他的意愿是有福的。第二，他意愿那些被直接安排向他的事物，也即通过预定那些直接到达他的被拣选者，他通过中介的方式来做到这一点，即通过意愿别的人与他共爱同样的对象（上帝）……第三，他意愿那些对于达到这一目的而必需的事物，也即恩典的善好。第四，由于它们（恩典的善好），他意愿别的为了它们的更为遥远的事物，如这个可感世界，由此它们（更为遥远的事物）可以服侍它们（恩典的善好）。[58]

尽管神圣意志和人类意志都是理性的，神圣意志是最理性的。正如第八章第三节第二小节所示，神圣意志能够拥有比人类意志更多的对象，所以只拥有独一意愿活动的神圣意志，跟随着对象的秩序而以不同的方式意愿不同的事物。在这一引文中，司各脱列举出了神圣之爱的四个层次：第一，神圣之爱将自身意愿为目的；第二，神圣之爱意愿那些被预定的人们，他们直接达到作为其目的的上帝，并与上帝

---

[58] *Ord.*, Ⅲ, d. 32, n. 21, Vatican X, pp. 136-137.

一道成为爱上帝的共爱者；第三，神圣之爱意愿那些将上帝当作目的而爱的必要条件与基础；第四，上帝不仅只爱那些被预定的人们，而且还爱那些遥远但却可以服务于第三点的那些事物的东西。因此，神圣之爱具有不同层级的秩序，在其中上帝自身占据了最高的位置。上帝爱人们，因为他意愿人们去将他作为目的而爱，只有上帝才是爱的目的与终点。

而且司各脱还强调，神圣意志是爱的不平等性的基础：

> ……这一不平等性不是由于任何被预设在上帝之外的对象之中的善好，即像是他以这种或那种方式意愿的理由，而是由于这理由就正是神圣意志自身。因为他以这样的程度接受了那些事物，它们在那样程度上是善好的，而反之并不亦然。[59]

爱的不平等性从根本上不是因为受造物自身决定，而是依赖于神圣意志的决定。神圣意志正是爱的理由本身。为什么事物具有不同的程度，就是因为上帝如此意愿并接受它们（到一特定的程度，也即它们是善好的程度）。事实上，他意愿那些被预定的东西为善好的，但并不意愿那些非预定的东西为善好的。这一爱的不平等性存在于所有个体之中：

> 而这一爱的不平等性，也即爱的结果的不平等性，必须要承认它不仅只是基于本性程度的量，而甚至基于其种相下的诸个体。而其理由不是在这一事物或那一事物中的本性，而仅只是因为神圣意志。[60]

---

〔59〕 *Ord.*, Ⅲ, d. 32, n. 22, Vatican X, pp. 137-138.
〔60〕 *Ord.*, Ⅲ, d. 32, n. 25, Vatican X, p. 139.

对于神圣之爱，不平等性不仅在不同的量、不同的种相之中存在，而且还在同一种相的不同个体之中存在。例如，上帝预定一些人但并没有预定别的人。这一不平等性的理由和根据完全依赖于神圣意志。

2．人类对上帝的爱

对司各脱来说，人类对于其自身的爱和对邻人的爱都最终指向了对上帝的爱。司各脱对邻人给予了如下定义：

> 我认为我的邻人就是任何其友谊对于被爱者（上帝）而言是喜悦的人，也即他（上帝）被他（邻人）所爱。[61]

司各脱对于邻人的定义不是建立在个人的私人性情和倾向基础上。在私人和自我中心的爱之中，爱者并不想要被爱者被别的人所爱。相反，我们对于上帝的爱并不是私人和自我中心的；我们想要别人也和我们一样爱上帝。[62] 之所以别人被称为我的邻人，是因为这一关系依赖于这样的事实，即这个人与我的友谊对上帝来说是喜悦的，而上帝正是被我和邻人所爱着的。因此，谁是邻人不取决于我而取决于上帝。邻人之为我的邻人是因为上帝喜悦于这个人爱上帝：

> ……这一点很清楚，即爱的惯习是一，因为它并不首先发生于与多个对象的关联中，而是只相关于其对象：上帝。他在其自身之中就是好的，并且也是首要的善好。第二，"它意愿上帝被任何人所爱"（如果这是对他完满的爱的话），而且"意愿

---

[61]　*Ord.*, Ⅲ, d. 28, n. 21, Vatican X, p. 90.
[62]　参见 *Divine Scotus on Divine Love*, pp. 66-69。

每个人都对他爱着，正如他在其自身之中一样"，上帝的爱有秩序，而通过如此意愿，通过意愿我自己和他"爱在其自身中的上帝"，我就出于爱而爱我自己以及我的邻人。这是无条件善好且正确的行动。因此，（爱的）善好对象只有在其自身中的上帝。而所有事物就是像这样的中介行动的对象的媒介，由此一个人就指向无限的善好，也即上帝。而正确行动和中介行动的原则是同样的惯习。[63]

爱的惯习拥有不同种类的对象：对自己的爱，对邻人的爱，以及对其他事物的爱，而它们也存在于不同事物之中：在我之中，在我邻人中，在每个人中。然而，这些不同的爱都分享着同样的合宜对象：上帝，因为上帝是第一善好，而他在其自身中的善好并不依赖于其他东西。因此，上帝之爱意愿每个人都对他具有爱。神圣之爱是完满的，每个人都被意愿为具有把他当作最终对象的爱，而因此，上帝对所有人的爱具有秩序。有秩序的爱对于上帝来说才是合宜的，通过对上帝的爱我爱我自己，并且爱我的邻人。爱上帝是无条件地善好且正确的行动。在这一意义上，自我和邻人作为爱的对象都是中介性的，它们都不能作为爱的最终对象，而这些爱最终也都指向了上帝。因此，自我与邻人通过作为中介的自我和邻人而最终爱着作为第一且无限善好的上帝。因此，所有事物都指向了对上帝的爱：

> 因此，上帝，他倾注入爱，由此所有存在者都以完满且有秩序的方式而朝向他，他给予这一惯习，由此他作为共同善好以及被其他东西所爱着的善好而被当成是所爱的。[64]

---

[63]　*Ord.*, Ⅲ, d. 28, n. 12, Vatican X, p. 86.
[64]　*Ord.*, Ⅲ, d. 28, n. 11, Vatican X, p. 86.

上帝将爱倾注入所有存在者，而所有存在者都完满地、合宜地朝向上帝。上帝被所有受造物所爱着。自我、邻人以及其他受造事物——它们都指向着作为共同善好的上帝。

我爱我自己，我也爱邻人，这是因为上帝意愿我与我的邻人去爱他，而因此我最终所爱的并不是我自己或者邻人，而只有上帝。神圣之爱所首要地意愿的，并不是我与我自身之间的爱，或者我与邻人之间的爱，而是每个人对上帝的爱。

3. 上帝对我们的爱以及我们对上帝的爱的不同

一方面，爱在上帝与受造物之间建立了交互关系；另一方面，这一关系建立在爱的不平等基础上，其中神圣之爱超越了人类之爱。我们认为神圣之爱与人类之爱有三种主要区别：

（1）神圣之爱建立在上帝没有必然性制约的自由创造基础上。相反，人类则必然地完全依赖于上帝。上帝对于所有其他东西的爱都具有偶然性：

> 没有什么是被必然地意愿的，除非它是那关于目的而所意愿的东西的必然条件。上帝爱作为目的的他自身，而任何他对于自身作为目的而所爱的东西都能持续下去，即使除了上帝别的东西都不存在，因为那出于自身而必然的东西不依赖别的东西。因此，从他自身的意愿出发，他不会必然地意愿其他东西。他也不会必然地作用（其他东西）。[65]

未创造世界时，上帝就爱他自身，即使上帝从未创造过任何东西，上帝也永恒地爱着自身。因此，上帝只是必然地意愿着、爱着自

---

〔65〕 *DPP*, 4. 25, Ed. Wolter, p. 93.

身。上帝的创造活动是自由且偶然的，因此，他对于人类和其他受造物的爱也是偶然的，并且后于上帝对自身的爱。

而相反，人类完全地、必然地依赖于上帝的创造。没有上帝和其创造活动，则无物存在。上帝对于我们的偶然的爱建立在他的偶然和自由的创造以及我们对于上帝的必然依赖基础上，这一点同样能够揭示出上帝之爱对于人类的超越性。

（2）如上所述，上帝对于一切的爱由于神圣之爱所具有的不平等性因此也具有秩序。上帝预定了一些人并弃绝了另一些，这完全依赖于神圣意志。因此，上帝通过其自由意志而以不同的程度、给予不同的受造物神圣之爱。而上帝对于自身的爱则没有这种秩序，因为他对自身的爱是必然且不变的。相反，不同的人类并不能建立起爱上帝的秩序。我们都爱上帝，但是我们不能决定谁更被上帝所爱。在上帝对我们的爱和我们对上帝的爱的秩序之中，神圣之爱也超越了人类之爱。

（3）虽然上帝爱万有，但神圣之爱的目的并不是受造物，而是上帝自身。换句话说，爱万有并非神圣之爱的最终目的。上帝爱万有是因为他意愿被他所爱着的万有爱他。相反，人类之爱的最终且合宜的对象不是人类自身，而是上帝。我们可以爱我们自己，也爱邻人，但是爱自己与爱邻人的目的并非我们自己，也非我们的邻人，而是上帝。因此，在神圣之爱与人类之爱中，只有一个目的：上帝。因此，通过将上帝树立为爱的唯一且合宜的目的，神圣之爱超越了人类之爱。

尽管爱能够成为上帝与受造物的交互关系，但在司各脱对爱的讨论之中，上帝对于其受造物的爱与我们对上帝的爱并不相同，也就是说，这两种爱是不平衡的。从圣灵而出的神圣的无限之爱是上帝对于自身的爱，但这种爱并不能平等地施展于受造物之中：

> 在本性的第一瞬间中，神圣理智理解了神圣本质并将其呈现给意志。但如此而在第二瞬间时，不可能不正确的神圣意志

而造出了合宜于无限对象的爱；接着它造出了这样的爱，即通过这种爱，对象按照其可爱的程度而被爱，而对象也就是无限的。因此，被造出的爱就是无限的，而它也造出了无限的爱。所以，圣灵是对神圣本质的爱，而不是对一块石头或者另一受造物的爱。这就是为什么意愿一块石头的无限意志并不造出圣灵。[66]

上帝对于自身的爱是必然且无限的。神圣理智必然地理解神圣本质，并将其呈现给神圣意志。神圣意志必然地造出作为神圣本质的神圣之爱的圣灵，制造石头不会有这种必然性。上帝与神圣本质都是无限的，因此这一神圣之爱也同样是无限的，而神圣之爱的无限性能够保证上帝的超越性。

不可否认，上帝爱我们，但如上所述，上帝对于我们的爱和我们对上帝的爱的确不平衡。例如上述引文曾表明："上帝爱作为目的的他自身，而任何他对于自身作为目的而所爱的东西能持续下去，即使除了上帝别的东西都不存在。"只有上帝对自身的爱才是必然的，而由于上帝创造的偶然性，上帝对我们的爱不可能必然。而对上帝的爱来说，他对自身的爱是必然的。他偶然地爱我们，是因为他偶然地创造了我们。相反，我们对上帝的依赖则是必然的。如果上帝必然地爱我们，那么他的创造活动就不会是自由且偶然的了，而其创造活动就会被神圣之爱的必然性所指导和规定，而由此他的创造就会是必然的了。由于上帝偶然地创造了这一世界，他对这一世界的爱不可能优先于其自由创造。

爱的确是上帝与受造物的交互关系，但是上帝在这一交互性之中

---

[66] *Lec.*, I , d. 10, n. 27, Vatican XⅦ, p. 124. 在这个问题上，《牛津〈箴言书〉评注》和《巴黎〈箴言书〉评注》中的观点没有本质区别。

的超越性与优先性仍然通过上述这三个不同而得到了捍卫。受造物对上帝的爱是正确的，爱上帝是受造物意愿活动的正道与正确理性。相反，爱受造物绝不是神圣意志的限制者与指导者。正如第四节所论证的，神圣意志始终是自由、独立且超越的。

因此，我们认为司各脱对于爱的讨论更多聚焦于受造物对于上帝的服从和定向，而更少聚焦于上帝与受造物的交互关系上。在这一关系中，神圣之爱的超越性更为根本。存在的破裂被爱弥合，然而却并没有因此削弱上帝的超越性。

在第六至第九章中，我们已经分析了司各脱如何大致地在形而上学范围中维护上帝的超越性。而在这一章中，实践与神圣意志共同超越了形而上学的话语系统，而通过这一点，上帝能够保持他与受造物的相异性，并且不被受造物所局限。

作为实践科学，神学并不被思辨所局限。形而上学的主题是作为存在的存在及其超越者，而神学的主题则是上帝。在神学与实践科学之中，并不存在着去中心化或者单义性的问题；相反，人类的实践活动中心化于上帝，并将上帝作为一切实践活动的最终目的。而指向上帝的实践科学要比思辨科学更为高贵。因此，实践超越了思辨，而上帝对于受造物的超越性也能够在实践科学中得到保存。去中心化的形而上学秩序被中心化的实践及神学秩序所取代。

建立在神学实践对哲学思辨的超越基础上，司各脱进一步通过坚持神圣意志相对于实践科学的超越性而维护了上帝的超越性。上帝能够遵从正道与正确理性，但与人类理智那种容易在意志和正道之间形成不融贯关系的情况不同，神圣意志是无限且完满的，它比人类意志更为自由，并且始终保持着自由与自我决定。上帝对于正道的遵从依赖于上帝的自由，而非其他权力所给予的指导和规定。神圣意志通过其无限性、完满性和自由而超越了人类意志。

第五节中对于爱的讨论显示爱的作用更多体现为受造物对于上帝的定向和服从，而上帝在爱之中的超越性要比爱作为上帝与受造物交互性的形式更为基础。爱的交互性并没有给予上帝之爱和人类之爱真实的共同性，相反，这一交互性依赖于上帝之爱对人类之爱的超越性。因此，尽管实践及神学秩序中心化于上帝，也并不意味着它完全颠覆了前四条形而上学进路中由破裂关系所形成的等级秩序。

不管神圣意志是否是极端意志论的还是节制的，神圣意志的自由与自我决定是始终被维护的。建立在神圣意志的自由与自我决定基础上，神圣意志具有超越正道与正确理性的自由，因为神圣意志对它们的遵从从未被任何神圣意志之外的东西所限制和指导。在这一点上，上帝的非形而上学超越性与形而上学并不矛盾和冲突；相反，这一超越性依赖于上帝超越去中心化和无分别状态的能力和自由。神圣意志决定着它自己。

因此，实践与神圣意志都超越了思辨与形而上学，而神圣意志甚至能够进一步超越实践秩序。上帝与受造物的相异性在实践科学与神圣意志中得到了坚持。神圣意志从未被任何别的东西所束缚、限制或者指导，而始终是自由且自我决定的。当司各脱阐述其关于实践和神圣意志的理论时，他试图在上帝的独立、自由、自我决定、超越性以及神学与道德秩序的确定性之间保持平衡。在非形而上学进路中的上帝超越性并未颠覆形而上学的去中心化及存在的敉平与破裂，相反，它超越了形而上学以存在为中心的思辨系统。

小　结

　　第二部分所讨论的五条进路都着眼于维护上帝的超越性。对于形而上学进路，它们与形而上学的去中心化是相融贯的，并同时建立起了上帝的超越性。存在的秤平终于被上帝与受造物破裂的相异关系所超越。

　　第六到第八章与三对分离性超越者相关。司各脱明确指出，这三个对子中较高贵的一方，也即无限的、原因以及必然的，并不预设较不高贵的一方：有限的、被作用的与偶然的：

　　　　如果分离性属性的其中一方述说一个它所恰当所属的主体，而这一方是这个属性的较不高贵的一方，那么出于它依存于其主体的这个事实，就能够推断出这个属性的较高贵一方存在于它所恰当所属的主体，尽管反之并不亦然（因为较不高贵的一方除非依存于较高贵的一方，否则它不能依存于别的事物，尽管其相反情况是可能的）。因此，如果一个被作用的存在者是有限的，那么某个存在者就是无限的，但反之并不亦然，因为第二个真理对于第一个真理并非必需。因此，如果一个存在者是偶然的，那么就有某个存在者是必然的，而且反之并不亦然。[1]

　　这说明一对分离性超越者的较不高贵一方，也就是有限的、被作

---

〔1〕　　*Lec.*, I , d. 39, n. 39, Vatican XVII, pp. 490-491.

用的以及偶然的，预设了较高贵的一方，也即无限的、原因与必然的。较高贵的一方可以没有较不高贵的一方而存在，但较不高贵的一方不能没有较高贵的一方而存在。因此，这三对分离性超越者具有两个功能：第一，它们预设了上帝的超越性，因为包含那些较强一方的上帝并没有受限于包含较弱一方的受造物；第二，它们建立起了受造物对上帝的依赖性，因为那些较不高贵的一方预设了较高贵的一方。

因此，上帝的形而上学超越性相关于受造物对上帝的依赖性。当司各脱在《牛津〈箴言书〉评注》中通过四条形而上学进路证明了上帝存在之后，他指出这一证明同样可以揭示受造物对上帝的依赖性：

> 从上述所说而言，对于这一问题的解决是明显的。从第一个论题中就得出，某个实存的存在者是无条件第一的，并具有三重首要性，也即动力性、目的和优越性，而因此就无条件地与某个别的第一存在者不相容。而从这个论题中，就上帝相对于受造物的属性而言，或就上帝决定了受造物对他的依赖性而言，上帝的存在被证明了。[2]

在上帝存在的证明中，司各脱将上帝证明为第一动力因与第一目的因，最优越、最完满的存在者。因此，上帝是无条件的第一存在者。这一证明同样也证明了上帝的属性，并建立起了上帝与受造物的关系，而这一关系就决定了受造物对上帝的依赖性。

正如第二部分的导言所述，这五条进路具有不同的重点，而形而上学进路与非形而上学进路是互不分离的。

在第六章中，上帝的不可理解性并没有依赖于意志论的因素，但它的确可以帮助上帝摆脱掉理性秩序的限制与指引。在第七章中，上

---

〔2〕 *Ord.*, Ⅰ, d. 2, p. 1, qq. 1-2, n. 145, Vatican Ⅱ, p. 213.

帝作为第一动力因和第一目的因体现为神圣意志与爱，他作为不被作用的原因超越了作为理性秩序的因果系统限制。在第八章中，受造世界的共时偶然性并不具有任何从理性秩序而来的决定性方向，神圣意志是唯一的决定者。第九章的无条件完满性包含了意志、自由与爱。第十章则主要相关于神圣意志相对于思辨与实践理性秩序的优先性。因此，这四条进路都有助于使上帝超越形而上学和理性秩序的限制，而不可理解性和神圣意志在这一任务中扮演着重要角色。

然而，我们仍然认为这两类进路是不同的，即使它们包含一些共同的功能与特征。出于以下原因，前四条进路仍然主要处于形而上学的领域之中：

第一，所有这四条进路所涉及的超越者，无限的／有限的，原因／被作用的，必然的／偶然的，无条件完满性，都涵盖在形而上学的研究主题之中。

第二，这四条进路仍然与形而上学密切相关。在其形而上学化的自然神学之中，上帝被证明为无限存在者，不被作用的原因，必然存在者和所有无条件完满性的真正拥有者，也即最完满的存在者。这一证明是基于形而上学的，而非神秘神学或启示神学。

第三，无限存在者在肯定意义上被司各脱定义为实体；动力因系统和目的因系统本身就源自亚里士多德的形而上学与物理学思想；受造世界的本质与实存和上帝这一必然存在者保持了深厚的依赖关系；无条件完满性包含所有超越者。

这都显示出这四条进路大体仍然属于形而上学。与之相反，神圣意志与实践并不能被涵盖在形而上学主题之下，它们也主要不是形而上学概念，而是意志活动的概念。正如我们在第十章所论证的，实践理性秩序超越了思辨理性秩序，而神圣意志甚至超越了实践理性秩序。同样的理智可以是实践和思辨共同的施动者，但它们仍然具有不同的功能、对象与本性，而实践要比思辨更为高贵。神圣意志能够遵从实践理性秩序，但它是完全主动和自由地去遵从的，并从未被理性秩序所限制和指导。而且更重要的是，与第一到第九章所着力论述的去中心化形而上学结构不同，第十章所论及的实践科学与神学是中心化于上帝的。

因此，四条形而上学进路主要奠基于理性秩序与思辨科学，而神圣意志与实践则不能被形而上学化，并且甚至超越了受造物与上帝的去中心化关系。

这五条进路都是不可或缺的。

如果不存在形而上学进路，那么司各脱的形而上学将会彻底与其神学考量分离。在司各脱的形而上学系统中也就不再会为上帝留有超越的位置，而形而上学将会彻底均质化、去中心化，存在将会彻底敉平化，而自然神学与上帝存在的形而上学证明将会是不可能的，我们也将无法在当前状态下自然地认识上帝。如果没有非形而上学进路，那么上帝的自由、独立性与超越性将不会被充分捍卫。即使上帝在形而上学之中拥有超越性，他仍然在很大程度上存在于思辨理性的秩序中，这并不利于司各脱建立起神学及其相应实践活动的优先性，而上帝在实践科学中的自由与独立的超越性也将被削弱甚至丢失。形而上学进路是必要的，但并不充分。它需要非形而上学进路的配合最终捍卫上帝的超越性，并最终超越去中心化、弥合破裂的关系，走向中心化于上帝的神学秩序。

因此，这五条进路彼此相关而成整体，并同时具有各自独立的功能。上帝通过这五条进路获得了越来越多的超越性。形而上学进路与非形而上学进路对于建立上帝超越性都不可或缺。只有同时坚持这两种进路，司各脱才能在形而上学及其神学意图之间建立起微妙的平衡，并最终成功维护上帝的超越性、受造物对上帝的依赖性以及上帝与受造物的相异性。共同而平等的敉平开端，在终点处成为破裂的两极。去中心化的形而上学思辨秩序被中心化的实践与神学秩序所超越，而受造物与上帝的破裂关系虽然被爱的交互性所弥合，但仍然维护着上帝之爱的超越性。

结 语

导论部分分析了司各脱形而上学去中心化的结构及其所包含的两个方面：存在的敉平与破裂。第一章至第五章重点讨论存在的敉平及其内在的形而上学秩序；第六到第十章关注存在的破裂及上帝超越性实现的五条进路。

第一节　上帝超越性与形而上学的神学目的

　　至此，我们已经分析了司各脱如何在与形而上学的关联中捍卫上帝超越性。现在我们应该进一步讨论上帝超越性与司各脱本体论神学系统的关联，因为这不仅是本书的核心议题之一，同时也是理解司各脱在形而上学中的位置及其神学目的的关键。

　　概括而言，没有直接神学目的的形而上学是本体论神学建立的开端，而本体论神学的建立又包含着超越本体论神学的维度。这几方面层层递进，互相关联。正如导论第三节所提到的，司各脱的形而上学及其与上帝超越性的关联具有三个不同的部分：

　　部分 A 是纯粹形而上学的，其开端中没有包含任何直接的神学目的。部分 B 是本体论神学的建立，并包含着解本体论神学的可能性。部分 C 则超越了形而上学与本体论神学系统。

　　这三个部分都是司各脱思想的必要组成部分，我们不应忽视其中任何一个，而是应该将它们当作司各脱形而上学及其神学目的的精巧平衡。部分 A 并不包含特别的神学目的，部分 B 则建立起本体论神学，在其中上帝超越性与受造物对上帝的依赖性通过四条形而上学进路得到建立，而部分 C 则以非形而上学的进路保存了上帝超越性。而且部分 B 包含了超越形而上学与本体论神学系统的维度。本体论神学的建立同时就包含着超越本体论神学的可能性，而最终，部分 C 克服了形而上学与本体论神学的限制。

1. 没有神学目的的形而上学

对部分 A 来说，司各脱通过存在单义性而建立起本体论神学系统，在其中上帝与受造物以一种看似共同的方式得到处理。然而，存在在其最源初的状态中却并不是一个本体论神学概念；相反，它是纯然形而上学而无特别的神学意义，以至于在这个阶段，形而上学是独立于神学的。如我们曾引用过的引文一样：

> 存在在被划分入十范畴之前，首先被划分为有限的和无限的，因为其中的一个，也即"有限的"，对于十个属相来说是共同的。[1]

存在首先被划分入有限的和无限的，而接着划分入十范畴。即便在这种划分之后，存在依然对上帝和受造物保持无分别。然而这就意味着在进行任何划分之前，存在本身并没有指涉任何一种特定的存在者，无论是无限的还是有限的。作为超越者，在开端和最源初的状态之中，存在本身是不包含上帝与受造物的划分的，换句话说，存在作为一个纯粹的形而上学概念先于其本体论神学的建构。正如布尔努瓦所言："存在成为超越性知识的对象，是中立的，无分别且共同的。

---

[1] *Ord.*, I , d. 8, p. 1, q. 3, n. 113, Vatican IV, pp. 205-206.

它先于所有的神学考量。"[2] 而这正是霍内费尔德将司各脱的形而上学看作"第二次开端"的原因之一。在存在的源初状态和开端，我们可以看到存在作为理智的合宜对象是不包含神学上的暗示与倾向的。而其他互换性超越者，如一、真、善等也是如此。

正是这种无分别的形而上学开端，与我们在本书第一部分所揭示的存在的去中心化敉平相容。这种敉平的开端，使得上帝无法成为形而上学的研究主题，实体对偶性的优先性基于存在的单义性，而一、真、善的内在秩序都无法保证上帝与受造物应有的超越及依赖秩序。

当将那些分离性超越者（如无限的／有限的等区分）与无条件完满性浮现于形而上学的研究主题中时，司各脱借助这些区分以及完满性逐步构建出本体论神学系统。

2．在本体论神学中的上帝超越性

当分离性超越者出现在形而上学之中时，无限性就与存在以及那些互换性属性发生了关联。[3] 这意味着存在和其互换性属性能够通过无限的／有限的这样的分离性超越者而逐步过渡入本体论神学系统里面去。因此，司各脱本体论神学的建构首要依赖于这些分离性超越者。

本体论神学系统是聚焦于上帝的本体论系统与建立在存在基础上的神学系统的综合。在本体论神学系统之中，形而上学系统且普遍地处理所有存在者，并且聚焦在作为所有存在者来源与根基的最高神圣存在者之上。这是一门普遍科学，但却将最高的神圣存在者当作本体

[2] Olivier Boulnois, "Quand commence l'ontothéologie? Aristote, Thomas d'Aquin et Duns Scot," p. 104.

[3] "而因此，加给每一个（首要性、属性等）的无限性就无条件表达了无限性：不仅是在那些根据（首要性、属性等）之中，而且还伴随性地在存在、真与善好中，在每一个无条件完满性中，因为所有的'无条件完满性'都交互地、统一地包含彼此。" *Ord.*, I , d. 13, q. 1, n. 103, Vatican V, pp. 123-124.

论神学的统一性基础。

对于分离性超越者，其中一些并不具有直接的本体论神学指向（如实体的/偶性的，相似的/不相似的），其中一些则直接指涉上帝与受造物的区分及秩序（如无限的/有限的，必然的/偶然的），一些则同时具有这两种意义（在先的/在后的，超出的/被超出的，原因/被作用的，现实的/潜在的，独立的/依赖的，绝对的/相对的，单纯的/组合的，一/多等）。而无条件完满性，则如第九章所分析的，可普遍地存在，但形式上只属于上帝。

司各脱使用了一些分离性超越者与无条件完满性来建构其本体论神学系统，在其中上帝超越者主要通过四条进路得到捍卫，而这些进路则建构起当前状态下我们对神圣本性、首要性和属性的理解基础。艾尔森指出，超越性的形而上学与超越的上帝是相融贯的，因为它们都不能被包含入属相和范畴。[4]通过将上帝证明为无限存在者、第一动力和目的因、必然存在者以及所有无条件完满性的拥有者，司各脱在存在和一些超越者的基础上建立起受造物与上帝的形而上学关系。在这一意义上，司各脱的形而上学在其源初状态中本来没有神学考量，但现在却转型为本体论神学，而形而上学也就被赋予了浓厚的神学目的。

3. 超越本体论神学的上帝超越性

通过建立本体论神学系统，上帝超越性似乎变得臣服于这一系统。然而，这四条形而上学进路与非形而上学进路能够最终使上帝克服且超越本体论神学的限制。

正如第六到第九章所揭示的，尽管这四条进路主要是形而上学

---

[4] *Medieval Philosophy as Transcendental Thought: From Philip the Chancellor (ca. 1225) to Francisco Suárez*, pp. 382–387.

的，它们仍然具有超越形而上学和本体论神学的维度：

第一，无限存在者在其自身之中对我们而言完全不可理解。

第二，神圣意志和爱是第一动力因与目的因。上帝作为第一动力因和优越因与其他所有动力性的本性与原因是多义而非单义的。

第三，上帝偶然地意愿着偶然性，这意味着上帝与受造物的因果关系是纯粹偶然的。上帝能够通过其自由意志而没有必然性地作用或者不作用，他能够终结受造物的因果体系并超越受造物与他的因果性系统，神圣理念与偶然性的关系被切断，因此上帝独立于本体论神学中的形而上学—物理学因果系统。上帝同时也不是自因（Causa Sui）。

第四，无条件完满性包含了一些更多从属于神学与实践领域的超越者，如意志，自由与爱，受造物的不完满性与上帝的完满性是多义关系。

这四条进路中的上述非本体论神学的因素揭示了超越形而上学与本体论神学系统的可能性，这引导我们进入了上帝超越性的非形而上学进路。

在第五条进路中，实践与神圣意志最终通过上帝超越性而克服并超越了形而上学与本体论神学的限制。上帝自由地超越了思辨与实践领域。由此，实践与神圣意志就具有了相对形而上学这样的思辨科学的更大优先性，并最终超越了以作为存在的存在为研究主题的形而上学系统。

与阿奎那通过类比学说而建立起的受造物与上帝的形式/范式关系不同，司各脱通过存在的单义学说在存在的源初状态中给予了上帝与受造物更多的形而上学平等性与共同性，这正是存在的散平化，而形而上学由此并未聚焦在如上帝或实体这样的中心点上，而是在其源初状态中通过单义性学说得到了去中心化，这看起来削弱了上帝超越性。这是本书第一部分所揭示的。

而在本书第二部分中，我们看到司各脱从未给予上帝和受造物真正的实在单义性与共同性，这正是存在的破裂。建立在形而上学的去中心化基础上，上帝超越了形而上学中心化的范式/形式焦点，因此受造物和上帝的形而上学相似性与比例性被削弱。上帝变得更为超越和自由，并且对受造物变得更为遥远和外在。

上帝超越性并不意味着受造物与上帝的完全分离。相反，受造物对上帝的依赖性在这五条进路中同样得到了加强，尤其是第二与第三条进路以及非形而上学进路。对于第二条进路，形式因是受造物的内在因，它被吸纳入受造物与上帝的外在动力关系中。受造物的内在形式在因果系统中变得次要，而且完全臣服于它们对上帝的外在依赖性上。而在第三条进路中，司各脱给予受造物更多偶然性，并将偶然性的原因归于神圣意志，上帝直接地作用所有受造物，没有中介或其他关系，因此受造物变得更多依赖于上帝。而且对第二与第三条进路来说，上帝具有终止这一因果系统的自由，但受造物却不能终止它们对上帝因果关系的依赖。对于非形而上学进路来说，我们的实践与道德活动最终指向并中心化于上帝。在由上帝所建立的爱的秩序中，我们必然地爱着上帝，而我们的实践与道德生活则完全依赖并中心化于上帝。因此，上帝超越性在这三条进路中同样能够保证受造物对上帝的依赖性，从而超越了以存在为核心的本体论系统。

为了顺应1277禁令的要求，继承方济各传统，并平衡这两者与亚里士多德传统的关系，司各脱发展出了对这些因素更为复杂的综合。部分A、B、C并存于他的形而上学与神学之中，并且彼此相互关联。形而上学的去中心化使得存在在其最源初状态中排除了任何明显的神学目的。分离性超越者与无条件完满性将形而上学逐步转变为本体论神学系统，而与此同时在形而上学的基础上捍卫了上帝的超越性。这些进路同样也包含着克服与超越本体论神学的维度，而最终通过上帝的非形而上学超越性实现。在这些进路之中，上帝与受造物的关系是不对等的。存在的敉平最终走向了存在的破裂。爱的交互性尽管弥合了这一破裂，也仍然是以上帝超越性及爱的等级秩序为基本前提。

由于这些不同的部分、不同的进路并存并相互勾连，所以我们能够看到为什么学者们会对司各脱的基本立场形成不同的解释。一些相关的代表性观点已经在导论中做过概括和分析。出于不同的问题意识、理解角度和思想传统，研究者们所关注的焦点往往不同。本书的关注点主要在于司各脱的形而上学思想与上帝超越性的关系，并试图通过这个视角给予这些不同的部分与维度更为平衡和综合的研究。

第二节　"中介的消失"的三重含义

在导言中我们曾提到，司各脱以降的上帝形象日益显示出超越性的维度，从而导致了"中介的消失"。

具体来说，中介的消失并不意味着上帝彻底远离了受造物。正如我们在第二、三条进路以及非形而上学进路中所看到的，受造物对上帝的依赖性并没有减少，只不过这种依赖性不再通过形而上学意义上的相似性、比例性来获得。因此在这一节我们将讨论司各脱所建立的上帝超越性在中介的消失中的三重含义。

1. "中介的消失"的第一个含义：受造物与上帝形而上学相似性、比例性的弱化

所谓上帝与受造物的中介，有诸多不同的表现方式。在这里我们特指受造物与上帝在形而上学意义上的相似性及其比例性。尽管在这一相似关系中，依然可以保有上帝的不可理解性，但是借助于这种形而上学关系，以及对意志论化上帝形象的遏制，我们依然能够得以部分地、不完满地接近上帝。在我们对上帝的理解和上帝的自身理解之间，并不存在完全的隔绝。

然而在司各脱这里，这种形而上学式的阶梯变得更为脆弱。尽管

从本书第一部分中，我们能够看到存在的敉平是如何赋予了人类理智理解受造物和上帝共同的开端，然而这一开端的终点，却让第二部分中的上帝超越性得到了增强。这突出表现为两点：

第一，无限性成为理解上帝的核心概念，此一概念只是基于存在的量度与强度，无限者与有限者没有比例性和可比较性。在这种无限性的渗透下，上帝的其他属性、完满性与受造物的属性、完满性之间不再倚重基于模仿、相似的范式/形式关系。范式/形式关系被动力关系所吸纳，神圣意志的优先性得到提高。这极大程度上削弱了作为受造物与上帝中介的形而上学相似性。

第二，我们在当前状态下对上帝的理解与上帝的自身理解没有中介和比例性。"我是我所是"只是上帝对有朽心灵所展示的自我表达，而非上帝的自身理解。从上帝的角度来说，我们对上帝自身的部分理解或者不完满的理解都是不可能的。我们的理解完全局限于人类理智的当前状态。

2."中介的消失"的第二个含义：对上帝的绝对依赖

与第一个含义相辅相成的是，正是因为中介的消失和上帝超越性的增强，受造物对上帝的直接依赖性反而得以增加。越是激进的上帝，对受造物的绝对权力越强，反而控制力越大越直接，受造物也越是不得不直接依赖于上帝的创造与保存。就司各脱来说，这一依赖性具有如下几个方面：

第一，上帝对于所有其他事物的因果作用都是直接的，所有的第二阶因果关系都与之具有共因果的关系。上帝作为第一动力因渗透进了整体因果系统之中。

第二，上帝意志是事物偶然性的唯一直接根源。共时的偶然性更进一步增强了受造世界的偶然性，从而也就使得受造世界更加依赖于上帝。

第三，以上帝为主题的实践科学超越了思辨科学。爱作为受造物与上帝的交互纽带，以实践以及道德秩序的优先性超越了人类理智源初状态对上帝与受造物的无分别。上帝成为实践和道德秩序直接且唯一的决定者。在形而上学中的去中心化结构被实践科学与神学的中心化秩序超越。

这说明，上帝的超越性一方面使上帝更不可见、更不可把握、更为陌生，另一方面，却反过来更为直接地控制和主导这个世界。

3."中介的消失"的第三个含义：人的自立

在本书的第二部分中，我们更多着眼于分析上帝超越性和受造物对上帝的依赖性，然而吊诡的是，司各脱的努力却同时暗中赋予人更多的自立性和自主性。当前状态下人的自我确立在某种意义上就成为"中介的消失"的副产品。这主要表现在人类理智和意志的这两个方面：

第一，人类理智的自我确定性。在本书第一部分，我们着重论述了存在的敉平现象。必须要强调的是，这一敉平的结构之所以可能，是由于司各脱牢牢立足于当前状态下的人类理智。无论是上帝的自我宣示"我是我所是"，还是人类理智试图理解上帝的自然神学，都并非基于上帝的自我理解，而是基于人类理智本身的能力。不夸张地说，人类理智在源初状态中对存在的理解不包含任何神学倾向，这本身就展现了人类理智的自我确定性与自主性。从起点上，人类理智就不需要依赖神学预设与目的，司各脱对奥古斯丁式的和根特的亨利式的光照论予以系统批判就清楚地表明了这一点。换句话说，人类对上帝的认识，并不是出于上帝对人类的眷顾、协助与支持，而是人类理智借助自身能力进行的。而由于这一认识与上帝的自我认识彼此隔绝，司各脱也就借助当前状态这个预设划定了人类理智的有效范围，并确定了人类理智在这一范围中的自主权。

第二，人类意志的自我决定性和自由。当司各脱试图给予上帝意志相对于上帝理智的优先性与决定性时，他就强化并且扩宽了上帝自由的范围与强度，并同时强化了人类意志的自由以及自我决定性。司各脱指出，意志是一种理性的能力，因为它并不受制于理智的自然必然性，人类意志同样如此。这特别体现在司各脱将道德与自然幸福分离开来。在他看来，只有在人类意志自由的前提之下，才有道德生活的可能性，因为它基于人类的自由选择与决断。相反，自然幸福并不具有这种自我决定的特点，而是受制于自然的欲求。意志在道德与正义生活中获得了充分的主动性和自主性。

从当前状态下来说，人类理智与人类意志都收获了相当大的独立空间，人的自立作为"中介的消失"的派生结果，已经初步预示了后世笛卡尔与康德哲学的雏形与前提。

总体来说，"中介的消失"的三重含义是彼此纠缠的。这一纠缠主要体现在以下两组关系上：

第一，上帝超越性的提升，既可以表现为对人类的陌生化与疏离化，同样也可以体现为对人类更为激进和绝对的控制力。

第二，这一上帝形象的降临，一方面强化了人类对上帝的依赖性；另一方面又迫使人类寻找自立的起点，并提升人自我决定的自主权。

这两组关系在人与上帝之间形成了复杂的博弈关系，人类的自主性及对上帝的依赖性相互纠缠。在当前状态下，人类理智既在努力自主把握超越的上帝，同时也依赖于神圣意志的解放从而获得人类意志优先性的增强。而这一纠结的局面一步步导致了思辨科学与实践科学的分裂，以及实践相对于思辨的优先性。

第三节　余论　司各脱与笛卡尔

在本书导言一开始，我们就特别强调了笛卡尔哲学与司各脱思想的思想史关联。我们曾经列举了笛卡尔的上帝超越性所包含的五种含义，而这些含义一一对应于第二部分的五章主题。

除此之外，结论第一、二节所谈及的两个方面，即形而上学及其神学目的，以及"中介的消失"的三重含义，也都与笛卡尔哲学具有呼应关系。

相应于我们在本结语第一节针对形而上学及其神学目的所划分的三个部分，笛卡尔也同样展现了这一结构：

部分A："我思"的自我证成标志着海德格尔所谓主体性形而上学的形成。在这个意义上，普遍怀疑与"我思"是弑神的。以"我思"作为基石的形而上学并不是本体论神学的。普遍怀疑的清扫过程，正是一个清扫亚里士多德主义和神学预设的过程。由此，我思所获得的出发点，随着人类理智自主性的建立，并不包含直接的神学意涵。

部分B：通过上帝观念的发现以及上帝存在的证明，上帝被树立为整个形而上学秩序的最高存在者、万物的创造者与保存者，以及最完满的存在者。由此我思才得以逐步突破普遍怀疑的困境，并进而走出我思的范围，形而上学也由此被本体论神学化了。

部分C：尽管上帝身处笛卡尔形而上学的框架之内，但是由于笛卡尔赋予了上帝更为激进的超越性，强化了上帝的无限性、不可理解性和绝对权力，这使得上帝并没有被本体论神学系统所束缚，从而获得了超越形而上学乃至理性秩序的权力。

相应于本结论第二节所揭示的"中介的消失"的三重含义，笛卡尔的哲学同样也一一进行了呼应：

（1）上帝的陌生化与缺席：正如导言所提及的，笛卡尔普遍怀疑的努力，既是对现代世界的全新规划，同时又是悲壮的无可奈何。伴随着中世纪晚期以来上帝超越性的逐步提升，上帝逐渐远离人类理智的把握并变得不可依靠，人类理智被迫开始重新寻找哲学的起点与基石。这正是"中介的消失"所迫的结果。

（2）对上帝的绝对依赖：上帝的超越性不但体现为对人类理智秩序的疏远，同时也体现为人类理智对上帝的绝对依赖。与上帝疏离的人类理智，受制于我思的非物质性与有限性，从而无力消除与外部世界的隔绝。这迫使笛卡尔放弃了《引导心灵的规则》，并再度把上帝引入形而上学的建构。一方面，上帝成为人类理智秩序的破坏者与颠覆者，这突出表现在笛卡尔认为上帝有能力做出引发人类心智矛盾的事情。另一方面，通过完满性这一关键概念，上帝被树立为人类理智秩序的创造者与保护者。上帝的这两种相反的功能都强化了人类理智对上帝的绝对依赖性。

（3）人的自立："中介的消失"的第二重含义建立在第一重含义的基础之上。这两重含义之间的互相博弈，造成了笛卡尔哲学的基本内在张力。尽管上帝因其无限的绝对权力从而对我思的理智秩序构成了支配，然而笛卡尔依旧将这一依赖性建立在人类理智和人类意志自立性的前提之下。普遍怀疑的清扫活动将上帝视作"意见"（ *opinio* ）、对上帝存在的证明发自观念学说、我思中理智的核心位置，这都说明了人类理智对上帝的寻找首先依赖于人类理智的自我觉醒与自我立法。而怀疑活动是在意志的推动之下进行，人类意志在认识活动中的无分别性与自发性，人类意志与上帝意志的相似性，都说明人类意志并没有完全臣服于超越的上帝。笛卡尔强调，人类与上帝的唯一相似性就在于意志的自由（AT Ⅶ：57，CSM Ⅱ：40），人类意志也由此得以突破人类理智秩序的有限性。这反映出司各脱以来的意志论学说在扩展上帝自由的同时也增进了人类自由。正是因为人类意志相对于人类理智的自我决定性和自由，才使得人类理智秩序的自我建构成为可能。

这三重含义同样具有第二节结尾处所指出的两组关系：

第一，笛卡尔哲学中上帝超越性的提升，既为人类留下了高远陌生的上帝形象，并使普遍怀疑中的我无法把握这位造物主，同时通过理性秩序的维护者与破坏者这两重上帝身份而体现了上帝更为激进和绝对的支配力与控制力。

第二，这一提升既加深了人类对于上帝的依赖性，使上帝成为第一哲学系统中的最高存在者，同时也迫使我思在悬置上帝的前提下寻找自立的可能性。

由此我们可以看到，司各脱的形而上学思想及其神学意图是如何以曲折而迂回的方式为笛卡尔及其所代表的近代哲学的兴起提供了相应的思想史基础。破裂与敉平的双重结构，成为理解笛卡尔与斯宾诺莎所代表的两条不同哲学道路的思想史前提。

因此，理解司各脱以及中世纪经院哲学是理解近代哲学寻找新起点的必要背景。形而上学与其神学目的的纠结关系、"中介的消失"所蕴含的矛盾含义、上帝的远去及其更为猛烈的重临、自我的觉醒及其与上帝的博弈、哲学与神学的互相独立与更深层次的互相渗透、思辨生活与实践生活的等级秩序等重要的思想问题，都迫使我们更深入地走入中世纪思想与近代思想的复杂关联之中。自笛卡尔之后，这些问题以变形的方式在早期现代哲学、德国古典哲学乃至尼采以来的现代哲学中不断重现。过去埋藏着未来，未来隐伏于过去。在过去和未来之间的现在，必须承担它的命运。

书目缩略形式

Aquinas

    SCG   *Summa Contra Gentiles*

    ST   *Summa Theologiae*

Duns Scotus

    DPP   *De Primo Principio*

    Ord   *Ordinatio*

    Rep   *Reportatio*

    Lec   *Lectura*

    QM   *Queastiones super libros Metaphysicorum Aristotelis*

    QQ   *Questiones Quodlibetales*

    QS   *Quaestiones subtissimmae in metaphysicam Aristotelis*

    Vatican   *Opera omnia studio et cura Commissionis Scotisticae ad fidem codicum edita praeside Carolo Balic*, Civitas Vaticana. Typis Polyglottis Vaticanis, 1950-.

    Bonaventure   *Ioannis Duns Scoti Opera philosophica*. 5 vols. St. Bonaventure, NY; Washington, D. C.; Franciscan Institute, St. Bonaventure University and Catholic University. of America, 1997-2006.

    Wadding   *Opera omnia*. Editio nova iuxta editionem Waddingi XII tomos continentem a patribus Franciscanis de observantia accurante recognita. 26 vols. Paris: Vivès, 1891-1895.

    Ed. Van Riet   Avicenna, *Liber de philosophia prima sive Scientia divina*, I, ed. Simone van Riet, Gérard Verbeke, Leuven: E. Peeters, 1977.

    Ed. Wolter   *John Duns Scotus: A Treatise on God as First Principle*, ed. & trans., Allan Wolter, Chicago: Forum Books Franciscan Herald Press, 2nd. rev. ed., 1983.

    Ed. Wolter & Bychkov *John Duns Scotus. The Examined Report of the Paris Lecture: Reportatio I-A*, ed. & trans., Allan Wolter and Oleg V. Bychkov, St. Bonaventure, NY: Franciscan Institute, St. Bonaventure University, 2004.

Descartes

AT   *Oeuvres de Descartes*, C. Adam and Tannery ed., CNRS/Vrin, 1996.

CSM I   *The Philosophical Writings of Descartes*, vol. 1, John Cottingham, Robert Stoothoff, Dugald Murdoch and Anthony Kenny ed. & trans., Cambridge University Press, 1985.

CSM II   *The Philosophical Writings of Descartes*, vol. 2, 1984.

CSMK   *The Philosophical Writings of Descartes*, vol. 3, 1991.

参考文献

原 著

1. Duns Scotus

（1）拉丁语原文版本

Ioannis Duns Scoti Opera philosophica, 5 vols, St. Bonaventure, NY; Washington, D. C. ; Franciscan
   Institute, St. Bonaventure University and Catholic University of America, 1997-2006.

Opera omnia studio et cura Commissionis Scotisticae ad fidem codicum edita praeside Carolo Balic,
   Civitas Vaticana, Typis Polyglottis Vaticanis, 1950-.

Opera Omnia,（"The Wadding edition"）Lyon, 1639; reprinted Hildesheim: Georg Olms
   Verlagsbuchhandlung, 1968.

（2）汉语译本

司各脱,《论第一原理》, 王路译, 上海：华东师范大学出版社, 2008 年。

（3）外语译本

A. 完整著作翻译

God and Creatures: The Quodlibetal Questions, ed. & trans., Allan Wolter and Felix Alluntis,
   Princeton: Princeton University Press, 1975.

John Duns Scotus: A Treatise on God as First Principle, ed. & trans., Allan Wolter, Chicago:
   Forum Books Franciscan Herald Press, 2nd. rev. ed., 1983.

Questions on the Metaphysics of Aristotle, ed. & trans., Allan Wolter and Girard J. Etzkorn, 2
   vols, St. Bonaventure, NY: Franciscan Institute, 1997.

John Duns Scotus. The Examined Report of the Paris Lecture: Reportatio I-A, ed. & trans., Allan Wolter and Oleg V. Bychkov, St. Bonaventure, NY: Franciscan Institute, St. Bonaventure University, 2004.

B. 选译和选集

Duns Scotus on Divine Love: Texts and Commentary on Goodness and Freedom, God and Humans, ed. & trans., Antonie Vos, Henri Veldhuis, Eef Dekker, Nico W. den Bok, and Andreas J. Beck, Aldershot and Burlington, Vt.: Ashgate, 2003.

Duns Scotus on the Will and Morality, ed. & trans., Allan Wolter, Washington, D. C.: Catholic University, 1987.

Duns Scotus, Philosophical Writings, ed. & trans., Allan Wolter, Edinburgh: Nelson, 1962.

John Duns Scotus: Contingency and Freedom: Lectura I 39, ed. Anthonie Vos Jaczn., Henri Veldhuis, etc. Synthese Historical Library 42, Dordrecht, Boston, and London: Kluwer academic publishers, 1994.

Medieval Philosophy, ed. & trans., John F. Wippel, and Allan Wolter, New York: The Free Press, 1969, pages 402-419 contain a translation of 1 *Lectura* d. 2 p. l, qq. l-2.

2. 其他作者

（1）汉语版本

阿奎那，《神学大全》，段德智等译，北京：商务印书馆，2013 年。

奥古斯丁，《上帝之城》，吴飞译，上海：上海三联书店，2008 年。

海德格尔，《形而上学的存在—神—逻辑学机制》，载《同一与差异》，孙周兴等译，北京：商务印书馆，2011 年。

吉尔松，《中世纪哲学精神》，沈清松译，上海：世纪出版集团，2008 年。

潘能伯格，《神学与哲学》，李秋零译，北京：商务印书馆，2013 年。

谢林，《近代哲学史》，先刚译，北京：北京大学出版社，2015 年。

亚里士多德，《形而上学》，苗力田译，载《亚里士多德全集》第七卷，北京：中国人民大学出版社，1990 年。

（2）外语版本

Abelard, *Theologia "Scolarium"*, Ⅲ, in *Basic Issues in Medieval Philosophy*, ed. Richard N. Bosley, Martin M. Tweedale, Calgary: Broadview Press, 1997.

Anselm, *Monologion*, *Opera Omnia*, Vol. 1, ed. F. S. Schmitt, Edinburgh, 1946.

Aquinas, Thomas, *Sancti Thomae de Aquino Opera omnia iussu Leonis* Ⅷ *P. M. edita*, vols. 4-6,

13, 22. 1/2, Rome/Paris, 1882-.

——. *In duodecim libros metaphysicorum Aristotelis expositio*, editio iam a M. R. Cathala, O. P., exarata retractatur cura et studio P. Fr. Raymundi M. Spiazzi, O. P.: Turin, 1950.

——. *Commentary on the Metaphysics of Aristotle*, trans. John P. Rowan, Chicago: Henry Regnery Co., 1961,

——. *Summa Contra Gentiles, Book Two: Creation*, trans. James Anderson, New York: Hanover House, 1955.

——. *Summa Theologiae*, trans. Fathers of the English Dominican Province, Benziger Bros. edition, 1947.

——. *Summa Theologiae*, New English Translation of St. Thomas Aquinas's *Summa Theologiae*, Alfred J. Freddoso. URL=http://www3. nd. edu/~afreddos/summa-translation/TOC. htm.

——. *The Treatise On The Divine Nature: Summa Theologiae I, 1-13*, trans., with commentary by Brian J. Shanley, O. P., Indianapolis: Hackett Publishing Company, 2006.

——. *Truth, Questions 1-9*, trans. Robert W. Mulligan, S. J. Chicago: Henry Regnery Company, 1952.

Aristotle, *De Interpretatione*, trans. J. L. Ackrill, in *The Complete Works of Aristotle, The Revised Oxford Translation*, ed. Jonathan Barnes, vol. 1, Bollingen Series LXXI . 2, Princeton: Princeton University Press, 1984, pp. 25-38.

——. *Metaphysics*, trans. W. D. Ross, in *The Complete Works of Aristotle, The Revised Oxford Translation*, vol. 2, pp. 1552-1728.

——. *Physics*, trans. R. P. Hardie and R. K. Gaye, in *The Complete Works of Aristotle, The Revised Oxford Translation*, vol. 1, pp. 315-446.

——. *Posterior Analytics*, trans. Jonathan Barnes, in *The Complete Works of Aristotle, The Revised Oxford Translation*, vol. 1, pp. 114-166.

Augustine, *Confessions*, trans. Henry Chadwick, Oxford: Oxford University Press, 2009.

——. *Eighty-three Different Questions*, trans. David L Mosher, Washington, D. C.: The Catholic University of America Press, 1982.

——. *The Trinity*, trans. Edmund Hill, Brooklyn: New City Press, 1991.

Avicenna, *Liber de philosophia prima sive Scientia divina*, ed. Simone van Riet, Gérard Verbeke, Leuven: E. Peeters, 1977.

——. *The Metaphysics of The Healing*, trans. Michael E. Marmura, Provo, Utah: Brigham Young University, 2005.

Boethius, *Consolatio philosophiae,* in *Theological Tractates, The Consolation of Philosophy*, trans. H. F. Stewart, E. K. Rand, S. J. Tester, Loeb Classical Library, Harvard University Press, 1973.

Heidegger, Martin, "The Onto-Theo-Logical Constitution of Metaphysics, " in *Identity and Difference*, Joan Stambaugh trans., Chicago: University of Chicago Press, 1969.

研究文献

Adams, Marilyn McCord, "Dun Scotus on Will as Rational Power, " in *Via Scoti, Methodologica ad mentem Joannis Duns Scoti*, ed., L. Siloo, Rome, 1995, pp. 839-854.

——. "Final causality and explanation of Scotus's 'De Primo Principio,'" in *Nature in Medieval Thought: Some Approaches East and West*, ed. Chūmaru Koyama, Studien und Texte zur Geistesgeschichte des Mittelalters 73, Leiden, Boston, and Cologne: Brill, 2000, pp. 153-184.

——. *William Ockham*, Vol. 1, Notre Dame, Ind.: University of Notre Dame Press, 1987.

Aertsen, Jan A., *Nature and Creature: Thomas Aquinas's Way of Thought*, Leiden: Brill, 1988.

——. "Truth as Transcendental in Thomas Aquinas, " *Topoi*, Volume 11, Issue 2, 1992, pp. 159-171.

——. "*Medieval Philosophy and the Transcendentals: The Case of Thomas Aquinas*, " Leiden, New York, Köln: Brill Academic Publishers, 1996.

——. "Being and the One: The Doctrine of the Convertible Transcendentals in Duns Scotus, " in *Franciscan Studies* 56 (1998): 47-64.

——. "The Medieval Doctrine of the Transcendentals: New Literature, " in *Bulletin de Philosophie Médiévale*, Volume 41, 1999.

——. "The Concept of 'Transcendental' in the Middle Ages: What is Beyond and What is Common, " in *Platonic Ideas and Concept Formation in Ancient and Medieval Thought*, ed. Gerd van Riel, Caroline Macé, Leen van Campe, Leuven: Leuven University Press, 2004, pp. 133-154.

——. "Scotus's Conception of Transcendentality: Tradition and Innovation, " in *Johannes Duns Scotus 1308-2008: Die philosophischen Perspektiven seines Werkes/Investigations into His Philosophy. Proceedings of "The Quadruple Congress" on John Duns Scotus, part 3*, ed. Ludger Honnefelder, etc., St. Bonaventure, N. Y.: Franciscan Institute Publications; Münster: Aschendorff, 2010, pp. 107-123.

——. *Medieval Philosophy as Transcendental Thought: From Philip the Chancellor (ca. 1225) to Francisco Suárez*, Leiden, Boston: Brill, 2012.

Ashworth, E. Jennifer, "Can I Speak More Clearly Than I Understand?: A Problem of Religious Language in Henry of Ghent, Duns Scotus and Ockham, " in *Historiographia Linguistica*, Volume 7, Numbers 1-2, 1980, pp. 29-38 (10) .

Ayesta, Cruz González, "Scotus's Interpretation of *Metaphysics* 9. 2: On the Distinction between Nature and Will, " in *Proceedings of the American Catholic Philosophical Association* 81 (2007): 217-230.

——. "Duns Scotus on Synchronic Contingency and Free Will: The Originality and Importance of His Contribution, " in *John Duns Scotus, Philosopher: Proceedings of "The Quadruple Congress" on John Duns Scotus*, Vol. 1, ed. Mary Beth Ingham and Bychkov V. Bychkov, Archa Verbi, Subsidia 3, Münster: Aschendorff, St. Bonaventure, N. Y.: Franciscan Institute Publications, 2010, pp. 157-174.

——. "Duns Scotus on the Natural Will, " in *Vivarium* 50 (2012): 33-52.

Bac, Martijn, "Der Heilige Geist und die Liebe Gottes: Scotus' trinitarisches Verständnis des Wirkens des Heiligen Geistes, " in *Das franziskanische Verständnis des Wirkens des Heiligen Geistes in Kirche und Welt*, ed. Herbert Schneider, Mönchengladbach: B. Kühlen Verlag, 2005, pp. 97-108.

Bäck, Allan, "What is being QUA being?" in *Poznan Studies in the Philosophy of the Sciences and the Humanities*, 2004 (82): 37-58.

Bannach, Klaus, "Gott und das Mögliche: Erläuterungen zu Scotus, " in *Zeitschrift für Theologie und Kirche* 95 (1998): 197-216.

Barbone, Von Steven, "Scotus: Adumbrations of a New Concept of Infinity, " in *Wissenschaft und Weisheit* 59 (1996): 35-43.

Barth, Timotheus, "Being, Univocity, and Analogy according to Duns Scotus," in *John Duns Scotus 1265-1965*, ed. John K. Ryan and Bernadine M. Bonansea, Studies in Philosophy and the History of Philosophy 3, Washington, D. C.: The Catholic University of America Press, 1965, pp. 210-262.

Bastit, Michel, "Nature et volonté chez Scot et Ockham, " in *Aspects de la pensée médiévale dans la philosophie politique moderne*, ed. Yves Charles Zarka, Paris: Presses universitaires de France, 1999, pp. 45-60.

Beck, Andreas J., "Menschliche Willensfreiheit im Verhältnis zum Willen Gottes bei Duns Scotus," in *Was ist der Mensch? Beiträge auf der Tagung der Johannes-Duns Skotus-Akademie vom 4. -6. November 2010 in Köln*, ed. Herbert Schneider, Mönchengladbach: Kühlen, 2011, pp. 91-108.

Beckmann, Jan Peter, "Johannes Duns Scotus und Wilhelm von Ockham: Willensfreiheit als rationales Handlungsprinzip, " in *Hat der Mensch einen freien Willen? Die Antworten der großen Philosophen*, ed. Uwe an der Heiden and Helmut Schneider, Stuttgart, Reclam, 2007, pp. 114-127.

——. "Selbstreferenzialität und Kontingenz: Johannes Duns Scotus und Wilhelm von Ockham über die Eigenart des freien Willens, " in *Johannes Duns Scotus 1308-2008: Die philosophischen Perspektiven seines Werkes/Investigations into His Philosophy. Proceedings of "The Quadruple Congress" on John Duns Scotus, part 3*, ed. Ludger Honnefelder et al., St. Bonaventure, N. Y.: Franciscan Institute Publications; Münster: Aschendorff, 2010, pp. 479-499.

Benedict XVI, "On Duns Scotus, " URL=http://www. zenit. org/en/articles/on-duns-scotus.

Bérubé, Camille, "Amour de Dieu chez Duns Scot, Porete, Eckart, " in *Via Scoti: Methodologia ad mentem Joannis Duns Scoti. Atti del Congresso Scotistico Internazionale Roma 9-11 marzo 1993*, ed. Leonardo Sileo. Vol. 1, Rome: Edizioni Antonianum, 1995, pp. 51-75.

Bettoni, Efrem, *Duns Scotus: The Basic Principles Of His Philosophy*, trans. & ed. Bernardine Bonansea, Washington D. C.: Catholic University of America, 1961, pp. 185-200.

———. "The Originality of Scotistic Synthesis, " in *John Duns Scotus, 1265-1965*, ed. John K. Ryan, Bernardine M. Bonansea, Washington D. C.: Catholic University of America, 1965, pp. 28-44.

Bianchi, Luca, "1277: A Turning Point in Medieval Philosophy?" in *Was ist Philosophie im Mittelalter?,* ed. Jan A. Aertsen and Andreas Speer, Berlin, New York, 1998, pp. 90-110.

Biard, Joël, "Duns Scot et l' infini dans la nature, " in *Duns Scot à Paris, 1302-2002. Actes du colloque de Paris, 2-4 septembre 2002*, ed. Olivier Boulnois, Elizabeth Karger, Jean-Luc Solère, and Gérard Sondag, Textes et études du Moyen Âge 26. Turnhout: Brepols, 2004, pp. 387-405.

Bok, Nico Den, "Scotus' Theory of Contingency from a (Post) Modern Perspective: Some Important Developments of the Notion of Contingency after Duns Scotus, " in *Via Scoti: Methodologia ad mentem Joannis Duns Scoti. Atti del Congresso Scotistico Internazionale Roma 9-11 marzo 1993*, ed. Leonardo Sileo. Vol. 1, Rome: Edizioni Antonianum, 1995, pp. 431-444.

———. "Freedom in Regard to Opposite Acts and Objects in Scotus' *Lectura* I 39, §§ 45-54, " Vivarium 38 (2000): 243-254.

———. "Satisfaktion und Liebe: Scotus uber Anselms *Cur deus homo*, " in *Einzigkeit und Liebe nach Johannes Duns Scotus: Beiträge auf der Tagung der Johannes-Duns-Skotus-Akademie vom 5. -8. November 2008 in Köln zum 700. Todestag von Johannes Duns Scotus*, ed. Herbert Schneider, Mönchengladbach, B. Kühlen Verlag, 2009, pp. 69-79.

Boland, Vivian, *Ideas in God According to Saint Thomas Aquinas: Sources and Synthesis*, Studies in the History of Christian Thought Book 69, Leiden: Brill, 1996.

Boler, John F., "Transcending the Natural: Duns Scotus on the Two Affections of the Will," in *American Catholic Philosophical Quarterly* 1993 (67): 109-122.

———. "Reflections on John Duns Scotus on the Will, " in *Emotions and Choice from Boethius to Descartes*, ed. Henrik Lagerlund and Mikko Yrjönsuuri, Dordrecht: Kluwer Academic Publishers 2002, pp. 129-153.

Bolton, R., "Science and the Science of Substance in Aristotle's Metaphysics Z ," *Pacific Philosophical Quarterly*, 1995 (76): 419-469.

Bonansea, Bernardino M., "Duns Scotus' Voluntarism, " in *John Duns Scotus 1265-1965*, ed. John K. Ryan and Bernadine M. Bonansea, Studies in Philosophy and the History of Philosophy 3, Washington, D. C.: The Catholic University of America Press, 1965, pp. 83-121.

——. "The Divine Will in the Teaching of Duns Scotus, " in *Antonianum* 56 (1981): 296-335.

Borak, Hadrianus, "Aspectus fundamentales platonismi in doctrina Duns Scoti, " in *De doctrina Ioannis Duns Scoti. Acta Congressus Scotistici Internationalis Oxonii et Edimburgi 11-17 sept. 1966 celebrati*, Vol. 1, Studia Scholastico-Scotistica 1. Rome: Commissionis Scotisticae, 1968, pp. 113-138.

Boulnois, Olivier, "Analogie et univocité selon Duns Scot: La double destruction, " in *Les études philosophiques* 3/4 (1989): 347-369.

——. "Duns Scot et la métaphysique, " in *Revue de l'Institut catholique de Paris* 49 (1994): 27-38.

——. "La base et le sommet: la noblesse de la volonté selon Duns Scot, " in *Les philosophies morales et politiques au Moyen Âge. Actes du IXe Congrès international de philosophie médiévale, Ottawa, 17-22 août 1992*, ed. B. Carlos Bazán, Eduardo Andújar, and Léonard G. Sbrocchi. Vol. 3, Publications du Laboratoire de la pensée ancienne et médiévale. New York, Ottawa, and Toronto: Legas, 1995, pp. 1183-1198.

——. "Quand commence l'ontothéologie? Aristote, Thomas d'Aquin et Duns Scot, " in *Revue Thomiste* 95 (1995), pp. 85-108.

——. "Création, contingence et singularité, de Thomas d'Aquin à Duns Scot, " in *Création et événement autour de Jean Ladrière. Centre International de Cerisy-la-Salle, Actes de la Décade du 21 au 31 août 1995*, ed. Jean Greisch and Ghislaine Florival, Bibliothèque Philosophique de Louvain 45, Louvain-la-Neuve: Éditions de l'Institut Supérieur de Philosophie; Leuven and Paris: Éditions Peeters, 1996, pp. 3-20.

——. *Duns Scot, la rigueur de la charité*, Initiations au Moyen Âge. Paris: Cerf, 1998.

——. *Être et représentation: Une généalogie de la métaphysique moderne à l'époque de Duns Scot (XIII e-XIV e siècle)*, Épiméthée, Paris: Presses Universitaires de France, 1999.

——. "Duns Scot: Métaphysique transcendantale et éthique normative, " in *Dionysius* 17 (1999): 129-148.

——. "Reading Duns Scotus: From History To Philosophy, " *Modern Theology* 21: 4, October 2005: 603-608.

——. "Duns Scot, philosophe et théologien, " in *Błogosławiony Jan Duns Szkot 1308-2008: Materiały Międzynarodowego Sympozjum Jubileuszowego zokazji 700-lecia śmierci bł. Jana Dunsa Szkota, Katolicki Uniwersytet Lubelski Jana Pawła II, 8-10 kwietnia 2008*, ed. Edward Iwo Zieliński and Roman Majeran, Lublin: Wydawnictwo KUL, 2010, pp. 25-43.

——. *Duns Scot: sur la connaissance de Dieu et l'univocité de l'étant*, Épiméthée, Paris: PUF, 1988; 2nd edition, 2011, pp. 290-291.

Bowin, John, "Aristotelian Infinity, " in *Oxford Studies in Ancient Philosophy*, 32, 2007: 233-250.

Broadie, Alexander, "Duns Scotus on Intellect and Will, " in *The European Sun: Proceedings of the Seventh International Conference on Medieval and Renaissance Scottish Language and Literature*, University of Strathclyde, ed. Graham D. Caie, Roderick J. Lyall, and K. Simpson, East Linton: Tuckwell Press, 2001. 1993, pp. 12-23.

Brown, Stephen F., "Avicenna and the Unity of the Concept of Being: The Interpretations of Henry of Ghent, Duns Scotus, Gerard of Bologna and Peter Aureoli," *Franciscan Studies* 25 (1965): 117-150.

Burrell, David B., "Creation, Will and Knowledge in Aquinas and Duns Scotus," in *Pragmatics: Handbook of Pragmatic Thought*, ed. Herbert Stachowiak. Vol. 1, *Pragmatic Thought from the Beginning to the 18th Century*, Hamburg: Felix Meiner, 1986, pp. 246-257.

Bychkov, Oleg V., "The Nature of Theology in Duns Scotus and his Franciscan Predecessors," in *Franciscan Studies* 66 (2008): 5-62.

Catania, Francis J., "John Duns Scotus on Ens Infinitum," in *American Catholic Philosophical Quarterly* 67 (1993): 37-54.

Cezar, Cesar Ribas, "Induktion und Kausalität bei Duns Scotus," in *Johannes Duns Scotus 1308-2008: Die philosophischen Perspektiven seines Werkes/Investigations into His Philosophy. Proceedings of "The Quadruple Congress" on John Duns Scotus, part 3*, ed. Ludger Honnefelder, etc., St. Bonaventure, N. Y.: Franciscan Institute Publications; Münster: Aschendorff, 2010, pp. 307-325.

Chabada, Michal, "Les aspects philosophiques de la théologie selon Jean Duns Scot: De la science à la pratique," in *Forum Philosophicum: International Journal of Philosophy* 12 (2007): 429-446.

Côté, Antoine, "La critique scotiste du concept d' infini chez Thomas d' Aquin," in *Via Scoti: Methodologia ad mentem Joannis Duns Scoti. Atti del Congresso Scotistico Internazionale Roma 9-11 marzo 1993*, Vol. 2, ed. Leonardo Sileo, Rome: Edizioni Antonianum, 1995, pp. 577-592.

Counet, Jean-Michel, "L' univocité de l' étant et la problématique de l' infini chez Jean Duns Scot," in *Actualité de la pensée médiévale. Recueil d' articles*, ed. Jacques Follon and James McEvoy, Philosophes médiévaux 31, Louvain-la-Neuve: Éditions de l' Institut Supérieur de Philosophie; Leuven and Paris: Éditions Peeters, 1994, pp. 287-328.

Craig, William Lane, "John Duns Scotus on God's Foreknowledge and Future Contingents," in *Franciscan Studies* 47 (1987): 98-122.

Cresswell, J. R., "Duns Scotus on the Will," in *Franciscan Studies* 13/2-3 (1953): 147-158.

Cross, Richard, "Duns Scotus on Goodness, Justice, and What God Can Do," in *Journal of Theological Studies* 48 (1997): 48-76.

——. "Where angels fear to tread: Duns Scotus and Radical Orthodoxy", in *Antonianum* Annus LXXVI Fasc. 1 (January-March, 2001): 7-41.

——. "Duns Scotus on Divine Substance and the Trinity," in *Medieval Philosophy and Theology* 11 2003 (02): 181-201.

——. *Duns Scotus on God*, Aldershot: Ashgate, 2004.

Cruz, González Ayesta, "Scotus' Interpretation of the Difference between *voluntas ut natura* and *voluntas ut voluntas*, " in *Franciscan Studies* 66 (2008): 371-412.

Currey, Cecil B., *Reason and Revelation: John Duns Scotus on Natural Theology*, Chicago, Ill.: Franciscan Herald Press, 1977.

——. "The Natural Theology of John Duns Scotus, " in *Recherches de théologie ancienne et médiévale* 46 (1979): 183-213.

Davenport, Anne Ashley, *Measure of a Different Greatness: The Intensive Infinite, 1250-1650*, Studien und Texte zur Geistesgeschichte des Mittelalters 67. Leiden: Brill, 1999.

De Boni, Luis Alberto, "Duns Scotus and the Univocity of the Concept of Being," in *New Essays on Metaphysics as* Scientia Transcendens: *Proceedings of the Second International Conference of Medieval Philosophy, held at the Pontifical Catholic University of Rio Grande do Sul (PUCRS), Porto Alegre/Brazil, 15-18 August 2006*, ed. Roberto Hofmeister Pich, Louvain-la-Neuve: F. I. D. E. M., 2007, pp. 91-113.

De Wulf, Maurice, *Histoire de la philosophie médiévale*, Louvain: Institut superieur de philosophic, 1936, 6ᵗʰ edition.

Dekker, Eef, "Does Scotus Need Molina? On Divine Foreknowledge and Cocausality, " in *John Duns Scotus, Renewal of Philosophy. Acts of the Third Symposium Organized by the Dutch Society for Medieval Philosophy Medium Aevum (May 23 and 24, 1996)*, ed. E. P. Bos, Elementa: Schriften zur Philosophie und ihrer Problemgeschichte 72. Amsterdam and Atlanta: Rodopi, 1998, pp. 101-111.

——. "God and Contingency in Scotus and Scotists, " in *Vernunft, Kontingenz und Gott*, ed. Ingolf Dalferth and Philipp Stoellger, Tübingen: Mohr Siebeck, 2000, pp. 59-72.

——. "Gottes zulassender Wille, " in *Johannes Duns Scotus: Seine Spiritualität und Ethik*, ed. Herbert Schneider, Kevelaer, Veröffentlichungen der Johannes-Duns-Skotus-Akademie für franziskanische Geistesgeschichte und Spiritualität Mönchengladbach 10, Kevelaer: Butzon & Bercker, 2000, pp. 50-62.

——. "The Theory of Divine Permission According to Scotus' *Ordinatio* I 47, " in *Vivarium* 38 (2000): 231-242.

Deleuze, Gilles, *Différence et Répétition*, PUF, 1968.

Dettloff, Werner, "Die franziskanische Theologie des Johannes Duns Scotus, " *Wissenschaft und Weisheit* 46 (1983): 81-91.

——. "Johannes Duns Scotus: Die Unverfügbarkeit Gottes, " in *Theologen des Mittelalters: Eine Einführung*, ed. Ulrich Köpf, Darmstadt: Wissenschaftliche Buchgesellschaft, 2002, pp. 168-181.

Dewan, Lawrence, *Form and Being: Studies in Thomistic Metaphysics*. Washington D. C: Catholic University of America Press, 2006.

Doolan, Gregory T., *Aquinas on the Divine Ideas as Exemplar Causes*, Washington, D. C.: Catholic University of America Press, 2008.

Dumont, Stephen D., & Brown, Stephen F., "The Univocity of the Concept of Being in the Fourteenth Century: Ⅲ. An Early Scotist, " in *Mediaeval Studies* 51 (1989): 1-129.

——. "Transcendental Being: Scotus and Scotists, " *Topoi*, 11, no. 2 (1992): 135-148.

——. "The Origin of Scotus's Theory of Synchronic Contingency, " in *The Modern Schoolman*, Volume 72, Issue 2/3, January/March 1995, pp. 149-167.

——. "Scotus's Doctrine of Univocity and the Medieval Tradition of Metaphysics, " in *Was ist Philosophie im Mittelalter? Qu' est-ce que la philosophie au Moyen Age? What is Philosophy in the Middle Ages? Akten des X. Internationalen Kongresses für mittelalterliche Philosophie der Société Internationale pour l' Étude de la Philosophie Médiévale, 25. bis 30. August 1997 in Erfurt*, ed. Jan A. Aertsen and Andreas Speer, Miscellanea mediaevalia 26. Berlin and New York: Walter de Gruyter, 1998, pp. 193-212.

——. "Did Scotus Change His Mind on the Will?" in *After the Condemnation of 1277: Philosophy and Theology at the University of Paris in the Last Quarter of the Thirteenth Century*, ed. Jan A. Aertsen, Kent Emery, Jr., and Andreas Speer, Berlin: Walter de Gruyter, 2001, pp. 719-794.

——. "Henry of Ghent and Duns Scotus, " in *Routledge History of Philosophy, Vol. 3*, ed. by John Marenbon, London and New York: Routledge, 2004, pp. 291-328.

Etzkorn, Girard J., "Liberty in God according to Scotus, " in *The Scotist* 11 (1955): 30-39.

Flores, Juan Carlos, "Accidental and Essential Causality in John Duns Scotus' Treatise 'On the First Principle, '" in *Recherches de Théologie et Philosophie médiévales* 67 (2000): 96-113.

Frank, William A., "Duns Scotus' Concept of Willing Freely: What Divine Freedom Beyond Choice Teaches Us, " in *Franciscan Studies* 42 (1982): 68-89.

——. "Duns Scotus on Autonomous Freedom and Divine Co-Causality, " in *Medieval Philosophy and Theology* 2 (1992): 142-164.

Frost, Gloria, "John Duns Scotus on God's Knowledge of Sins: A Test-Case for God's Knowledge of Contingents, " in *Journal of the History of Philosophy* 48 (2010): 15-34.

Gérault, Odile, "La notion d' intuition et l' appréhension du contingent, " in *Via Scoti: Methodologia ad mentem Joannis Duns Scoti. Atti del Congresso Scotistico Internazionale Roma 9-11 marzo 1993*, ed. Leonardo Sileo. Vol. 1, Rome: Edizioni Antonianum, 1995, pp. 475-482.

Ghisalberti, Alessandro, "Jean Duns Scot et la théologie rationnelle d' Aristote," in *Revue des sciences philosophiques et théologiques* 83 (1999): 5-19.

Gilon, Odile, *Indifférence de l'essence et métaphysique chez Jean Duns Scot*, Collection "Ousia" , Brussels: Les Éditions Ousia, 2012.

Gilson, Étienne, *The Spirit of Medieval Philosophy*, New York: Charles Scribner's Sons, 1940.

——. *Being and Some Philosophers*, Toronto: Pontifical Institute of Mediaeval Studies, 2 ed., 1952.

——. *History of Christian Philosophy in the Middle Ages, Part Nine: "The Condemnation of 1277, "* London: Sheed and Ward, 1955, pp. 387-430.

——. "Wille und Sittlichkeit nach Johannes Duns Scotus, " in *Wissenschaft und Weisheit* 21 (1958): 9-17, 109-116.

——. "Sur la composition fondamentale de l' être fini, " in *De doctrina Ioannis Duns Scoti. Acta Congressus Scotistici Internationalis Oxonii et Edimburgi 11-17 sept. 1966 celebrati.* Vol. 2, Studia Scholastico-Scotistica 2, Rome: Commissionis Scotisticae, 1968, pp. 183-198.

——. *L' esprit de la Philosophie Médiévale*, Paris: Vrin, 1983.

——. *Le Thomisme : introduction à la philosophie de Saint Thomas d' Aquin*, Paris : Vrin, 6ᵗʰ edition, 1986.

González, Cruz, "Scotus, Modality, Instants of Nature and the Contingency of the Present, " in *John Duns Scotus: Metaphysics and Ethics*, ed. Ludger Honnefelder, Rega Wood, and Mechthild Dreyer, Studien und Texte zur Geistesgeschichte des Mittelalters 53. Leiden, New York, and Cologne: Brill, 1996, pp. 161-174.

Goris, Wouter, *The Scattered Field: History of Metaphysics in the Postmetaphysical Era: Inaugural Address at the Free University of Amsterdam on January 16, 2004*, Leuven: Peeters Publishers, 2004.

——. "After Scotus-Dispersions of Metaphysics, of the Scope of Intelligibility, and of the Transcendental in the Early 14th Century, " in *Quaestio* 8 (2008), Turnhout: Brepols Publishers n. v., 2008, pp. 139-157.

Grant, Edward, "The Condemnation of 1277, God's Absolute Power, and Physical Thought in the Late Middle Ages, " *Viator* 10 (1979): 211-244.

Hall, Alexander W., *Thomas Aquinas and John Duns Scotus: Natural Theology in the High Middle Ages*, London and New York: Continuum, 2007.

Hartmann, Norbert, "Philosophie und Theologie nach Johannes Duns Skotus, " *Wissenschaft und Weisheit* 43 (1980): 196-212.

——. "Die Freundschaftsliebe nach Johannes Duns Skotus, " in *Wissenschaft und Weisheit* 52 (1989): 194-218; 53 (1990): 50-65.

Henle, R. J., *Saint Thomas and Platonism*, Hague: Martinus Nijhoff, reprint, 1970.

Hintikka, Jaakko, "Aristotelian Infinity, " in *The Philosophical Review* Vol. 75, No. 2 (Apr., 1966): 197-218.

Hissette, Roland, *"Albert le Grand et Thomas d' Aquin dans la censure parisienne du 7 mars 1277, "* in *Studien zur mittelalterlichen Geistesgeschichte und ihren Quellen*, ed. Albert Zimmermann, Berlin : Walter de Gruyter, 1982.

——. "*Thomas d' Aquin directement visé par la censure du 7 mars 1277? Réponse à John F. Wippel,* " in: *Roma, Magistra mundi. Itineraria culturae medievalis*, Mélanges L. E. Boyle, ed. J. Hamesse, Louvain-La-Neuve, 1998.

Hoeres, Walter, "Naturtendenz und Freiheit nach Duns Scotus, " in *Salzburger Jahrbuch für Philosophie* 2 (1958): 95-134.

——. *Der Wille als reine Vollkommenheit nach Duns Scotus*, Salzburger Studien zur Philosophie 1, München: Verlag Anton Pustet, 1962.

——. "Platonismus und Gegebenheit bei Duns Scotus, " in *De doctrina Ioannis Duns Scoti: Acta Congressus Scotistici Internationalis Oxonii et Edimburgi 11-17 sept. 1966 celebrati*. Vol. 1, Studia Scholastico-Scotistica 1. Rome: Commissionis Scotisticae, 1968, pp. 139-168.

——. "Die innere Vernunft des Willens nach Duns Scotus-eine systematische Interpretation, " in *Einzigkeit und Liebe nach Johannes Duns Scotus: Beiträge auf der Tagung der Johannes-Duns-Skotus-Akademie vom 5. -8. November 2008 in Köln zum 700. Todestag von Johannes Duns Scotus*, ed. Herbert Schneider, Mönchengladbach, B. Kühlen Verlag, 2009, pp. 133-176.

Hoffman, Tobias, "The Distinction between Nature and Will in Duns Scotus, " in *Archives d' histoire doctrinale et littéraire du moyen âge* 66 (1999): 189-224.

——. *Creatura intellecta: Die Ideen und Possibilien bei Duns Scotus mit Ausblick auf Franz von Mayronis, Poncius und Mastrius*, Beiträge zur Geschichte der Philosophie und Theologie des Mittelalters, 2002.

——. "Duns Scotus on the Origin of the Possibles in the Divine Intellect, " in *Philosophical Debates at Paris in the Early Fourteenth Century*, ed. Stephen F. Brown, Thomas Dewender, and Theo Kobusch, Studien und Texte zur Geistesgeschichte des Mittelalters 102, Leiden: Brill, 2009, pp. 359-379.

——. "Henry of Ghent's Influence on John Duns Scotus's Metaphysics, " in *A Companion to Henry of Ghent*, ed. Gordon A. Wilson, Leidon, Boston: Brill, 2011, pp. 339-368.

——. "Duns Scotus's Intellectualist Account of Practical Knowledge, " in *John Duns Scotus 1308-2008: The Opera Theologica of Scotus. Proceedings of "The Quadruple Congress" on John Duns Scotus, part 2,* ed. Richard Cross, Archa Verbi: Yearbook for the Study of Medieval Theology-Subsidia 4, St. Bonaventure, N. Y.: Franciscan Institute Publications; Münster: Aschendorff, 2012, pp. 35-52.

——. "Freedom Beyond Practical Reason: Duns Scotus on Will-Dependent Relations, " in *British Journal for the History of Philosophy* 21 (2013): 1071-1090.

Holopainen, Taina, "The Will and Akratic Action in William Ockham and John Duns Scotus, " in *Documenti e studi sulla tradizione filosofica medievale* 17 (2006): 405-425.

Honnefelder, Ludger, "Duns Scotus: Der Schritt der Philosophie zur Scientia Transcendens, " in *Thomas von Aquin im Philosophischen Gespräch*, ed. Wolfgang Kluxen, Freiburg and Munich, 1975, pp. 229-244.

——. "Der Zweite Anfang der Metaphysik: Voraussetzungen, Ansätze und Folgen der Wiederbegründung der Metaphysik im 13. /14. Jahrhundert, " in *Philosophie im Mittelalter. Entwicklungslinien und Paradigmen*, ed. Jan P. Beckmann et al., Hamburg: Meiner, 1987, pp. 155-186.

——. *Ens inquantum ens: der Begriff des Seienden als solchen als Gegenstand der Metaphysik nach der Lehre des Johannes Duns Scotus*, Second edition, Beiträge zur Geschichte der Philosophie und Theologie des Mittelalters (Neue Folge) 16. Münster: Aschendorff, 1989.

——. *Scientia transcendens, Die formale Bestimmung der Seiendheit und Realität in der Metaphysik des Mittelalters und der Neuzeit (Duns Scotus, Suárez, Wolff, Kant, Peirce)*, Paradeigmata 9, Hamburg: Meiner, 1990.

——. "Die Kritik des Johannes Duns Scotus am kosmologischen Nezessitarismus der Araber: Ansätze zu einem neuen Freiheitsbegriff, " in *Die Abendländische Freiheit vom 10. zum 14. Jahrhundert*, ed. J. Fried, Vorträge und Forschungen 39, Sigmaringen, 1991, pp. 249-263.

——. "Vernunft und Metaphysik: Die dreistufige Konstitution ihres Gegenstandes bei Duns Scotus und Kant, " in *Grenzbestimmungen der Vernunft: Philosophische Beiträge zur Rationalitätsdebatte*, ed. P. Kolmer and H. Korten, Freiburg and Munich, 1994, pp. 319-350.

——. & Möhle, Hannes, "Transzendental Ⅲ. Duns Scotus und der Skotismus, " *Historisches Wörterbuch der Philosophie* (Bascl) 10 (1998): 1365-1371.

——. *La métaphysique comme science transcendantale entre le Moyen Âge et les temps modernes*, Paris: PUF, 2002.

——. "Die zwei Quellen scotischen Denkens. Franziskanische Spiritualität und aristotelische Wissenschaft, " in *Zwischen Weisheit und Wissenschaft: Johannes Duns Scotus im Gespräch*, ed. Franz Lackner, Kevelaer: Butzon & Bercker, 2003, pp. 9-23.

——. "Metaphysics as a Discipline: from the Transcendental philosophy of the Ancients to Kant's Notion of Transcendental Philosophy; " in *The Medieval Heritage in Early Modern Metaphysics and Modal Theory, 1400-1700*, ed. Russell Friedman, L. O. Nielsen, The New Synthese Historical Library Volume 53, 2003, pp. 53-74.

——. "Wille oder Vernunft? Ethische Rationalität bei Johannes Duns Scotus," in *Abwägende Vernunft: Praktische Rationalität in historischer, systematischer und religionsphilosophischer Perspektive*, ed. Franz-Josef Bormann and Christian Schröer, Berlin and New York: Walter de Gruyter, 2004, pp. 135-156.

——. "Willkür oder ursprüngliche Selbstbestimmung? Johannes Duns Scotus und das neue Verständnis des menschlichen Willens, " in *Wissenschaft und Weisheit* 70 (2007): 197-211.

——. "Erste Philosophie als Transzendentalwissenschaft: Metaphysik bei Johannes Duns Scotus, " in *Woher kommen wir? Ursprünge der Moderne im Denken des Mittelalters*, Berlin: Berlin University Press, 2008, pp. 114-132.

——. "Franciscan Spirit and Aristotelian Rationality: John Duns Scotus's New Approach to Theology and Philosophy, " in *Franciscan Studies* 66 (2008): 465-478.

——. *The Debates on the Subject of Metaphysics from the Later Middle Ages to the Early Modern Age/I Dibatitili Sull' oggetto Della Metafisica Dal Tardo Medioevo Alla Prima Età Moderna*, ed. Marco Forlivesi, in *Medioevo. Rivista di Storia della Filosofia Medievale*, no. 34, 2010.

——. *Johannes Duns Scotus: Denker auf der Schwelle vom mittelalterlichen zum neuzeitlichen Denken*, Nordrhein-Westfälische Akademie der Wissenschaften und der Künste: Vorträge/Nordrhein-Westfälische Akademie der Wissenschaften und der Künste: G, Geisteswissenschaften 427, Paderborn et al.: Schöningh, 2011.

——. "John Duns Scotus on God's Intellect and Will, " in *John Duns Scotus 1308-2008: The Opera Theologica of Scotus. Proceedings of "The Quadruple Congress" on John Duns Scotus, part 2,* ed. Richard Cross, *Archa Verbi: Yearbook for the Study of Medieval Theology-Subsidia 4.* St. Bonaventure, N. Y.: Franciscan Institute Publications; Münster: Aschendorff, 2012, pp. 73-88.

Inciarte, Fernando, "Natura ad unum-ratio ad opposita: On Duns Scotus' Transformation of Aristotelianism, " in *First Principles, Substance and Action: Studies in Aristotle and Aristotelianism*, ed. Lourdes Flamarique, Studien und Materialien zur Geschichte der Philosophie 69, Hildesheim: Georg Olms Verlag, 2005, pp. 359-378.

Ingham, Mary Beth, "Scotus and the Moral Order, " in *American Catholic Philosophical Quarterly* 67 (1993): 127-150.

——. "Duns Scotus, Morality and Happiness: A Reply to Thomas Williams, " in *American Catholic Philosophical Quarterly* 74 (2000): 173-195.

——. "Letting Scotus Speak for Himself, " in *Medieval Philosophy and Theology*/Volume 10/ Issue 02/March 2001, pp. 173-216.

——. "Did Scotus Modify his Position on the Relationship of Intellect and Will?" in *Recherches de théologie et philosophie médiévale* 69 (2002): 88-116.

——. "La genèse de la volonté rationnelle de la *Lectura* à la *Reportatio*, " in *Duns Scot à Paris, 1302-2002: Actes du colloque de Paris, 2-4 septembre 2002*, ed. Olivier Boulnois, Elizabeth Karger, Jean-Luc Solère, and Gérard Sondag, Textes et études du Moyen Âge 26, Turnhout: Brepols, 2004, pp. 409-423.

——. & Dreyer, Mechthild, *The Philosophical Vision of John Duns Scotus*, Washington, D. C.: The Catholic University of America Press, 2004.

——. "The Birth of the Rational Will: Duns Scotus and the *Quaestiones super libros Metaphysicorum Aristotelis*, book IX, quaestio 15, " in *Medioevo* 30 (2005): 139-170.

——. "'And my delight is to be with the children of men' (Prov. 8: 31): Duns Scotus, Divine Delight and Franciscan Evangelical Life, " in *Franciscan Studies* 64 (2006): 337-362.

——. "*De Vita Beata*: John Duns Scotus, Moral Perfection and the Rational Will," in *Johannes Duns Scotus 1308-2008: Die philosophischen Perspektiven seines Werkes/Investigations into His Philosophy. Proceedings of "The Quadruple Congress" on John Duns Scotus, part 3*, ed. Ludger Honnefelder, etc., St. Bonaventure, N. Y.: Franciscan Institute Publications; Münster: Aschendorff, 2010, pp. 379-389.

——. "Scotus's Franciscan Identity and Ethics: Self-Mastery and the Rational Will, " in *John Duns Scotus, Philosopher: Proceedings of "The Quadruple Congress" on John Duns Scotus*, ed. Mary Beth Ingham and Bychkov V. Bychkov, Archa Verbi, Subsidia 3, Münster: Aschendorff; St. Bonaventure, N. Y.: Franciscan Institute Publications, 2010, 139-155.

Iribarren, Isabel, "Le cas du sacrifice d' Isaac: volonté divine et loi naturelle chez Duns Scot et Durand de Saint-Pourçain, " in *La réception de Duns Scot/Die Rezeption des Duns Scotus/Scotism through the Centuries. Proceedings of "The Quadruple Congress" on John Duns Scotus, part 4*, ed. Mechthild Dreyer, Édouard Mehl, and Matthias Vollet, St. Bonaventure, N. Y.: Franciscan Institute Publications; Münster: Aschendorff, 2013, pp. 31-42.

Jakob Hans Josef Schneider, "Johannes Duns Scotus und die praktische Philosophie, " in *Knowledge and the Sciences in Medieval Philosophy: Proceedings of the Eighth International Congress of Medieval Philosophy (S. I. E. P. M.) Helsinki 24-29 August 1987*, Vol. 3, ed. Reijo Työrinoja, Anja Inkeri Lehtinen, and Dagfinn Føllesdal, Helsinki, 1990, pp. 276-287.

Kenny, Anthony, "Scotus and the Sea Battle, " in *Aristotle in Britain during the Middle Ages. Proceedings of the International Conference at Cambridge, 8-11 April, 1994. Organized by the Société Internationale pour l' Étude de la Philosophie Médiévale*, ed. John Marenbon, SIEPM Rencontres de Philosophie Médiévale 5. Turnhout: Brepols, 1996, pp. 145-155.

——. *Aquinas on Being*, New York, NY: Oxford University Press, 2005.

King, Peter, "Duns Scotus on Possibilities, Powers, and the Possible, " in *Potentialität und Possibilität: Modalaussagen in der Geschichte der Metaphysik*, ed. Thomas Buchheim, Corneille H. Kneepkens, and Kuno Lorenz, Stuttgart and Bad-Cannstatt: Frommann-Holzboog, 2001, pp. 175-199.

——. "Scotus on Metaphysics, " in *Cambridge Companion to Duns Scotus*, ed. Thomas Williams, Cambridge: Cambridge University Press, 2003.

King-Farlow, John, "The Actual Infinity in Aristotle, " in *The Thomist* 52 (3), 1988: 427-444.

Kluge, Eike-Henner W., "Scotus on Accidental and Essential Causes, " in *Franciscan Studies* 66 (2008): 233-246.

Kluxen, W., *Archiv für Geschichte der Philosophie*, 49 (1967): 98-112.

Knuuttila, Simo, *Modalities in Medieval Philosophy*, London and New York: Routledge, 1993.

——. "Interpreting Scotus's Theory of Modality: Three Critical Remarks, " in *Via Scoti: Methodologia ad Mentem Joannis Duns Scoti, Volume 1*, 1993, pp. 295-303.

——. "Duns Scotus and the Foundations of Logical Modalities, " in *John Duns Scotus: Metaphysics and Ethics*, ed. Ludger Honnefelder, Rega Wood, and Mechthild Dreyer, Studien und Texte zur Geistesgeschichte des Mittelalters 53, Leiden, New York, and Cologne: Brill, 1996, pp. 127-143.

Kobayashi, Michio, "Création et contingence selon Descartes et Duns Scot, " in *Descartes et le Moyen Âge. Actes du colloque organisé à la Sorbonne du 4 au 7 juin 1996 par le Centre d' histoire des sciences et des philosophies arabes et médiévales (URA 1085, CNRS/ÉPHÉ) à l' occasion du quatrième centenaire de la naissance de Descartes*, ed. Joël Biard and Roshdi Rashed, Études de philosophie médiévale 75, Paris: Vrin, 1997, pp. 75-89.

Kobusch, Theo, "Das Seiende als transzendentaler oder supertranszendentaler Begriff: Deutungen der Univozität des Begriffs bei Scotus und den Scotisten, " in *John Duns Scotus: Metaphysics and Ethics*, ed. Ludger Honnefelder, Rega Wood, and Mechthild Dreyer, Studien und Texte zur Geistesgeschichte des Mittelalters 53, Leiden, New York, and Cologne: Brill, 1996, pp. 345-366.

Kouremenos, Theokritos, *Aristotle on Mathematical Infinity*, Stuttgart: Franz Steiner, 1995.

Kretzmann, Norman, ed., *Infinity and Continuity in Ancient and Medieval Thought*, Cornell University Press, 1982.

——. *The Metaphysics of Theism: Aquinas' Natural Theology in Summa Contra Gentiles I*. Oxford: Clarendon Press, 1997.

——. *The Metaphysics of Theism: Aquinas' Natural Theology in Summa Contra Gentiles II*. Oxford: Clarendon Press, 1999.

Kuster, Niklaus, "Scotus im Franziskanerorden seiner Zeit, " in *Duns-Scotus-Lesebuch*, ed. Herbert Schneider, Marianne Schlosser, and Paul Zahner, Kevelaer: Butzon und Bercker, 2008, pp. 309-313.

Lackner, Franz, "Dass du unendlich bist und unbegreifbar von einem Endlichen?" in *Duns-Scotus-Lesebuch*, ed. Herbert Schneider, Marianne Schlosser, and Paul Zahner, Kevelaer: Butzon und Bercker, 2008, pp. 162-180.

Langston, Douglas C., "Scotus and Ockham on the Univocal Concept of Being, " in *Franciscan Studies* 39 (1979): 105-129.

——. *God's Willing Knowledge: The Influence of Scotus' Analysis of Omniscience*, University Park, Penn.: Pennsylvania State University Press, 1986.

——. "*God's Willing Knowledge*, Redux, " in *Recherches de Théologie et Philosophie médiévales* 77 (2010): 235-282.

Lauriola, Giovanni, "Die Person als Öffnung der Liebe bei Duns Scotus, " in *Einzigkeit und Liebe nach Johannes Duns Scotus: Beiträge auf der Tagung der Johannes-Duns-Skotus-Akademie vom 5. -8. November 2008 in Köln zum 700. Todestag von Johannes Duns Scotus*, ed. Herbert Schneider, Mönchengladbach, B. Kühlen Verlag, 2009, pp. 13-30.

Ledsham, Cal, "Love, Power and Consistency: Scotus' Doctrines of God's Power, Contingent Creation, Induction and Natural Law, " in *Sophia: International Journal for Philosophy of Religion, Metaphysical Theology and Ethics* 49 (2010): 557-575.

Lee, Patrick, "The Relationship between Intellect and Will in Free Choice according to Aquinas and Scotus, " in *The Thomist* 49 (1985): 321-342.

Lee, Sukjae, "Scotus on the will: The rational power and the dual affections, " *Vivarium*, 36 (1), 1998: 40-54.

Leibold, Gerhard, "Zur Kontroverse zwischen den Philosophen und Theologen in der ersten Quaestio des Prologs der 'Ordinatio' von Johannes Duns Scotus, " in *Was ist Philosophie im Mittelalter? Qu'est-ce que la philosophie au Moyen Age? What is Philosophy in the Middle Ages? Akten des X. Internationalen Kongresses für mittelalterliche Philosophie der Société Internationale pour l'Étude de la Philosophie Médiévale, 25. bis 30. August 1997 in Erfurt*, ed. Jan A. Aertsen and Andreas Speer, Miscellanea mediaevalia 26, Berlin and New York: Walter de Gruyter, 1998, pp. 629-636.

——. "Wille und Willensverursachung bei Johannes Duns Scotus, " in *"Radix totius libertatis": Zum Verhältnis von Willen und Vernunft in der mittelalterlichen Philosophie. 4. Hannoveraner Symposium zur Philosophie des Mittelalters, Leibniz Universität Hannover vom 26. bis 28. Februar 2008,* ed. Günther Mensching, Würzburg: Königshausen & Neumann, 2011, pp. 88-98.

Leppin, Volker, "Augustinismus im Spätmittelalter: Heinrich von Gent, Duns Scotus und Wilhelm von Ockham" , in *Augustin-Handbuch*, ed. Volker Henning Drecoll, Tübingen, Mohr Siebeck, 2007, pp. 600-607.

Lesher, James H., "Aristotle on Form, Substance, and Universals: A Dilemma, " in *Phronesis* Vol. 16, No. 2 (1971): 169-178.

Lewis, Neil, "Power and Contingency in Robert Grosseteste and Duns Scotus, " in *John Duns Scotus: Metaphysics and Ethics*, ed. Ludger Honnefelder, Rega Wood, and Mechthild Dreyer, Studien und Texte zur Geistesgeschichte des Mittelalters 53, Leiden, New York, and Cologne: Brill, 1996, pp. 205-255.

Liske, Michael-Thomas, "Muß man, um einen Indeterminismus zu rechtfertigen, mit Duns Scotus eine gleichzeitige Möglichkeit zum Gegenteil fordern?" in *Theologie und Philosophie* 78 (2003): 339-367.

Loiret, François, *Volonté et infini chez Duns Scot*, Paris: Éditions Kimé, 2003.

Loux, Michael J., "A Scotistic Argument for the Existence of a First Cause, " in *American Philosophical Quarterly* 21 (1984): 157-165.

MacDonald, Scott, "Synchronic Contingency, Instants of Nature, and Libertarian Freedom: Comments on 'The Background of Scotus's Theory of Will, '" in *The Modern Schoolman* 72 (1994/1995): 169-174.

María Cruz González Ayesta, "Scotus' Interpretation of the Difference between *Voluntas ut Natura* and *Voluntas ut Voluntas*", in *Franciscan Studies*, Volume 66, 2008, pp. 371-412.

Marion, Jean-Luc, & Rogerio Da Costa Santos, *L'Ontologie du contingent selon Jean Duns Scot: étude sur les origines du possible et la représentation en Dieu*, Villeneuve d' Ascq: Presses universitaires du Septentrion, 2001.

Marion, Jean-Luc, "Descartes and onto-theology", in *Post-Secular Philosophy: Between Philosophy and Theology*, ed. Phillip Blond, London & New York: Routledge, 1998, pp. 67-106.

——. "Thomas Aquinas and Onto-theo-logy, " in *Mystics: Presence and Aporia*, ed. Michael Kessler and Christian Sheppard, Chicago: The University of Chicago Press, 2003, pp. 38-74.

Marrone, Steven P., "Henry of Ghent and Duns Scotus on the Knowledge of Being, " in *Speculum* 63 (1988): 22-57.

——. "Duns Scotus on Metaphysical Potency and Possibility, " in *Franciscan Studies* 56 (1998): 265-289.

Martinich, Aloysius P., "Duns Scotus on the Possibility of an Infinite Being, " in *Philosophical Topics Supplement* 80 (1980): 23-29.

Massie, Pascal J., "Saving Contingency: On Ockham's Objection to Duns Scotus, " in *Epoché* 8 (2004): 333-350.

McInerny, Ralph, "Scotus and Univocity, " in *De doctrina Ioannis Duns Scoti. Acta Congressus Scotistici Internationalis Oxonii et Edimburgi 11-17 sept. 1966 celebrati.* Vol. 2, Studia Scholastico-Scotistica 2, Rome: Commissionis Scotisticae, 1968, pp. 115-122.

Möhle, Hannes, *Ethik als scientia practica nach Johannes Duns Scotus: Eine philosophische Grundlegung*, Beiträge zur Geschichte der Philosophie und Theologie des Mittelalters (Neue Folge) 44, Münster: Aschendorff, 1995.

——. "Wille und Moral: Zur Voraussetzung der Ethik des Johannes Duns Scotus und ihrer Bedeutung für die Ethik Immanuel Kants, " in *John Duns Scotus: Metaphysics and Ethics*, ed. Ludger Honnefelder, Rega Wood, and Mechthild Dreyer, Studien und Texte zur Geistesgeschichte des Mittelalters 53. Leiden, New York, and Cologne: Brill, 1996, pp. 573-594.

——. "Das Verhältnis praktischer Wahrheit und kontingenter Wirklichkeit bei Johannes Duns Scotus, " in *Friedensethik im Spätmittelalter: Theologie im Ringen um die gottgegebene Ordnung*, ed. G. Beestermöller and H. -G. Justenhoven, Beiträge zur Friedensethik 30, Stuttgart, 1999, pp. 49-63.

——. "Gesetz und praktische Rationalität bei Johannes Duns Scotus, " in *Lex und Ius: Beiträge zur Begründung des Rechts in der Philosophie des Mittelalters und der Frühen Neuzeit Politische Philosophie und Rechtstheorie des Mittelalters und der Neuzeit*, ed. Matthias

Lutz-Bachmann, Alexander Fidora, and Andreas Wagner, Stuttgart: Frommann-Holzboog, 2010, pp. 205-220.

——. "Ist Johannes Duns Scotus Voluntarist?" in *Was ist der Mensch? Beiträge auf der Tagung der Johannes-Duns-Skotus-Akademie vom 4. -6. November 2010 in Köln,* ed. Herbert Schneider, Mönchengladbach: Kühlen, 2011, pp. 109-129.

Mondadori, Fabrizio, "The Independence of the Possible According to Scotus, " in *Duns Scot à Paris, 1302-2002. Actes du colloque de Paris, 2-4 septembre 2002,* ed. Olivier Boulnois, Elizabeth Karger, Jean-Luc Solère, and Gérard Sondag, Textes et études du Moyen Âge 26, Turnhout: Brepols, 2004, pp. 313-374.

Moretto, A., "The mathematical concept of infinity and continuity in aristotle's 'fisica', " in *Verifiche: Rivista Trimestrale di Scienze Umane* 24 (1-2), 1995: 3-38.

Müller, Jörn, *"Nulla est causa nisi quia voluntas est voluntas.* Die Selbstbestimmung des Willens als konstitutives Moment göttlicher Kreativität bei Johannes Duns Scotus, " in *Kreativität. XX. Deutscher Kongress für Philosophie,* 26. -30. September 2005 in Berlin, Sektionsbeiträge 1, ed. Günter Abel, Berlin, 2005, pp. 489-503.

——. "Der Wille und seine Tugenden: Johannes Duns Scotus und das Ende der aristotelischen Tugendethik, " in *Johannes Duns Scotus 1308-2008: Die philosophischen Perspektiven seines Werkes/Investigations into His Philosophy. Proceedings of "The Quadruple Congress" on John Duns Scotus, part 3,* ed. Ludger Honnefelder, etc., St. Bonaventure, N. Y.: Franciscan Institute Publications; Münster: Aschendorff, 2010, pp. 421-441.

Müller, Wilhelm Alfred, "Die Diastase von Theorie und Praxis und die Kontingenz der Welt nach Johannes Duns Scotus, " in *Zeitschrift für Evangelische Ethik* 26 (1982): 100-110.

Muralt, André De, "La causalité aristotélicienne et la structure de pensée scotiste, " in *Dialectica: International Review of Philosophy of Knowledge* 47 (1993): 121-141.

Murdoch, John E., "Infinity and continuity, " in *The Cambridge History of Later Medieval Philosophy,* ed. Norman Kretzmann, Anthony Kenny, Jan Pinborg, Eleonore Stump, Cambridge University Press, 1982.

Natterer, Paul, "Scotische Begriffsmetaphysik am Beispiel der transzendentalen Kausaltheorie (ordo dependentiae) im Tractatus de Primo Principio, " in *Archiv für Begriffsgeschichte* 52 (2010): 53-72.

Noone, Timothy B., "Aquinas on divine ideas: Scotus's Evaluation, " in *Franciscan Studies* 56 (1), 1998: 307-324.

——. "Nature and Will: Nature Revisited, " in *Johannes Duns Scotus 1308-2008: Die philosophischen Perspektiven seines Werkes/Investigations into His Philosophy. Proceedings of "The Quadruple Congress" on John Duns Scotus, part 3,* ed. Ludger Honnefelder etc., St. Bonaventure, N. Y.: Franciscan Institute Publications; Münster: Aschendorff, 2010, pp. 391-402.

Normore, Calvin, "Duns Scotus's Modal Theory, " in *The Cambridge Companion to Duns Scotus*, ed. Thomas Williams, Cambridge: Cambridge University Press, 2003, pp. 129-160.

Novák, Lukáš, "The Scotist Theory of Univocity, " in *Studia Neoaristotelica* 3 (2006): 17-27.

O' Connor, Timothy, "Scotus on the Existence of a First Efficient Cause, " in *International Journal for Philosophy of Religion* 33 (1993): 17-32.

——. "From First Efficient Cause to God: Scotus on the Identification Stage of the Cosmological Argument, " in *John Duns Scotus: Metaphysics and Ethics*, ed. Ludger Honnefelder, Rega Wood, and Mechthild Dreyer, Studien und Texte zur Geistesgeschichte des Mittelalters 53, Leiden, New York, and Cologne: Brill, 1996, pp. 435-473.

Osborne Jr., Thomas M., *Love of Self and Love of God in Thirteenth-Century Ethics*, Notre Dame, Ind.: University of Notre Dame Press, 2005.

Owens, Joseph, *Doctrine of Being in the Aristotelian Metaphysics*, Pontifical Institute of Mediaeval Studies, 1978.

Pannenberg, Wolfhart, *Theologie und Philosophie: ihr Verhältnis im Lichte ihrer gemeinsamen Geschichte*, Gottingen: Vandenhoeck Ruprecht, 1996.

Papbst, Adrian, "De la Chrétienté à la modernité? Lecture critique des Thèses de *radical orthodoxy* sur la rupture scotiste et ockhamienne et sur le renouveau de la théologie de saint Thomas d' Aquin, " in *Revue des sciences philosophiques et théologiques* 86 (2002): 561-599.

Parcerias, Pedro, *La pléthore de l'étant: multitude et devenir in via Scoti*, Matosinhos, 2006.

Parisoli, Luca, "Volontarisme normatif et liberté subjective chez Jean Duns Scot, " in *Intellect et imagination dans la philosophie médiévale/Intellect and Imagination in Medieval Philosophy/Intelecto e imaginação na Filosofia Medieval. Actes du XIe Congrès International de Philosophie Médiévale de la Société Internationale pour l'Étude de la Philosophie Médiévale (S. I. E. P. M.) . Porto, du 26 au 31 août 2002*, ed. Maria Cândida Pacheco and José Francisco Meirinhos. Vol. 3, Turnhout: Brepols, 2006, pp. 1523-1535.

Pasnau, Robert, *Thomas Aquinas on Human Nature*: *A Philosophical Study of Summa Theologiae 1a 75-89*, Cambridge: Cambridge University Press, 2002.

——. "Divine Illumination, " in *The Stanford Encyclopedia of Philosophy*, ed. E. N. Zalta, URL = http://stanford. library. usyd. edu. au/entries/illumination/#ThoAqu, Mon Apr 4, 2011.

Pich, Roberto Hofmeister, "Infinity and Intrinsic Mode, " in *New Essays on Metaphysics as "Scientia Transcendens": Proceedings of the Second International Conference of Medieval Philosophy, Held at the Pontifical Catholic University of Rio Grande Do Sul (Pucrs), Porto Alegre/Brazil, 15-18 August 2006*, ed. Roberto Hofmeister Pich, Louvain-la-Neuve: F. I. D. E. M., 2007, pp. 159-214.

——. "Positio impossibilis and Concept Formation: Duns Scotus on the Concept of Infinite Being, " in *Patristica et Mediaevalia* 30 (2009): 45-82.

——. "Scotus on Absolute Power and Knowledge, " in *Patristica et Mediaevalia* 31 (2010): 3-27; 32 (2011): 15-37.

Pickstock, Catherine, *After Writing: On the Liturgical Cosummation of Philosophy*, Oxford and Malden: Blackwell Publishers Ltd., 1998.

——. "Modernity and Scholasticism: a Critique of Recent Invocations of Univocity, " in *Antonianum* 78 (2003): 3-46.

——. "Duns Scotus: His Historical and Contemporary Significance, " in *Modern Theology* 21 (2005), pp. 543-574.

Pini, Giorgio, "Scotus on Doing Metaphysics *in statu isto*, " in *John Duns Scotus, Philosopher*, ed. Mary B. Ingham and Bychkov Bychkov, *Archa Verbi. Subsidia 3*, Münster: Aschendorff Verlag, 2010, pp. 29-55.

Prentice, Robert P., "Primary Efficiency and its Relation to Creation: Infinite Power and Omnipotence in the Metaphysics of John Duns Scotus, " in *Antonianum* 40 (1965): 395-441.

——. "The Voluntarism of Duns Scotus, as Seen in His Comparison of the Intellect and the Will," in *Franciscan Studies* 28 (1968): 63-103.

——. *The Basic Quidditative Mataphysics of Duns Scotus as Seen in his De Primo Principio*, Rome: PAA-Edizione Antonianum, 1970.

——. "Scotus' Rejection of Pure Perfections as Means for Proving the Divine Intelligence and Volition According to the '*De primo principio*, ' Chapter 4, Conclusion 4, Proof 6, " in *Antonianum* 49 (1974): 47-71.

Putallaz, François-Xavier, "Efficience et finalité dans le Traité du premier principe de Jean Duns Scot (1308), " in *Revue de théologie et de philosophie Lausanne* 116 (1984): 131-146.

Radke-Uhlmann, Gyburg, "Kontinuität oder Bruch?-Die Diskussion um die Univozität des Seins zwischen Heinrich von Gent und Johannes Duns Scotus als philosophiegeschichtliches Exemplum, " in *Philosophie im Umbruch: Der Bruch mit dem Aristotelismus im Hellenismus und im späten Mittelalter-seine Bedeutung für die Entstehung eines epochalen Gegensatzbewusstseins von Antike und Moderne. 6. Tagung der Karl und Gertrud Abel-Stiftung am 29. und 30. November 2002 in Marburg*, ed. Arbogast Schmitt and Gyburg Radke-Uhlmann, Philosophie der Antike 21. Stuttgart: Steiner, 2009, pp. 105-130.

Ragland, C. P., "Scotus on the Decalogue: What Sort of Voluntarism?" in *Vivarium* 36 (1998): 67-81.

Richter, Vladimir, "Duns Scotus' Text zur Theologie als praktische Wissenschaft," in *Mélanges Bérubé. Études de philosophie et théologie médiévales offertes à Camille Bérubé O. F. M., pour son 80e anniversaire*, ed. Vincenzo Criscuolo, Rome: Istituto Storico dei Cappuccini, 1991, pp. 221-237.

——. "Duns Scotus' Text zur Univozität, " in *Historia Philosophiae Medii Aevi. Festschrift für K.*

Flasch. Vol. 2, ed. B. Mojsisch and O. Pluta, Amsterdam, 1991, pp. 899-910.

Roberts, Lawrence D., "Indeterminism in Duns Scotus' Doctrine of Human Freedom, " in *The Modern Schoolman* 51 (1973/74): 1-16.

Ross, James F., & Bates, Todd, "Duns Scotus on Natural Theology, " in *The Cambridge Companion to Duns Scotus*, ed. Thomas Williams, Cambridge: Cambridge University Press, 2003, 193-238.

Ryan, Eugene E., "Pure Form in Aristotle, " in *Phronesis*, Vol. 18, No. 3 (1973): 209-224.

Saint-Maurice, Béraud De, "La libéralité de l' amour dans la théologie trinitaire de Duns Scot, " in *Études franciscaines* NS 12 (1962): 31-46.

Scheltens, Gonsalvus, "Die thomistische Analogielehre und die Univozitätslehre des J. Duns Scotus, " in *Franziskanische Studien* 47 (1965): 315-38.

Schlageter, Johannes, "Gott in Beziehung: Das Gottesverständnis des Johannes Duns Scotus im Kontext franziskanischer Spiritualität und Theologie, " in *Thuringia Franciscana* NF 52 (1997): 298-319.

Schmidt, Axel, "Zwischen Naturalismus und Voluntarismus: Was uns die Philosophie des Johannes Duns Scotus zu denken gibt, " in *Wissenschaft und Weisheit* 70 (2007): 62-80.

——. "Rationalität im Dienst der Liebe: Zum 700, Todestag von Johannes Duns Scotus, " in *Theologische Revue* 104 (2008): 353-370.

Schmit, Martin Anton, "Zufall, Glück und göttliche Vorsehung nach dem Quodlibet (a. 21) des Johannes Duns Scotus, " in *Regnum hominis et regnum Dei. Acta Quarti Congressus Scotistici Internationalis*, ed. Camille Bérubé, Vol. 1, Studia Scholastico-Scotistica 6, Rome: Societas Internationalis Scotistica, 1978, pp. 177-185.

Schneider, Herbert, *Primat der Liebe nach Johannes Duns Scotus*, Veröffentlichungen der Johannes-Duns-Skotus-Akademie für franziskanische Geistesgeschichte und Spiritualität Mönchengladbach 23, Mönchengladbach: Kühlen, 2006.

——. "Mit-Liebe, " in *Duns-Scotus-Lesebuch*, ed. Herbert Schneider, Marianne Schlosser, and Paul Zahner, Kevelaer: Butzon und Bercker, 2008, pp. 314-334.

——. *Einzigkeit und Liebe nach Johannes Duns Scotus: Beiträge auf der Tagung der Johannes-Duns-Skotus-Akademie vom 5. -8. November 2008 in Köln zum 700. Todestag von Johannes Duns Scotus*, ed. Herbert Schneider, Veröffentlichungen der Johannes-Duns-Skotus-Akademie für franziskanische Geistesgeschichte und Spiritualität Mönchengladbach 29, Mönchengladbach, B. Kühlen Verlag, 2009.

Schönberger, Rolf, "*Negationes non summe amamus.* Duns Scotus' Auseinandersetzung mit der negativen Theologie, " in *John Duns Scotus: Metaphysics and Ethics*, ed. Ludger Honnefelder, Rega Wood, and Mechthild Dreyer, Studien und Texte zur Geistesgeschichte des Mittelalters 53, Leiden, New York, and Cologne: Brill, 1996, pp. 475-496.

Schulz, Michael, "Ontologische Bedingungen christlicher Gotteslehre bei Johannes Duns Scotus und Immanuel Kant", in *Für euch Bischof-mit euch Christ: Festschrift für Friedrich Kardinal Wetter zum siebzigsten Geburtstag*, ed. Manfred Weitlauff and Peter Neuner, St. Ottilien: EOS-Verlag, 1998, pp. 675-694.

Seel, Gerhard, "Der antike modal-logische Determinismus und Ockhams Kritik an Duns Scotus," in *L'homme et son univers au moyen âge. Actes du 7ème congrès international de philosophie médiévale (30 août-4 septembre 1982)*, ed. Christian Wenin, Vol. 2, Louvain-la-Neuve: Editions de l'Institut supérieur de philosophie, 1986, pp. 510-520.

Seifert, Josef, "Scotus' Analyse der 'reinen Vollkommenheiten' und zeitgenössische Religionsphilosophie," in *New Essays on Metaphysics as Scientia Transcendens: Proceedings of the Second International Conference of Medieval Philosophy, held at the Pontifical Catholic University of Rio Grande do Sul (PUCRS), Porto Alegre/Brazil, 15-18 August 2006*, ed. Roberto Hofmeister Pich, Louvain-la-Neuve: F. I. D. E. M., 2007, pp. 249-282.

Sellars, Wilfrid, "Substance and Form in Aristotle," in *Journal of Philosophy*, 1957 (54): 688-699.

Söder, Joachim R., *Kontingenz und Wissen: Die Lehre von den futura contingentia bei Johannes Duns Scotus*, Beiträge zur Geschichte der Philosophie und Theologie des Mittelalters (Neue Folge) 49, Münster: Aschendorff, 1999.

——. "Von der Ontokosmologie zur Ontologik," in *Philosophisches Jahrbuch* 108 (2001): 33-40.

——. "Notwendigkeit-Kontingenz-Freiheit," in *Zwischen Weisheit und Wissenschaft: Johannes Duns Scotus im Gespräch*, ed. Franz Lackner, Franziskanische Forschungen 45, Kevelaer: Edition T. Coelde, 2003, pp. 170-178.

——. "La doctrine scotiste de la contingence dans la *Reportatio* I A," in *Duns Scot à Paris, 1302-2002. Actes du colloque de Paris, 2-4 septembre 2002*, ed. Olivier Boulnois, Elizabeth Karger, Jean-Luc Solère, and Gérard Sondag, Textes et études du Moyen Âge 26, Turnhout: Brepols, 2004, pp. 375-386.

Sondag, Gérard, "Jean Duns Scot sur l'infini extensif et l'infini intensif", in *Revue Thomiste* 105 (2005): 111-122.

——. "Jean de Damas et Jean Duns Scot sur l'infinité de la nature divine," in *Chôra-Revue d'études anciennes et médiévales* 3-4 (2005-2006): 285-325.

Stump, Eleonore, *Aquinas*, London: Routledge, 2003.

Sylwanowicz, Michael, *Contingent Causality and the Foundations of Duns Scotus' Metaphysics*, Studien und Texte zur Geistesgeschichte des Mittelalters 51, Leiden: Brill, 1996.

Te Velde, Rudi A., "*Natura In Seipsa Recurva Est:* Duns Scotus and Aquinas on the Relationship between Nature and Will," in *John Duns Scotus, Renewal of Philosophy. Acts of the Third Symposium Organized by the Dutch Society for Medieval Philosophy Medium Aevum (May 23 and 24, 1996)*, ed. E. P. Bos, Elementa: Schriften zur Philosophie und ihrer

Problemgeschichte 72, Amsterdam and Atlanta: Rodopi, 1998, pp. 155-169.

Tomarchio, John, "Aquinas's Concept of Infinity, " in *Journal of the History of Philosophy*, Vol. 40, 2002 (2): 163-187.

Tonner, Philip, "Duns Scotus' Concept of the Univocity of Being: Another Look," in *Pli: The Warwick Journal of Philosophy* 18 (2007): 129-146.

——. *Heidegger, Metaphysics and the Univocity of Being*, London & New York: Continuum, 2010.

Trakakis, Nick, "Does Univocity entail Idolatry?" in *Sophia: International Journal for Philosophy of Religion, Metaphysical Theology and Ethics* 49 (2010): 535-555.

Tweedale, Martin M., "Scotus and Ockham on the Infinity of the Most Eminent Being, " in *Franciscan Studies* 23 (1963): 257-267.

Upton, Thomas V., "Infinity and Perfect Induction in Aristotle, " in *Proceedings of the American Catholic Philosophical Association* 55 (1981): 149-158.

van Steenberghen, Fernand, *La Philosophie au XIII* siecle*, Philosophes Medievaux Tome XXVIII, Leuven: Peeters Publishers, 1991, 2nd edition.

Velde, Rudi Te, *Participation and Substantiality in Thomas Aquinas*, Brill Academic Publishers, 1995.

——. *Aquinas on God: The "Divine Science" of the Summa Theologiae*, Burlington: Ashgate Publishing Limited, 2006.

Veldhuis, Henri, "Duns Scotus' Theory of Synchronic Contingency in *Lectura* I 39 and its Theological Implications, " in *Via Scoti: Methodologia ad mentem Joannis Duns Scoti. Atti del Congresso Scotistico Internazionale Roma 9-11 marzo 1993*, Vol. 2, ed. Leonardo Sileo. Rome: Edizioni Antonianum, 1995, pp. 571-576.

——. "Gott ist die Liebe: Über die Hervorbringung des Heiligen Geistes bei Johannes Duns Scotus, " in *Fons Salutatis Trinitatis-Quell des Heils Dreifaltigkeit*, ed. Herbert Schneider, Veröffentlichungen der Johannes-Duns-Skotus-Akademie 14, Kevelaer: Butzon & Bercker, 2002, pp. 101-113.

Vignaux, Paul, "Être et infini selon Duns Scot et Jean de Ripa, " in *De doctrina Ioannis Duns Scoti. Acta Congressus Scotistici Internationalis Oxonii et Edimburgi 11-17 sept. 1966 celebrati*. Vol. 4, Studia Scholastico-Scotistica 4. Rome: Commissionis Scotisticae, 1968, pp. 43-56

——. "Métaphysique de l' exode et univocité de l' être chez Jean Duns Scot, " in *Celui qui est. Interprétations juives et chrétiennes d' Exode 3-14*, ed. Alain de Libera and Emilie Zum Brunn, Paris: Cerf, 1986, pp. 103-126.

Vos, Antonie, "The theoretical centre and structure of Scotus' Lectura: Philosophy in a new key" , in *Via Scoti methodologica ad mentem Joannis Duns Scoti I*, Rome: Edizioni Antonianum, 1995, pp. 455-473.

——. "Knowledge, Certainty and Contingency, " in *John Duns Scotus, Renewal of Philosophy. Acts of the Third Symposium Organized by the Dutch Society for Medieval Philosophy Medium Aevum (May 23 and 24, 1996)*, ed. E. P. Bos, Elementa: Schriften zur Philosophie und ihrer Problemgeschichte 72, Amsterdam and Atlanta: Rodopi, 1998, pp. 75-88.

——. "Scotian Notion of the Natural Law" , in *Vivarium* 38 (2): 197-221 (2000): 197-221.

——. "Gottes Dreieinigkeit und die Kontingenz, " in *Fons Salutis Trinitas-Quell des Heils Dreifaltigkeit*, ed. Herbert Schneider, Veröffentlichungen der Johannes-Duns-Skotus-Akademie für franziskanische Geistesgeschichte und Spiritualität Mönchengladbach 14, Kevelaer: Butzon & Bercker, 2002, pp. 59-78.

——. etc., "Duns in Potency: The Dating of Scotus' *Quaestiones super libros Metaphysicorum Aristotelis*, IX, 1-2 and its Concept of Possibility, " in *Medioevo* 30 (2005): 41-68.

Watson, S. Y., "Univocity and Analogy of Being in the Philosophy of Duns Scotus, " in *Proceedings of the American Catholic Philosophical Association* 32 (1958): 189-205.

Wetter, Friedrich, "Die Erkenntnis der Freiheit Gottes nach Johannes Duns Scotus, " in *De doctrina Ioannis Duns Scoti. Acta Congressus Scotistici Internationalis Oxonii et Edimburgi 11-17 sept. 1966 celebrati*. Vol. 2, Studia Scholastico-Scotistica 2, Rome: Commissionis Scotisticae, 1968, pp. 477-517.

White, David A., "Part and Whole in Aristotle's Concept of Infinity, " in *Proceedings of the American Catholic Philosophical Association,* 55 (1981): 195-195.

Wielockx, Robert, "Henry of Ghent and the Events of 1277, " in *A Companion to Henry of Ghent*, ed. Gordon A. Wilson, Leidon, Boston: Brill, 2011, pp. 25-62.

Wiitala, Michael, "The Metaphysics of Duns Scotus and Onto-Theology, " in *Philosophy Today* 53 (2009): 158-163.

Williams, Thomas, "How Scotus Separates Morality from Happiness, " in *American Catholic Philosophical Quarterly* 69 (1995): 425-445.

——. "Reason, Morality, and Voluntarism in Duns Scotus: A Pseudo-Problem Dissolved, " in *The Modern Schoolman* 74 (1996/97): 73-94.

——. "The Unmitigated Scotus, " in *Archiv für Geschichte der Philosophie* 80: (1998), pp. 162-181.

——. "The Libertarian Foundations of Scotus's Moral Philosophy, " in *The Thomist* 62 (1998): 193-215.

——. "A Most Methodical Lover? On Scotus's Arbitrary Creator, " in *Journal of the History of Philosophy* 38 (2000): 169-202.

——. "From Metaethics to Action Theory, " in *The Cambridge Companion to Duns Scotus*, ed. Thomas Williams, Cambridge: Cambridge University Press, 2003, pp. 332-351.

——. "The Doctrine of Univocity Is True and Salutary, " in *Modern Theology* 21, no. 4 (2005): 575-585.

Wippel, John F., *Thomas Aquinas on the divine ideas*, Pontifical Institute of Mediaeval Studies, 1993.

——. "Thomas Aquinas and the Condemnation of 1277, " in *The Modern Schoolman* 72 (1995): 233-272.

——. *The Metaphysical Thought of Thomas Aquinas: From Finite Being to Uncreated Being.* Washington, D. C.: Catholic University of America Press, 2000.

——. "The Parisian Condemnations of 1270 and 1277" , in *A Companion to Philosophy in the Middle Ages*, ed. Jorge J. E. Gracia, Timothy B. Noone, Wiley-Blackwell, 2003, pp. 65-76.

——. *Metaphysical Themes in Thomas Aquinas II* , Studies in Philosophy & the History of Philosophy 47, Washington, D. C.: Catholic University of America Press; Revised edition, 2007.

Wolter, Allan B., *The Transcendentals and Their Function in the Metaphysics of Duns Scotus*, St. Bonaventure, N. Y.: The Franciscan Institute, 1946.

——. "Ockham and the Textbooks: On the Origin of Possibility, " in *Inquiries Into Medieval Philosophy*, ed. by John F. Ross, Westport, Connecticus: Greenwood Press, 1971, pp. 243-274.

——. "Duns Scotus on the Will and Morality, " in *The Philosophical Theology of John Duns Scotus*, ed. Marilyn McCord Adams, Ithaca, N. Y. and London: Cornell University Press, 1990, pp. 181-206.

——. "Duns Scotus on the Will as a Rational Potency" , in *The Philosophical Theology of John Duns Scotus*, ed. M. McCord Adams & A. B. Wolter, Scotus, Ithaca-London, 1990, pp. 163-180.

——. "Is Existence for Scotus a Perfection, Predicate or What?" in *De doctrina Ioannis Duns Scoti. Acta Congressus Scotistici Internationalis Oxonii et Edimburgi 11-17 sept. 1966 celebrati.* Vol. 2, Studia Scholastico-Scotistica 2, Rome: Societas Internationalis Scotistica, 1968, pp. 175-182, reprinted in: *The Philosophical Theology of John Duns Scotus*, ed. Marilyn McCord Adams, Ithaca, N. Y. and London: Cornell University Press, 1990, pp. 278-284.

——. "Scotus' Paris Lectures on God's knowledge of Future Events" , in *The Philosophical Theology of John Duns Scotus*, ed. Marilyn McCord Adams, Ithaca/London: Cornell University Press, 1990, pp. 285-334.

——. "Native Freedom of the Will as a Key to the Ethics of Scotus" , in *The Philosophical Theology of John Duns Scotus*, ed. Marilyn McCord Adams, Ithaca, 1991, pp. 148-162.

——. "Scotus on the Origin of Possibility, " in *Scotus and Ockham: Selected Essays*, St. Bonaventure, N. Y.: Franciscan Institute, 2003, pp. 129-141.

——. "The Unshredded Scotus: A Reply to Thomas Williams, " in *American Catholic Philosophical Quarterly,* 2003, 77: 315-356.

Yu, Jiyuan, "What is the Focal Meaning of Being in Aristotle?" in *Apeiron,* 2001 (34): 205-231.

Zahner, Paul, "Jesus Christus als Quelle der Liebe: Ein franziskanischer Ansatz bei Bonaventura und Duns Scotus, " in *Einzigkeit und Liebe nach Johannes Duns Scotus: Beiträge auf der Tagung der Johannes-Duns-Skotus-Akademie vom 5.-8. November 2008 in Köln zum 700. Todestag von Johannes Duns Scotus*, ed. Herbert Schneider, Mönchengladbach, B. Kühlen Verlag, 2009, pp. 3-12.

Zavalloni, Roberto, "Personal Freedom and Scotus' Voluntarism, " in *De doctrina Ioannis Duns Scoti. Acta Congressus Scotistici Internationalis Oxonii et Edimburgi 11-17 sept. 1966 celebrati*, Vol. 2, Studia Scholastico-Scotistica 2, Rome: Commissionis Scotisticae, 1968, pp. 613-627.

Zieliński, Edward Iwo, "Unendlichkeit und Identitätsaussage (Praedicatio per identitatem) in Bezug auf Gott nach Johannes Duns Scotus, " in *Sprache und Erkenntnis im Mittelalter*, ed. Albert Zimmermann, Miscellanea mediaevalia 13/2. Berlin and New York: Walter de Gruyter, 1981, pp. 999-1002.

后　记

　　本书的写作缘起于硕士阶段对近代哲学的兴趣。在读书的过程中，我日益发现近代哲学的形成和自我确立与古代中世纪传统特别是晚期中世纪传统的遗产有深厚的复杂关系。在这个过程中既可以看到两者的断裂性，同时又能够发现两者内在深厚的连续性。这种断裂性与连续性体现在诸多张力关系之中：上帝的远去既促使自我意识的觉醒，同时又反过来强化了自我意识对上帝的依赖性，自我意识不得不与上帝进行博弈或和解；人的自我拯救既出于上帝与受造世界的隐退，同时又倚重于基督教传统对人性的塑造；上帝的隐退与再进入，既形成了与自我意识的笛卡尔式垂直纠缠关系，同时还逐步发展出斯宾诺莎式的平面哲学结构乃至现代历史意识，神学与哲学的表面分裂，蕴含着新型的互相渗透关系；等等。

　　这些张力关系在笛卡尔及其后学之中有着不同路向的展现。因此，在完成了关于笛卡尔的硕士学位论文之后，我选择去鲁汶大学继续进一步的研究。随着对这些问题的思考推进，我最终选择邓·司各脱作为博士学位论文的主题。本书的第六至第十章是在博士学位论文的基础上修改而成的，而第一章至第五章则是新增加的内容，相信这些新增加的内容会使本研究更为全面和综合。沿着"中介的消失"这一问题线索，我会在下一步研究中继续揭示这一问题所塑造的现代处境——"世界的消失"。

　　借此机会，我想首先特别感谢李秋零教授能在繁忙的学术工作中为拙作作序。在读书和成长过程中，李秋零教授的研究与翻译工作曾给予我太多帮助与教导。

在本书的写作过程中，我不时回忆起在鲁汶大学五年珍贵的学习时光。导师 Russell Friedman 不但在学术上给予我很多指导与帮助，同时也在生活上为我排忧解难，使我最终顺利完成了博士学业。在博士学位论文的写作过程中，他经常要求我多多引用原著的材料，详加解释，并要尽可能了解相关文献的研究成果，为我的研究学习提供了方法，指明了道路。此外，Carlos Steel、Gerd Van Riel、Andrea Robiglio、Wouter Goris 等老师都在学术上给予了我多方面的帮助和支持。同时，还要感谢在鲁汶期间一同读书生活的诸多好友，特别是李俊，他们使我至今仍非常怀念那段心无旁骛的留学岁月。

尽管留学期间身处海外，但一直与国内的诸多师友保持着联系。我一直非常感激北京大学三年的硕士学习生活，正是在那几年的学习中，我逐步走上了学术研究的道路。因此，特别感谢我的硕士导师吴增定老师。在他的悉心指导之下，我拓宽了对西方哲学的理解，在硕士期间广泛阅读和涉猎了多样的哲学经典，为以后的研究工作打下了基础。感谢李猛老师，多年以来，无论是在邮件通信中，还是在课堂和私下的交流中，我都从李老师那里收获了很多思想和学术的智慧。感谢先刚老师，在先老师的课堂以及他的研究与翻译成果中，我才得以一步步开始领略德国古典哲学大全一体但又细致入微的思想格局，以及博大高远的人生境界。感谢吴飞老师，始终非常怀念硕士三年在《哲学门》工作的愉快经历。吴老师的研究格局、问题关怀与工作的认真负责都始终是我学习的榜样。此外，北大外哲的其他老师也都曾在学业和生活上给予我很多帮助，在此一并表示感谢。

在中国人民大学就读本科期间，我从一个对哲学毫无概念的门外汉到最后立志选择哲学作为自己的专业，要特别感谢张旭老师对我的启蒙、引导和教诲。还记得从大二开始，张老师就带着我们阅读了很多重要的思想经典，点点滴滴，至今难忘。在博士毕业之后，有幸回到母校任教，中国人民大学哲学院以及外国哲学教研室的张志伟、谢地坤、欧阳谦、韩东晖、聂敏里、周濂、刘畅、王宇洁等诸多师长以及郝立新院长，都给我的工作、学业和生活上许多帮助与扶持，使我拥有了所能想象到的最好的工作环境。

感谢复旦大学的丁耘老师，同济大学的韩潮老师，清华大学的赵晓力老师，北京大学的渠敬东老师、杨立华老师、吴天岳老师等师长，他们都曾在我的学习和成长过程中给予多方面的帮助和关心。

特别感谢我的父亲和母亲，他们含辛茹苦养育和栽培我三十多年，而我却因为长期在外地求学与工作未能多给予他们陪伴与关爱，这让我时常感到遗憾与惭愧。

特别感谢毛竹，非常怀念与你共同成长的十五年最美好的时光。在本书的写作和修改过程中，在人大、北大和鲁汶的那些点点滴滴时常浮现在心头，我把这本书献给她。

在十多年的求学过程中，我很幸运地结识了很多好友。我们一同从懵懵懂懂怀抱着对读书的理想和热情走到了一起，每个人都走出了自己的人生轨迹。现在虽天各一方，各有归宿，但都已成为彼此生命中无法分割的一部分。其中吴功青和孙帅两位好友，如今成为我亲密的同事。此外还要感谢师门的诸多师兄、师弟和师妹，无论是学业上的交流，还是生活上的关心，都是我成长中珍贵的滋润。另外还要感谢我的几位研究生，还有我做班主任的哲学院 16 级 PPE 本科生，他们都为我的工作和生活带来了很多乐趣和滋养。

要特别感谢三联书店的舒炜老师和冯金红老师接受这本并不成熟的书稿，还要特别感谢王晨晨女士专业而高效率的编辑工作。此外还要感谢三联书店的曾诚老师，他曾为本书的修改与出版提出了有益的建议。

本书的出版得到了中国人民大学哲学院"中央高校建设世界一流大学（学科）和特色发展引导专项资金"的资助，在此深表感谢。

雷思温

2018 年 7 月 24 日